财政部规划教材
全国高等院校资产评估专业教材

资产评估实务与案例分析

杨志明 主编

中国财政经济出版社

图书在版编目（CIP）数据

资产评估实务与案例分析/杨志明主编. —北京：中国财政经济出版社，2015.4
财政部规划教材　全国高等院校资产评估专业教材
ISBN 978 - 7 - 5095 - 6106 - 5

Ⅰ.①资…　Ⅱ.①杨…　Ⅲ.①资产评估 - 高等学校 - 教材　Ⅳ.①F20

中国版本图书馆 CIP 数据核字（2015）第 059011 号

责任编辑：陈　冰　　　　　责任校对：张　凡
封面设计：陈　瑶　　　　　版式设计：兰　波

中国财政经济出版社 出版

URL：http://www.cfeph.cn
E-mail：cfeph@cfeph.cn

（版权所有　翻印必究）

社址：北京市海淀区阜成路甲 28 号　邮政编码：100142
营销中心电话：88190406　北京财经书店电话：64033436　84041336
北京虎彩文化传播有限公司印刷　各地新华书店经销
787×1092 毫米　16 开　23 印张　555 000 字
2015 年 6 月第 1 版　2021 年 12 月北京第 3 次印刷
定价：69.00 元
ISBN 978 - 7 - 5095 - 6106 - 5/F·4922
（图书出现印装问题，本社负责调换）
质量投诉电话：010 - 88190744
打击盗版举报热线：010 - 88190492，QQ：634579818

编委会

主任委员：刘红薇

委　　员：贾荣鄂　　刘　萍　　王庆阁　　韩立英

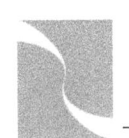

编写说明
Written description

本书是财政部规划教材,由财政部教材编审委员会组织编写并审定,作为全国高等院校资产评估专业教材使用。

我国的资产评估业从20世纪80年代末起始,到现在的25年间,资产评估机构已发展到近3 000家,从业人员达到十多万人。但是,社会经济发展所产生的资产评估业务量日益增长,新的业务领域不断增加,对专业评估人员,尤其是对高端应用型人才的需求还远没有得到满足。

按照全国资产评估专业学位研究生教育指导委员会所制定的教学大纲的要求,我们编写了本教材。本书的作者都是具有多年资产评估工作经历的业务带头人,他们既掌握资产评估理论,又在实践中积累了丰富的经验,在本书的写作中提供了大量鲜活的案例和实际可行的技术方法。让学生运用所学的理论知识分析研究案例,达到实战训练的目的,这些也正是编写本书的初衷。

本书由杨志明担任主编,第一章概述、第二章机器设备评估由中和资产评估有限公司董事长杨志明编写,第三章房地产评估由中水致远资产评估有限公司董事长肖力编写,第四章由上海立信资产评估有限公司董事长张美玲编写,第五章由中和资产评估有限公司总经理王青华编写,第六章企业价值评估由北京中企华资产评估有限公司阮咏华副总经理编写,第七章以财务报告为目的的资产评估由北京天健兴业资产评估有限公司董事长孙健民编写,全书由中国人民大学俞明轩教授审稿。另外,王崇虎、可颖、桑小岩在本书编写过程中参加了资料的收集整理和文字处理工作,在此表示感谢。

本书中不可避免存在许多不足,诚恳希望读者提出批评意见,以便以后有机会能加以改正。

编 者

2015年5月

我国资产评估行业经过二十余年的发展，走出了一条适合中国特色的评估服务专业之路，创立了一套符合中国市场经济的评估理论体系，培养了一支讲道德、有能力的专业服务队伍，成为市场经济体系不可或缺的现代专业服务业。

党的十八大明确提出要推动服务业特别是现代服务业的发展壮大，十八届三中全会对经济体制、政治体制、文化体制、社会体制、生态文明体制和党的建设制度改革进行了全面部署，财政部发布的资产评估行业发展规划对我国资产评估行业未来一个时期的发展提出了目标和要求。资产评估行业迎来了前所未有的发展机遇，资产评估行业人才的基础性、专业性和战略性作用日益凸显。培养一支具备资产评估专业知识、具有创新实践能力的高层次、应用型人才，是资产评估行业适应新形势、新要求，实现可持续发展的根本保障。

为适应我国市场经济发展对资产评估专业技术人才的迫切需求，2010年，国务院学位委员会审议通过了包括资产评估在内的19种专业学位设置方案，批准设立资产评估硕士专业学位。从2011年开始，全国共有68所高等院校取得了资产评估硕士专业学位举办资格，这是资产评估学历教育发展的里程碑，是国家重视和扶持评估行业发展的重要体现。随着设置评估专业的院校日益增加，对统一的评估专业硕士教材的需求愈加迫切。为切实提高资产评估硕士专业学位研究生培养质量，财政部组织相关学者和行业专家编写了资产评估专业硕士系列教材。这是资产评估硕士专业学科建设中的一件大事，填补了资产评估专业系列教材的空白，对资产评估专业的教学具有重要的引领和示范作用，必将为我国资产评估高层次应用型人才的系统、科学培养奠定坚实基础。

这套资产评估专业硕士系列教材，是资产评估行业管理者、执业者、理论研究者等集体智慧的结晶，为指导评估教学和实践提供了有益的参考，为推进中国资产评估学科发展做了一项扎实的基础建设工作。希望能够为资产评估专业硕士的培养提供教学工具，发挥好教材的基础性和系统性作用。

财政部部长楼继伟十分重视和关心资产评估工作,近期指出,市场经济发展需要资产评估,资产评估前景广阔,要进一步发挥资产评估在市场经济及财政管理中的基础作用,对行业发展寄予厚望。资产评估行业要将贯彻落实十八大和十八届三中全会精神作为重大使命,立足于服务经济社会发展,努力实现评估行业转型升级,积极为国家"五位一体"建设全面服务。

资产评估行业学科建设和人才培养,肩负着服务国家经济社会建设的光荣使命,是行业实现转型升级的基础保障。让我们不断探索,努力前行,以高层次后备人才培养为抓手,共同创造资产评估行业美好的明天,实现中国资产评估行业的中国梦。

2014 年 10 月

目 录

第一章　概　述 — 1
　　第一节　资产评估实务领域 …………………………………… 1
　　第二节　资产评估的流程 ……………………………………… 3

第二章　机器设备评估 — 22
　　第一节　评估准备及调查 ……………………………………… 22
　　第二节　评定估算 ……………………………………………… 29
　　第三节　案例 …………………………………………………… 58

第三章　房地产评估 — 82
　　第一节　房屋建筑物评估 ……………………………………… 82
　　第二节　土地使用权评估 ……………………………………… 113

第四章　无形资产评估 — 134
　　第一节　专利及专有技术评估 ………………………………… 134
　　第二节　商标资产评估 ………………………………………… 149
　　第三节　著作权资产评估 ……………………………………… 159
　　第四节　其他无形资产评估 …………………………………… 174
　　第五节　案例 …………………………………………………… 197

第五章　流动资产及其他长期资产评估 — 220
　　第一节　货币资金 ……………………………………………… 221
　　第二节　交易性金融资产 ……………………………………… 222
　　第三节　应收票据 ……………………………………………… 226
　　第四节　应收股利（应收利润）与应收利息 ………………… 228

第五节　应收账款及其他应收款……………………………………………… 229
　　第六节　预付账款…………………………………………………………… 234
　　第七节　存货………………………………………………………………… 235
　　第八节　一年内到期的非流动资产………………………………………… 242
　　第九节　其他长期资产评估………………………………………………… 243

第六章　企业价值评估 260
　　第一节　评估准备和调查工作……………………………………………… 260
　　第二节　收益法……………………………………………………………… 264
　　第三节　市场法……………………………………………………………… 281
　　第四节　资产基础法………………………………………………………… 294

第七章　以财务报告为目的的资产评估 299
　　第一节　综述………………………………………………………………… 299
　　第二节　公允价值计量的资产评估………………………………………… 307
　　第三节　资产减值…………………………………………………………… 315
　　第四节　合并对价分摊……………………………………………………… 333
　　第五节　案例………………………………………………………………… 341

主要参考文献 354

第一章 概述

第一节 资产评估实务领域

资产评估的实务领域范围广、类型多,通常可以从评估对象和需要进行评估的经济行为等角度加以分类。

一、按资产评估对象的类型划分实务领域

(一)按资产存在的形态划分

资产评估按资产存在的形态,可分为有形资产评估和无形资产评估。

1. 有形资产评估。有形资产的数量一般可以从财务报表上查到,但当评估某项有形资产的战略价值时,要考虑到其产生竞争优势的潜力。

有形资产评估主要包括:机器设备评估、房地产评估、流动资产及负债评估、金融资产评估等。

2. 无形资产评估。无形资产分为可辨认无形资产和不可辨认无形资产。在转让无形资产所有权或使用权、鉴证无形资产时,需要根据所评估无形资产的具体类型、特点、评估目的和外部市场环境等,选择合适的方法进行评估。

无形资产评估主要包括:专利权评估、专有技术评估、商标权评估、著作权评估、特许权评估、商誉评估等。

(二)按资产是否具有综合获利能力划分

资产评估按资产是否具有综合获利能力,分为单项资产评估和整体资产评估。

1. 单项资产评估。是指评估对象为单项可确指资产的评估。对机器设备、房屋建筑、土地使用权、商标权等的评估均为单项资产评估。

2. 整体资产评估。如对企业整体价值的评估,一般包括对各种单项资产的价值评估,同时还包括对依托于整体资产的无形资产的评估。即:整体资产的评估价值,一般不等于单项资产评估价值的简单相加,其间的差额就是商誉等无形资产的价值。

二、按资产评估服务所涉及的经济行为划分实务领域

在中国资产评估协会制定的《资产评估行业市场开拓路线指引（2013年）》中，基于资产评估服务所涉及的经济行为，划分出18种评估业务类型，对应78项经济行为，涵盖了我国资产评估行业已经开展的传统评估业务和新兴业务领域。

1. 单项资产评估业务。单项资产评估业务，是对所有者的某一件（种）资产所进行的评估。所涉及的经济行为主要包括资产的转让、拍卖、偿债、租赁、抵押/质押、重组、涉讼，以及认定报关价格、投资、债务重组等。

2. 公司制改建整体资产评估业务。企业改制是指依法改变企业原有的资本结构、组织形式、经营管理模式或体制等。在我国，一般是指将原单一所有制的国有、集体企业改为多元投资主体的公司制企业和股份合作制企业或者是内外资企业互转。在进行企业改制时，通常需要对拟改制企业的资产进行评估。

3. 企业并购评估业务。企业并购即企业之间的兼并与收购行为。企业并购过程中，投资者不仅需要了解在某一时点上目标企业的价值，更希望从企业现有经营能力角度或同类市场比较的角度了解目标企业的价值，要求进行以评估整体获利能力为主的企业价值评估。所涉及的经济行为主要包括企业的合并、分立、破产等。

4. 产权变动评估业务。产权变动即资产产权主体或经营、使用资产的主体发生变动的经济行为，如企业增资扩股、IPO、股权转让、债转股等。在此过程中对相应资产需要进行评估。

5. 上市公司并购重组评估业务。上市公司并购重组是指对上市公司的资产结构、股权结构及债务结构，以及对上市公司的业务、收入及投资者权益构成重大影响的上市公司收购、资产重组、合并、分立、股份回购等行为。其对应的经济行为包括重大资产重组、上市公司收购、资产置换、发行股份购买资产、定向增发、借壳上市等。上市公司并购重组必然涉及资产定价问题，交易双方需要以资产评估结果作为确定交易价格的主要依据。

6. 司法鉴证评估业务。司法鉴证评估业务包括资产损害赔偿鉴定评估、债务纠纷涉及的资产拍卖（变卖）价值鉴定评估、民事案件涉诉标的价值的估算和刑事案件定罪量刑中相关损失的估算。

7. 服务于会计核算的评估业务。服务于会计核算的评估业务包括资产或资产组减值测试评估、非货币性资产公允价值评估、金融工具公允价值评估及合并对价分摊评估。

8. 海外并购/投资评估业务。近年来，中资企业开始走出国门收购兼并国外企业，涉及海外并购/投资的评估业务也逐年增多。海外并购的重点是获得目标企业成熟完善的销售和客户关系网络、既有的无形资产与人力资源、稳定的原材料供应保障体系以及成型的管理制度。因此评估的重点通常不是有形资产。

9. PE/VC评估业务。PE（Private Equity）与VC（Venture Capital）都是通过对非上市企业进行权益性投资，然后以上市、并购或管理层回购等方式，出售持股获利。对潜在的投资项目进行合理的估值，是PE/VC在进行投资前最为重要的环节之一。PE/VC评估通常会选择一两种评估方法，用其他方法做补充，折算出一个投融资双方都能接受的价值。从事PE/VC评估需了解PE/VC业务的特点及相关法律（法规），熟悉产业投资、风

险投资等业务模式及运作机理。

10. 生态/环境评估业务。对生态/环境的评估是国家生态保护管理的需要，是解决人口、资源与环境矛盾所造成的越加突出的生态环境问题的需要。生态/环境评估业务包括碳排放权评估、生态补偿价值评估、环境损失评估和森林生态价值评估。

11. 税基评估业务。税基评估是以征纳税为目的，以未能明确具体价值的税基为评估对象，运用适当的估价标准和方法等进行的评估。税基评估只是为需要课税资产提供课税依据参考，一般都不直接涉及评估资产产权的转移和变动问题。

思考题

1. 在市场经济运行中，哪些经济行为需要资产评估服务？
2. 资产评估实务领域通常有哪些划分方式？
3. 上市公司并购重组业务通常对应哪些经济行为？对执行相关评估业务的评估人员胜任能力有什么要求？

第二节 资产评估的流程

资产评估流程反映了资产评估业务从开始到完成需经历的工作及步骤。一项完整的资产评估业务，尽管存在业务类型、规模、复杂程度等差异，但都需经历项目承接、评估准备、现场调查及市场调查、评定估算、评估报告编制及提交等阶段。《资产评估准则——评估程序》第六条所规定的注册资产评估师通常须执行的八项基本评估程序则强调了资产评估各阶段须从事的基本工作。梳理资产评估业务流程有助于从资产评估项目的组织和操作入手，了解和把握资产评估实务。

一、资产评估项目承接

项目承接阶段，资产评估机构的主要工作包括：项目洽谈、风险评价和签订资产评估业务约定书。

（一）项目洽谈

通过与委托方洽谈，了解拟委托资产评估项目的背景及基本事项，理解委托方对资产评估服务的要求，明确委托双方在资产评估过程需承担的工作，为后续开展的风险评价和资产评估业务约定书签订打好基础。

《资产评估准则——评估程序》第十一条所列举的评估业务基本事项，规范了项目洽谈阶段评估机构通过与委托方沟通应当明确的主要问题。包括：

- 委托方、产权持有者和委托方以外的其他评估报告使用者；

- 评估目的；
- 评估对象和评估范围；
- 价值类型；
- 评估基准日；
- 评估报告使用限制；
- 评估报告提交时间及方式；
- 评估服务费总额、支付时间和方式；
- 委托方与注册资产评估师工作配合和协助等其他需要明确的重要事项。

1. 明确资产评估的委托方、产权持有者和委托方以外的其他评估报告使用者。委托方是向资产评估机构提出业务委托，并与其签订业务约定书的单位或个人。产权持有者则指评估对象的产权所有者。注册资产评估师（评估机构）和委托方以外的其他当事人统称为"相关当事方"，包括产权持有者、其他评估报告使用者等与评估报告相关的单位或个人。

在评估实务中，委托方可以是被评估对象的产权持有者，也可以是产权持有者之外的其他主体（如被评估企业或资产的意向投资或交易对象、融资提供方、债权人、管理或使用者、司法鉴定或仲裁机构、政府部门或其他监管机构等）。但根据我国国有资产管理的相关规定，国有企业发生应当进行资产评估的经济行为时，应当由其产权持有单位委托具有相应资质的资产评估机构进行评估。经济行为事项涉及的评估对象属于企业法人财产权范围的，由企业委托；经济行为事项涉及的评估对象属于企业产权等出资人权利的，按照产权关系，由企业的出资人委托。国有企业接受非国有资产等涉及非国有资产评估的，一般由接受非国有资产的企业委托。《上市公司重大资产重组管理办法》规定："资产交易定价以资产评估结果为依据的，上市公司应当聘请具有相关证券业务资格的资产评估机构出具资产评估报告"。《上市公司收购管理办法》要求："上市公司董事、监事、高级管理人员、员工或者其所控制或者委托的法人或者其他组织，拟对本公司进行收购或者通过本办法第五章规定的方式取得本公司控制权的"，"公司应当聘请具有证券、期货从业资格的资产评估机构提供公司资产评估报告"。

当评估业务委托方与评估对象的产权持有者不是同一主体时，了解委托方与相关当事方的关系就非常必要。这通常关系到评估业务有关资料收集与现场调查等工作的配合程度。如果在委托环节了解到委托方与被评估方没有投资关系或不是关联方，评估机构洽谈人员就应该考虑是否在委托环节重点提出有关的配合问题，以引起委托方的重视并明确责任。同时，还要评价委托方对被评估方的协调能力和对评估配合要求的响应能力。避免在委托方配合力度很弱的情况下，评估人员不能完成现场调查和资料收集等评估程序，无法形成可靠的评估结论。因此，第三者委托评估机构对拟评估资产进行评估，一般应事先通知产权持有者、资产管理者或征得资产管理者的同意，这往往是执行评估业务的先决条件。

明确评估报告使用者是接受委托时要了解的另一方面内容。评估机构应当了解除了委托方和国家法律、法规规定的评估报告使用者，是否还存在其他的评估报告使用者。如果存在，评估机构应当在适当及切实可行的情况下了解其与委托方和被评估企业或资产的关系。这有利于最大限度地把握潜在风险和个性要求，计划和控制评估操作与成果披露的重点，规避不必要的报告使用风险。对于已经明确的评估报告其他使用者，应该在签订资产评估业务约定书中做出约定。

对委托方需将评估报告用于审批环节（包括涉及国有资产核准备案、需报送证券监管部门和证券交易管理机构的评估报告）或在媒体公布（或部分披露）的，应与委托方明确评估报告的使用范围和方式，并在签订业务约定书时明确界定。

2. 明确评估目的。评估目的是由引起资产评估的特定经济行为决定的，对价值类型、评估方法、评估结论等有重要影响。了解与评估业务相关的经济行为，并明确评估目的和报告用途是项目洽谈双方需沟通确定的重要内容。

《资产评估行业市场开拓路线指引（2013年）》是评估机构从事评估市场开发和项目洽商的重要指导文件。该《指引》基于资产评估服务所做出的18种评估业务类型及对应的78项经济行为划分，对了解经济行为和明确评估目的具有直接参考作用。

在此基础上，对评估实务中常用的评估目的介绍如下：

（1）投资。根据《公司法》的要求，在设立公司时，股东可以用货币资金出资，也可以用其他实物资产、无形资产等出资。无论是新设立公司，还是对已成立的公司增资扩股，以非货币资产作为出资对象时，有时需要对其价值进行评估。

（2）清算。清算有迫售清算和自主清算之分。迫售清算包括企业破产、司法或行政强制导致的清算行为，其目的是确定被评估对象在强制出售条件下可能实现的货币价值，一般适用于快速清算价值；自主清算主要指企业自主实施的结业清算，被评估对象在展示时间和出售条件上相对宽松，可以采用有序清算价值。大多数清算价值评估，重在判断被评估对象的变现能力。因为债权人通常希望以现金的方式得到清偿，而不是获得实物资产。在某些特定情况下，破产清算评估也可能要求评估师确定被评估对象的继续使用价值。评估师应当根据相关法律规定，与清算主导（监管）方及律师充分沟通，明确评估目的。

（3）抵（质）押。当资产产权持有者作为贷款人申请贷款，或者为贷款行为提供担保时，需要对用作抵（质）押的资产进行价值评估。贷款方通常按评估值的一定比例来确定发放贷款的额度。为了保证在借款人违约的情况下贷款能全额回收，本着谨慎性原则，注册资产评估师可以采用清算价值评估，即抵押资产拍卖后能收回的价值。如果贷款人有良好的信誉记录，目前许多信贷机构也允许使用市场价值类型。

当贷款期届满债务人不履行贷款合同义务时，债权人有权依照法律规定要求将相关抵（质）押物折价，或者以其拍卖、变卖价款优先受偿。这个环节一般也需要实施资产评估。

（4）拆迁补偿。由于土地征收，对土地使用权人和地上物所有人造成的损失进行合理补偿时，需要按照拆迁程序对被拆迁人的房屋建筑物、土地使用权以及无法迁移的设备（设施）等资产的市场价值进行评估，作为对被拆迁人进行经济补偿的参考。根据委托需要，也可将被拆迁人可迁移资产的迁移成本及损失（包括拆除、运输、重新安装调试的成本，以及其间产生的资产损毁、停产停业损失）纳入评估范围。政府或企业拆迁评估通常具有较强的政策性和程序性，应当关注相关规定及要求。

（5）保险。投保人与保险人对保险标的订立保险合同时，有时需要对保险标的进行价值评估，以作为确定保险价值的基础。当发生了因保险合同所约定的事故导致损失时，如果保险人与被保险人不能就保险财产的赔偿金额达成一致意见，也需要由独立的第三方对损失进行评估。

（6）转让。涉及国有资产转让、国有经济主体受让非国有资产、公众公司资产转让，相关监管部门会要求对拟交易的资产实施评估。其他交易主体在转让通常不易确定价值的资产时也会产生专业评估需求。资产评估为拟转让资产的交易定价和监管提供价值参考，对拟转让资产可根据其利用方式、交易条件、市场接受程度等确定价值类型。

（7）租赁。对拟租赁资产的租赁价值进行评估，为确定合理的租金提供参考。

（8）服务于财务报告。财务报告目的的资产评估包括资产公允价值确定、资产减值测试、合并对价分摊（PPA）等。上述行为可能涉及确定被评估资产、资产组或资产组合的可变现净值、在用价值、公允价值等。

（9）诉讼及纠纷调处。当事人发生纠纷涉及诉讼和调处时，可委托评估机构对纠纷所涉资产的价值、租金、损失赔偿金额等进行评估，为以调解、仲裁、诉讼等方式解决纠纷提供价值参考。

（10）管理咨询。以管理咨询为目的的评估所包含的内容相当广泛，通常与企业内部的经营管理相关。这种评估一般是由企业所有者或经营管理者提出，也可由其他利害关系人委托，可能意在确定企业的经济价值，也可能出于其他目的。

上述评估目的可以对应单项资产，适用于特定的资产组合，也可针对企业的整体资产。对企业进行整体价值评估一般出于更具体的目的，如企业公司制改建、并购重组、债转股或股权处置等。在这种情况下，通常是评估企业持续经营条件下的价值（生产经营一般保持不变)，有时也需要评估针对企业的投资价值等。在采用资产基础法评估企业价值时，需要关注作为企业整体资产组成部分的机器设备、不动产、无形资产等的评估，与进行单项资产评估的侧重点应有所不同。

监管部门或相关合同（章程等）对资产评估拟服务经济行为有批准要求的项目，评估机构洽谈人员还应了解其报批情况。

3. 明确评估对象和评估范围。评估对象和范围是指评估工作的客体。界定清晰的评估对象和范围是评估工作最基本的要求之一。委托方计划实施的经济行为决定了评估目的，由此决定了评估对象，同时确定了评估范围；评估范围应服从于评估对象的选择。

一般评估对象可界定为单项资产、资产组合、部分权益价值和全部权益价值。

评估机构洽谈人员应当了解评估对象基本情况和评估对象所对应的评估范围。同时，尽可能获取纳入评估范围资产的类型、特点、数量、位置与分布、账面价值、产权状况等信息，以及被评估资产（企业）所在的行业、法律环境、会计政策等背景，取得评估对象企业的财务报表，为判断资产评估可能的工作量、复杂程度和评估机构及人员的胜任能力，进行评估服务报价和风险评价提供必要的参考。

评估机构应凭借对评估目的的把握和专业经验，建议委托方合理确定评估范围，并确信所委托的评估范围与评估目的相适应。为明确责任，避免日后产生纠纷，应由委托方（或由其授权被评估资产产权持有者或被评估企业）就具体评估对象所对应评估范围的明细清单进行签章确认。

4. 确定资产评估价值类型。评估机构洽谈人员应该根据对评估目的的理解，结合资产评估准则，选择恰当的价值类型，并就价值类型的选择、定义及对应的假设前提与委托方达成一致。

根据《资产评估价值类型指导意见》，资产评估价值类型包括市场价值和市场价值以外的价值。后者包括投资价值、在用价值、清算价值、残余价值等。

（1）市场价值。是指自愿买方和自愿卖方在各自理性行事且未受任何强迫的情况下，评估对象在评估基准日进行正常公平交易的价值估计数额。当所执行的资产评估业务对市场条件和评估对象的使用等并无特别的限制和要求时，通常应当选择市场价值作为评估结论的价值类型。

（2）投资价值。指资产对于具有明确投资目标的特定投资者或某一类投资者所具有的价值，亦称特定投资者价值。对于针对特定投资者或者某一类投资者，并在评估业务执行过程中充分考虑并使用了仅适用于对应投资者的特定资料和经济技术参数的资产评估业务，通常应当选择投资价值类型。采用投资价值的评估，可用于吸引投资和战略性收购等情形。

（3）在用价值。指将评估对象作为企业组成部分或要素资产，按其正在使用的方式和程度及其对所属企业的贡献价值的估算数额。

（4）残余价值。是指机器设备、房屋建筑物或其他有形资产等的拆零变现价值估计数额。通常适用于评估对象无法或不宜完整使用，只能拆零变现的情形。

（5）清算价值。是指评估对象在评估基准日处于被迫出售、快速变现等非正常市场条件下的价值估计数额，也称为"快速可变现价值"。

①快速清算价值。亦即强制拍卖价值，是强制性的快速变现①。以机器设备评估为例：所有设备的销售是以单台为基础，以当时、当地方式成交；没有考虑任何未知费用，如安装调试费用、运输费用等；买主负责所购设备的拆迁并承担风险。快速清算价值通常不包括附加价值，如：可以生产的产品、已有的安装、制造许可证、商标、客户清单、可持续经营等因素。

②有序清算价值。有序清算仍属于强制出售，与快速清算价值的不同之处在于全部设备在今后某一特定时间内变卖出去即可，这使得清算者有时间进行广告宣传和讨价还价，找到合适的买主，获得更合理的售价。

③原地复用清算价值。是指某一企业由于经营失败，其生产设备必须被强制出售。导致企业经营失败的原因是管理造成的，而不是外部的经济形势、市场等因素。更换新的管理班子可以使企业实现赢利。

使用这一价值概念也伴有很高的风险，因为使用这一概念的前提：一是，导致企业经营失败的确是因为经营管理方面的因素造成的；二是，在市场上存在一定数量的以持续经

---

① "拍卖"一般指的是快速清算价值，但是也有例外的情况。例如，在某些行业，以拍卖方式处理资产是行业的标准办法，在这种情况下，如果在正常的时间期间内拍卖，其价值可能等于有序清算价值，在某些情况下还可能等于市场价值。正常清算价值与强制清算价值最根本的区别在于处理资产的时间。

营方式购买该企业的潜在购买者。否则该变现价值是无法实现的。

这种价值概念较多地用于化工、钢铁等类型的企业。因为这些企业的设备安装费很高，设备通用性差，拆卸困难，在市场变现的可能性极小，使用快速清算和有序清算方式的清算所得也是非常少的。

影响价值类型的因素有很多，包括资产自身的功能、使用方式、市场条件等，但评估目的是根本。评估目的不但决定着资产评估结果的具体用途，而且会直接或间接地影响资产评估过程。价值类型确定后注册资产评估师才能够确定评估方法，搜集相适应的评估资料，得出合理的评估结论。

在接受委托环节就价值类型与委托方达成一致理解，目的是让委托方认识到注册资产评估师拟出具的评估报告是在双方已明确的评估目的下，按照何种标准体现资产价值，以利于委托方合理理解评估结论，实现评估目的。因此，评估机构洽谈人员应告知委托方拟设定哪种价值类型，它的具体定义是什么，其基于哪些可能存在的各种明显或隐含的假设及前提，为在签订资产评估业务约定书时界定项目适用的价值类型做好铺垫。

5. 明确评估基准日。评估基准日是评估业务中极为重要的基础，也是"时点原则"在评估实务中的具体体现。评估机构洽谈人员应当提示委托方合理选取评估基准日，并根据专业知识和经验，建议委托方选取评估基准日时重点考虑以下因素：

（1）有利于评估结论有效服务于评估目的。

（2）有利于现场调查、评估资料收集等工作的开展。

（3）企业价值评估业务中评估基准日尽可能选择会计期末。

（4）法律、法规有专门规定的，从其规定；相关部门有专门要求的，在不违反评估准则的前提下，可以遵照执行。

6. 明确评估报告的提交时间及方式。资产评估报告提交时间受多方面因素的限制与约束，如预计的评估工作量、委托方和相关当事方的配合力度、评估所依据和引用的专业或单项资产评估报告（专项审计报告、土地估价报告、矿业权评估报告等）的出具时间，等等。评估机构洽谈人员应了解委托方实现评估所服务经济行为的时间计划，根据对上述限制与约束因素的预计和把握，与委托方约定提交报告的时间和方式（当面提交或邮寄），在评估业务约定书中加以明确。评估报告的提交时间不宜确定具体日期，一般确定为开始现场工作、委托方提供必要资料（包括评估所依据和引用的专业报告送达）后的一定期限内。

7. 协商评估服务费及其支付时间和方式。这是评估机构与委托方洽商沟通的重要内容。评估机构洽谈人员根据了解的情况提出评估收费标准及报价，并与委托方就评估费用、支付时间和方式进行沟通。委托方需要了解评估机构报价的确定依据和口径，除专业服务费以外，差旅及食宿费用、现场办公费用等是否包含在预计数额内（或者已明确界定其负担方式）。双方达成一致后，体现在评估业务约定书中。

8. 明确委托方对资产评估的配合要求。包括落实资产清查申报、提供资料、配合现场及市场调查，协调与相关中介机构的对接和交流等。当委托方不是评估对象的产权持有者时，需约定委托方协调产权持有者协助配合评估工作的责任。目的是在业务约定书签订之前将一切可能需委托方尽责的事项沟通明确，为在业务约定书中形成约束性条款做好准备。

(二) 风险评价

与委托方洽谈后,资产评估机构需要从客户、项目和自身等角度对相关资产评估业务进行风险评价,以决定是否承揽该项目。

1. 客户风险评价。主要包括:

(1) 委托方的基本情况(如:法定代表人、经济类型、所属行业、注册地址和注册资本,以及与被评估企业或资产的关系等);

(2) 客户的来源;

(3) 客户的资信、声誉情况和履约能力。

2. 项目风险评价。主要包括:

(1) 项目的来源,是否曾被其他评估机构拒绝过;

(2) 本次评估的经济行为的合法性;

(3) 委托方以外报告使用者的分析;

(4) 评估报告的使用范围和方式;

(5) 客户是否有影响评估结论的具体要求和条件限制;

(6) 委托方不是被评估企业或资产的产权持有者时,对产权持有者的协调能力;

(7) 拟承接项目是否具备实施的基本条件,是否存在影响评估程序履行的重要问题;

(8) 本项目实施的其他风险分析(如:是否增加评估报告被质询的可能性、评估失误或结果偏离可能引致的后果等)。

3. 评估机构和人员风险评价。

(1) 独立性方面。主要包括:

①评估机构、注册资产评估师或者其亲属与委托方或相关当事方之间是否存在经济利益关联、人员关联或者业务关联;

②是否因该项目的实施导致现有客户的丧失或失去得到新客户的机会。

(2) 专业胜任能力方面。主要包括:

①评估机构和项目执行人员是否具有与该项目相适应的专业胜任能力及相关经验;

②是否有弥补对评估对象和资产经验和能力不足的可行措施,如聘请专家协助工作、利用或引用专业机构的工作成果;是否有确信相关工作成果合理性的制度和技术措施。

通过投标方式承接的资产评估业务,上述项目洽谈、风险评价所涉及的内容,在评估机构决定参加投标、准备投标文件的过程中已经实施,相关投标文件也体现了评估机构对委托方招标要约及条件的响应,中标的评估机构可根据授标条件和投标文件与委托方确定资产评估业务约定书的具体内容。

通过入围客户资产评估服务中介库获得项目承接机会的,在评估机构入围阶段,已经涉及了客户评价工作,也通过了客户的资质审查,机构入选时对承接项目服务和优惠的框架性条件通常也进行过承诺。在承接具体评估业务时,委托方和评估机构将以此为基础,针对项目特点开展后续洽商、评价工作。

（三）签订资产评估业务约定书

风险评价后决定承接的评估项目，资产评估机构应当根据项目洽商时确认的项目信息和委托条件，以及与委托方达成的共识，与委托方签订资产评估业务约定书。

根据《资产评估准则——业务约定书》，业务约定书应当包括下列基本内容：
(1) 评估机构和委托方的名称、住所；
(2) 评估目的；
(3) 评估对象和评估范围；
(4) 评估基准日；
(5) 评估报告使用者；
(6) 评估报告提交期限和方式；
(7) 评估服务费总额、支付时间和方式；
(8) 评估机构和委托方的其他权利和义务；
(9) 违约责任和争议解决；
(10) 签约时间。

业务约定书载明的评估目的、评估基准日均应当唯一。

业务约定书应当由评估机构的法定代表人或者合伙人签字并加盖评估机构公章。

有限责任公司制评估机构的法定代表人可以授权首席评估师或者其他持有注册资产评估师证书的副总经理以上管理人员在业务约定书上签字。

评估机构可以授权分支机构与委托方签订业务约定书，该业务约定书应当由分支机构负责人签字并加盖分支机构公章。

业务约定书生效后，评估目的、评估对象、评估基准日发生变化，或评估范围发生重大变化，评估机构应当与委托方签订补充协议或重新签订业务约定书。

签订业务约定书后，评估业务的实施就具备了必要的法律基础。资产评估由此进入前期准备阶段。

二、资产评估准备

资产评估项目前期准备包括评估机构和客户两个层面。评估机构方面包括组建项目团队、编制评估计划、项目技术准备等；客户方面的准备工作主要包括资产清查及申报、评估资料准备等。

（一）组建项目团队

评估机构应根据评估项目的特点和专业胜任能力要求，选派项目负责人和注册资产评估师，组建项目团队。

项目团队通常包括机构管理层的代表、项目负责人、项目复核人、主要专业或工作小组负责人，以及其他评估工作和助理人员。按照评估准则要求，项目团队至少需选派 2 名注册资产评估师。除机构管理层的代表、项目负责人、项目复核人以外，其他项目组成员将结合评估计划的制定加以落实。

复杂或大中型评估业务的项目团队,通常需要安排评估机构重要职能部门(如技术标准和质量控制、网络与计算机等)的代表,资产和行业分布比较复杂的,还需设立中心工作组协调和管理各现场小组工作。

图1-1是A评估项目的团队组成架构。

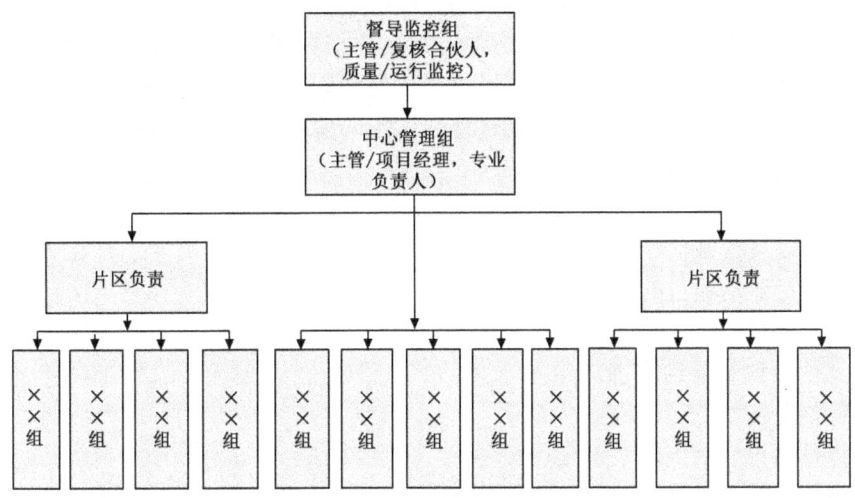

图1-1 评估项目团队组成架构

项目团队组建后,还要进一步明确各岗位及人员的任务和责任,规定项目团队的沟通协调和信息传递制度。

以下是B项目组的人员分工和例行报告制度摘录:

主管合伙人对本项目工作方案、实施计划进行审批,对项目实施中反映的重大问题进行决策,并负责与委托方最高层面的协调工作。主管经理负责与委托方、被评估单位、相关中介机构重要事项的协调,组织制定本项目的评估技术方案和工作推进计划,对项目组和客户反映的问题提出解决方案,对评估成果进行复核。项目经理负责与被评估单位、相关中介机构的日常协调,协调指挥各小组按照分工完成现场清查、评定估算、后期汇总、编写评估说明、内部审核和档案归集,撰写资产评估报告。

评估队伍进场前将根据所申报资产的数量、类别、分布等划分具体的评估小组、任命各组组长并明确分工。各评估小组分别负责所分配企业的的现场清查、评定估算和后期汇总,各小组根据被评估对象特点配备财务、房屋建筑物、设备及土地等专业评估人员。满足收益法评估条件的企业将安排专人负责收益法评估的资料搜集、现场访谈和评估计算工作。

各小组每周四的12点之前,分别将上周四至本周三的工作情况按照统一规定的模式进行填报,由项目经理汇总后以Email方式上报主管经理。主管经理按周向主管合伙人、委托方协调人发出项目简报。

(二)编写评估计划

制订评估计划是重要的前期准备工作之一。

评估计划是指注册资产评估师为履行评估业务约定书而拟订的评估工作的总体思路和具体实施方案。评估计划涵盖评估业务的整个过程，即从接受委托、项目准备、现场工作、分析计算，到撰写报告的全过程，通常包括评估的具体步骤、时间进度、人员安排和技术方案等内容。评估机构可以根据评估业务具体情况确定评估计划的繁简程度。

评估计划一般包括评估综合计划和评估程序计划。

- **评估综合计划**，是注册资产评估师对约定评估项目的工作范围和实施方式所做的整体规划，是完成评估项目的基本工作思路，也是编制评估程序计划的指导性文件。评估综合计划的具体表现形式和内容可以随被评估对象的规模、复杂性和评估所采用具体评估方法而有所改变。主要内容包括：

(1) 评估项目的背景。委托人和被评估资产产权持有者的基本情况、过去委托资产评估的经历，以及其诚信状况和提供资料的可靠性、完整性和相关性，涉及交易的背景信息、委托单位对评估项目的要求等。

(2) 资产评估目的。

(3) 评估对象和评估范围。

(4) 评估价值类型。

(5) 评估基准日。

(6) 根据评估对象的性质、行业特点和发展趋势，选择资产评估技术路线，确定主要评估方法及评估程序。

(7) 根据资产评估人员的专业胜任能力、经验，确定的项目团队组成及分工，专业、助理人员配备，以及对专家等外部资源的利用等。

(8) 评估进度及各阶段的时间和费用预算。

(9) 评估项目对相关资料收集的要求和具体安排。

(10) 评估质量控制要求，对评估风险的估计及控制措施。

(11) 评估报告撰写要求、完成时间及委托使用的方向、范围和披露要求。

(12) 评估工作会议协调安排。

- **评估程序计划**，是注册资产评估师依照评估综合计划确立的基本思路，对评估程序的目标、时间、应用范围以及操作要求所做的较为具体的计划和说明。评估程序计划的制订应结合评估目的、评估对象、评估范围、业务规模及复杂程度、评估业务时间要求、评估基础资料完备状况、委托方和相关当事方配合程度、评估机构自身条件等因素，清楚地列明实施评估综合计划拟采用的操作要求。

评估程序计划的主要内容包括：评估工作目标、工作内容、方法、步骤、执行人、执行时间、工作底稿的索引和归集等。

评估计划的编制需要关注以下问题：

1. 时间安排。制订合理的时间计划是项目顺利进行、保证工作质量、有效控制项目进度、确定项目成本等的必要前提条件与重要依据。时间计划一般与工作安排相结合，制定时需要考虑项目的规模，估计可能的工作量，同时也要合理考虑报告使用者对于项目进度的要求等。

时间安排可以采取编制时间表的形式体现。表1-1是某项目的时间表，可供参考。

表 1—1 资产评估工作时间表（参考格式）

时 间	天数	关键事项——被评估企业	关键事项——评估机构
8月3日	1	□ 组织相关人员参加培训	□ 下发评估明细表及资料清单等评估培训资料 □ 进行评估准备及配合事项培训，并集中答疑
8月4—8日	7	□ 填报资产评估明细表 □ 按要求准备相关资料	□ 采用集中的方式进行申报答疑 □ 组建各评估项目小组 □ 评估人员培训
8月9日	1	□ 提交资产评估明细表	□ 接收资产评估明细表
8月10—11日	2	□ 根据评估人员意见修改完善资产评估明细表 □ 参与中介机构的起点数对接	□ 审核资产评估明细表并反馈完善意见
8月12日—9月2日	21	□ 配合评估机构开展现场工作	□ 各评估小组进入现场开展现场清查核实及调查工作
其中：8月20日			□ 填报形成合格的机器设备评估明细表，上报中心组审核，以便评估作价 □ 填报形成合格的流动资产评估明细表，上报中心组审核
9月3—12日	10	□ 配合评估机构评定估算	□ 评定估算 □ 撰写评估报告
9月12—16日	5	□ 配合审计对接	□ 资产评估与审计初稿对接
9月17—19日	3	□ 配合汇总审核	□ 评估公司内部汇总审核
9月20日	1	□ 审核评估结果初稿	□ 提供资产评估报告初稿
9月20—22日	3	□ 配合审计对接	□ 资产评估与审计终稿对接
9月23—24日	2	□ 审核评估结果终稿	□ 提供评估报告终稿
9月25日	1	□ 评估报告报送监管部门	□ 提交评估报告

2. 技术方案。技术方案是评估计划的核心内容之一。评估计划需要结合本项目具体情况，编制出适合需要的技术方案。方案一旦形成，全体项目组成员都应当遵照执行，以保证项目的协调统一性。这对于大中型项目尤显重要。

一个完整的技术方案通常包括评估方法选择、重要评估参数选取方式和依据、与审计等其他专业中介机构之间的对接办法及协调机制，以及需重点关注的事项等。有的技术方案还包括针对本项目专门编制的评估明细表、工作底稿和需要被评估单位提交资料清单等文件的规范格式和具体要求。

3. 人员安排。人员安排应结合评估对象特点、评估工作量及时间要求、人员素质情况统筹考虑，还要注意在评估计划里明确人员的组织分工和各岗位的责任。这对企业价值评估，特别是大中型评估项目更为重要。

企业价值评估涉及的资产范围广，专业领域多，通常需要由不同专业背景的评估人员组成项目组进行实施。如果项目比较大，涉及的被评估单位比较多，还可以按照不同的被评估单位分组，每组再按业务内容分工。

按照被评估单位分组时，可以按照企业经营业务板块分组，也可以按照企业地域分布进行分组。分组时，既要考虑评估工作成本，也要考虑技术标准执行的统一性。收益法评估小组内的分工通常可以划分为两个阶段。在调查阶段，可以按企业资产和财务状况、企业经营和战略发展状况、行业情况和宏观经济情况等的调查工作进行分工。在评定估算阶段，可以按照收益法测算的要素构成（如盈利预测、折现率等），或内部单位、相关（产业、业务）板块等进行分工。

4. 安排和控制注意突出重点。制订工作计划时应根据评估涉及的工作量、工作时间要求和质量控制要求，合理安排各专业（小组）的评估工作，注意突出重点、难点，关注薄弱环节。

以机器设备评估为例，在对被评估资产类型、数量和价值分析的基础上，需要找出单台价值较大的设备、生产关键性设备、重点进口设备、重点非标准设备作为现场勘察、收集资料的重点。设备数量较多时，需要运用ABC分类法对申报设备进行分析，确定其中重点设备，分清主次。

所谓ABC分类法，是根据事物在某方面的主要特征，进行分类排队，分清重点和一般，从而有区别地确定管理方式的一种分析方法。通常情况，A类是指实物量少而价值高的设备，C类是指实物量多而价值低的设备，B类介于A、C之间。A类应是设备评估的重点，应重点勘察，并收集设备的购置合同、发票等权属证明，也应作为评估作价时的重点。

例如，某公司申报评估机器设备共计9 416台（套），账面原值3 943 219 557.67元，账面净值1 242 468 891元。评估人员在制定工作计划时将设备分为三类，具体划分情况如表1-2所示。

表1-2　　　　　　　　　　ABC分类结果汇总表

类别	数量（台）	金额（元）	数量占比（%）	金额占比（%）
A	471	2 366 354 006.72	5.00	60.01
B	1 470	985 255 080.15	15.61	24.99
C	7 475	591 610 470.80	79.39	15.00
合计	9 416	3 943 219 557.67	100.00	100.00

A类价值占被评估设备总量的60%，但数量仅为5%；而C类设备数量虽为79%，但价值占比仅为15%；通过上述分类可以合理分配时间及资源，有效把握工作重点。

评估计划编制完成后，应该按照评估机构的内部控制要求，报相关负责人审核、批准后方可实施。项目团队应通过内部培训或召集交底会议等方式，使项目参与人员及时了解评估计划（特别是评估操作方案和专业技术标准），进行必要的技术准备。

项目参与人员的技术准备工作主要包括：

(1) 熟悉已获取的拟实施项目的资料及信息。
(2) 对更新基准日或以往实施过评估的企业（资产），收集其以往评估档案中可供参考的资料及信息。
(3) 曾对拟实施项目所属地区或行业实施过评估的，收集这些项目资料中可以参考的地区或行业资料及信息；如经济社会发展、制度政策、市场研究、统计数据等资料，以及资产计价标准和投资估算指标、主要技术经济指标、评估调查可能涉及部门或单位的名称及联系方式、典型项目或特征资产的评估参考信息等。

项目团队还应注意根据评估业务实施过程中的情况变化，对评估计划进行必要的调整，并及时沟通送审。

（三）资产申报和资料准备

为提高评估工作效率，在现场工作开始前，评估机构项目团队需要向委托方（被评估对象产权持有者）发送前期准备文件，同时，通过集中培训、现场指导或利用通讯手段等指导客户的资产清查、申报和资料准备工作。

前期准备文件一般包括：
(1) 资产评估准备资料清单；
(2) 资产评估申报表（式样）；
(3) 评估基本情况/典型资产调查表；
(4) 资产评估填表说明；
(5) 资产评估需企业配合的工作内容及注意事项。

资产评估准备资料清单主要包括：评估对象所在地区、行业的背景信息和研究分析资料，评估经济行为批准文件，被评估对象总体资料，针对选用方法和所涉资产（负债）的具体资料等。

资产评估申报表供被评估对象产权持有者在资产清查基础上进行评估申报。当前，资产评估准则提供了资产基础法的评估明细表样表，反映了评估基准日被评估对象的内容、构成、数量、重要特征信息和账面价值等。收益法和市场法的评估表格主要还是由评估人员结合每个项目企业财务报表和评估模型的特点专门设计，反映被评估企业历史和预测年度的盈利、税费、再投资、财务状况、资产配置和投资分析等。经评估人员现场核实的资产评估申报表，由委托方（或由其授权评估对象产权持有者）盖章确认后，作为资产评估的基础。

三、资产评估的现场及市场调查

（一）现场调查

1. 现场调查的内容。现场调查是评估人员在被评估资产所在地对评估对象相关情况的调查，一般包括：
(1) 获得需要评估的资产清单；
(2) 核实评估对象的存在性及完整性；
(3) 对评估对象品质、使用状况的现场勘查；

（4）对评估对象的法律权属资料的关注等，应涵盖了解所有评估对象各种信息的工作。

现场调查是评估人员全面、客观地了解评估对象，核实委托方和产权持有者提供资料的可靠性的尽职调查工作，也是资产评估程序和操作的必经环节。

2. 现场调查的方式。现场调查的方式包括询问、函证、核对、监盘、勘查、检查等。

（1）在现场勘查之前，对评估对象的基本情况进行调查分析，了解资产概况、产权和使用情况。

（2）询问被评估对象管理人员、观察其管理控制情况，获得评估业务和评估对象的必要信息等。

（3）结合获得的财务、技术、产权和管理等资料，对产权持有者提供的评估申报明细表进行核对。

（4）如果没有条件亲自调查，需要采取函证措施对评估申报内容进行核实。函证的对象、数量、金额应由评估人员确定，函证的回函地址应为评估机构的单位地址。

（5）会同产权持有者对评估对象进行实地勘查、盘点，核实其数量、质量、分布情况、运行和利用（经营情况）等，形成相应的工作记录。

（6）收集评估对象的运行记录和专业检测报告。

（7）对委托方和相关当事方提供的评估对象法律权属资料进行查阅，对资料来源进行必要的核查。

3. 法律权属核查及披露责任的规范。评估对象法律权属是指评估对象的所有权、使用权和与所有权、使用权有关的其他财产权利。

评估对象价值与其法律权属状况有着密切关系，评估对象的法律权属对评估结论具有重要影响，评估人员应当予以关注。评估人员在现场调查时应当通过查验权属证书原件、核实账务等对评估对象的权属和他项权利设定情况进行核查，并在评估报告中说明评估对象的法律权属及资料来源、评估履行权属核查程序情况，披露评估对象法律权属对评估结论的影响。

在业务执行过程和评估报告中，评估人员应当根据《注册资产评估师关注评估对象法律权属指导意见》、《资产评估准则——基本准则》等规定，明确告知委托方和相关当事方，资产评估师执行资产评估业务的目的是对评估对象价值进行估算并发表专业意见，对评估对象法律权属确认或发表意见超出注册资产评估师执业范围。注册资产评估师不得明示或暗示具有对评估对象法律权属确认或发表意见的能力，不得对评估对象的法律权属提供保证。

如果评估机构明知委托方和相关当事方提供了虚假法律权属资料，就不应承接相关评估业务。

4. 调查受限。由于客观条件限制，评估师在执业过程中，对评估对象调查或勘测的程度、所获得信息的真实性、完整性等都会受到不同程度的影响。

例如，地下隐蔽工程、处于危险地带的资产、涉及国家规定保密（如军工国防单位）的资产、采取司法强制措施的资产等因条件限制无法实施勘查；企业不具有控制权的长期股权投资，因被投资单位不配合不能进入现场或获取有关资料。

评估人员需要判断：所受限制是否对评估结论或评估目的所对应经济行为构成重大影响、能否采取必要措施弥补不能实施调查程序的缺失，以便决定继续执行或中止相关评估业务。不能以工作量或工作的难易程度作为确定调查内容的标准。

对评估人员决定继续执行的调查受限项目，评估人员应在报告中如实披露受限事项，评估师为此所做的努力以及该事项对评估结论的影响。

5. 关于抽样调查。对于数量庞大的资产，当评估师认为通过对样本的调查可以推断其整体状态时，可以采用抽样方法进行现场调查。评估人员应当了解这种调查方式的局限性，在设计与选择样本、评价抽样结果、制定抽样方案时，应当运用专业判断，对抽样风险进行测算，并在评估报告中进行恰当的披露。

6. 需要补充或调整现场调查的情形。主要包括：

（1）评估发现按原有的调查计划无法达到预期和满意的调查结果，并可能对评估结论产生实质性影响；

（2）调查中发现存在大量账外资产、不良资产等事先未预计到的情况；

（3）发生评估基准日调整、评估对象数量改变、资产特征发生较大变化等情况；

（4）评估范围发生变化，新增了纳入评估范围的资产等。

（二）市场调查

1. 市场调查的目的、主要途径及调查信息的形式（见表1-3）。

表1-3　　　　　　　　　　市场调查要求

项　目	主　要　内　容
调查目的	（1）获取不同评估方法所涉及的资产价格和重要参数信息； （2）获取影响评估对象价格的外部因素信息。
调查途径	（1）公开市场； （2）供应及代理商； （3）专业调查、市场研究和资讯服务机构及产品； （4）政府部门； （5）媒体：一般包括报刊、网站、杂志等； （6）行业协会或管理机构及其出版物； （7）学术出版物。
调查信息形式	（1）询价结果或交易记录； （2）行业资讯； （3）分析资料或研究报告； （4）政府文件； （5）专业人士报告。

2. 调查信息的后续处理。

（1）资产信息资料的分析。调查信息分析是指评估人员对资产信息资料合理性和可靠性进行识别。资产信息资料的分析，通常可通过确定信息源的可靠性和资料本身的可靠性来解决。

信息源的可靠性可通过对如下因素的考察判断：①该渠道过去提供信息的质量；②该渠道提供信息的动因；③该渠道是否被通常认为是该种信息的合理提供者。

信息资料本身的可靠性可通过参考其他来源查证，必要时也可以进行适当的调查验证。实践中常采用电话询问查证和扩大调查范围的做法。

最后，根据信息的准确度和信息源的可靠性将所收集的信息进行"定级"，以方便对信息的使用和信息源的管理。

（2）信息的筛选、整理和分类。评估人员对完成可靠性识别的信息，按照可用性、信息来源（如未处理的原始信息、经加工或改动过的再生信息）进行筛选和分类，以服务于后续的评定估算。

3. 市场调查应关注的问题。评估人员应当完整、客观地收集信息、数据，必须保证赖以形成评估结论信息的完整性、充分性、客观性、有效性、合法性，不能使用没有充分依据的信息、数据。

（1）市场调查信息的真实性与合法性。真实性是指信息真实存在，而非虚构；合法性是指信息内容遵循法律法规，且与评估对象具有相同或相似的法律适用条件。

除非是为评估机构专门出具的价格咨询报告，一般从公共媒体、出版物获得的广告、报价手册、产品样本等价格资料以及软件公司提供的产品价格数据库都属于参考资料，资料本身可能会存在各种错误，资料的提供者一般不会为资料的准确性负责。在使用这些资料时，评估人员应该以审慎的态度对其真实性、可靠性进行必要的核实。

（2）市场调查信息的现实性与全面性。现实性是指信息能够体现与评估基准日相近、符合所在地当前政策条件和市场状况等特点，避免误用过时的资料，也不要随意把其他区域的信息作为评估对象所依赖的依据；全面性是指信息能够反映当地与被评估对象相同或相似资产的正常交易状况，而非特殊、个别性的交易信息。

四、评定估算

（一）确定评估方法

目前评估基本方法有市场法、收益法及成本法。每项基本方法下还有相应的具体评估方法。

评估方法选择的原则主要有：

1. 评估方法的选取应当与评估目的、评估时的市场条件、评估对象所处状态以及评估的价值类型相适应。

2. 评估方法的选取应当与评估对象的类型、现实状态等相适应，评估人员应关注各种评估方法运用的前提条件及方法的适用性和局限性，避免在评估对象不具备合理条件下滥用评估方法的情况。

3. 评估方法的选取也应当与占有资料的情况相适应，因为它受到各种评估方法运用所需数据资料及主要经济技术参数能否搜集的制约。

选取评估方法包括选择评估技术思路、实现评估技术思路的具体方法以及选择技术经济参数三个内容。比如，企业价值评估可选择的方法就有上市公司比较法和交易案例比较法，各种方法应用所需的价值比率等指标参数又是可以比选的。

（二）明确评估假设

资产评估是通过模拟市场分析判断评估对象价值的专业行为，评估结论的得出和成立都具有一定的前提，对某些未被确切认识的事物，依据已掌握信息所作出的合理推断就形成支持资产评估的假设。评估人员在评定估算前就需要提出实施具体评估的前提和假设。

根据评估假设设定条件的真实性程度，资产评估假设可以分为真实性条件假设、不确定性条件假设和非真实性条件假设等。

（三）确定评估结论

1. 评估人员应当根据所采用的评估方法，选取相应的公式和参数进行分析、计算和判断，形成初步评估结论。

2. 评估人员应当从评估资料的全面性、客观性及适时性，参数选取的合理性及适时性，计算公式的正确性，计算表格链接的正确性，评估增减值的适当性等对形成的初步评估结论进行综合分析。

3. 对同一评估对象需要同时采用多种评估方法的，应当对采用各种方法评估形成的初步评估结论进行分析比较，综合考虑不同评估方法所使用评估资料、数据、参数的质量和数量等因素，以及初步评估结论的合理性，确定最终评估结论。

五、评估报告的编制及提交

（一）评估报告的编制

确定了评估结论，评估人员就应当根据法律、法规和资产评估准则的要求编制评估报告。涉及国有资产、证券监管等资产评估项目，还需按要求一并撰写资产评估说明。

评估报告是资产评估项目的最终成果。评估机构需要通过告知委托方和相关使用方，评估结论形成的依据、所采用的方法和评估过程、形成的最终结论，以及理解和使用评估结果需要注意的事项。

（二）评估报告的内部审核

对于评估报告及评估程序执行情况，评估机构和注册资产评估师应当根据相关法律、法规、资产评估准则和评估机构内部质量控制制度进行必要的内部审核。

评估机构根据《评估机构业务质量控制指南》确定其报告审核岗位和级次，各机构规定不尽相同。涉及报告审核的一般包括项目负责人、实施项目的业务部门负责人、评估机构质量控制人员、首席评估师、公司管理层评估项目负责人等。报告审核的层次有二级、三级或四级。

无论是否设立专职审核部门（岗位），如何规定报告内部审核程序，评估审核都应涉及以下主要内容：

1. 评估资料的全面性、客观性、适时性；
2. 评估技术思路的合理性；
3. 评估目的、评估时所依据的各种假设和条件与评估所使用的各种参数，以及评估结果在性质和逻辑上的一致性；
4. 计算公式、计算过程和数据链接关系的正确性；
5. 技术参数选取的合理性；
6. 运用多种方法评估同一对象时，各种评估方法所依据的各种假设、前提条件、数据参数的可比性；
7. 最终评估结论的合理性；
8. 评估报告的合规性。

（三）与委托方及其许可的相关当事方沟通

提交正式评估报告前，评估机构可以在不影响对最终评估结论进行独立判断的前提下，与委托方及其许可的相关当事方就评估报告有关内容进行必要沟通。

通过沟通，确认资产评估履行了业务约定书约定的内容，报告内容与评估对象的实际情况一致，评估目的、价值类型和评估方法匹配，评估方法选择适当，评估参数选取合理，评估计算过程正确。

对委托方及其许可的相关当事方，对评估报告提出的核查或修改意见，项目团队应及时组织复核、查证，在查实或取得支持性证据的前提下，对评估报告进行必要的修改，并履行内部审核程序。

（四）评估报告的签发和提交

评估机构对完成内部审核的评估报告，按照规定程序和签章要求出具，并以评估业务约定书约定的方式提交委托方及约定的其他报告使用者。报告送达后评估机构一般应保留委托方及其他报告使用者接受评估报告的书面凭证。

涉及国有资产管理的评估项目，在评估报告提交后，委托方需按规定履行资产评估核准（备案）程序。评估人员通常需协助委托方，对国有资产主管单位提出的问题或审核意见，进行解释和说明，如涉及对已提交评估报告进行修改，资产评估机构应重新出具评估报告，以替换原送审报告。

（五）资产评估项目归档

评估人员在提交评估报告后，应当按照法律、法规和资产评估准则的要求对工作底稿进行整理，与评估报告一起及时形成评估档案。

工作底稿是反映评估程序，支持评估结论的直接依据。包括管理类和操作类两类，见表1-4。

表 1-4　　　　　　　　　　　工 作 底 稿

工作底稿类别	主要内容
管理类	（1）评估业务基本事项的记录； （2）业务约定书； （3）评估计划； （4）评估业务执行过程中重大问题处理记录； （5）评估报告的审核记录。
操作类	（1）现场调查记录与相关资料； （2）收集的评估资料； （3）评定估算过程记录。

注：操作类工作底稿的内容因评估目的、评估对象和评估方法等不同而有所差异。

工作底稿可以是纸质文档、电子文档或其他介质形式的文档，评估人员可根据评估业务的具体情况合理选择。电子或其他介质形式的重要工作底稿应当同时形成纸质文档。

评估人员应当根据评估业务特点和工作底稿类别，编制工作底稿目录和索引号，反映工作底稿间的勾稽关系。

需进行合规性审核、备案的评估项目，应当在取得合规性审核批复文件（或备案表）后的规定时限内将项目档案移送评估机构档案管理部门。否则，应在向客户提交评估报告后的规定时限立卷归档。评估项目归档应有相关当事方的交接签字。

思 考 题

1. 在资产评估项目实施中，注册资产评估师通常需要执行哪些基本程序？
2. 资产评估业务洽谈中，需要与委托方明确哪些基本事项？
3. 资产评估的价值类型有哪些？

第二章 机器设备评估

机器设备是资产评估中最常见的资产类型。在企业价值评估业务中，它经常作为整体企业的一个组成部分进行评估；当机器设备本身发生转让、出资、抵押、保险等经济行为时，通常也要对其进行价值评估。

第一节 评估准备及调查

一、评估假设

与机器设备评估相关的评估假设包括：
1. 继续使用或变现；
2. 原地使用或移地使用；
3. 现行用途使用或改变用途使用。如表 2-1 所示。

表 2-1

持续使用	按现行用途持续使用	原地使用
		移地使用
	改变用途持续使用	原地使用
		移地使用
变现	变现	变现

（一）持续使用假设与变现假设

持续使用假设即机器设备未来将按某种特定的用途持续使用；变现假设即机器设备未来在二手设备市场或以其他方式进行出售。

在对一个持续经营的企业进行整体企业价值评估时，机器设备一般适用于持续使用假设，在对破产清算企业评估时，大多数情况下则可能使用变现假设。

一台机器设备，被视为整体资产的一部分或者被视为脱离整体资产存在的独立资产单独销售，其所能实现的价值是不同的。前者能够实现的价值取决于该设备对整体的贡献，后者只能实现该设备单独销售的变现价值。

当机器设备作为企业整体资产的组成部分，一般以其重置成本作为其持续使用价值。

当机器设备作为单项资产出售时，一般按二手设备市场能够实现的价值或拍卖价值作为其变现价值。

（二）现行用途使用假设或改变用途使用假设

现行用途即假设被评估机器设备按目前的用途持续使用；改变用途即假设被评估机器设备未来将改变用途持续使用。

机器设备是否按现行用途（原设计用途）继续使用，对机器设备价值评估有很大影响。机器设备有时因所生产的产品、工艺等发生变化而需要改变用途，工艺或产品的调整可能会导致一些专用设备报废，或者要对这些专用设备进行改造，以适应新产品或新工艺的要求。因此评估师应该考虑：因用途改变而导致某些专用设备的报废；因用途改变而需要增加的设备改造费用等。

（三）原地使用假设及移地使用假设

原地使用即假设被评估机器设备未来将在原来的使用地点持续使用；移地使用即假设被评估机器设备未来将改变使用地点持续使用。

机器设备有些属于动产，如车辆等不需要进行任何安装可以随意移动的机器；有些是不动产，如工业炉窑等。另外很大一部分介于两者之间，称之为"固定装置"或"固置物"。所谓"固定装置"是指介于动产与不动产之间的机器设备。这些设备曾经是动产，并已采用一定的安装方式永久或半永久地固定在不动产上，挪动这些资产将可能导致不同程度的损坏。固定装置有些属于动产，有些属于不动产。一般认为，如果一项资产能移动而又不严重损坏不动产以及被评估的资产本身，那么它就是动产；反之，则为不动产。

在评估中，很多时候需要判断资产的移动性，以及可能产生的价值损失。如对面临搬迁企业的资产评估，或政府征收土地的拆迁企业损失评估，这时所评估的设备价值是它的移地使用价值，评估时必须考虑哪些设备可以移动，哪些设备不可以移动，哪些设备移动时会造成损坏，即设备的可移动性及移动损失。

评估师对原地持续使用的机器设备进行评估时，一般应当考虑安装调试成本；对需要改变使用地点，并按原来的用途持续使用或改变用途的机器设备进行评估时，应当考虑机器设备移位的损失对价值所产生的影响。这些影响包括：

1. 设备的移位引起某些不可移动设备的报废；
2. 设备的移位导致设备原有安装、基础等损失；
3. 设备从移位到达到使用状态所发生的运输费用、基础费用、安装调试费用等迁移成本对价值的影响。

二、机器设备的评估范围

机器设备的评估范围,除了机器设备本身还包括设备基础、附属设施等。有些设备基础是独立的,有些则是与建筑物密不可分的,甚至是建筑物的一个组成部分,特别是对于工厂、车间的整体机器设备,其评估范围并不一定是显而易见的。

从实体状态上设备与建筑是密切联系的,同样,成本费用也密切相关。比如,在计算重置成本时所考虑的工厂设计费、安装调试费是否在建筑物评估时已经考虑。设备评估师不能孤立地评估设备,必须全面了解工厂的成本构成以及成本要素之间的关系,以避免在评估时发生成本的重复计算或遗漏。

机器设备往往需要动力管线为其提供动力,也有的机器设备包括一些附属设施。评估人员在进行机器设备评估时必须根据评估目的明确具体的评估范围。

另外,在进行机器设备评估时,评估师应当关注评估对象是否包括操作软件、技术数据、生产记录和专利等无形资产。

三、了解相关产业政策

与其他资产不同,机器设备的价值受国家能源、环保等产业政策影响较大。为了节约能源,保护环境,实现可持续发展,国家颁布了《节约能源法》和《环境保护法》及一系列产业政策,对机器设备的使用进行了严格的规定和限制,对机器设备的能耗和环保提出了更高的要求。这些政策对设备价值的影响主要体现在以下两个方面:

(一)缩短了设备的使用寿命

根据《节约能源法》和《环境保护法》的规定,国家实行了淘汰能耗高的老旧技术、工艺、设备和材料的政策,对不符合要求的机器设备应立即或限期报废,大大加快了能耗设备的更新速度,缩短了一些设备的正常使用寿命。

1982年以来国家有关部门通过公布节能机电产品和淘汰落后机电产品、落后生产工艺及落后产能目录等举措,推动产业升级和设备更新换代。1997年,根据《中华人民共和国大气污染防治法》和全国人大环境与资源保护委员会的有关要求,国家公布了第一批15项严重污染环境(大气)的淘汰工艺与设备名录。1999年,国家经济贸易委员会先后公布了两批淘汰落后生产能力、工艺和产品的目录,第一批涉及10个行业的114个项目,第二批涉及8个行业的119个项目,第三批目录涉及13个行业的117个项目。

2009—2014年,国家工业和信息化部陆续发布《高耗能落后机电设备(产品)淘汰目录》(第一批至第三批);国家发展和改革委员会陆续发布了《产业结构调整目录》、《外商投资产业指导目录》、《中西部地区外商投资优势产业目录》、《国家重点节能技术推广目录》、《国家鼓励发展的环保产业设备(产品)目录》、行业准入条件、各行业淘汰落后生产能力等公告,以限制高能耗、落后产能(设备、工艺),推广节能、先进产能(设备、工艺)。

（二）增加运营成本

国家对不符合环保要求的设备严禁使用，对超过排放标准排污的企业要征收高额的排污费，主要用能设备能耗超过限额的，按超限额浪费的能源量加价收费，导致了这些高污染、高能耗设备运营费用的提高。北京市关于超限额耗能加价收费标准规定：企业产值综合能耗、产品单位能耗和主要用能设备能耗指标超限额10%（含10%）以内的加价1倍；超限额10%~20%（含20%）的加价2倍；超限额20%~30%（含30%）的加价3倍；超限额30%~40%（含40%）的加价4倍；超限额40%以上的加价5倍。

四、现场调查

（一）现场调查的内容

评估师对机器设备所进行的现场调查一般包括宏观调查和微观调查。

1. 宏观调查。是以机器设备所服务的主体为调查对象。宏观调查一般围绕以下问题：工厂设备生产什么？产品是如何生产出来的？工厂设备的能力是什么？调查内容一般包括：工厂的名称、地址、生产的产品、基本生产工艺、建设日期、设计生产能力、实际生产能力、收益或亏损情况及原因、生产作业方式、市场情况、生产经营历史数据、维护政策及历史维护费用、安全环保情况等。

2. 微观调查。通过微观调查，评估师要能够回答：评估对象是否存在？这是一台什么样的设备？它是否被安装以及安装方式是什么？它的使用方式是什么？它的技术状态及运行质量如何？资产的权属状态是什么？设备的状态调查是确定设备重置价值和贬值的重要依据。

微观调查是以单台设备为调查对象，侧重的是考察单台机器状态。内容一般包括：设备名称、品牌名称、型号规格、序列号、制造厂家、设计技术参数、设备的出厂日期、购置日期、役龄、是否包括附件、基础、无形资产，安装方式，目前的技术状态，维护保养情况，使用负荷等。

品牌名称：品牌名称是设备身份的重要标识。

序列号：序列号是设备非常重要的信息。通过序列号，可以从生产厂家获得该产品生产的年代、能力、规格等信息。

型号规格：型号规格通常可能包含设备的类型、通用及结构特征、主参数及组系代号、重大改进等重要信息。

生产能力：是反映机器设备加工能力的技术参数，包括设计生产能力和实际生产能力。

出厂日期与状况：设备的出厂日期可以从设备的出厂铭牌或者序列号中获得。设备的状况可以通过对设备的观察、鉴定获得。

上述内容并不是对每一项机器设备评估都是必需的，同样也不是对任何一项评估业务都是充分的。评估师需要根据评估对象的具体情况来判断哪些信息是与评估相关的信息，确定应该收集的信息。《资产评估准则——机器设备》第十七条规定：注册资产评估师应当根据评估对象的具体情况合理确定现场调查内容。现场调查是评估师赖以形成评估结论的基础，调查内容应该支持评估师所形成的评估结论。

评估人员对单台设备进行现场调查时，应注意核对设备出厂铭牌的信息，并核对出厂铭牌信息与申报信息是否相符，包括设备名称、型号、规格、主要的技术参数、出厂编号、出厂日期、生产厂家名称、联系方式等。

通常设备出厂铭牌会固定在设备的机身上，管理较好的企业还会建立设备档案，编制设备编号，并悬挂于设备机身上，如无法找到设备的出厂铭牌，可以根据企业编制的设备编号查阅设备档案资料。

现场调查时，除了核对设备的基本信息外，还要确定设备的工作状态。通常可以通过观察设备的外观、运行环境、运行状态等进行判断，必要时可借助专业鉴定手段。

（二）现场调查的手段

《资产评估准则——机器设备》第十八条规定：注册资产评估师通常可以通过现场观察，利用机器设备使用单位所提供的技术档案、检测报告、运行记录等历史资料，利用专业机构的检测结果，对机器设备的技术状态做出判断。必要时，注册资产评估师应当聘请专业机构对机器设备进行技术鉴定。

注册资产评估师对机器设备技术状态的判断，通常是根据对设备进行的现场观察，借鉴设备使用单位提供的技术档案、检测报告、运转记录等历史资料，或利用专业部门的检测结果做出的。有时评估师会使用一些简单的仪器，对评估对象进行必要的测试，但很少使用专业的测试仪器。

当评估师认为使用一般的评估检查手段不能确定设备技术状态时，应考虑对其进行精确的技术鉴定，但是该工作已超出评估师的能力范畴，需要聘请专业机构加以实施。另外，许多设备的检测和鉴定需要国家有关部门核发的特殊资格，大部分资产评估机构不具备此条件，如必须进行某些特殊鉴定，则要聘请有资格的专业机构进行。

评估师可以利用第三方的工作，如专业机构出具的技术鉴定报告、检测报告、律师出具的法律意见书等，也可以要求相关当事人提供保证书或承诺函等。但应按照《资产评估准则——利用专家工作》的要求，对专业机构出具的专业报告进行分析、关注，并依规加以披露。

国家对于压力容器、电梯、起重机械、车辆等均要求定期进行检验检测，由有资质的部门出具定期检测或年检报告，评估人员应收集上述设备近期有效的检测报告书，用于判断设备状态。以下是某电动单梁（悬挂）起重机的定期检验结论报告。

（三）现场调查的程序

设备现场调查的步骤和程序与资产评估的目的、方法、申报评估资产的类别有一定关系。通常情况下包括案头准备阶段、了解情况阶段、现场勘察阶段、收集资料阶段。

1. 案头准备阶段。

（1）需要将评估申报的每一类固定资产的账面原值、净值与明细分类账核对，各类固定资产加总合计正确，并与评估基准日的资产负债表核对一致。

电动单梁（悬挂）起重机定期检验结论报告

报告编号：2011-QD30215

使用单位：	××公司配件工厂		
使用单位地址：			
组织机构代码		使用地点	五车间
安全管理人员		联系电话	
设备品种	电动单梁起重机	单位内部编号	508-QJD-299
制造单位	河南中原矿山起重机械厂		
制造许可证编号（型式试验备案号）	/	设备代码	41980403092010090190
制造日期	2010-08-01	规格型号	LD
产品编号	/	工作级别	A3
额定起重量	3t	跨度	10.5m
起升高度	9m	起升速度	8m/min
大车运行速度	20m/min	小车运行速度	20m/min
检验依据	起重机械定期检验规则（TSG Q7015）		
主要检验仪器设备	常规检验仪器___1___号箱 其他主要仪器： 	序号	名称	型号	编号
1	水准仪	AL-32X	SB-11-1
2	直尺	1m	SB-80
/	/	/	/
/	/	/	/			
检验结论	合格		
备注	/		

下次定期检验日期：2013-05-14	检验机构核准证号： TJ7210139-2011 ××安全检验所 2011年05月25日
监检人员： 日期：2011-05-14	
审核： 日期：2011-05-16	
批准： 日期：2011-05-25	

（2）查看评估申报明细表，提出其中填写不完整、错误的内容，进行补充或修改。

（3）取得资产产权持有者设备管理部门的设备台账或重点设备清单，运用 ABC 分析法，结合企业的重点设备清单确定需重点评估的设备。

2. 了解情况阶段。评估人员与资产产权持有者的设备管理人员进行座谈，听取设备使用情况介绍，了解设备的总体运行情况、维护保养情况、总体生产工艺流程、大修理计划及执行情况、开工情况及利用率、分布情况、抵（质）押情况及其他影响设备产权或使用的事项，并讨论现场勘察的工作部署等。

3. 现场勘察阶段。现场对设备进行清点及勘察，在清点核实过程中，评估人员需要核对设备编号，核查设备铭牌中型号、规格、生产厂家、出厂日期等内容是否与申报相符，观察设备运行情况，对设备严重锈蚀、漏油、有异响、变形、过热等现象应及时记录，并询问设备操作工人，了解设备使用情况、利用率、生产班次等。对于闲置设备需了解闲置原因、闲置时间，是否待报废等，对残缺的设备需做出记录。对重点评估的设备，要按拟订的勘察计划填写现场勘察记录。

还需了解是否出现了新的、性能更优的设备，使原有设备功能相对落后等功能性贬值因素。

了解是否出现因客户单位生产的产品改型、更新换代、产品滞销而引起的设备利用率降低或闲置等经济性贬值因素。

对于无法实地勘察的设备，如设备出租、出借且价值较大，应检查合同或其他协议，并可以通过函证方式确认其存在。

整理出盘亏、盘盈、报废设备明细，并就勘察中发现的重大问题，与资产产权持有者沟通，并请客户出具必要的文件、说明。

4. 收集资料阶段。收集设备评估所需的产权、估价、设备鉴定等方面的资料，如设备必要的权属证明、承诺函、设备的原始发票、合同、设备的抵押清单及有关抵押的法律文件等；进口设备的报关单、有关免税证明等文件；特殊设备（如锅炉、压力容器、电梯等）的年检或安检报告；非标、自制设备的设计文件、图纸、主要材料及外购件的估算说明等；设备工艺流程图及设备总体情况介绍；企业大修理计划及执行情况文件；车辆行驶证、机动车辆登记证等。

（四）法律权属问题

《资产评估准则——机器设备》第十九条规定：注册资产评估师应当关注机器设备的权属，要求委托方或相关当事方对机器设备的权属做出承诺。注册资产评估师应当对机器设备的权属进行必要的查验。

由于机器设备不同于不动产，除车辆、船舶等特殊机器设备，大部分机器设备一般没有产权证明文件来证明其法律权属。因此，评估师一般会要求委托方、资产产权持有者或其他当事方对被评估机器设备的权属做出承诺。同时，也会对能证明机器设备权属的资料进行必要的查验。

五、市场调查

(一) 市场调查的目的

评估师一般要通过市场调查获取机器设备的重置价格、二手设备的交易价格以及设备的租金水平等信息。

在采用成本法评估机器设备时,对大多数有公开市场价格的机器设备,可以通过市场询价了解其现行价格,作为计算重置成本的基础;在采用市场法评估机器设备时,评估师往往需要通过对二手设备市场的调查来了解与评估对象相同或相似的市场参照物的现行市场价格。

另外,评估师也可以通过市场调查来判断设备是否存在经济性贬值。

(二) 市场调查对象

评估人员进行市场调查的对象通常包括:设备生产商;新设备销售商及购买者;二手设备经销商或二手设备购买者;拍卖市场;拍卖资料数据库;网上资料;设备报价手册等公开出版物;租赁公司。

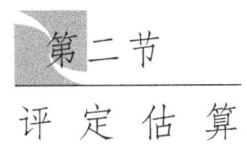

思 考 题

1. 评估假设有哪些?应当如何确定?
2. 国家有关能源环保政策可能会对机器设备评估产生什么影响?
3. 简述设备现场调查的内容。
4. 评估师一般采用何种方式了解机器设备的权属状况?评估师是否应对评估对象的法律权属发表意见并做出保证?
5. 运用成本法、市场法进行机器设备评估时,市场调查的重点分别是什么?

第二节 评定估算

一、成本法估算

成本法是从成本的角度来衡量资产的价值,它首先估算与评估对象完全相同或功能相同的全新资产的成本,如果被评估对象是一台全新的设备或一个全新的工厂,则被评估对象的价值为其重置成本。根据替代性原则,在进行资产交易时,购买者所愿意支付的价格不会超过按市场标准重新购置或构建该项资产所付出的成本。如果被评估资产已经使用过,则应该从重置成本中扣减在使用过程中自然磨损、技术进步或外部经济环境导致的各种贬值。

因此，成本法估算就是对被评估资产的重置成本和资产实体性贬值、功能性贬值、经济性贬值的估算。

（一）重置成本

1. 机器设备重置成本的构成。重置成本包括购置或购建设备所发生的必要的、合理的直接成本费用、间接成本费用和因资金占用所发生的资金成本。设备的直接成本包括：

（1）设备原价，即购买或建造设备所发生的费用；

（2）运杂费，指设备从生产厂家运到安装使用地点所发生的装卸、运输、采购、保管、保险等费用。

（3）安装费，指为安装设备而发生的人工费、材料费、机械费及全部取费。设备的安装工程范围包括以下几部分：①所有机器设备、电子设备、电气设备的装配、安装工程；②锅炉及其他各种工业炉窑的砌筑工程；③设备附属设施的安装工程，如与设备相连接的工作台、梯子的安装工程；④设备附属管线的敷设，如设备工作所需的电力线路、供水、供气管线等；⑤设备及附属设施、管线的绝缘、防腐、油漆、保温等工程；⑥为测定安装工作质量而进行的单机试运转和系统联动无负荷试运转。

（4）基础费，指建造设备基础所发生的人工费、材料费、机械费及全部取费。通常情况下，设备基础费属于建筑工程的一部分，是为安装设备而建造的特殊构筑物。在进行计算时，应该分清设备的基础费用是否已在房屋建筑物评估值中考虑了，不应重复计算。

间接成本一般包括管理费用、设计费、工程监理费、保险费等。直接成本与每一台设备有直接对应关系，间接成本和资金成本有时不能对应到每一台设备上，它们是为整个项目发生的，在计算每一台设备的重置成本时一般按比例摊入。

2. 设备重置成本构成的具体内容与设备的组织形式、类型、安装方式等有关。

（1）单台设备的重置成本一般包括：①设备价格；②运杂费；③安装费；④基础费等。如果建设周期比较短，一般不考虑资金占用成本。

【例 2-1】一台空调机的重置成本见表 2-2。

表 2-2

项　目	项目内容	金额（元）
设备费	在市场上购买空调机所需支付的费用	28 000
运杂费	将空调机由销售商处运至使用地点所发生的装卸费、运输费等	180
安装费	安装空调机所进行的动力线布线、打孔等人工费、机械费、材料费及其他相关费用	220
基础费	建造空调机基础所发生的费用，此空调机无基础，故取为 0	0
合计		28 400

（2）对生产线以及工厂、车间等整体资产，重置成本还包括将单项资产组合成整体

资产所发生的"组织"成本,如调试费、工厂设计费、管理费等。

【例2-2】某食品厂申报评估的全自动沙琪玛生产线,生产能力为8t/天,生产线组成如表2-3所示。

表2-3

设备名称	数量
和面机	1台
连续压面制粒机	1台
燃煤油炸机	1台
熬糖机	1台
拌糖机	1台
全自动连续切块机	1台
输送机	1台
包装机	2台
电气系统	1套
阀门、管件	1批

该生产线的重置成本见表2-4。

表2-4

项目	项目内容	金额(元)
设备购置费	生产厂家报出的设备销售价格	196 000
运杂费	将设备由生产厂家所在地运至使用地点所发生的装卸费、运输费、保险费等	9 800
安装费	生产线各设备的组装、固定、电气、水等的连接、调试等所发生的人工、材料等费用	5 800
基础费	建造设备基础所发生的费用。此生产线无设备基础,故取费为0	0
试运转费	在设备安装调试完成后,正式生产前对整个生产线进行联合试运转所发生的费用	2 900
设计费	已含在设备报价中,不另行计取	0
管理费	项目从立项到竣工验收所发生的管理费用	5 800
资金成本	合理工期为6个月,成本均匀投入	3 084
合计		223 384

(3)对于进口设备和车辆等特殊设备,根据国家的有关规定,在购买设备时还需要支付除设备价以外的税金或费用,这些费用也包括在设备的重置成本中。车辆的从属费用包括购置附加税、验车费用等。进口设备的从属费用包括国外运费、国外运输保险费、关税、增值税、银行财务费、外贸手续费、商检费等。

【例2-3】某进口设备FOB价为1 200万美元,关税税率为16%,增值税税率为17%,银行手续费率为0.4%,外贸代理费率为1%,国内运杂费率为1%,安装费率为

0.6%，基础费率1.7%。设备从订货到安装完毕投入使用需要2年时间，第一年投入的资金比例为30%，第二年投入的资金比例为70%，假设每年的资金投入是均匀的，银行贷款利率为5.85%，基准日美元兑人民币的汇率为6.13，试计算该设备的重置成本。

解： 该设备的重置成本包括：设备的货价，海外运输费，海运保险费，关税，增值税，银行财务费用，外贸手续费，国内运费，安装费，基础费，资金成本。计算过程见表2-5。

表2-5

项 目	计费基数	费率	计算公式	金额
FOB 价				12 000 000USD
国外海运费	FOB 价	5%	计费基数×海运费率	600 000USD
国外运输保险费	FOB 价+海运费	0.40%	计费基数×保险费率	50 400USD
到岸价（CIF 价）外币合计				12 650 400USD
CIF 价人民币合计	外币额	6.13	计费基数×汇率	77 546 952
关税	CIF 价	16%	CIF 价×16%	12 407 512.32
增值税	CIF 价+关税	17%	（CIF 价+关税）×17%	15 292 258.93
银行手续费	FOB 价	0.40%	FOB 价×0.4%	294 240
外贸手续费	CIF 价	1%	CIF 价×1%	775 469.52
国内运杂费	CIF 价	1%	CIF 价×1%	775 469.52
安装费	CIF 价	0.60%	CIF 价×0.6%	465 281.71
基础费	CIF 价	1.70%	CIF 价×1.7%	1 318 298.18
合计				108 875 482.19
资金成本		5.85%	资金合计×30%×5%×[(1÷2)+1]+资金合计×70%×5%×1÷2	5 095 372.57
重置成本总计				113 970 854.76

总之，构成重置成本的费用必须是为购置或购建被评估机器设备所发生的，包括直接费用和间接费用；一些非必然的费用不应包括在内，如根据客户特殊的工期要求加班而发生的加班费，因这种工期要求并不是工程所必须的，这样的费用就不包括在设备重置成本中。

2. 复原重置成本和更新重置成本的使用。

（1）复原重置成本的使用。复原重置成本一般用于所评估机器设备的制造工艺、材料等与原来完全相同的情况，评估时设备重置成本的变化主要是由于物价水平变化引起的。在这种情况下只需要将设备历史成本中的人工费、机械费、材料费，调整到目前价格水平，即获得其复原重置成本。

【例2-4】某化工设备1980年建造，建造成本项目及原始造价成本如表2-6所示。

表2-6

序号	成本项目	原始成本（元）	备注
1	主材	50 160	钢材22.8吨
2	辅材	11 200	铝、橡胶、聚乙烯、铜等
3	外购件	13 800	电机、阀
4	人工费	29 900	598工时×50元
5	机械费	13 650	136.5小时×100元
	成本小计	118 710	
6	利润	17 807	15%
7	税金	25 529	18.7%
	含税完全成本价	162 046	

在评估基准日，该设备制造工艺、技术无任何变化，仅物价水平发生变化。钢材价格上涨了23%，人工费上涨了39%，机械费上涨了17%，辅材现行市场价合计为13 328元，电机、阀等外购件现行市场价为16 698元，假设利润、税金水平不变。该化工设备的复原重置成本如表2-7所示。

表2-7

序号	成本项目	原始成本（元）	复原重置成本（元）
1	主材	50 160	61 697
2	辅材	11 200	13 328
3	外购件	13 800	16 698
4	人工费	29 900	41 561
5	机械费	13 650	15 971
	成本小计	118 710	149 255
6	利润	17 807	22 388
7	税金	25 529	32 097
	含税完全成本价	162 046	203 740

（2）更新重置成本的使用。由于技术进步的原因，设备的制造工艺、材料在不断发展。有时按复原重置的方式估算重置成本是困难的或是不合理的，比如，有些设备，原来使用的材料已淘汰，目前的市场无法得到这些材料，也没有办法确定它的成本；有些设备尽管可以进行复原重置，但是其成本要高于更新重置成本，而性能却低于更新重置方式建造的设备，在这种情况下复原重置是没有意义的，一般使用更新重置成本。

假如上述化工设备在评估基准日制造工艺也发生变化，由于主材利用率的提高，钢材用量比过去节约了20%，人工工时和机械工时分别节约15%和8%，物价上涨因素同上，则更新重置成本见表2-8。

表2-8

序号	成本项目	计算过程	更新重置成本（元）
1	主材	22.8×2 200×0.8×1.23	49 357
2	辅材		13 328
3	外购件	13 800	16 698
4	人工费	598×50×0.85×1.39	35 327
5	机械费	136.5×100×0.92×1.17	14 693
	成本小计	118 710	129 403
6	利润	17 807	19 410
7	税金	25 529	27 828
	含税完全成本价	162 046	176 641

大部分通用设备的重置成本通过市场销售价格来确定，设备的市场销售价格反映的是设备的更新重置成本。如果在评估时，被评估设备在市场上已不销售，一般根据与评估对象功能相同的替代产品或换代产品的市场销售价来确定评估对象的重置成本，这个价格也可以反映设备的更新重置成本。例如，立式铣床X62，因结构陈旧，性能落后，操作不便等原因，已停止生产。它的替代产品是XA6032型立式铣床，评估时一般使用XA6032型铣床的市场销售价格作为X62型铣床的更新重置成本。

3. 确定重置成本的途径。

（1）市场途径。市场交易数据是确定设备购置成本最简单、有效并且可信的途径。使用这种方法的关键是获得市场价格资料。

①获得市场价格的渠道：

● 市场询价。对大多数有公开市场价格的机器设备，可以通过市场询价来确定设备的现行价格，即评估师直接从市场了解相同产品的现行市场销售价格。机器设备的市场价格，制造商与销售商、或者不同的销售商的售价可能是不同的。根据替代性原则，在同等条件下，评估人员应该选择可能获得的最低售价。

● 报价。对于一些专用设备和特殊设备，一般没有公开的市场价格。这些设备往往只有少数厂家生产,市场交易很少,市场透明度较差。确定这些设备的现行市场价格,需要向生产厂家直接询价,所得到的价格称为"报价"。生产厂家的报价和实际成交价往往存在一定的差异,评估人员应特别慎重地对待这种报价,不可以直接使用。剔除报价水分的一个方法,就是向近期购买该厂同类产品的其他客户了解实际成交价。

• 价格资料。价格资料是获得机器设备市场价格的重要渠道,它们包括生产厂家提供的产品目录或价格表、经销商提供的价格目录、出版的机电产品价格目录、机电产品价格数据库等。在使用上述价格资料时,数据的有效性和可靠性是至关重要的。

②应注意的问题:

• 时效性。价格资料及市场信息一般反映一定时期的价格水平,机电产品的价格变化与市场和产品有关。有些产品的价格相对比较稳定,如一些机械加工设备,它们的价格往往在几个月或者一年之内保持稳定;有些产品的价格变化比较快,如电子产品、计算机、汽车等,这些产品的价格每个月甚至每周都在变化。评估师要注意价格资料的时效性,以及所用的资料是否能够反映评估基准日的价格水平,避免误用过时的价格资料。

• 地域性。设备的销售价格可能受交易地点的影响,不同地区由于市场环境不同,同类型机器设备的售价可能是不同的。特别是进口设备,由于市场差异较大,评估师在使用上述价格资料时要清楚生产商对不同国家的销售价格是否一致。如不一致,则应使用评估对象所在地的售价资料。

• 可靠性。评估师有责任对所使用的价格资料的可靠性作出判断,除非是为评估机构专门出具的价格咨询报告,一般从公共媒体、出版物获得的广告、报价手册、产品样本等价格资料以及软件公司提供的产品价格数据库都属于参考资料,资料本身可能会存在各种错误,资料的提供者一般不会为资料的准确性负责。在使用这些资料时,评估师应该以审慎的态度进行必要的核实。

【例2-5】D公司申报评估的烧结机1台,规格型号为$75m^2$,由唐山冶金矿山机械厂生产,启用日期为2006年4月,评估基准日为2010年2月28日。

设备的主要技术参数(单台套)如表2-9所示。

表2-9

项 目	参 数	项 目	参 数
有效烧结面积	$75m^2$	有效干燥段面积	$5m^2$
最大料层厚度	600mm	工作台车总数	96台
台车运行速度	0.8~2.5m/min	头尾轮中心距	42.745m
点火燃料	煤气	设计处理能力	150t/h

评估人员直接向唐山冶金矿山机械厂电话询价,询价情况记录如下:

设备询价记录

询价人员：###
询价日期：2010 年 4 月 3 日
询价厂家：唐山冶金矿山机械厂
联系人：###
联系电话：####
询价情况
申报明细表第 5 项
设备编号：1294375903
设备名称：烧结机
型号及主要技术参数：有效烧结面积：75m²，有效干燥段面积：5m²，最大料层厚度：600mm，工作台车总数：96 台，台车运行速度：0.8～2.5m/min，头尾轮中心距：42.745m，点火燃料：煤气，设计处理能力：150t/h
报价（万元）：682
报价说明：无折扣；含运杂费，不含安装等其他费用

评估人员通过了解购买该设备的客户，认为厂家报价与近期实际成交价基本吻合，该报价可以采信。

（2）物价指数。物价指数法就是以设备的原始购买价格为基础，根据同类设备的价格上涨指数，来确定机器设备重置成本。使用物价指数法的两个要素是设备的历史成本和物价指数。历史成本是指设备最初使用者的账面原值，而非当前设备使用者的购置成本。物价指数可分为定基物价指数和环比物价指数。

①定基物价指数。是以固定时期为基期的指数，通常用百分比来表示。以 100% 为基础，物价指数大于 100%，表明物价上涨；物价指数在 100% 以下，表明物价下跌。表 2－10 为某类设备的定基物价指数。

表 2－10

年份	1995	1996	1997	1998	1999	2000	2001
物价指数	100	103	106	108	110	112	115

采用定基指数计算设备当前重置成本的公式为：

重置成本 = 历史成本 × （当前年份指数/原始购买年份指数）

【例2-6】某设备2006年购置，历史成本为38 000元，计算2011年重置成本。

2011年的物价指数为115，2006年物价指数为103，则：

2011年该设备重置成本 = 38 000 × （115/103） = 42 427（元）

②环比物价指数。是以上期为基期的指数。如果环比期以年为单位，则环比物价指数表示该类产品本年比上年的价格变动幅度。通常也用百分比表示。如表2-10的定基物价指数用环比物价指数表示如表2-11所示。

表2-11

年份	2005	2006	2007	2008	2009	2010	2011
物价指数	—	103	102.9	101.9	101.9	101.8	102.7

用环比物价指数计算设备重置成本的公式为：

设备重置成本 = 历史成本 × $(P_1^0 \cdot P_2^1 \cdot \cdots \cdot P_n^{n-1})$

其中 P_n^{n-1} 代表前 n-1 年的环比物价指数。

【例2-7】某设备2008年历史成本为30 000元，环比物价指数如上表，计算2011年该设备重置成本。

重置成本 = 30 000 × （101.9% × 101.8% × 102.7%） = 31 961（元）

③物价指数的获得。物价指数可以从以下途径获得：

• 国家统计局定期发布的工业生产者出厂价格指数中"通用设备制造业"、"专用设备制造业"、"交通运输设备制造业"、"电气机械及器材制造业"、"通信设备、计算机及其他电子设备制造业"、"仪器仪表及文化、办公用机械制造业"等类价格指数。

• 专业评估数据库，如评估资讯网（www.pinguw.com）提供的中国机器设备出厂价格指数，以及美国等主要国家的机器设备出口价格指数。

④应注意的问题。物价指数法计算重置成本常用于一些难以获得市场价格的机器设备的评估。使用时，应注意以下问题：

• 选取的物价指数应与评估对象相配比，一般采用某一类产品的综合物价指数，而非某个设备的物价指数。如果评估的是单台设备，该设备的价格变动指数与这类产品的综合物价指数之间可能存在一定的差异。因而，评估的该类设备数量越多，样本数量越大，整体误差将越小。

• 设备的历史成本是计算设备重置成本的基础，评估人员应注意审查历史成本的真实性。因为在设备的使用过程中，账面历史成本可能进行了调整，即：企业的账面价值已不能反映设备真实的历史成本。另外，企业账面的设备历史成本一般还包括运杂费、安装费、基础费以及其他费用，上述费用的物价变化指数与设备价格变化指数往往是不同的，应分别计算。特别是对锅炉、锻压机械等，运杂费、安装费、基础费所占比例很大，有的可能超过设备本身的价格，评估人员应特别注意。

• 一般来讲，物价指数并不能反映技术先进性，因此，物价指数法不能运用于更新重置成本，也不能提供任何衡量复原重置成本和更新重置成本差异的手段。

- 对于购买时间较长、采用综合物价指数或对高通货膨胀期设备进行物价指数法评估时,评估师应相当谨慎,并尽可能用其他方法校核。
- 用物价指数法计算进口设备的重置成本,应使用进口国的分类物价指数。

(3) 成本核算法。对于市场上销售的设备,一般按设备的市场销售价格作为其购置成本。有些设备,评估师很难从公开市场获得其价格资料,如非标设备、自制设备和专用设备等,需要评估师按目前的价格标准重新估算其建造成本。与建筑工程相比,设备成本的估算过程更为复杂而费时。目前,由于时间和工作量方面的限制,精确地计算几乎是不可能的,这项工作需要排定每个零部件及工序,分别计算材料及制造费用。评估中,一般采用一些近似的方法来解决成本估算问题,如综合估价法、重量估价法等。

第一,综合估价法。是根据设备的主材和主要外购件费用与设备成本费用存在的比例关系,通过确定设备的主材费用和主要外购件费用,计算出设备的完全制造成本,并考虑企业利润、税金、设计费等,确定设备的重置成本。计算公式如下:

$$S = (C_{m1} \div K_m + C_{m2})(1 + K_p)(1 + K_t)(1 + K_d \div n)$$

式中:S 为非标设备的价格,C_{m1} 为主材费(不含主要外购件费),K_m 为不含主要外购件费的成本主材费率,C_{m2} 为主要外购件费,K_p 为成本利润率,K_t 为销售税金率,K_d 为非标准设备设计费率,n 为非标准设备生产数量。

【例 2-8】G 公司申报评估的中心支架终焊变位机,型号规格:6.5T;生产厂家:上海交通大学;启用时间:1997 年 8 月 1 日;评估基准日为 2009 年 8 月 31 日。

该设备是用来焊接 3 200 上车架(中心支架),为保证上车架底面的平面度,该工装采用了多支点液压压紧结构,用 7 个液压缸对工件底面进行刚性固定,同时为保证焊接质量和减轻焊工劳动强度,该工装可以 180 度翻转,使其全部焊缝均能处于水平位置再进行气体保护焊。

评估人员采用重置成本法计算该设备的重置全价,其重置全价计算公式如下:

$$P = (C_{m1} \div K_m + C_{m2})(1 + K_p)(1 + K_t)(1 + K_d \div n)[1 + (安装调试费率 + 运杂费率)] + 建设单位管理费 + 联合试运转费 + 资金成本$$

式中:P 为非标设备的重置全价,C_{m1} 为主材费(不含主要外购件费),K_m 为不含主要外购件费的成本主材费率,C_{m2} 为主要外购件费,K_p 为成本利润率,K_t 为销售税金率,K_d 为非标准设备设计费率,n 为非标准设备产量。

①各项数值的确定。根据评估人员查看现场实物,经该公司设备管理人员配合得出该设备的各项数据如下:

- 主材费 C_{m1}。根据企业申报的该设备主要材料的用量及评估人员的测算,主材费 C_{m1} 为 35 100 元,其中:材料利用率取 80%,C_{m1} 构成见表 2-12。

表 2-12

项目	材料类别	材料净重(吨)	材料毛重(吨)	单价(元/吨)	计算结果(元)
C_{m1} 主材费	Q235A 钢材	6.24	7.8	4 500	35 100
	合计	6.24	7.8	4 500	35 100

- 主要外购件费 C_{m2}。见表 2-13。

表 2-13

外购件名称	数量（吨、套）	单价（元）	总价（元）
电机减速机	1	18 000	18 000
轴承	2	500	1 000
液压缸阀	7	10 000	70 000
电控元件	1	13 000	13 000
合计			102 000

● 其他参数的选取，见表 2-14。

表 2-14

费率	取值
K_m	0.35
K_p	15%
K_t	18.7%
K_d	17%
n	1
运杂费率	6%
安装调试费率	4%
建设单位管理费率	1.5%
联合试运转费	—

②计算过程。

设备重置全价 = (35 100 ÷ 0.35 + 102 000) × (1 + 15%) × (1 + 18.7%) × (1 + 17% ÷ 1) × (1 + 6%) × (1 + 4%) × (1 + 1.5%)

= 361 497(元)

第二，重量估价法。是假设人工费、车间经费、企业管理费及设计费是设备材料费的线性函数，根据相似设备的统计资料计算出单位重量的综合费率，以设备的重量乘以综合费率，并考虑利润和税金，根据设备的复杂系数进行适当调整后，确定设备的价格。

计算公式：

$$S = W \cdot R_w \cdot K \cdot (1 + r_p)/(1 - r_t)$$

式中：S 为非标设备价格，W 为设备的净重，R_w 为综合费率，K 为调整系数，r_p 为利润率，r_t 为综合税率。

（4）类比法。是根据相似设备的价格来确定重置成本的方法。某些设备，如化工设备、石油设备，同一系列不同生产能力设备的价格变化与生产能力变化呈某种指数关系，这种指数叫做规模经济效益指数。如果已经知道一个系列产品中几种生产能力设备的价格，并且数据表明设备的价格变化与生产能力变化呈指数关系，则可以利用这种关系来确定未知的设备价格。

【例2-9】某被评估的化工设备，生产能力为20吨/月，现在市场上已没有相同生产能力的设备，但可知某生产能力为30吨/月的生产同类化工产品的设备市场售价为150万元，该类设备的规模经济效益指数为0.65。通过类比法计算被评估设备重置成本。

解：设备的重置成本 = (被评估设备的生产能力/参照物设备的生产能力)^{规模经济效益指数} × 参照物重置价

$$= (20/30)^{0.65} \times 150 = 115 （万元）$$

4. 应注意的问题。

（1）在技术进步的情况下，复原重置的方式是没有意义的。

（2）对于大多数通用设备，评估师一般按其市场售价作为确定重置成本的基础。了解设备的市场价格信息是评估师确定设备更新重置成本的方法之一。评估师很难找到与被评估对象完全相同的市场参照物时，往往使用它的替代产品的市场价格作为评估对象的更新重置成本。

（3）根据市场价格得到的更新重置成本一般低于设备的复原重置成本，但根据替代产品的价格确定的更新重置成本有时并不低于复原重置成本，甚至还有所提高。在这种情况下，替代产品与原设备相比，可能会有性能提高、使用寿命延长或能源消耗大幅度降低等因素，其综合表现为性能价格比的提高。此时评估师还应考虑设备的功能性贬值问题。

（4）替代产品的价格，既有重置因素又有升级因素，评估师在使用更新重置成本概念时，需要分析新、老设备的性能差异，不可忽视功能性贬值因素。

（5）评估师如使用物价指数法计算重置成本，首先要确定：该设备是否存在因技术进步而引起的功能性贬值，如存在，则应使用更新重置成本，或在贬值中考虑功能性贬值。

（6）更新重置成本是以替代性原则为基础，如果两种产品功能相同，其中一种的市场价格低于另外一种，那么市场倾向于价格低而功能相同的产品。

（二）实体性贬值

设备在使用过程中，由于零部件受到摩擦、冲击、振动或交变载荷的作用，使得零件或部件产生磨损、疲劳等破坏，其结果是零部件的几何尺寸发生变化，精度降低，疲劳寿命缩短等；设备在闲置过程中，由于受自然界中的有害气体、雨水、射线、高温、低温等的侵蚀，也会出现腐蚀、老化、生锈、变质等现象。设备在使用过程中和闲置存放过程中所产生的上述磨损称为有形磨损，前者称为第Ⅰ种有形磨损，后者为第Ⅱ种有形磨损。有形磨损使得设备的生产能力下降或使用价值降低，由此引起的贬值称为"实体性贬值"（D_p）或"物理性贬值"。与第Ⅰ种有形磨损和第Ⅱ种有形磨损相对应，分别称为第Ⅰ种实体性损耗和第Ⅱ种实体性损耗。

设备实体性贬值的程度通常可以利用设备的价值损失与重置成本之比来反映，称为"实体性贬值率"。可以用以下公式表示：

$$\alpha_p = D_p / RC$$

式中：α_p 为实体性贬值率；D_p 为设备的实体性贬值；RC 为设备的重置成本。

设备的实体性贬值是从设备制造完毕后就开始发生，即使设备没有使用，在闲置和存放过程中也产生损耗（第Ⅱ种实体性损耗）。第Ⅱ种实体性损耗与设备闲置和存放的时间、存放的环境、条件有关。设备在使用过程中产生的损耗（第Ⅰ种实体性损耗）是从设备开始投入使用开始的，这个时间也称为设备的服役时间，因此，设备在使用过程中产生的实体性贬值与服役期有关。另外，设备在服役期内，其工作负荷、工作条件、维修保养状况不同，其磨损程度也不同，上述因素也会影响设备的第Ⅱ种实体性贬值。

全新设备的实体性贬值率为零，完全报废设备的实体性贬值率为 100%。评估师根据设备的状态来判断其实体贬值程度，常用的方法包括观察法、年限法。

1. 观察法。在评估中，由于条件限制，设备的勘察有时是在基本不拆卸甚至是在运行当中进行的，这使得对设备零部件损耗的定量测量受到一定限制。但是，设备的损耗一般会产生一些宏观症状的变化，如震动、噪音增大、温度升高、精度下降、生产能力下降、能耗增高、故障率升高等。观察法就是评估师通过现场观察设备的宏观症状，并通过了解和查阅机器设备的历史资料，了解设备使用状况、磨损情况、维修保养情况、工作负荷、工作精度等技术指标，并向操作人员询问设备的使用情况、使用精度、故障率，对所获得的有关设备状况的信息进行分析、归纳、综合，依据经验判断设备的磨损程度及贬值率。有时也使用一些简单的监测手段获取一些指标，但是，这些指标一般并不能直接表示设备损耗量的大小，只能作为判断贬值的参考。

由于机器设备的症状信号与损耗之间的关系一般很难用精确的数学模型来描述，因此评估中经常使用经验的方法来确定贬值，如简单观察法。为了提高判断的准确性，对大型设备的评估可采用专家判断法、特尔斐法、模糊分析法等。

（1）简单观察法。是评估师通过观察，对被评估设备的状态进行简要描述，然后根据资产状态判断贬值率。一般不使用任何仪器对机器进行专门测试。

简单观察法对设备状态的描述非常简明扼要，表 2-15 是设备的实体状态与贬值的对应关系。

表 2-15　　　　　　　　　　　实体性贬值率参考表

设备状态		贬值率（%）
全新	全新，刚刚安装，尚未使用，资产状态极佳	0
		5
很好	很新，只轻微使用过，无需更换任何部件或进行任何修理	10
		15
良好	半新资产，但经过维修或更新，处于良好的状态	20
		25
		30
		35

续表

设备状态		贬值率（%）
一般	旧资产，需要进行某些修理或更换一些零部件，如轴承之类	40
		45
		50
		55
		60
尚可使用	处于可运行状况的旧资产，需要大量维修或更换零部件，如电机等	65
		70
		75
		80
不良	需要进行大修理的旧资产，如更换运动机件或主要结构件	85
		90
报废	除了基本材料的废品回收价值外，没有希望以其他方式出售	97.5
		100

（2）专家判断法。是一种简单的直接观察法，主要是专家通过感觉（视觉、听觉、触觉）感知，或借助少量的检测工具，凭借经验对观察对象的状态、损耗程度作出判断。在不具备测试条件的情况下，也常使用这种方法。它可以采用个人判断和专家会议的方式进行，但两种方式都有一定的局限性。

（3）特尔斐法。是在个人判断和专家会议的基础上形成的另一种直观判断方法。它是采取匿名方式征求专家的意见，并将他们的意见综合、归纳、整理，然后反馈给各个专家，作为下一轮分析判断的依据。通过几轮反馈，意见逐步趋于一致为止。

（4）模糊综合判断。是利用模糊数学原理，对各种模糊信息进行处理，量化损耗状态的方法。机械设备在整个使用寿命过程中，每一时点都对应一种损耗状态。每一种状态和每一种宏观症状均应有相应的隶属度关系，多种状态和多种症状则应有隶属度模糊向量，两个向量之间可以用模糊关系矩阵联系。如果已知症状的隶属度模糊向量和模糊关系矩阵，可求出状态的隶属度模糊向量，从而由状态的隶属度模糊向量中各元素的大小，判断设备的损耗状态。

模糊综合判断法的基本步骤如下：

第一步，确定症状集合。根据设备的特点，分析产生损伤的原因及可能产生的症状集合。如变速箱的损耗形式主要是由磨损产生，可能出现的表面症状为传动效率降低、振动增加、温度升高、噪音增大。

第二，确定状态集合。在评估中所评判的状态一般为设备的损耗程度，每一个损耗程度状态与一个损耗率相对应。设备损耗率的取值区间为0~100%，为了简化计算，一般先通过专家判断缩小损耗率的取值区间。

第三步，确定症状论域上的模糊关系子集。根据各症状对状态的影响程度，得到症状论域上的模糊关系子集。

第四步，确定模糊关系矩阵。通过观察、测量和分析，得到症状论域与状态论域之间的模糊关系矩阵。

第五步，变换运算。根据已确定的模糊关系子集和模糊关系矩阵作复合运算。

第六步，确定设备的损耗状态。按最大隶属度原则，确定设备状态。

【例2-10】 某变速箱的磨损程度与下列症状有关：振动、传动效率、温度和噪音。确定该变速箱的损耗度。

解：

（1）某变速箱的损耗状态的症状集合：

$U = \{u_1, u_2, \cdots, u_m\}$ =（振动，传动效率，温度、噪音）

（2）变速箱的状态集合：

$V = \{v_1, v_2, \cdots, v_m\}$

v_i 表示某损耗率状态，为简化计算，先通过专家判断缩小后的取值区间为 20%～40%，在该区间设定 5 种状态 20%、25%、30%、35%、40%，分别计为 v_1^{20}、v_2^{25}、v_3^{30}、v_4^{35}、v_5^{40}；

（3）根据各症状对状态的影响程度，得到症状论域上的模糊关系子集：

$A = (a_1, a_2, \cdots, a_m) = (0.4, 0.25, 0.15, 0.20)$

通过观察、测量和分析，得到症状论域与状态论域之间的模糊关系矩阵：

$$\begin{bmatrix} 0.20 & 0.35 & 0.20 & 0.15 & 0.10 \\ 0.30 & 0.35 & 0.15 & 0.15 & 0.05 \\ 0.20 & 0.30 & 0.20 & 0.20 & 0.10 \\ 0.15 & 0.25 & 0.25 & 0.25 & 0.10 \end{bmatrix}$$

（4）对模糊子集 A 和模糊关系矩阵 R 进行复合运算，可得

$A \cdot R = B$

$B = (0.215, 0.3225, 0.1975, 0.1775, 0.0875)$

（5）按最大隶属度原则，损耗率为 25% 的，隶属度最大，为 32.25%。

2. 寿命比率法。是从使用寿命角度来估算贬值，它假设机器设备有一定的使用寿命，设备的价值与使用寿命成正比关系。设备在使用过程中，由于物理磨损使得设备的使用寿命逐步消耗，直至寿命耗尽退出使用。因此设备的贬值可以用使用寿命的消耗量表示，实体性贬值率也可以用使用寿命消耗量与总使用寿命之比来表示。公式为：

$\alpha_p = L_1 / L$

式中：L_1 为使用寿命消耗量；L 为总使用寿命。

用来表示设备使用寿命的单位很多，常用的单位包括：

● **时间量**，有些设备的使用寿命是用时间来表示，如汽油机、柴油机、机床、电子设备等，一般都用工作小时来表示它们的使用寿命；

● **工作量、使用次数**，有些设备是用其加工工件的件数或使用次数来表示，如模具的使用寿命一般按使用模具的次数来表示。另外还有其他的单位，如汽车的使用寿命可以

用行驶里程表示。

【例2-11】某汽车按行驶里程设计的总使用寿命为50万公里,已运行9万公里,计算实体性贬值率。

解: 实体性贬值率为:

$\alpha_p = L_1/L = 9/50 = 18\%$

对于复杂设备,各个组成部件的使用寿命是不同的,如果每个部件可以独立更换,整个机器的贬值率可以用以下公式表示:

$\alpha_p = \sum K_i \alpha_{pi}$

式中:K_i 为第 i 个部件所占的成本权重;α_{pi} 为第 i 个部件的实体性损耗率。

【例2-12】某连续加热炉的规格型号为 $2m \times 2m \times 10m$,生产能力为9.2吨/小时。1992年12月建造,评估基准日期为2006年12月31日。现确定其成新率。

解: 该炉于1992年12月完工,其结构形式为间断变温炉,煤气加热,炉主体包括砌体、金属炉壳、金属构架、炉门等部分;另外还包括燃烧装置、工件运载装置、电器部分、管道部分、排烟部分等,原始购置价格为750 000元,其中耐火材料部分262 500元,钢结构炉壳337 500元,传动及其他部分150 000元。评估人员对加热炉进行了现场勘察,认为该炉目前整体工作基本正常,生产能力仍可达到设计要求。加热炉的各组成部分由于材料、工作温度不同,损坏程度也不相同。炉体结构高温区部分约占1/3,该部分的加热温度为1 000~1 400℃,对耐火材料砌体及钢结构炉壳的破坏较严重,高温区部分的钢结构炉壳于2002年12月更换;耐火材料已多次更换,最近一次更换时间为2006年5月。中低温区部分炉壳及砌体的破坏较轻,钢结构炉壳未进行更换,耐火材料砌体最近一次更换时间为2005年1月。评估人员根据该加热炉维修的历史资料,经统计分析,对加热炉各部分的使用寿命预测如表2-16所示。

表2-16

结构名称	剩余使用寿命
耐火材料高温区部分	0.5
耐火材料中低温区部分	2
钢结构高温区	10
钢结构中低温区部分	6
其他部分	11

根据上述资料计算其综合成新率:

(1)计算评估基准日的重置成本(见表2-17)。

表2-17

结构名称	购置时间	原始成本	重置成本
耐火材料高温区部分	2006.5	238 000	245 100
耐火材料中低温区部分	2005.1	440 700	484 800
钢结构高温区	2002.12	632 800	492 200
钢结构中低温区部分	1992.12	225 000	984 400
传动及其他部分	1992.12	150 000	440 600
小计		1 686 500	2 647 100

（2）计算加权投资成本及加权投资年限（见表2-18）。

表2-18

投资日期	现行重置成本	投资年限	加权投资成本
2006.5	245 100	0.5	122 550
2005.1	484 800	2	969 600
2002.12	492 200	4	1 968 800
1992.12	984 400	14	13 781 600
1992.12	440 600	14	6 168 400
	2 647 100		23 010 950

加权投资年限 = 23 010 950 ÷ 2 647 100 = 8.7（年）

（3）计算加权尚可使用年限（见表2-19）。

表2-19

结构名称	重置成本	剩余使用寿命	加权成本
耐火材料高温区部分	245 100	0.5	122 550
耐火材料中低温区部分	484 800	2	969 600
钢结构高温区	492 200	10	4 922 000
钢结构中低温区部分	984 400	6	5 906 400
传动及其他部分	440 600	11	4 846 600
小计	2 647 100		16 767 150

加权尚可使用年限 = 16 767 150 ÷ 2 647 100 = 6.3（年）

成新率 = 加权尚可使用年限 ÷ （加权尚可使用年限 + 加权投资年限）

= 6.3 ÷ （6.3 + 8.7） = 42%

3. 修复费用法。是假设设备所发生的实体性损耗为可补偿性的，则设备的实体性贬值就应该等于补偿实体性损耗所发生的费用。所用的补偿手段一般是修理或更换损坏部分。比如，一台机床的电机损坏，如要修复该机床，必须更换电机，如果这台机床不存在其他贬值,则更换电机的费用即为机床的实体性贬值。

使用这种方法时,评估人员要注意区分可补偿性损耗和不可补偿性损耗。可补偿性损耗是指可以用经济上可行的方法修复的损耗,也就是说修复这些损耗从经济上讲是合算的,而不是从技术角度考虑损耗是否可以修复。有些损耗尽管也是可以修复的,但是从经济上来讲是不划算的,这种损耗则为不可修复性损耗,不可修复性损耗不可以使用修复费用的方法来计算贬值。

对于大多数情况,设备的可修复性损耗和不可修复性损耗是并存的,评估人员应灵活运用各种方法来计算其贬值。

【例 2-13】一台数控折边机,重置成本为 150 万元,已使用 2 年,其经济使用寿命约 20 年,现该机器数控系统损坏,估计修复费用约 2 万美元(折人民币 16.5 万元),其他部分工作正常。

解: 该设备存在可修复性损耗和不可修复性损耗,数控系统损坏是可修复性损耗,我们用修复费用法计算其贬值额,贬值额等于机器的修复费用,约 16.5 万元人民币;另外,该机器运行 2 年,我们用年限法来确定由此引起的实体性贬值,此项贬值率为 2÷20。

所有实体性贬值及贬值率计算过程如下:

重置全价:	150
可修复性损耗引起的贬值:	16.5
不可修复性损耗引起的贬值:	(150×2÷20=) 15
实体性贬值:	31.5 万
贬值率:	(31.5÷150=) 21%

(三) 功能性贬值

功能性贬值是由于无形磨损而引起的资产价值损失。与第 I、第 II 种无形磨损相对应,设备的功能贬值主要体现在超额投资成本和超额运营成本两方面。

1. 第 I 种功能性贬值。第 I 种功能性贬值反映在超额投资成本上,由于技术进步,新技术、新材料、新工艺不断出现,使得相同功能新设备的制造成本比过去降低,它主要反映为更新重置成本低于复原重置成本。复原重置成本与更新重置成本之差即为第 I 种功能性贬值,也称为"超额投资成本"。

【例 2-14】某化工设备的复原重置成本为 203 740 元,更新重置成本为 176 641 元,那么超额投资成本引起的功能性贬值为 27 099 元。

需要注意的是,使用物价指数调整得到的重置成本一般为复原重置成本。物价指数反映的是人工、材料的上涨幅度,不能反映技术进步的因素。

在评估中,如果使用的是复原重置成本,应该考虑是否存在超额投资成本引起的功能性贬值;如果使用的是更新重置成本,则这种贬值因素已经考虑在内了。

对于大部分通用设备,重置成本一般根据现行市场价格确定,这个价格中已经反映了第 I 种功能性贬值。如一台电脑,一年前的购置价为 2.8 万元,由于技术进步使得电脑的生产成本降低,该电脑现行的市场价格 2.2 万元,如果使用现行市场价格作为重置成本,则不需要再考虑第 I 种功能性贬值。

2. 第Ⅱ种功能性贬值。超额运营成本是由于新技术的发展,使得新设备在运营费用上低于老设备。超额运营成本引起的功能性贬值也就是设备未来超额运营成本的折现值,称为"第Ⅱ种功能性贬值"。

分析研究设备的超额运营成本,将新设备与老设备相比,应考虑下列因素:生产效率是否提高;维修保养费用是否降低;材料消耗是否降低;能源消耗是否降低;操作工人数量是否降低等。

【例2-15】计算某电焊机超额运营成本引起的功能性贬值。

解: 分析比较被评估机器设备的超额运营成本因素:经分析比较,被评估电焊机与新型电焊机相比,引起超额运营成本的因素主要为老产品的能耗比新产品高。通过统计分析,按每天工作8小时,每年300个工作日,每台老电焊机比新电焊机多耗电6 000度。

确定被评估设备的尚可使用寿命,计算每年的超额运营成本:根据设备的现状,评估人员预计该电焊机尚可使用10年,如每度电按0.5元计算,则:

每年的超额运营成本 = 6 000 × 0.5 = 3 000(元)

计算净超额运营成本:如所得税按25%计算,则:

税后每年净超额运营成本 = 税前超额运营成本 × (1 - 所得税)
$$= 3\ 000 \times (1 - 25\%) = 2\ 250(元)$$

确定折现率,计算超额运营成本的折现值:折现率为10%,10年的现值系数为6.145,则:

净超额运营成本的折现值 = 净超额运营成本 × 折现系数
$$= 2\ 250 \times 6.145 = 13\ 826(元)$$

该电焊机由于超额运营成本引起的功能性贬值为13 826元。

(四) 经济性贬值

机器设备的经济性贬值是由于外部因素引起的贬值。这些因素包括:由于市场竞争的加剧,产品需求减少,导致设备开工不足,生产能力相对过剩;原材料、能源等提价,造成成本提高,而生产的产品售价没有相应提高;国家有关能源、环境保护等限制或削弱产权的法律、法规导致产品生产成本提高,或者使设备强制报废,缩短了设备的正常使用寿命等。

1. 使用寿命缩短。引起机器设备使用寿命缩短的外部因素,主要是国家有关能源、环境保护等方面的法律、法规。近年来,由于环境保护方面的问题日益严重,国家对机器的环保要求越来越高,对落后的、高能耗的机电产品施行强制淘汰制度,缩短了设备的正常使用寿命。

【例2-16】某汽车已使用10年,按目前的技术状态还可以正常使用10年,按年限法,该汽车的贬值率为:

贬值率 = 10/(10 + 10) = 50%

但由于环保、能源的要求,国家新出台的汽车报废政策规定该类汽车的最长使用年限为15年,因此该汽车5年后必须强制报废。在这种情况下,该汽车的贬值率为:

贬值率 = 10/(10 + 5) = 66.7%

由此引起的经济性贬值率为16.7%。如果该汽车的重置成本为20万元，经济性贬值额为：20×16.7% =3.34（万元）。

2. 运营费用的提高。引起机器设备运营成本增加的外部因素包括原材料成本增加、能源成本增加等。其中，国家对超过标准排污的企业要征收高额的排污费，主要用能设备能耗超过限额的，按超限额浪费的能源量加价收费，导致高污染、高能耗设备运营费用提高。

【例2-17】 某台车式电阻炉，尚可使用5年，政府规定的可比单耗指标为650KW·h/t，该炉的实际可比单耗为730kW·h/t，该电阻炉年产量为1 500吨，电单价为1.2元/千瓦小时。根据政府规定超限额10%~20%的加价2倍。要求计算因政府对超限额耗能加价收费所引起的经济性贬值额。

解：每年因政府对超限额耗能加价收费而增加的运营成本按下式计算：

$$Y = Y_1 \cdot (实测单耗 - 限额单耗) \cdot G \cdot C$$

式中：Y为年加价收费总金额（单位：元）；Y_1为电加价（元/千瓦小时）；G为年产量（吨/年）；C为加价倍数。

超限额的百分比 = （实测单耗 - 限额单耗）/限额单耗
           = （730 - 650）/650 = 12%

超限额在10%~20%之间，应加价两倍收费。据此，计算每年因政府对超限额耗能加价收费而增加的运营成本为：

$$Y = 1.2 \times (730 - 650) \times 1\,500 \times 2 = 288\,000（元）$$

由此计算该电阻炉未来5年的使用寿命期内，要多支出的运营成本为109万元（按折现率10%考虑资金的时间价值），即为电阻炉因超限额加价收费引起的经济性贬值。

3. 市场竞争。由于市场竞争加剧，导致产品销售数量减少，从而造成设备开工不足，生产能力相对过剩，也是引起经济性贬值的主要原因。贬值的计算可使用规模经济效益指数法。

【例2-18】 某方便面生产线，根据购建时的市场需求，设计生产能力为年产1 000万包，建成后由于市场发生不可逆转的变化，每年的产量只有400万包，60%的生产能力闲置。该生产线的重置成本为160万元，规模经济效益指数为0.8，如不考虑实体性磨损，试计算该生产线的经济性贬值。

解：由于市场发生不可逆转的变化，该生产线的有效生产能力只有400万包/年。这种生产能力的生产线的经济性贬值率为：

400万包/年生产线的经济性贬值率 = $[1 - (400/1\,000)^{0.8}] \times 100\%$
                            $= 0.5196 \times 100\%$（取整为52%）

该生产线的经济性贬值额 = 160×52% = 83（万元）

二、市场法估算

市场法是根据目前公开市场上与被评估对象相似或可比参照物的价格来确定被评估对象的价值。如果参照物与被评估对象不是完全相同，需要根据评估对象与参照物之间的差异对价值的影响作出调整。

（一）常用方法

1. 直接比较法。这种方法是以市场上与评估对象基本相同的市场参照物为基础，通过直接比较来确定评估对象的价值。

例如，评估一辆汽车时，如果二手汽车交易市场能够发现与评估对象基本相同的汽车，它们的制造商、型号、年代、附件都相同，只有行驶里程和实体状态方面有些差异，在这种情况下，评估师一般直接将评估对象与市场上正在销售的同样的汽车做比较，确定评估对象的价格。

直接比较法相对比较简单，但是它对市场的反映最为客观，能最精确反映设备的市场价值。

2. 相似比较法。这种方法是以相似的参照物为基础，通过对差异的调整确定被评估对象的价值。

例如，评估一台由 A 厂制造的车床，评估师发现市场上没有与 A 厂产品相似的车床，但是有 B 和 C 公司生产的相似的车床。很明显，这种方法与直接比较法相比更主观，在对我们前面讨论的比较因素进行分析的基础上，需要做更多的调整。比如，评估师需要判断，市场参与者是否认为 A、B 和 C 公司生产的车床在价值上是近似相同的。

3. 比率估价法。这种方法通过对大量市场交易数据的统计，得到不同类型设备的变现系数。评估师可以用变现系数乘以全新设备的价格得到被评估设备的价值。

（二）基本步骤

1. 对评估对象进行勘察，获取评估对象的基本资料；
2. 进行市场调查，选取市场参照物；
3. 确定适当的比较因素，进行差异调整；
4. 计算评估值。

（三）使用条件

1. 符合公开市场条件。
（1）买卖双方都是出自各自的动机，是充分自愿的，无任何强迫；
（2）双方都已对标的有充分的了解，并且按照他们的最佳利益决策行事；
（3）在这个开放的市场中，允许一段合理的时间用于披露信息；
（4）价格表示设备交易的正常货币价格，按正常的方式结算，不受特殊的付款方式或销售优惠的影响。

2. 市场有效。市场有效的前提是：①市场所提供的信息是真实可靠的；②评估参照物在市场上的交易是活跃的。

对单台设备评估，二手设备市场是机器设备评估的重要参照物市场，但是并不能保证这个市场对所有资产都是可靠的。如果能够确定市场所提供的信息资料真实可信，并且该类资产交易活跃，那么使用市场比较法将是最为可靠的。例如汽车、普通机械加工设备、建筑机械、工程机械等，它们均存在一个发育完善的市场，是采用此法的最佳例子。"活跃的市场"和"可确认的信息"是两个重要概念。活跃市场是指类似的资产交易在市场上频繁发生，而不能有价无市；并且不是被部分垄断的销售商或购买者所控制，资产可以在完全自由的市场中进行交易；也没有煽动市场、操纵市场、制造虚假的现象。

市场比较法对于市场上唯一的产品不适用。另外，虽然不是唯一产品但市场不活跃也不适用市场比较法。一个不活跃的市场，或可比资产的销售数量有限，都表明需求不足。

3. 评估对象与市场参照物是相似或可比的。相似性是指评估对象和参照物之间在物理特征、交易特征、市场特征等方面是相似的，如果参照物的特征差异较大可能会增大评估误差；可比是指评估对象和参照物之间有共同的特征可以比较，对评估对象和参照物之间的比较是通过比较因素来进行的。

（四）比较因素

比较因素是指可能影响机器设备市场价值的因素，一般来讲，设备的比较因素可分为四大类，即个别因素、交易因素、地域因素、时间因素。评估师需要对这些因素进行分析和调整。

1. 个别因素。一般应包括：结构、形状、尺寸、性能、生产能力、安装、质量、经济性等方面的差异，一般通过下列指标使用简单的描述指标作为比较因素，如：名称；型号规格；生产能力；制造厂家；技术指标；附件；设备的出厂日期；役龄；安装方式；实体状态。

这些指标从不同方面反映了设备"量"与"质"。如型号规格反映设备类别、特征代号、组别、主参数、设计序号、设计变更和变形产品等方面信息。生产厂家在某种意义上反映了设备的制造品质、产品的信誉、售后服务等信息。

2. 交易因素。是指交易动机、背景对价格的影响。不同的交易动机和交易背景都会对设备的出售价格产生影响，比如以清算、快速变现或带有一定优惠条件的出售，其售价往往低于正常的交易价格。另外，交易数量也是影响设备售价的一个重要因素，大批购买的价格一般要低于单台购买的价格。

3. 时间因素。不同交易时间的市场供求关系、物价水平等都会不同，评估人员应选择与评估基准日最接近的交易案例，并对参照物的时间影响因素做出调整。

4. 地域因素。由于不同地区市场供求条件等因素的不同，设备的交易价格也受到影响，评估参照物应尽可能与评估对象在同一地区。如评估对象与参照物存在地区差异，则需要作出调整。

因素比较表如表 2-20 所示。

表 2-20　　　　　　　　　　因　素　比　较　表

比较因素	评估标的	参照物1	参照物2	参照物3	参照物4
名称					
规格型号					
生产厂家					

续表

比较因素	评估标的	参照物1	参照物2	参照物3	参照物4
出厂日期/役龄					
安装方式					
附件状况					
实体状态差异描述					
市场状况					
交易动机及背景					
交易数量					
转让日期					
转让地点					
转让价格					

（五）直接比较法

直接比较法的计算公式为：

$V = V' \pm \Delta_i$

式中：V 为评估值；V' 为参照物的市场价值；Δ_i 为差异调整。

【例 2 – 19】在评估一辆轿车时，评估师从市场上获得的市场参照物在型号、购置年月、行驶里程、发动机、底盘及各主要系统的状况与被评估车辆基本相同。区别之处在于：

（1）参照物的右前大灯破损需要更换，更换费用约 200 元；

（2）被评估车辆购置后加装了 CD 音响一套，价值 1 200 元；若该参照物的市场售价为 72 000 元，则：

$V = V' \pm \Delta_i = 72\,000 + 200 + 1\,200 = 73\,400$（元）

使用直接比较法的前提是：评估对象与市场参照物基本相同，需要调整的项目较少，差异不大，并且差异对价值的影响可以直接确定，否则无法使用直接比较法。上例中，如果参照物的购置年代不同、型号有差异、行驶里程差别也很大，则不能使用直接比较法。

（六）相似比较法

相似比较法的计算公式为：

$V = V' \pm \Delta_i$

式中：V 为评估值；V' 为参照物的市场价值；Δ_i 为差异调整。

应用相似比较法调整的原则和方法：

1. 尽可能是相同制造商生产的产品。不同生产厂家生产的相同产品其价格往往是不同的，新产品的价格差异容易确定，二手设备的价格差异除了制造厂家因素的影响，实体状态、使用时间等也对价格产生影响，因此很难通过二手设备市场确定这种价格差异。如果必须选择不同厂家生产的设备作为参照物，可以根据新设备的价格差异率调整。

【例 2-20】评估 B 厂家生产的某旧设备，但是在二手设备市场没有 B 厂家生产的市场参照物，只有 A 厂家生产的相同产品。在新设备交易市场，A、B 两个制造商生产某相同产品的价格分别为 4.0 万元和 4.5 万元。

新设备的价格差异率 = (4.5 - 4.0) / 4.0 = 12.5%

即 B 厂家生产的该产品市场价格比 A 厂家高 12.5%，以此作为被评估旧设备的调整比率。

2. 尽可能是相同规格型号的产品。规格型号是影响价格的重要因素，它对价格的影响也是难以准确调整的。

【例 2-21】评估对象为某机床厂生产的 B81090A 板料边缘刨床，最大加工长度为 9 米。在二手设备市场没有该型号的设备交易，只有该厂生产的 B81070A 板料边缘刨床，加工长度为 7 米，交易价格为 32 万元，试调整因规格型号不同引起的价格差异。

经调查，在新设备交易市场，两种型号刨床的价格如下：B81090A：52 万元；B81070A：46 万元。则新设备的价格差异率 = (52 - 46) / 46 = 13%

若以此作为被评估旧设备的价格差异调整率，则：

价格差异调整额 = 参照物价格 × 价格差异率
               = 32 × 13% = 4.16（万元）

3. 出厂日期和服役年龄比较接近。通过二手设备交易市场的成交价资料统计，出厂日期是影响设备价格的主要因素。表 2-21 为不同出厂年代的某类型设备，在二手设备市场的交易价与新设备价格之比的统计数据，可以说二手设备的交易价格与出厂年代之间的相关性是比较强的。

表 2-21

序号	出厂年限（年）	二手设备售价/新设备价格
1	6	0.70
2	7	0.61
3	8	0.59
4	9	0.56
5	10	0.50
6	11	0.48
7	12	0.48
8	13	0.44
9	14	0.42

在评估时，有时很难找到相同出厂年代和使用年代的设备，但是应尽量接近，出厂年代对价格的影响可以利用统计数据进行调整。

【例 2-22】被评估设备的出厂年限是 8 年，市场参照物的出厂年限是 9 年，售价为

89万元。根据表2-21中的统计资料，调整比率应为：

调整比率 = （0.59 - 0.56）/0.56 = 5.36%

即，

被评估对象的价格调整额 = 参照物的市场价格 × 调整比率
$$= 89 \times 5.36\% = 4.77（万元）$$

4. 销售时间与评估基准日期接近。评估师在二手设备市场获取的参照物售价应尽量与评估基准日相接近。当市场不稳定时，这一点尤为重要。理论上讲，参照物售价应该是评估基准日售价，当然这一点较难做到。如果获取的资料不够理想，评估师应对其进行调整：

调整额 = 参照物的售价 × 价格变动率

5. 交易位置接近。地理位置可以影响其售价，如果参照物的价格是在二手设备市场当场交易的价格，而评估对象是在交易市场以外的工厂内，在其他条件一样的情况下，它们有不同的售价，因为评估对象需要发生部分拆卸和移动成本。

6. 安装方式接近。安装是影响售价的另一因素。单台移地使用设备的交易，安装对购买者是没有价值的，并且要为此支付拆卸费用，然后运至新的使用地点。如果参照物的价格是已拆卸完毕，在交易市场提货的价格，而评估对象是安装在原使用者所在的工厂未进行拆卸，评估师需要考虑该因素的影响，从参照物的价格中扣减拆卸设备所要发生的费用。

7. 随机附件、备件完备情况接近。在二手设备市场上交易的设备，随机附件、备件情况差异较大。有些设备的附件占整机价值量比例很大，评估人员应对参照物和评估对象的附件情况进行比较。另外，对一些老设备，易损备件也是影响设备价格的重要因素，因为这些备件可能在市场上难以买到，如果出售方没有足够的备件，设备的售价会大大降低。

8. 实体状态接近。设备的实体状态会影响售价，不同状况资产的售价是不同的。由于设备的使用环境、使用条件各不相同，实体状态一般都有差异，需要对评估对象和市场参照物进行比较调整。这是比较过程中最困难的部分。即使目标资产的状况很清晰，但参照物的状况有时很难取得。如果可能的话，还要对参照物的状态进行调查。

9. 交易背景相似。评估师应了解参照物的交易背景，以及可能对评估目标价值的影响。包括：①购买和出售的动机；②购买方和出售方是否有关联；③购买方是最终用户还是经销商；④出售商是原使用者还是经销商；⑤交易的数量等。上述因素可能对交易价格产生影响，这是比较中重要的步骤，评估大型设备的更是如此。

10. 交易方式一致。设备的交易方式包括在二手设备交易市场公开出售、拍卖、买卖双方直接交易等。不同交易方式的价格是不同的，设备的强制拍卖价格一般会低于二手设备交易市场的价格。如果评估师评估的是设备的正常交易价格，则应选择二手设备交易市场作为参照物市场；如果评估的是快速清算价值，则应选择强制拍卖交易作为参照物。

11. 尽量选择同一个市场。两个不同地区的二手设备交易市场，设备的交易价格可能是不同的。评估时应选择评估对象所在地的交易市场作为参照物市场。如果评估对象与参照物不在同一个市场，评估师必须清楚两个市场的价格差异，并能够作出调整。

【例 2-23】 使用市场比较法对某车床进行评估。

（1）评估人员首先对被评估对象进行勘察，基本情况如下：

设备名称：普通车床

规格型号：CA6140×1500

制造厂家：A 机床厂

出厂日期：1991 年 2 月

投入使用时间：1991 年 2 月

安装方式：未安装

附件：齐全（包括：仿形车削装置、后刀架、快速换刀架、快速移动机构）

实体状态：评估人员通过对车床的传动系统、导轨、进给箱、溜板箱、刀架、尾座等部位进行检查、打分，确定其综合分值为 6.1 分。

（2）评估人员对二手设备市场进行调研，确定与被评估对象较接近的三个市场参照物（见表 2-22）。

表 2-22

比较项目	评估对象	参照物 A	参照物 B	参照物 C
名称	普通车床	普通车床	普通车床	普通车床
规格型号	CA6140×1500	CA6140×1500	CA6140×1500	CA6140×1500
制造厂家	A 机床厂	A 机床厂	B 机床厂	B 机床厂
出厂日期/役龄	1991 年/7 年	1990 年/8 年	1991 年/7 年	1992 年/6 年
安装方式	未安装	未安装	未安装	未安装
附件	仿形车削装置、后刀架、快速换刀架、快速移动机构	仿形车削装置、后刀架、快速换刀架、快速移动机构	仿形车削装置、后刀架、快速换刀架、快速移动机构	仿形车削装置、后刀架、快速换刀架、快速移动机构
状况	良好	良好	良好	良好
实体状态描述	传动系统、导轨、进给箱、溜板箱、刀架、尾座等各部位工作正常，无过度磨损现象，状态综合分值为 6.1 分	传动系统、导轨、进给箱、溜板箱、刀架、尾座等各部位工作正常，无过度磨损现象，状态综合分值为 5.7 分	传动系统、导轨、进给箱、溜板箱、刀架、尾座等各部位工作正常，无过度磨损现象，状态综合分值为 6.0 分	传动系统、导轨、进给箱、溜板箱、刀架、尾座等各部位工作正常，无过度磨损现象，状态综合分值为 6.6 分
交易市场		评估对象所在地	评估对象所在地	评估对象所在地
市场状况		二手设备市场	二手设备市场	二手设备市场
交易背景及动机	正常交易	正常交易	正常交易	正常交易
交易数量	单台交易	单台交易	单台交易	单台交易
交易日期	1998-3-31	1998-2-10	1998-1-25	1998-3-10
转让价格		23 000 元	27 100 元	32 300 元

(3) 确定调整因素,进行差异调整:

①所选择的三个参照物中,一个与评估对象的生产厂家相同,另外两个为 B 厂家生产。在新设备交易市场 B、A 两个制造商生产某相同产品的价格分别为 4.44 万元和 4.0 万元。则

新设备的价格差异率 = (4.44 − 4.0)/4.0 = 11%

即 B 厂家生产的该产品市场价格比 A 厂家高 11%,以此作为被评估旧设备的调整比率。

②被评估对象出厂年限是 7 年,参照物 A、B、C 的出厂年限分别是 8 年、7 年和 6 年,根据市场同类设备交易价格的统计资料,调整比率见表 2 − 23。

表 2 − 23

参照物	调整比率
A	+4.9%
B	0
C	−7.0%

③实体状态调整(见表 2 − 24)。

表 2 − 24

参照物	实体状态描述	调整比率
A	传动系统、导轨、进给箱、溜板箱、刀架、尾座等各部位工作正常,无过度磨损现象,状态综合分值为 5.7 分	+7%
B	传动系统、导轨、进给箱、溜板箱、刀架、尾座等各部位工作正常,无过度磨损现象,状态综合分值为 6.0 分	+2%
C	传动系统、导轨、进给箱、溜板箱、刀架、尾座等各部位工作正常,无过度磨损现象,状态综合分值为 6.6 分	−8%

④计算评估值(见表 2 − 25)。

表 2 − 25

调整项目	参照物 A	参照物 B	参照物 C
交易价格	23 000	27 100	32 300
制造厂家因素调整	1.0	0.89	0.89
出厂年限因素调整	1.049	1.0	0.93
实体状态因素调整	1.07	1.02	0.92
调整后结果	25 816	24 601	24 596

被评估对象的评估值 = （25 816 + 24 601 + 24 596）÷3 ≈ 25 000（元）

（七）比率估价法

比率估价法是通过对大量市场交易数据的统计分析，计算出相似的市场参照物交易价格与全新设备售价的比率，即变现系数，用此系数作为确定被评估机器设备价值的依据。计算公式为：

评估值 = 全新设备的价格 × 变现系数

变现系数可以通过回归分析获得。

【例2-24】 评估对象为某公司生产的直径为6.3米的双柱立式车床，出厂日期为2006年9月，评估基准日为2013年9月。评估基准日时市场上全新状态的该设备售价为360万元。二手设备市场未发现相同的市场参照物，两台相似的市场参照物为2006年9月该公司生产的直径为8米的双柱立式车床，售价分别为250万元、270万元，全新8米双柱立式车床的售价为450万元。要求运用市场法评估该设备的价值。

解： 由于市场上没有与评估对象相同的交易参照物，因此评估师通过计算另外两台设备的二手售价与新设备售价的比率关系（变现系数），用该变现系数乘以全新设备售价计算其评估值，具体为：

（1）计算变现系数：

变现系数1 = 二手设备售价 ÷ 新设备售价 × 100%
       = （250 ÷ 450）× 100% = 55.56%

变现系数2 = 二手设备售价 ÷ 新设备售价 × 100%
       = （270 ÷ 450）× 100% = 60%

（2）计算变现系数的算术平均值：

变现系数算术平均值 = （55.56% + 60%）÷ 2 = 58%（取整）

（3）计算评估值：

评估值 = 全新设备售价 × 变现系数算术平均值
     = 360 × 58% = 208.8（万元）

三、收益法估算

利用收益法评估机器设备是通过预测设备的获利能力，将未来资产带来的净利润或净现金流按一定的折现率折为现值，作为被评估机器设备的价值。

使用这种方法的前提条件，一是要能够确定被评估机器设备的获利能力，如净利润或净现金流量；二是能够确定资产合理的折现率。大部分单项机器设备，一般不具有独立获利能力。因此，单项设备通常不采用收益法评估。对于生产线、成套设备等具有独立获利能力的机器设备可以使用收益法评估。另外，在使用成本法评估整体企业价值时，收益法也经常作为一种补充方法，用来判断机器设备是否存在功能性贬值和经济性贬值。这里主要介绍收益法在评估租赁设备中的应用。

对于租赁设备，如果租金收益和资本化率是不变的，则设备的评估值为：

$$P = \frac{A}{(1+r)^1} + \frac{A}{(1+r)^2} + \cdots + \frac{A}{(1+r)^n} = A \cdot \frac{1 - \frac{1}{(1+r)^n}}{r}$$

式中：P 为评估值，A 为收益年金，n 为收益年限，r 为资本化率。

式中的 $\frac{r}{1 - \frac{1}{(1+r)^n}}$ 称为投资回收系数，用 r_A 表示，因此上述公式也可表示为：

$$P = \frac{A}{r_A}$$

用收益法评估租赁设备的价值，首先，要对租赁市场上类似设备的租金水平进行市场调查，分析市场参照物设备的租金收入，经过比较调整后确定被评估机器设备的预期收益，调整的因素可能包括时间、地点、规格和役龄等；其次，根据被评估机器的状况，估计其剩余使用寿命，作为确定收益年限的依据；最后，根据类似设备的租金收益及市场售价确定折现率，并根据被评估设备的收益年限运用上述公式计算评估值。

【例 2 - 25】 用收益法评估某租赁机器设备的价值。

（1）评估师根据市场调查确认，被评估机器设备的年租金净收入为 19 200 元；

（2）评估师根据被评估机器设备的现状，确定该租赁设备的收益期为 9 年；

（3）评估师通过对类似设备交易市场和租赁市场的调查，得到市场数据表，见表 2 - 26。

表 2 - 26

市场参照物	设备的使用寿命（年）	市场售价（元）	年收益（元）	投资回收系数（%）	资本化率（%）
1	10	44 000	10 500	23.86	20.11
2	10	63 700	16 700	26.22	22.85
3	8	67 500	20 000	29.63	24.48

用上面提及的公式计算这三个市场参照物的投资回收系数，分别为 23.86%、26.22% 和 29.63%。

（4）上述三个参照物的使用寿命与被评估对象不同，因此进行寿命年限因素的调整。查复利系数表得到的结果见表 2 - 27。

表 2 - 27

	资本化率	投资回收系数
10 年期	0.20	0.2385
	0.25	0.2801
	0.30	0.3235
8 年期	0.20	0.2606
	0.25	0.3004

通过插值计算可以得到上述三个市场参照物的资本化率分别为 20.11%、22.85%、24.48%，平均值为 22.45%，用该数作为被评估设备的资本化率。

（5）计算评估值：

$$评估值 = \frac{A}{r} \cdot \left[1 - \frac{1}{(1+r)^n}\right] = \frac{19\,200}{22.45\%} \times \left[1 - \frac{1}{(1+22.45\%)^9}\right] = 71\,700（元）$$

思考题

1. 何谓实体性贬值？影响机器设备实体性贬值的因素有哪些？计算实体性贬值的方法主要有哪些？
2. 何谓功能性贬值？功能性贬值有哪几类？各类功能性贬值的影响因素有哪些？
3. 何谓经济性贬值？影响经济性贬值的主要因素有哪些？
4. 什么是机器设备的更新重置成本和复原重置成本？
5. 在使用成本法评估机器设备时如何考虑重置成本的构成要素？
6. 市场法评估通常应考虑的比较因素有哪些？什么是直接比较法、相似比较法和比率估价法？
7. 使用收益法评估机器设备的前提条件是什么？为何机器设备较少采用收益法？

第三节 案例

案例一：某整体企业机器设备成本法评估案例

【案例背景】

某汽车生产企业（以下简称：C 公司）拟与另一公司成立合资公司，需对合资资产进行评估，以确定其在评估基准日的价值。评估基准日为 2009 年 10 月 31 日。评估师确定评估价值类型为市场价值，评估方法为成本法。

C 公司申报评估的设备共计 3 226 台（套），包括金属切削机床、锻压设备、铸造设备、热处理设备、汽车专用油漆设备、总装设备、起重输送设备、变配电设备等。

【案例内容】

(一) 评估对象和评估范围

本次参与评估的是 C 公司申报的机器设备、运输车辆、电子设备。根据申报资料，截至 2009 年 10 月 31 日，机器设备账面原值为 45 000 万元，账面净值为 9 800 万元；运输车辆账面原值为 480 万元，账面净值为 140 万元；电子设备账面原值为 479 万元，账面净值为 158 万元。

表1　　　　　　　　　　　设备申报汇总表　　　　　　　　单位：人民币万元

类别	账面原值	账面净值
机器设备	45 000	9 800
运输设备	480	140
电子设备	479	158
合计	45 959	10 098

(二) 设备概况

C 公司主要生产中、轻型载货车、客车、工程车等，纳入本次评估范围的机器设备共计 2 500 台（套），车辆 46 辆，电子设备 680 项。生产设备主要安装在铸造车间、冲压车间、车身车间、车架车间、发动机车间、热处理车间、涂装车间、总装车间等。

主要工艺环节生产工艺流程（略）。

C 公司建立了严格的设备运行维护、保养以及相关配套制度，并得到了较好的执行。设备维护保养较好，使用正常。

(三) 设备清查情况说明

（略）

(四) 评估过程

1. 评估准备阶段。（略）
2. 现场调查阶段。（略）
3. 综合处理阶段。（略）

(五) 评估方法

采用重置成本法，计算公式为：

评估价值＝重置全价×综合成新率

(六) 评估计算

1. 重置全价的确定。评估人员根据被评估企业设备的构成判断，C 公司属于机械行业,故依据《机械工业建设项目概算编制办法及各项概算指标》(1995年版)及行业实际,综合确定设备重置成本各要素。

(1) 国产设备。重置全价由设备购置价、运杂费、安装调试费、基础费、其他费用和资金成本等组成。

重置全价计算公式:

重置全价 = 设备购置价 + 运杂费 + 安装调试费 + 基础费 + 设计费 + 建设单位管理费 + 联合试运转费 + 资金成本

①设备购置价的确定。向设备的生产厂家、代理商及经销商询价,了解基准日设备的市场价格,以市场价确定其购置价;不能从市场询到价格的设备,通过查阅资料确定其购置价。

②运杂费:

设备运杂费 = 设备购置价 × 运杂费率

表2 设备运杂费率表

地区类别	建设单位所在地	运杂费率(%)	备注
一类	北京、天津、河北、山西、山东、江苏、上海、浙江、安徽、辽宁	5	指标中包括建设单位仓库离车站或码头50km以内的短途运输费。当超过50km时按每超过50km增加0.5%费率计算,不足50km者,可按50km计算
二类	湖南、湖北、福建、江西、广东、河南、陕西、四川、甘肃、吉林、黑龙江、海南	7	
三类	广西、贵州、青海、宁夏、内蒙	8	
四类	云南、新疆、西藏	10	

③基础费:

设备基础费 = 设备购置价 × 基础费率

表3 基础费率表

序号	车间或项目名称	设备基础费率(%)	备注
1	机械加工车间	1.4～3.4	重、大型设备较多的取上限
2	装配车间 a)固定式装配 b)流水线装配 地坑(沟)<1m(包括无地沟装配线) 地坑(沟)>1m	0.8～1.4 3.0～5.0 5.0～7.0	
3	焊接、冷作车间(金属结构车间)	1.5～2.8	重、大型设备较多的取上限
4	冲压车间 小型设备为主	0.8～1.3	带形基础的取上限

续表

序号	车间或项目名称	设备基础费率（％）	备注
4	大型设备为主	1.3～3.0	
5	油漆车间		产品等级高,有喷抛丸设备的车间取上限
	大型车间	8.0～12.0	
	小型车间	2.0～4.0	
6	热处理车间	0.7～1.1	产品等级高车间规模大的车间取上限
7	电镀车间	0.8～1.2	
8	锻造车间		
	以热模锻为主	4.0～6.0	大批量、流水线的取下限
	以锻锤为主	12.0～17.0	空气锤为主的取上限
9	铸钢车间	2.8～4.3	机械化程度低的取上限
10	铸铁车间	2.0～3.5	机械化程度低的取上限
11	精密铸造车间	2.5～3.5	车间规模较大的,有一定机械化程度的取上限
12	机修车间	1.5～2.0	
13	工模具车间	0.8～1.4	模具车间取上限
14	试验室	0.4～0.6	
15	计量室	0.1～0.3	

④安装调试费：

设备安装调试费＝设备购置价×安装调试费率

表4　　　　　　　安装调试费率表

序号	车间或项目名称	设备安装调试费率（％）	备注
1	机械加工车间	1～2	
2	装配车间	2～4	
3	焊接、冷作车间（金属结构车间）	1.3～1.8	
4	铸铁车间	4～6	
5	铸钢车间	3～5	
6	精密铸造车间	2.5～5	
7	有色铸造车间	1.5～4	
8	锻造车间		

续表

序号	车间或项目名称	设备安装调试费率（%）	备注
8.1	大件模锻	7~9	最大压力125MN
8.2	小件模锻	4~6	最大压力25MN
8.3	锻锤≤1t	2.5~3.5	
8.4	锻锤≥1t	1.5~2.5	
9	热处理车间	1.5~2.5	
10	冲压车间	2.2~3.2	
11	电镀车间	7~9	
12	油漆车间	8~10	
13	工具车间	2	
14	机修车间	2	
15	木工车间	1.5~3	
16	实验室、计量室	0.5~1	
17	变配电所	30~35	
18	锅炉房		
18.1	35t/h热水锅炉房	60~65	计算基数为锅炉房全部设备原价
		90~100	计算基数为锅炉及辅助设备原价
	其中：锅炉本体及辅助设备	50~55	计算基数为锅炉及辅助设备原价，其中炉砌筑占设备原价18%
	动力管道	15~20	计算基数为锅炉及辅助设备原价
	输煤	18~20	计算基数为输煤设备原价
	除灰	80~90	计算基数为除灰处理设备原价
	水处理	65~70	计算基数为水处理设备原价
	热工控制	74~80	计算基数为热工控制设备原价
18.2	4t/h快装锅炉房	30~32	计算基数为锅炉房全部设备原价
19	空压站	12~15	

⑤设计费：

设计费 = 工程费用 × 设计费费率

设计费费率取1.5%。

⑥建设单位管理费：

建设单位管理费 = 工程费用 × 建设单位管理费费率

建设单位管理费率取1.8%。

⑦联合试运转费：

联合试运转费 = 工程费用 × 联合试运转费费率

设备联合试运转费率取1%。

⑧资金成本。资金成本为评估对象在合理建设工期内占用资金的筹资成本。计算公式如下：

资金成本 = 上述全部费用 × 合理建设工期 × 贷款利率 × 1/2

贷款利率按照评估基准日执行的相应贷款期限的利率确定，资金在建设期内按均匀投入考虑。

（2）进口设备。除上述费用外，还需计算进口环节费用。具体为：

进口环节费用 = 进口设备购置价（FOB）+ 国外运费 + 国外运输保险费 + 关税 + 增值税 + 银行财务费 + 外贸手续费 + 商检费

①国外运费 = FOB价 × 海运费率

费率：远洋取5% ~ 8%，近洋取3% ~ 4%。

②国外运输保险费 = （FOB价 + 海运费）× 保险费率

保险费率取0.4%。

③关税 = （FOB价 + 海运费 + 国外运输保险费）× 关税税率

关税税率按国家发布的进口关税税率表计算。

④增值税 = （关税完税价 + 关税 + 消费税）× 增值税率

增值税率按国家税法规定计取。

⑤银行财务费用 = 货价 × 银行财务费率

银行财务费率取4‰。

⑥外贸手续费 = CIF价 × 外贸手续费率

外贸手续费费率取1.5%。

⑦商检费 = 货物总价 × 商检费率

商检费率取0.25%。

（3）运输车辆。

运输车辆重置全价 = 车辆购置价 + 车辆购置税 + 新车上户牌照手续费

①车辆购置税。按照国家相关规定，车辆购置税税率为10%。

②新车上户牌照手续费。新车上户牌照手续费等按当地交通管理部门规定计取。

2. 设备综合成新率的确定。

（1）设备。评估人员对C公司的设备进行了现场核实，了解了设备的运行、维护情况，查看了设备的运行记录及维护制度，对主要设备进行了现场勘察，填写了勘察记录表。C公司的设备维护情况良好，利用率较高。评估人员在进行现场调查的情况下，采用年限法、现场勘察法两种结果加权平均确定设备的综合成新率。

公式为：

综合成新率 = 年限法成新率 × 40% + 现场勘察法成新率 × 60%

其中：

年限法成新率 =（经济耐用年限 – 已使用年限）/经济耐用年限

现场勘察成新率：评估人员现场对设备进行了勘察，填写了勘察记录表、确定现场勘察成新率。

表 5　　　　　　　　　　各类设备参考经济耐用年限表

设备类别	年限（年）
机械设备	
锅炉	16~20
其中：快装锅炉	15~18
普通金属切削机床	15~20
其中：数控机床	12~18
锻压机床	14~18
铸造设备	12~16
焊接设备	12~16
切割设备	12~16
起重设备	16~18
输送设备	15~20
泵	8~12
风机	10~14
空气压缩设备	16~20
包装机械	12~16
空调设备	14~18
其中：小型空调机	6~8
工业炉窑	12~16
涂装设备	13~15
总装设备	15~18
电气设备	
变配电设备	16~20
电子通信设备	6~15
仪器仪表及自动化控制设备	
通用仪器仪表	8~15
量具、衡器	8~15
检测仪器、设备	8~12

续表

设备类别	年限（年）
自动化控制设备	8～12
办公电器设备	
办公用设备	4～8
其中：电脑	4～6

（2）车辆。依据《机动车强制报废标准规定》，根据不同类型的汽车分别运用年限法、里程法计算其成新率，取二者之中的最低值，并以此为限，评估人员依据对车辆的现场勘察情况，对成新率予以修正，确定综合成新率。

其中：

①年限法确定成新率的计算公式为：

年限法确定的成新率 =（规定使用年限 - 已使用年限）/规定使用年限 ×100％

②里程法确定成新率的计算公式为：

里程法确定的成新率 =（规定行驶里程 - 已行驶里程）/规定行驶里程 ×100％

③现场勘察确定修正系数，评估人员会同有关专家对车辆进行现场勘察，并分别向车辆驾驶员、维修及管理人员了解车辆的运行情况、使用强度、使用频度、日常维护保养及大修理情况，假设其按现有情况继续使用，是否存在提前报废或延缓报废情况，以此确定修正系数。

（七）评估实例

实例 1：

设备名称：双柱立式车床

规格型号：C52100×40/150

生产厂家：齐重数控装备股份有限公司

启用日期：2006 年 10 月

账面原值：7 402 965 元

账面净值：4 360 148 元

双柱立式车床主要有主机、工作台、主柱、垂直刀架、液压系统及电气控制等部分组成。

主要技术参数：（略）。

设备运行情况：该双柱立式车床主要用于对黑色金属、有色金属及部分非金属零件的内外圆柱面、内外圆锥面、端面、切槽等进行粗、精加工。设备运行情况良好，维护正常。

1. 设备重置全价的确定。经向生产厂家询价，确定该型号双柱立式车床在评估基准日的重置成本计算见表6。

表6

序号	项目名称	计算方法	费率	金　额
1	设备购置价			8 100 000.00
2	运杂费	1×运杂费率	5%	405 000.00
3	基础费	1×基础费率	1.50%	121 500.00
4	安装调试费	1×安装调试费率	2%	162 000.00
5	其他费用	(1+2+3+4)×其他费用费率	4.30%	377 905.50
6	资金成本（取1年）	(1+2+3+4+5)×利率/2×1	5.31%	243 368.07
7	重置成本	1+2+3+4+5+6		9 409 773.57

取整为 9 409 773 元。

2. 综合成新率的确定。评估人员经现场勘察，观察了解了设备的现场安装情况，填写了机器设备勘察记录表。根据以上资料采取年限法、现场勘察法综合确定设备成新率，其公式如下：

综合成新率 = 年限法成新率 × 40% + 现场勘察成新率 × 60%

（1）年限法成新率：

$$年限法成新率 = \frac{设备经济耐用年限 - 设备已使用年限}{经济耐用年限} \times 100\%$$

$$= (18 - 3) \div 18 \times 100\% = 83\%$$

（2）现场勘察成新率。评估人员经现场详细考察，查询有关设备运行记录，对设备进行了现场评判，经现场打分，确定现场勘察成新率为85%，具体评分标准见表7。

表7

序号	结构部位	现场勘察情况	标准分	评定分
1	主机部分及操作工作台	工作正常，定位精度准确可靠，能满足生产及工艺要求	30	26
2	主柱及垂直刀架	控制灵敏，准确安全，能较好满足生产要求	20	17
3	液压系统	无泄漏现象，运转正常，平稳可靠	20	17
4	电气控制	控制灵敏，准确安全	20	16
5	其他	工作正常，保养较好	10	9
	综合评定	较好	100	85

（3）综合成新率。

综合成新率 = 年限法成新率 × 40% + 现场勘察成新率 × 60%
　　　　　 = 83% × 40% + 85% × 60% = 84%

3. 评估值的计算。

评估值 = 重置全价 × 综合成新率

= 9 409 773 × 84% = 7 904 209（元）

实例分析：

不同行业、不同类型设备的重置全价构成要素不同、计取方法也有差异，由于上述设备为金属加工类设备，属机械行业，故取费依据原机械行业的取费标准计算，如评估对象是其他行业，则应依据该行业设备的取费标准计取各项费用。

成新率计算的年限法、现场勘察法，在实务中均有使用，但两种方法都存在一定的局限性，年限法是以统计规律的角度，用各类设备的平均耐用寿命计算成新率，未突出设备的差异性，尤其是使用、维护的差异会造成设备寿命的不同；而现场勘察法解决了设备差异性问题，但是用设备分解打分的方式评定成新率是否恰当也存在争议，并且由于此方法主观因素过多，对评定人员的专业、经验等方面要求比较高，实务中也一直与年限法配合使用。评估业务中，评估人员应根据实际情况选择适合的评估方法。

实例2：

设备名称：　　珩磨机
规格型号：　　2VS10 - 60T，Φ100
生产厂家：　　德国 NAGEL（纳格尔）公司
安装地点：　　5 车间缸体线
购置日期：　　2005 年 10 月
启用日期：　　2005 年 10 月

设备主要构成如下：机床本体、工件输送系统、夹具系统、液压站及液压控制系统、气动测量及控制系统、切削液箱及切削液冷却、过滤、处理系统、电气箱及电气控制系统、主操作盘、润滑系统、珩磨头及连接装置、珩磨油石、机床防护系统等。

主要技术参数：（略）。

设备运行情况：设备已使用 4 年，运行正常，按规定进行日常维护保养。

1. 设备重置全价的确定（见表8）。

表8　　　　　　　　　　设备重置全价计算表　　　　　　　　　　单位：人民币元

项　目	计费基数	费率	计算公式	金　额
FOB 价				612 750.00（欧元）
国外海运费	FOB 价	5%	计费基数×海运费率	30 637.50（欧元）
国外运输保险费	FOB 价 + 海运费	0.60%	计费基数×保险费率	3 860.33（欧元）
CIF 价外币合计				647 247.83（欧元）
CIF 价人民币合计	外币额	9.659	计费基数×汇率	6 251 766.79
关税	CIF 价	13%	CIF 价×13%	812 729.68
增值税	CIF 价 + 关税	17%	（CIF 价 + 关税）×17%	1 200 964.40
银行手续费	FOB 价	0.40%	FOB 价×0.4%	23 674.21

续表

项目	计费基数	费率	计算公式	金额
外贸手续费	CIF 价	1.5%	CIF 价×1.5%	93 776.50
商检费	CIF 价	0.25%	CIF 价×0.25%	15 629.42
国内运杂费	CIF 价	1%	CIF 价×1%	62 517.67
安装费	CIF 价	0.60%	CIF 价×0.6%	37 510.60
基础费	CIF 价	1.70%	CIF 价×1.7%	106 280.04
小计				8 604 849.30
设计费	工程费用	1.50%	资金小计×1.5%	129 072.74
建设单位管理费	工程费用	1.80%	资金小计×1.8%	154 887.29
联合试运转费	工程费用	1%	资金小计×1%	86 048.49
合计				8 974 857.83
资金成本		5.31%	资金合计×1×5.31%×1÷2	238 282.48
重置成本总计				9 213 140.30

取整为 9 213 140 元。

2. 综合成新率的确定。

(1) 年限法成新率。

该设备经济耐用年限为 14 年,截至评估基准日已使用 4 年。

$$年限法成新率 = \frac{设备经济耐用年限 - 设备已使用年限}{经济耐用年限} \times 100\%$$

$$= (14 - 4) \div 14 \times 100\% = 71\%$$

(2) 现场勘察成新率。评估人员经现场详细考察,查询有关设备运行记录,对设备进行了现场评判,经专家现场评定打分,确定现场勘察成新率为 75%,具体评分标准见表 9。

表 9

序号	结构部位	现场勘察情况	标准分	评定分
1	机身本体	设备状况完好,达到设计要求	15	11
2	工件输送系统	输送运行正常,状况完好	20	15
3	主操作盘	无磨损,状况完好	20	15
4	液压系统	无渗漏,工作正常	20	15
5	气动、电动控制系统及控制面板	控制系统完好,自动化程度高,灵敏度强	15	11
6	珩磨头及连接装置	符合设计要求,工作正常	10	8
	综合评定	良好	100	75

(3) 综合成新率。
综合成新率 = 年限法成新率×40% + 现场勘察成新率×60%
= 71%×40% + 75%×60% = 73%

3. 评估值的确定。
评估值 = 重置全价×综合成新率
= 9 213 140×73% = 6 725 592（元）（取整）

实例分析：
不同设备重置全价的构成不同，对于进口设备而言，除设备的安装费、基础费等费用外，还需要计算进口环节的各项费用。实务中，计算进口环节费用时，各项费用应视具体情况来测算，如关税、增值税，国家规定对于鼓励发展行业的设备可给予免税的优惠，对于取得免税优惠的企业或合资企业，其进口设备的关税、增值税不用计算。因此评估人员在现场调查时，应重点了解企业是否能够取得国家的免税优惠等。

实例3：
设备名称：   电动单梁起重机
规格型号：   LD – 10t/22.5m
生产厂家：   上海劲雕起重设备厂
安装地点：   铸造车间
购置日期：   2001年10月
启用日期：   2001年10月
主要技术参数：（略）。

设备运行情况：此设备自投入使用以来运行正常，维护正常，已经使用8年。此起重机的设计工况额定载重吊运200次/天，对应额定载荷的疲劳寿命为1.2×10^6次，每年按300天计算，其使用寿命为20年。而该设备实际使用情况是，每天以额定载荷吊运100次，以额定载荷的50%吊运100次，对应50%额定载荷的疲劳寿命为9×10^7次。
……

(1) 设备实体性贬值的确定。
①根据帕姆伦–迈因纳定理计算设备实际载荷作用下的疲劳循环次数：

$$N = \frac{1}{\sum\left(\frac{1}{N_i}\cdot\frac{n_i}{N}\right)} = \frac{1}{\left(\frac{1}{1.2\times10^6}\times50\% + \frac{1}{9\times10^7}\times50\%\right)} = 2.368\times10^6(次)$$

式中，n_i/N 是某一载荷水平（i）作用次数（n_i）出现的比例，N_i 则是与 n_i 所对应的疲劳破坏循环次数。

②计算实际工作负荷条件下设备的使用寿命：

$$使用寿命 = \frac{2.368\times10^6}{200\times300} = 39.5（年）$$

(2) 计算设备实体性贬值率。

设备实体性贬值率 = 设备已使用年限 ÷ 设备寿命年限 × 100%
$$= 8 \div 39.5 = 20\%$$

实例分析：

在实务中，设备实体性贬值可以通过计算其已使用年限与使用寿命的比值（年限法）得出。但此方法也有局限性，设备的寿命年限为某类设备的平均寿命，有一定的代表性，但忽略了差异性。在评估具体设备时，有些设备的使用情况有特殊性，其实际寿命也应不同。上述设备，日常使用中未全部按额定载荷工作，实际使用寿命与设计寿命有差异，所以在计算实体性贬值时，未采用平均寿命年限，而是用该设备实际使用载荷、实际的疲劳循环次数来计算其实际使用寿命。在评估实务中，评估人员应针对设备的具体情况灵活选用计算方法及计算参数。

实例 4：

设备名称： 固定式冲天炉
规格型号： R1110
生产厂家： 青岛昊华铸造设备有限公司
安装地点： 铸造车间
购置日期： 1999 年 9 月
启用日期： 1999 年 9 月
主要技术参数：（略）

设备运行情况：此设备自投入使用以来运行正常，每天熔炼金属炉料 30 吨，每年工作时间 300 天，设备正常保养维护。

……

设备功能性贬值额的确定：

（1）确定设备的剩余使用寿命。经评估人员现场勘察，结合设备的运行情况，综合判断此设备的剩余使用寿命为 4 年。

（2）确定超额运营成本。经查，评估基准日焦炭的售价为 2 000 元/吨。

每天多消耗焦炭量 $= \dfrac{30}{7.69} - \dfrac{30}{8} = 0.1512$ （吨）

每年焦炭的超额运营成本（300 天） $= 0.1512 \times 2\,000 \times 300 = 90\,720$ （元）

（3）确定税后超额运营成本。经了解，企业所得税率为 25%。

每年税后超额运营成本 $= 90\,720 \times (1 - 25\%) = 68\,040$ （元）

（4）计算功能性贬值额。经综合判定，此设备的折现率取 10%，10% 折现率 4 年的年金现值系数为 3.1699。

功能性贬值额 $= 68\,040 \times 3.1699 = 215\,680$ （元）（取整）

实例分析：

设备的功能性贬值主要体现在超额投资成本和超额运营成本两方面。由于新设备的出现，使得继续使用旧设备增加了运营成本（超额运营成本），就应计算其功能性贬值额。

评估人员在评估机器设备时，不但应关注设备的实体性贬值，更要关注功能性贬值、经济性贬值等因素。

实例 5：
  设备名称： 台车式电阻炉
  规格型号： RT6 – 600 – 7
  生产厂家： 重庆鑫邦电炉有限公司
  安装地点： 热处理车间
  购置日期： 2000 年 10 月
  启用日期： 2000 年 10 月
  主要技术参数：（略）
  设备运行情况：此设备自投入使用以来运行、维护正常，经评估师现场勘察，综合确定设备尚可使用 3 年。设备实际可比单耗指标为 730 千瓦小时/吨，而当地政府规定的可比单耗指标为 650 千瓦小时/吨，此台设备运行的耗能指标超过政府规定限额，按规定超限额 10% ~ 20% 的，超过部分的电单价加价 2 倍。此设备年产量为 800 吨，当地标准电单价为 1 元/千瓦小时。
  ……
  设备经济性贬值额的确定：
  （1）年度加价总金额。
  年度加价总金额 = 电单价 ×（实测单耗 – 限额单耗）× 年产量 × 加价倍数
         = 1 ×（730 – 650）× 800 × 2 = 128 000（元）
  （2）计算经济性贬值额。经综合判定，此设备的折现率取 10%，10% 折现率 3 年的年金现值系数为 2.4869。
  经济性贬值额 = 128 000 × 2.4869 = 318 323（元）（取整）

实例分析：
  电阻炉为耗电能设备，国家、地方对于高能耗（电、煤、气等）设备的使用有一定的限制政策，评估耗能设备时，除关注设备的实体性状态外，还应关注设备的实际能耗指标、国家及地方能耗政策等，注意计算由于外部因素引起的设备经济性贬值。
  当然，除关注能耗外，对设备的污染排放等情况需同样重视，关注可能存在的各种贬值因素。

实例 6：
  设备名称： 变压器
  规格型号： S7 – 315/10/0.4
  生产厂家： 保定变压器厂
  安装地点： 3 号变配站
  购置日期： 1996 年 10 月

启用日期：　　　　1996 年 10 月
主要技术参数：（略）
设备运行情况：此设备自投入使用以来运行正常，日常按规定维护保养，已使用 13 年，评估师现场勘察发现，按现在的实际状态，设备尚可使用 5 年。但根据国家规定，S7 型变压器为明令强制报废的设备，不应再使用，应立即报废。
……

设备经济性贬值额的确定：
（1）不考虑国家政策，按年限法计算设备的贬值率：

$$贬值率 = \frac{设备已使用年限}{设备已使用年限 + 设备尚可使用年限} \times 100\%$$

$$= 13 \div (13 + 5) \times 100\% = 72\%$$

（2）考虑国家政策，计算设备实际的贬值率：

$$实际的贬值率 = \frac{设备已使用年限}{设备已使用年限 + 设备尚可使用年限} \times 100\%$$

$$= 13 \div (13 + 0) \times 100\% = 100\%$$

（3）经济性贬值率：

经济性贬值率 $= 100\% - 72\% = 28\%$

（4）计算经济性贬值额：

经济性贬值额 $=$ 重置全价 $\times$ 经济性贬值率

$$= 51\,000 \times 28\% = 14\,280（元）$$

实例分析：

由于能耗、环保等方面的原因，国家有很多关于淘汰落后产能、高能耗设备的规定，涉及变压器、电机、锅炉、风机、专业生产设备等。在评估实务中，设备评估人员应了解相应的国家政策，对于国家明令淘汰的机电设备应考虑其经济性贬值额，以合理确定设备的价值。上述计算中，虽然按评估师勘察设备尚可使用 5 年，但由于国家已明令其立即淘汰，故此设备的实际尚可使用年限为 0，应立即报废处理。

表 10　　　　　国家明令淘汰工艺装备（设备）摘录节选表

落后生产工艺装备名称	淘汰期限	文件名称
SL7 - 30/10 ~ SL7 - 1600/10、S7 - 30/10 ~ S7 - 1600/10 配电变压器	立即淘汰	《淘汰落后生产能力、工艺和产品的目录（第一批）》（中华人民共和国国家经济贸易委员会令第 6 号）
10 ~ 15 吨（含）转炉	2002 年	《淘汰落后生产能力、工艺和产品的目录（第二批）》（中华人民共和国国家经济贸易委员会令第 16 号）
TQ60、TQ80 塔式起重机	2002 年 7 月 1 日	《淘汰落后生产能力、工艺和产品的目录（第三批）》（中华人民共和国国家经济贸易委员会令第 32 号）

续表

落后生产工艺装备名称	淘汰期限	文件名称
Y系列中小型三相异步电动机（Y112M-2、Y112M-4、Y112M-6、Y315L1-2、Y355M1-2、Y355M2-2、Y355L1-2、Y355L2-2、Y355M1-4、Y355M2-4、Y355L1-4、Y355L2-4、Y355M2-6、Y355M3-6、Y355L1-6、Y355L2-6）	2003年（含）前生产的该系列电机，最迟应于2015年年底前停止使用	《高耗能落后机电设备（产品）淘汰目录（第三批）》 中华人民共和国工业和信息化部公告2014年第16号

（八）评估结果

（略）

案例二：某企业生产线转让评估案例

【案例背景】

A拖拉机集团公司拟处置其拥有的设备，委托B资产评估有限公司对相关设备在评估基准日的市场价值进行评估，为其拟订设备处置方案提供资产价值参考。

在与委托方明确资产评估基本事项时，A拖拉机集团公司提出，该公司正在了解被评估设备的意向买家，倾向于谋求就地持续使用的设备处置方案（设备使用所需的不动产可以通过租赁方式加以解决），但也有买家提出移地继续使用的购买意愿。为此，A拖拉机集团公司要求B资产评估有限公司在资产评估中不考虑被评估设备的运输、安装调试状态，仅提供设备本身的市场价值评估结果。对评估中未考虑的持续使用条件下设备的运杂费、安装调试费、基础费、资金成本、前期及其他费用等价值构成要素，以及设备移地使用时涉及的拆除清理、运输等费用，要求B资产评估有限公司在资产评估报告中加以说明和披露，以方便委托方合理利用评估结果。上述委托要求已反映在双方签署的资产评估业务约定书中。

因此，根据委托方要求及资产评估所对应经济行为的特点，双方确定的资产评估目的为资产处置，评估基准日为20××年6月30日，评估结果的价值类型为市场价值，评估结论仅反映被评估设备的市场价值（即：作为未安装状态设备的正常交易价值）。

案例内容摘自该资产评估项目的机器设备评估技术说明。

【实例内容】

一、评估范围

本次评估的是A拖拉机集团公司申报的机器设备。根据A拖拉机集团公司提供的申报资料，截至20××年6月30日，被评估设备共有1 100项，账面原值××××万元，账面净值××××万元。具体构成略。

二、被评估设备概况

A 拖拉机集团公司，前身为 196×年×月成立的 C 拖拉机制造厂，是有 30 多年历史的轮式拖拉机生产民营企业，产品有 X 大系列、Y 款机型。截止评估基准日该公司主要生产 X0、Y0、Z5、J0、K5 马力系列两轮、四轮驱动拖拉机，并有 AAA、BBB 等不同机型。

被评估设备分布在 A 拖拉机集团公司的铸锻、冲压、底盘、总装等生产单位，主要包括冷热加工设备、物料搬运设备、仪器仪表、电气设备等，共 1 100 项，先后购置于 196×—20××年。A 拖拉机集团公司分别在 198×、199×年对轮式拖拉机主要生产设备实施过技术改造，并建立有完善的设备维护及保养制度，经现场勘查，大部分设备状态基本完好，能够满足正常生产的要求。

A 拖拉机集团公司主要生产工艺流程（略）

被评估设备折旧及计提减值政策（略）

三、被评估设备核实的方法及结果（略）

四、评估方法

根据委托要求和评估目的特点，此次选择市场法评估被评估设备的市场价值。

鉴于 A 拖拉机集团公司申报的设备多达 1 100 项，设备购置年代跨越较大，大部分旧设备无法取得适量的相同或类似设备近期交易案例，没有条件使用直接或相似比较法。经分析被评估设备构成特点，评估人员认为，可以通过对评估对象进行合理分类、搜集各类设备在评估基准日的全新售价、揭示同类型设备贬值率的变化规律，采用比率估价法实施评估。

比率估价法确定设备市场价值的基本公式为：

评估对象市场价值 = 设备全新售价 × 变现系数

变现系数 = 二手设备交易价格 ÷ 全新设备售价

五、评估计算

（一）设备全新售价的确定（略）

（二）变现系数的确定

1. 被评估设备的分类。同类设备尽管规格型号、生产能力等指标不同，但贬值率的变化规律应是相同的。比率估价法操作的关键是在科学分类的基础上合理确定各类设备的变现系数（又称"成本比率"）。评估人员根据被评估设备的适用范围和用途，将其划分为金属切削机床、冲压机床、锻造设备、热处理设备、铸造设备、起重设备、输送设备、电力设施、仪器仪表、环保设备、其他通用设备、专用机床、涂装线、装配线、专用试验台和其他专用设备等类型，分类测算其变现系数。

2. 数据信息采集。为了统计各类被评估设备的交易价格与使用年限之间的关系，评估人员从二手设备市场收集各类被评估设备的交易价格信息，连同所取得的各类设备在评估基准日的全新售价资料一起，作为测算其变现系数的基础数据。

3. 计算各类设备样本的变现系数。

首先，根据以下公式分类计算各设备样本的变现系数：

变现系数 = 二手设备价格 ÷ 重置价

其次，计算相同使用年限样本的平均值，得到按年限分布的各类设备变现率测算表（见表1）。

表1

已使用年限/设备类别	金属切削机床(1-2)	冲压机床(3)	锻造设备(4)	热处理设备(5)	铸造设备(6)	起重设备(7)	输送设备(16-2)	电力设施(9)	仪器仪表(10)	环保设备(12)	其他通用设备(13)	专用机床(14)	涂装线(15)	装配线(16-1)	专用试验台(17)	其他专用设备(18)
1年	0.5986	0.6135	0.5815	0.5580	0.5580	0.5667	0.5000	0.5986	0.5986	0.5900	0.5986	0.4986	0.5835	0.5000	0.4486	0.4486
2—3年	0.5440	0.5856	0.5315	0.4800	0.4800	0.5000	0.4000	0.5440	0.5440	0.5400	0.5440	0.4440	0.4358	0.4000	0.3940	0.3940
4—6年	0.4627	0.4524	0.4949	0.3500	0.3500	0.4000	0.3500	0.4627	0.4300	0.4500	0.4627	0.3627	0.4224	0.3500	0.3127	0.3127
7—8年	0.3804	0.4000	0.3867	0.4201	0.4201	0.3600	0.3046	0.3804	0.3000	0.3800	0.3804	0.2804	0.3700	0.3046	0.2304	0.2304
9—10年	0.3606	0.3440	0.3605	0.4000	0.5360	0.3429	0.2600	0.3606	0.1500	0.3000	0.3606	0.2606	0.3140	0.2600	0.2106	0.2016
11—15年	0.2828	0.3261	0.2772	0.3320	0.3320	0.2925	0.2000	0.2828	0.1500	0.2800	0.2828	0.1823	0.2961	0.2000	0.1328	0.1328
16—20年	0.2616	0.3223	0.2532	0.3068	0.3068	0.2851	0.1800	0.2616	0.1500	0.2400	0.2616	0.1616	0.2923	0.1800	0.1116	0.1116
21—25年	0.2494	0.2616	0.2332	0.1187	0.1187	0.2052	0.1500	0.2494	0.0800	0.1500	0.2494	0.1494	0.2316	0.1500	0.0994	0.0994
26—30年	0.2439	0.2214	0.2332	0.1000	0.1000	0.1500	0.1000	0.2439	0.0600	0.1000	0.2439	0.1433	0.1914	0.1000	0.0939	0.0939
30年以上	0.1555	0.1784	0.1500	0.0923		0.1500	0.0600	0.1555	0.0500	0.1000	0.1555	0.0555	0.1484	0.0600	0.0555	0.0555

4. 回归分析。评估人员对各类设备变现率测算数据进行拟合（回归分析），得到其变现系数与使用年限的函数关系：

$$y = ae^{-bx}$$

式中：y为某类设备变现系数；x为设备的已使用年限；a、b为参数。

5. 各类设备变现系数计算结果。通过上述统计回归，评估人员得到各类被评估设备变现系数与其使用年限的关系如下：

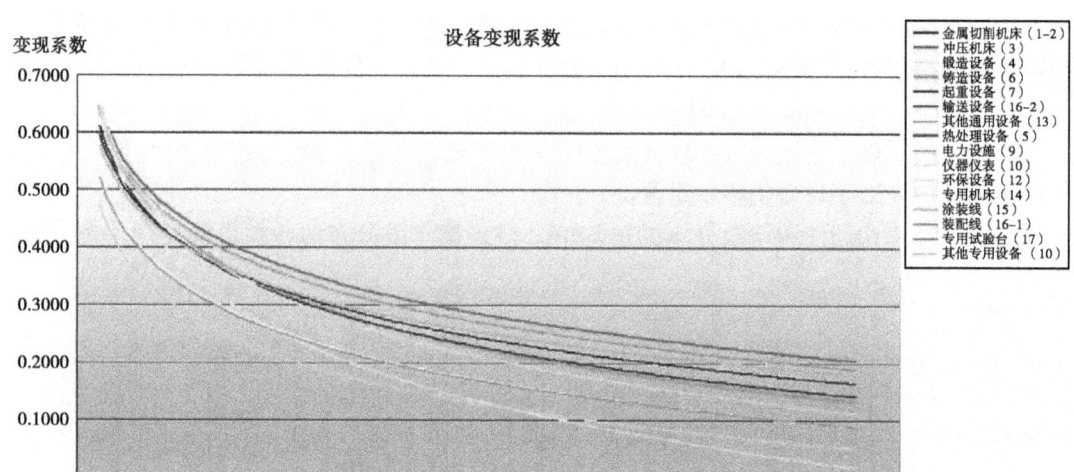

六、评估案例——闭式单点压力机

（一）设备概况

设备名称：闭式单点压力机

评估明细表位置：机器设备评估明细表第××项（资产编号：××××）

型号规格：J31-315

生产厂家：××机械有限公司

启用时间：200×年×月

账面原值：（略）

账面净值：（略）

主要参数：（略）

截至评估基准日该设备已投入使用6年，能够满足正常生产要求。

（二）评估方法及过程

该设备不具备直接比较法和相似比较法的评估条件，根据评估目的和资料支持情况，决定采用比率估价法评估其市场价值。主要过程如下：

1. 全新售价的确定。经询价，获得浙江威力锻压机械有限公司生产的同型号全新闭式单点压力机在评估基准日的市场售价为人民币363 000元，以此作为被评估设备的全新售价。

2. 变现系数的确定。被评估设备属冲压设备，在评估基准日已使用6年，评估人员根据上述统计回归结果，得到已使用6年的该类设备变现系数为0.4524。

3. 评估值的确定。

评估值 = 全新售价 × 变现系数
      = 363 000 × 0.4524 = 164 220（元/台）

七、评估结果（略）

八、机器设备评估增减值原因分析（略）

实例分析：

目前在评估实务中需要采用市场法确定设备评估结果的情况日益增多（如企业清算对清偿价值的评估、资产减值测试对可回收价值的计算、合并对价分摊对公允价值的确定，以及对设备处置市场价值的测算等），但我国的二手设备市场不够发达，评估中不一定都能搜集到相同或类似设备的交易信息，特别是在委托评估设备数量、种类繁多情况下，满足直接比较法和相似比较法所要求的适量交易案例条件就更为困难。在这种情况下，比率估价法就成为唯一可行的评估方法。这种基于市场成交信息统计分析的方法及参数选择，对支持评估结论具有相当的客观性和说服力，值得在评估实务中积极尝试。

在确定变现系数时应注意，采集的交易样本量应满足统计分析的要求，同时应对回归分析结果做好统计检验，以确保评估结果的可靠性。案例评估计算没有提及是否对变现系数样本回归分析结果进行了统计检验，"闭式单点压力机"评估案例也没有交待评估所采用的冲压类设备的变现系数拟合方程及其统计检验指标（如模型拟合优度等），不利于支持评估结果的可靠性。

案例在确定设备变现系数时，仅仅考虑了设备市场价值与其使用年限的相关关系，即单因素回归模型。这种模型仅适用于评估正常使用的设备，对长期闲置不用或过度使用的设备则不适用。除了使用年限之外，影响设备交易价格的重要因素还有其评估基准日的实体状态。要合理确定评估对象的市场价值，评估人员还需认真关注其使用环境和实体状态，结合现场勘察和分析判断结果，对依据单因素回归模型确定的设备变现系数进行必要的调整和修正。"闭式单点压力机"评估案例对该设备在评估基准日现场勘察的结果缺乏具体的描述，对是否需要根据勘察结果对所计算的设备评估价值进行调整也未做必要的交待。

采用比率估价法得出的只是未安装设备的市场价值。评估就地持续使用的在用设备价值时，还应增加将设备从购置场所运至使用地点，以及安装调试所需的费用（包括必要的前期及其他费用和资金成本）。评估需要移地使用的已安装设备，还应根据交易条件考虑设备拆除、运至交易地点所需发生的费用。如涉及清算价值评估，还需在上述评估结果的基础上，结合具体的清算类型和被评估设备的特点（适用范围、实体状态、交易难易等）进行交易变现因素修正。

案例三：某企业机器设备市场法评估案例

【案例背景】

A产品生产线是W公司为满足生产A产品的需求，于19××年委托G国M公司设计制造的，19××年×月完成安装调试投入使用，主要设备构成包括：E设备1台，F设备

4台，H设备4台，以及相应配套的J系统、K系统、L系统、N系统。该生产线能满足A产品设计所要求的工序，生产能力为两班生产每年18万件A产品，在配套条件允许的前提下，该生产线可以生产多种规格的A产品。

受企业开发产品研发能力制约，该生产线在相当长的时间里没有得到充分利用，自19××年至20××年间，只单班两工位从事生产作业，设备使用率不足35%。

因为企业效益低下，加之设备利用率太低，故在此期间没有对该生产线进行折旧，导致其净值至今偏高。

由于企业停产，自20××年×月至20××年×月，该生产线被异地租赁，目前租赁期满，企业拟对该生产线实行拍卖处理。

【案例内容】

一、委托方及产权持有者和其他报告使用者概况（略）

二、评估目的

根据C集团有限公司文件（文号：略）精神，W公司拟转让部分设备。

本次评估的目的是确定W公司部分设备于评估基准日的市场价值，为其拟转让部分设备提供价值参考依据。

三、评估对象和评估范围

本次资产评估对象为W公司部分设备资产——机器设备：A产品生产线及相关配套设备。

本次评估范围系W公司申报的评估基准日与A产品生产线相关的设备，其构成内容及账面价值略。

四、价值类型及其定义

根据本次评估的资产业务类型、评估目的、评估假设、评估对象的功能与状态、评估时间、地点以及本次交易的市场条件，本项目决定选取市场价值类型。

市场价值的定义为："市场价值是指自愿买方和自愿卖方在各自理性行事且未受任何强迫压制的情况下，某项资产在评估基准日进行正常公平交易的价值估计数额。"

五、评估基准日

本项目资产评估基准日是20××年7月31日。

资产评估基准日是委托方本着有利于保证评估结果有效地服务于评估目的，减少和避免评估基准日后的调整事项做出的。

评估中所采用的价格均以评估基准日的价格为标准。

六、评估假设和限定条件

（一）一般性假设

在评估过程中，评估人员遵循以下评估假设和限定条件：

（1）交易假设：假定所有待评估资产已经处在交易过程中，评估人员根据待评估资产的交易条件等模拟市场进行估价。

（2）公开市场假设：公开市场假设是对资产拟进入市场的条件以及资产在这样的市场条件下接受何种影响的一种假定。公开市场是指充分发达与完善的市场条件，是指一个有自愿的买方和卖方的竞争性市场，在这个市场上，买方和卖方的地位平等，都有获取足够市场信息的机会和时间，买卖双方的交易都是在自愿的、理智的、非强制或不受限制的条件下进行。

（3）企业持续经营假设：它是将企业整体资产作为评估对象而作出的评估假定。即企业作为经营主体，在所处的外部环境下，按照经营目标，持续经营下去。企业经营者负责并有能力担当责任；企业合法经营，并能够获取适当利润，以维持持续经营能力。对于企业的各类经营性资产而言，能够按目前的用途和使用的方式、规模、频度、环境等情况继续使用，或者在有所改变的基础上使用。

（4）在评估过程中，评估人员没有考虑将来可能出现的因拍卖、变卖对评估价值的影响，也未考虑发生产权变动时特殊的交易方可能追加付出的价格等对评估价值的影响。对于由国家宏观经济政策发生变化以及遇有自然力和其他不可抗力对资产价格的影响，评估结果中也未考虑。

（5）假设委托评估对象不受可能影响其价值的债权限制和负有法律义务性质的开支所约束。

（6）被评估企业对被评估的资产具有充分产权，不存在任何产权纠纷。

（二）特殊性假设和限制条件

（1）委托方、被评估企业提供的财务数据和文件资料真实、合法、完整；

（2）委托方、被评估企业和评估勘察鉴定的作为样本的资产能够充分代表全部资产的情况；

（3）评估明细表所列资产真实、完整，不存在重复和遗漏，同时资产权属不存在争议或任何瑕疵。

七、评估方法

此次为部分设备评估。由于此次评估的机器设备不能单独创造收益，同时我国机器设备调剂市场尚不发达，无可比的交易案例，故根据评估对象的特点、价值类型的选取及有关评估资料的收集情况，此次采用成本法。

基本原理为：根据现时条件重新购置或建造一个全新状态的被评估资产所需的全部成本，扣减被评估资产已发生的实体性贬值、功能性贬值和经济性贬值，确定其评估值。评估值也可根据被评估资产的成新率计算确定。计算公式为：

评估值＝重置全价×成新率

重置全价是指按照取得设备的市场和方式重新购入相同或类似全新状态设备并使之达到现有使用状态所需付出的全部成本，包括购买价、各种税费、培训费、运杂费、安装调试费及其他费用等，购买价以现行市价为基础。

成新率是指根据设备的物理性能、技术性能和经济性能确定的现有设备的新旧程度。

本报告中所称的成新率均为已考虑实体性贬值、功能性贬值和经济性贬值后的综合成新率。

（以下内容略）

【案例点评】

（1）本次评估案例的核心问题，是评估人员未充分了解项目背景情况，以及由此确定的委托方评估目的和评估所对应的经济行为情况：根据企业提供的说明"由于企业停产，自20××年×月至20××年×月，该生产线被异地租赁，目前租赁期满，企业拟对该生产线实行拍卖处理"。从这句话可以明显看出两个重要信息：一是评估目的是拟拍卖。既然确定了拍卖，就需要评估人员进一步关注是为直接拍卖还是确定拍卖底价提供价值参考，经济行为对拍卖成交的时间是否有约束？是否需要在评估过程中考虑限时拍卖而应有的折扣率？二是被评估设备目前已被异地租赁，且租赁期满。这就提醒评估人员要关注企业拍卖资产成交后，该设备还能否在租赁地继续使用？如不能，是否需要搬迁？搬迁对设备的影响有多大？是拆除搬迁后组装，还是直接搬移？这个过程对设备的价值影响有多大？

（2）评估人员将评估目的列示为"资产转让"，而此次实际则为资产拍卖处理。这是评估人员未充分理解委托方意图，在评估目的的确定上出现的错误，可能直接导致评估报告失去效力。

（3）价值类型的选取不够科学。因前述思路的影响，在价值类型上评估人员直接选用了市场价值。而分析本案例情况，如果属于限时拍卖，市场价值类型就不能反映拍卖的要求，选择清算价值类型则更加合理。如果选择清算价值，在市场案例选择时就需考虑类似的拍卖（处置）设备交易实例；或者按照正常市场交易条件确定相关设备市场比准价格或净重置成本之后，再考虑相应的变现折扣。

（4）评估假设前提上，评估人员选择了以下几个前提条件：

● 公开市场假设：该假设是对被评估资产拟进入市场的条件以及资产在这样的市场条件下接受何种影响的一种假定。公开市场是指具有充分发达与完善的市场条件，一个有自愿的买方和卖方的竞争性市场。在这个市场上，买方和卖方的地位平等，都有获取足够市场信息的机会和时间，买卖双方的交易都是在自愿、理智、非强制性或不受限制的条件下进行。

上述假设前提显然与此次评估目的和背景不符。本次评估目的为拍卖处理资产，如果对拍卖成交的时间有约束，资产交易就并非处于自愿买方和卖方的地位平等市场，交易参与方也就没有足够的市场信息和时间，达不到不受限制的交易条件。在此情况下本次评估就不应选择公开市场假设。

● 企业持续经营的假设：它是将企业整体资产作为评估对象而做出的评估假定。即企业作为经营主体，在所处的外部环境下，按照经营目标，持续经营下去。企业经营者负责并有能力担当责任；企业合法经营，并能够获取适当利润，以维持持续经营能力。对于企业的各类经营性资产而言，能够按目前的用途和使用方式、规模、频度、环境等情况继续使用，或者在有所改变的基础上使用。

上述假设与被评估企业的实际情况并不相符。企业提供的信息已明确该企业早在20××年以前就已停产，20××年被评估对象就已被租赁，且截至评估基准日租赁期已满，需要拍卖处理。在这种情况下，如果资产评估仍以企业持续经营作为假设前提，势必会忽视被评估设备可能面临的停止生产、缺少维护、拆除移地使用等情况，据此在评估结论中考虑的参数就不够充分、合理，会严重影响评估结论的测算及把握。

- 在评估过程中，没有考虑将来可能出现的因拍卖、变卖对评估价值的影响，也未考虑发生产权变动时特殊的交易方可能追加付出的价格等对评估价值的影响。对于由国家宏观经济政策发生变化以及遇有自然力和其他不可抗力对资产价格的影响，评估结果中也未考虑。

假设前提是评估结论成立的必要条件，若假设前提发生了变化，将对评估结论产生重大影响，甚至导致评估结论不成立。通过上文分析，上述假设前提与委托方的要求（如拍卖处理）是矛盾的。在出现矛盾的假设前提下所得出的评估结论就自然会存在瑕疵，无法成为实现评估目的的价值参考。

- 按照评估准则要求，评估人员应关注被评估资产的权属状况，对委托方和被评估资产产权持有者提供相关资料履行必要的核查程序，并据实披露核查情况及所发现的问题。同时，应在报告中申明委托方和被评估资产产权持有者应对所提供资料的真实性、合法性、完整性承担责任。而不应该简单假设"被评估企业对被评估的资产具有充分产权""资产权属不存在争议或任何瑕疵"等。该案例对企业提供的被评估资产财务等资料、被评估资产申报内容等假设也存在同样的问题。

（5）在评估方法运用上，评估人员一旦忽视了最重要的"评估目的"信息，缺少针对性的分析，就会导致评估结论偏离经济行为的要求。

该案例运用重置成本法时就有以下问题值得注意：

第一，评估拟拍卖处理的资产，特别是处于异地租赁、评估基准日期限已满的设备，如果经济行为实现后被评估设备不能在评估基准日的安装地点继续使用，其重置全价能否按照"包括购买价、各种税费、培训费、运杂费、安装调试费及其他费用等"加以确定，就需根据经济行为的要求加以分析。比如，与这些设备在评估基准日状态相关的安装调试等费用，就不能在评估中加以考虑。而且在界定评估结果内涵时，对需拆除设备还应根据委托要求明确其交易条件（按现状交割，还是拆除后交割等）。

第二，在成新率确定上，不仅应测算正常的损耗，还应考虑被评估设备移地可能发生的损耗及拍卖限制应考虑的折扣率。

第三章 房地产评估

第一节 房屋建筑物评估

本节内容包括房屋建筑物与其所占用土地合一情形的评估操作，也包括单纯的房屋建筑物评估操作。单纯的房屋建筑物评估，不包含土地使用权的评估，仅评估房屋建筑物本身。

一、现场调查及市场调查

（一）现场调查

1. 现场调查的目的。房地产评估的现场调查工作十分重要。房地产具有不可移动性，价值与区位等因素密切相关，个体之间的同质性较弱，且影响房地产价值的因素较多，对其个体状况、周边情况的了解及特征掌握就非常必要。现场调查是主要操作途径。

现场调查的目的有：

（1）确定被评估房地产是否真实存在；

（2）全面了解和掌握被评估房地产的实际状况，包括：实体状况、功能状况、权属状况等；

（3）直观获得对被评估房地产区位状况、土地利用状况、环境状况、交通状况、生活或生产配套条件、社会氛围等影响价值主要因素的实际情况，全面掌握被评估房地产的主要特征。

如果评估已经灭失（如拆除）的房地产，虽然不能进行完全意义上的实地查看，评估人员仍有必要在取得被评估房地产相关资料（如证据保全留存的图片、影像、文字和实物等）的基础上去被评估房地产原址进行现场调查，以便了解、感受被评估房地产的区位状况、使用环境和土地利用条件等。

2. 现场调查的内容。

（1）房地产权益状况。房地产权益状况调查主要是确定房地产产权的性质，应首先了解委估房产所占土地的权属关系。土地权益状况一般需了解以下情况：

①土地所有权状况：土地所有权性质，是国有土地还是集体土地。对于集体土地，还要了解土地所有权的行使者。

②土地使用权状况：是建设用地使用权还是宅基地使用权、土地承包经营权及其权利人的情况。对于国有建设用地使用权，还要了解是划拨国有建设用地使用权还是出让、承租、作价出资或入股、授权经营国有建设用地使用权。对于出让、作价出资和授权经营的国有建设用地使用权，还要了解土地使用期限及其起止日期，土地使用权续期的有关规定或约定，届满未能续期土地的建筑物收回时是否予以补偿等。另外，需要了解是单独"所有"还是"共有"。对于"共有"的，要了解共有人和共有方式、权益比例等。

③土地使用管制情况：了解是建设用地，还是农用地、未利用地等。

对房地产开发用地，还需了解其规划条件，包括土地用途，容积率或建筑控制规模，建筑高度、密度、绿化率，建筑后退红线距离，建筑间距，交通出入口方位，停车泊位，建筑体量、体型、色彩，地面标高，其他要求。例如，规定规划设计方案应符合环境保护、消防安全、文物保护、卫生防疫等有关法律法规的规定，以及要求配套建设保障性住房、公共服务设施等。

对委估房地产规划条件的调查主要包括：周边地区开发现状、市政条件；地区的规划条件、主要发展方向（如规划中的商业区、住宅区、工业园区、综合服务区等），有没有形成控制性或修建性详细规划；委估房产与地区发展是否相符，地区规划实施是否对委估房产的长期使用产生影响。

④土地利用状况：房屋建筑物、林木等情况。

⑤出租或占用情况：了解有无出租或其他方占用情况，对已出租的，了解承租人、租赁期限及起止日期、租金水平等。

⑥他项权利设立情况：是否设立了地役权、抵押权等他项权利。

⑦其他特殊情况：土地所有权或土地使用权是否不明确或归属存在争议；土地取得手续是否不齐全；是否为临时用地或违法占地；为临时用地的，批准期限多长，是否已超出批准期限；是否被依法查封、采取财产保全措施或以其他形式限制；是否未达到法律法规规定的转让条件；是否属于法律法规规定不得抵押或不得用作出资的财产；是否拖欠建设工程价款；是否已依法公告列入征收、征用范围等。

在以上基础上再对房屋建筑物的权益状况进行调查。房屋建筑物权益状况一般调查以下事项：

①对在拥有土地权属证书的土地上建造的房屋建筑物，主要对房屋权属登记情况进行调查。包括：是否取得权属证书、权属证书编号、证载坐落（位置）、房产面积、所有权人、权证附图、变更登记情况、是否记录有他项权利、颁发日期等。要核查权属证书原件，关注登记信息与实际状况是否一致。

②无房产证的房产或在建工程中的房产项目应关注其是否取得建设工程规划许可证或建筑工程施工许可证。主要调查证书编号、建设单位、建设项目（工程）名称、建设规模、建设位置（地址）、颁发日期等。注意核查能够证明其产权及来源的其他资料（如买卖合同、划转文件）等。

③他项权利的相关记录包括他项权利人、权利种类、权利价值、权利范围、设定日

期、存续期限等。注意核查与他项权利设定有关的合同（如抵押合同），关注他项权利存在对房地产使用、处置可能存在的影响或限制。

④对在未取得土地使用权属证书的土地上建造的房产，除需核查房屋确权或报建文件外，还应核查租地协议、政府对企业征地的批准文件、建设用地批准书、建设用地规划许可证等文件。

⑤对拥有产权但已签订长期租赁协议的出租房屋建筑物，应核查房屋的租赁合同对出租双方权利义务的规定。

根据《资产评估准则——不动产》的要求，执行不动产评估业务，应当关注不动产的相邻关系、租约限制和动产对不动产价值的影响。现场调查应对此予以关注。

房地产的相邻关系，是指房地产的相邻权利人依照法律、法规的规定或者按照当地习惯，相互之间应当提供必要的便利或者接受必要的限制而产生的权利和义务关系。特别是从义务方面来看，相邻关系是对房地产所有权、使用权的一种限制。

相邻关系是房地产相互影响特性的一个重要表现形式。房地产不可移动，其利用状况通常会对周围的房地产产生影响。反过来，周围的房地产的利用状况也会对该房地产产生影响。正是由于房地产的相互影响的特性，产生了相邻关系。我国《物权法》规定："不动产的相邻权利人应当按照有利生产、方便生活、团结互助、公平合理的原则，正确处理相邻关系。"因此，相邻关系的存在对房地产（不动产）价值有一定的影响。

租约限制，是指房地产在评估基准日时点已签订租赁合同，房地产的权利受到已签订的合同的约束。在非特别说明不考虑租约的情况下，评估测算时，一般应考虑租约限制中租赁期限、约定租金的影响。

⑥对在租用地上建造的房屋建筑物，应了解租地合同的相关内容，包括出租方占用的土地性质、租用土地期限、与建房及报批有关的约定、租期结束对地上物的处置方案，以及相关房屋建筑物的面积、用途、结构特征等。

⑦对评估中涉及企业在无产权争议的土地（行政划拨用地或已办理出让的土地）上未经规划部门批准建造的房产项目，首先应关注其完善权属登记手续是否存在实质性障碍。对不存在实质性障碍的，应与委托方就补办这部分产权可能出现问题的处理方法进行沟通，并取得委托方对处理方法的相关承诺。讨论并承诺的具体内容应包括：清单提供的面积与权威部门的实测面积有差距的处理，违章建筑的罚款、补办房产证手续可能发生的费用由谁负担等。在评估报告中对此做出明确披露和必要的风险提示。对完善权属登记手续存在实质性障碍的，在未获取障碍能够排除的证据前，通常不宜将其纳入评估范围；如果经济行为相关当事方履行规定程序后共同认可将其纳入评估范围，房地产拥有者承诺提供必要担保或损失补偿的，可以对其实施评估，并在报告中明确披露。

评估人员对房地产权属的核查和披露应遵循《注册资产评估师关注评估对象法律权属指导意见》《资产评估准则——基本准则》等规定。

（2）房地产实物状况。土地实物状况一般包括：土地的面积、四至、宽度、深度、形状、地形、地质及地基状况、用途、开发程度等；建筑物的用途、面积、体积、层高、层数、结构、材料、装饰装修、设备设施、建成时间、建筑风格、功能布局、平面布置、完损状况、使用及维护状况、是否与周围环境协调等。

对企业所拥有的房屋建筑物，在现场调查时，需对委托方提供的资料清单进行核实，包括：委托方提供的房屋建筑物是否与经济行为要求和委托范围一致；有无已被拆除或改造的房屋建筑物或未记录的账外房屋建筑物；有无按房屋建筑物项目填列实际上不构成房屋建筑物或分类不正确、面积记录不准确的情况；经勘察核实做了哪些修正和调整等。

对企业申报的没有权属证书的房地产，现场调查时，应当根据评估目的和工作要求，全部或通过合理控制手段（如抽样）抽查核实相关房地产的申报数量（如建筑面积）是否合理，是否属按原设计用途使用，有无已废弃不用的功能。对在建房地产现场勘察时，需重点了解设计标准、开工时间、目前施工进度、预计竣工时间、付款情况、工程预算、设计要求等。除此以外，还应记录是否存在已达预计使用条件但未结转固定资产的"在建工程"，了解其未办理结转的原因，以及竣工及投入使用的时间等。

对企业所掌握的房地产技术资料进行核查，主要通过查阅相关房屋建筑物的总图说明、基础图、结构图、工程监理报告及验收文件等技术资料，取得必要的技术参数，如：基础、结构类型、檐高、层高、跨度、荷载、抗震等级等。取得主要建筑物的改造工程记录。

相关链接

在对被评估房地产进行现场调查和勘察时，还应根据其用途，在调查内容和采集资料中侧重其特殊内容：

（一）商业房地产

一般还需调查：建筑及经营面积、楼层、外观与建筑风格、结构及空间格局、室内净高、设备设施、装饰装修、经营业态、临街宽度及深度等。

根据商业房地产的具体经营类型，还可进一步调查相关的内容，如：综合商场还需调查经营定位、消费人群、特色服务、主要出入口设置、水平及竖向交通组织、货物仓储及运输条件、供消费者和工作人员休息的区域等。

（二）住宅房地产

一般还需调查：住宅类型及档次（别墅、公寓、普通住宅等）、外观与建筑风格、建筑结构、户型结构及布局、装修、设备设施、建筑质量和标准（包括：防水、防火、保温、隔热、隔声、通风、采光、日照等）、楼层、朝向、视野及景观、物业管理水平等，有的甚至要了解风水情况。

（三）工业房地产

一般还需调查：生产用途、建筑结构、层数、跨度及跨数、柱网结构、（楼层、梁底、轨顶、檐口）高度、围挡方式、建筑质量和标准（包括：防水、防火、保温、隔热、隔声、通风、采光、照明等）、地面或楼面特殊处理（承重、设备基础、地沟、抗震、防腐、防静电等）、功能区划分、（人物流）水平及竖向组织方式、材料及货物装卸运输条件、设备设施、废弃物排出方式、使用环境及维护情况、完损程度等。还应考虑车间安装的天车吨位，生产工艺对厂房的特殊要求等。

土地面积、形状、地势、地形等是否满足生产布置要求，地质和水文条件是否满足厂房建设、使用和物料堆放要求等也是工业房地产评估应关注的因素。在实施工业房地产抵押、清算、兼并等目的评估时还应关注其通用性（改作其他用途以及用于其他产品生产的可能性）、独立使用性和可分割转让性。

动产对房地产价值的影响，在工业房地产的评估中尤为需要特别关注。设备、存货等对房地产的影响都是直接的，如存放了特殊性质的存货，如腐蚀品、放射性、生物等；在生产使用过程中对房地产有影响的设备，如大型加工设备、生产过程中产生高温、强振动、腐蚀等情形。另外，有的房地产是按照特定生产工艺和特定设备进行设计建造的，由于设备或工艺装备的寿命年限一般小于房地产本身耐用年限，在工艺装备或设备更新时，会对房地产产生破坏甚至大规模的拆除等。这些都可能对房地产价值产生影响。

（3）房地产的区位状况。房地产的区位状况是指房地产所在位置及其区域条件对房地产价值的影响因素，一般包括：位置、交通、外部配套、产业配套和环境状况等。

①位置状况。主要包括：坐落；方位；与重要场所或设施的距离等。

②交通状况。是指房地产所在地点与外界通过不同交通工具连接的条件与便捷程度。主要包括道路状况、交通工具、交通管制情况以及停车方便程度和收费标准等。

③外部配套设施状况。是指房地产使用所需要的基本条件或尽可能达到高标准使用的条件。通常包括外部基础设施和外部公共服务设施两大方面。

④产业配套状况。是指与委托评估房地产用途、经营发展相关的上下游业务集群，以及同类产业集中度。产业配套状况涉及多种类型的房地产，比如商业繁华度、产业集聚水平等。

对于工业房地产，产业配套的影响主要包括：同类产业企业的密集程度、主要原材料供应、配件支持、仓库和物流保障、销售市场及商务交流平台、技术研发条件等。

⑤环境状况。通常包括自然环境、人文环境和景观等方面。

在调查与了解影响房地产价值的相关因素时，除以上所述的权益、实物和区域状况外，还应对房地产所在地区的社会因素、经济因素、政策因素等进行了解。

3. 现场调查的方式。对被评估房地产的现场调查一般采用逐项调查方式进行。但由于客观条件限制，对于诸如同质、长距离的、功能一致的不动产，如矿井巷道、长距离的输送设施等，不能完全前往现场，可通过制定合理的抽样方式，以及通过相关使用情况的印证来反映不动产的状况。

> **提示**：抽样操作的前提是全面现场调查操作出现客观困难，且所调查的不动产具备某种一致性，同时非全面调查方式的操作风险是能够控制的，误差在合理范围内。注册资产评估师若采用非全面的现场调查方式，无论采取何种具体的方式，应当能够确定其合理性，并控制其可能的风险。

《资产评估准则——不动产》第十八条还规定：对于不动产处于隐蔽状况或者因客观原因无法进行实地查看的部分，应当采取适当措施加以判断并予以恰当披露。

对于不动产处于隐蔽状况或者因客观原因无法进行实地查看的部分，如水下工程、海底工程、地下管线等，应当采取诸如查阅建设资料、查阅资产管理和工程安全质量检测资料等适当措施加以判断。由于情况的复杂和客观条件的限制，存在一些无法查清的事项，评估师可以在报告中予以声明。但是，评估师必须判断上述事项的重要性，并在报告中披露评估师为该事项所做的努力以及该事项对评估结论的影响。

在通常评估实践中，评估师一般借助实地观察、资料查阅，辅以简单工具（如测量工具）等对被评估房地产实施现场调查，一般不动用专业检测手段，评估师会在评估报告中对此进行必要的披露，以提示委托方和评估报告的其他使用者正确理解评估师的工作。

房地产实体状态的检测和面积测量分别需要具有房地产检测、测绘资质的专业机构加以实施，评估机构及其从业人员并不具有这样的资质和条件；房地产确权面积还应得到房地产权属登记机关的确认。对此评估师应在报告中做出必要的披露，申明以权属证书载明的房地产面积作为评估的基础，对未进行权属登记或实物与登记状态出现不一致的房地产，将明示评估采用的基础，并提示应以最终确权的数据来调整评估结果；对某些特定情形需要采用专业手段检测被评估房地产实体状态的，报告会提示委托方聘请专业机构进行检测，评估师将以专业检测结论为据调整评估结果。

（二）市场调查

1. 市场调查的目的。市场调查能够获得房地产评估主要采用的方法所需要的价格信息。在市场法评估中，市场调查直接提供了可以选择和确定的可比实例及其交易或租赁价格。在收益法中，所有测算所需要的收入、费用和比率数据都是根据市场情况直接获得或估计出来的。在成本法中，市场调查提供了购建房地产的成本费用的价格来源及依据，提供了房地产价值贬损和外部退化的修正变动依据。在假设开发法中，市场调查提供了开发建设成本费用的基本价格水平、相似房地产产品销售状况及销售价格水平等。

另外，市场调查还可以获得帮助评估师了解被评估房地产当地影响房地产价格变动主要因素、政策环境、房地产历史变动情况、近期市场发展动向和价格变动趋势等资料。比如：当地的各类房地产发展规划、土地规划及土地出让信息、房地产价格指数、土地价格指数，以及当地建材、人工等价格信息、工程建造价格信息等。

2. 市场调查的内容见表 3-1。

3. 市场调查的方式与渠道。评估人员进行市场调查，获得价格信息的对象和渠道通常包括：

（1）房地产开发企业；
（2）政府有关部门关于房地产交易的申报登记资料；
（3）房地产交易中心；
（4）房地产销售代理机构；
（5）二手房交易及租赁中介机构；
（6）拍卖公司或拍卖协会资料数据库；

表 3-1　　　　　　　　　　房地产市场调查的内容

调查项目	调查内容
与房地产销售、租赁相关的价格信息	①与评估对象相似的新建房地产销售价格与其他交易信息； ②与评估对象相似的二手房地产交易价格与其他交易信息； ③与评估对象相似的房地产租赁价格、租赁面积、租赁期限、建筑物自身条件与状况、空置率、优惠政策、服务措施、费用承担内容及方式等信息； ④可以作为评估交易实例的相关内容，主要包括：坐落位置、用途、面积、土地状况、建筑物状况、配套条件、周围环境、交易时间、交易双方及交易目的、付款方式、交易条件、费用承担方式、是否有特殊交易背景或交易条款等； ⑤与评估对象相似的房地产当前交易活跃状况以及供求状况； ⑥与评估对象相似的房地产价格变动状况与未来走势。
与房地产建设相关的价格信息	①当地房地产建设的主要方式与主要材料使用要求； ②当地房地产建设现阶段造价总体水平； ③当地适用的房地产建设定额标准与规定； ④当地房地产建设配套要求与费用标准； ⑤当地房地产建设主要材料价格、人工费用要求与走势； ⑥当地房地产建设资金贷款条件与利率标准； ⑦当地房地产建设税收政策与征收规定； ⑧其他。

(7) 房地产市场调查机构或研究机构提供的市场信息；
(8) 查阅房地产专门刊物或各种报刊上关于房地产租售的信息；
(9) 通过各类房地产交易展示会，索取资料，掌握信息；
(10) 以购买房地产者的身份，与经办人和交易当事人洽谈，了解各种信息；
(11) 同行之间相互提供信息资料；
(12) 网上资料；
(13) 其他途径获取资料。

> **提示**：房地产评估的难点之一，是房地产价格影响因素较多，且对价格的影响程度较难准确量化。因此，需要评估人员在进行市场调查时，除了了解和掌握房地产价格以及构成房地产价格的主要收入、成本费用外，还应当对影响价格变动的主要因素有所了解与掌握，包括：影响房地产的法规政策、所在区域的经济水平、房地产或产业发展状况、所在地税收信贷规定、规划布局、社会环境、人口状况等。

二、评定估算

房地产评估主要采用的方法有市场法、收益法、成本法以及假设开发法、基准地价系数修正法等。其中，基准地价系数修正法是单独针对土地使用权评估所采用的方法。

由于每种评估方法本身的局限性（每种评估方法的适用对象和适用条件不同），同时也由于评估中所采用的各种数据资料具有一定的不确定性，在运用各种评估方法进行评估时，都不可避免地需要进行估算和判定。因此，采用任何一种评估方法都难以确保评估结果能完全准确地反映评估对象的客观合理价值。

由于每种评估方法估算判定的角度不同，所依据的数据和资料不同，数据资料的不确定性对各种评估方法估算判定过程的影响程度是不一样的。对同一评估对象，应当根据其特点、价值类型、资料收集情况等相关条件，分析市场法、收益法和成本法三种评估基本方法，以及假设开发法、基准地价系数修正法等衍生方法的适用性，恰当选择评估方法。

（一）市场法

1. 公式与适用条件。市场法是将评估对象与在评估基准日近期有过交易的类似房地产（参考交易实例）进行比较，对这些类似房地产的已知交易价格，依据评估师的专业知识和经验对一系列影响价格的主要因素作适当的修正，以此估算评估对象评估值的方法。

根据《资产评估准则——不动产》对市场法计算中修正因素的描述，房地产市场法的基本计算公式为：

评估值 = 可比交易实例价值 · A · B · C

式中：A 为交易日期修正系数，B 为交易情况修正系数，C 为房地产状况修正系数。其中，C——房地产状况修正系数中的房地产状况修正包括：区域状况修正、权益状况修正和实物状况修正。

因此，市场法公式也可表示为：

评估值 = 可比交易实例价值 · A · B · C · D · E

式中：A、B 意义同上，C 为区域因素修正系数，D 为权益因素修正系数，E 为实物因素修正系数。

评估操作中，往往将房地产权益因素修正和实物因素修正合而为房地产个别因素修正，因此，房地产市场法评估的基本公式也可表达为：

评估值 = 可比交易实例价值 · A · B · C · D

式中：A、B 意义同上，C 为区域因素修正系数，D 为个别因素修正系数。

拥有大量房地产交易实例资料，是运用市场法评估的先决条件。如果交易实例资料太少，不仅会影响评估结果的准确性和客观性，甚至会使市场法无法采用。因此，适用于市场法的房地产评估，一般以城市商业、办公、住宅类房地产为多，其他如非标准工业厂房、公益类房地产、文物古迹房地产、房地产"房地分离"的情况，以及缺乏活跃市场交易且交易量较少的情况，一般不适用市场法评估。

2. 交易实例。

（1）选择交易实例主要需考虑的情况。采用市场法评估房地产，搜集足够的交易实例是重要的条件。搜集交易实例的信息一般包括：

①交易实例的基本状况，主要有：名称、坐落、四至、面积、用途、产权状况、土地

形状、地质条件、土地利用现状与规划用途、土地使用期限、容积率、有关地上建筑物的基本情况（建筑物建成日期、建筑结构、档次、建筑物内部格局、设施、装修等）、周围环境、物业服务，以及客户可享有的服务、购物、交通条件等。交易实例是部分单元交易的，如写字楼的部分房间、公寓、住宅等，在获得上述资料的同时，还应调查有关楼层、朝向、平面设计等。

②成交日期。是指签订合同并履行合同的日期。成交日期与评估基准日越接近越好。对所取得交易案例与评估基准日相距时间较长的，还应调查目前该房地产或周边房地产近期交易市场是否活跃、总体的价格变化情况及变动趋势。

③成交价格。成交价格应当包括房地总价、房屋总价、土地总价及相应的单价和房屋租金、计价方式等内容，同时应当说明价格类型、价格水平及货币种类和货币单位等情况。

④付款方式。包括：一次付清、分期付款及比例、抵押贷款比例、租金支付方式等内容。

⑤交易情况。主要有交易目的、交易方式、交易税费负担方式、交易人之间的特殊利害关系、特殊交易动机等。需特别关注交易双方是否在公开市场状况下进行公平自愿的交易，即属正常交易还是非正常交易。

交易目的是指交易双方为什么而交易，一般包括买卖、入股、抵债等。

（2）作为参照物的交易实例条件。用作比较参照的交易实例，简称"可比实例"。选取可比实例就是从已搜集和积累的大量交易实例中，选取与评估对象房地产条件相同或相似的、交易类型相同、成交日期与评估基准日相近的、成交价格为正常价格或可修正为正常价格的交易实例。

通常，运用市场法评估应当根据评估对象状况和评估目的，从搜集的交易实例中选取3个以上的可比实例。如果可比实例少于3个，其代表性可能较差，容易造成评估结果因其个别性出现偏差，难以客观反映市场状况。同时，所选取的可比实例还应当符合下列要求：

①在区位、用途、规模、建筑结构、档次、权利性质等方面与评估对象类似，具体是指：

（a）与评估对象房地产的用途应当相同（主要是指房地产的具体利用方式）。

（b）与评估对象房地产的建筑结构应当相同。这里主要指大类建筑结构，一般分为：钢结构、钢筋混凝土结构、砖混结构、砖木结构、简易结构。

（c）与评估对象房地产所处相同特征的同一区域或邻近地区，或处于同一供求圈内或同一等级土地内。

同一供求圈不一定是具有同样或相近的自然地理位置，也可以是具有同样或相近的社会经济位置。

②成交日期与评估基准日接近。一般选择的可比实例房地产的成交日期距评估基准日的间隔越短，在进行交易日期修正时的准确性越高。

③交易类型与评估目的吻合。

④成交价格为正常价格或者可修正为正常价格。所谓正常价格是指在公开市场上交易

双方均充分了解市场信息，以平等自愿的方式达成的交易价格。这类交易实例应当首选为可比实例。如果市场上正常交易实例较少，不得不选择非正常交易实例作为可比实例时，也应当选取其交易情况明了且可修正的实例作为可比实例。

3. 对参考交易实例的修正。采用市场法评估房地产，需要对影响价值的主要因素进行修正，包括交易情况修正、交易日期修正和房地产状况修正。

（1）交易情况修正。是排除交易行为中的某些特殊因素所造成的可比实例的成交价格偏差，将其成交价格修正为正常价格。由于房地产的特殊性和房地产市场的不完全性，交易价格往往在交易过程中受当时当地一些特殊因素的影响而发生偏差，不宜直接作为基准用于评估对象，必须预先对交易中的某些不正常的情况加以修正，使其成为正常的交易价格后，才能作为估算评估对象价值的比准值。

交易行为中的特殊因素较复杂，概括起来主要有下列九种：

①有利害关系人之间的交易。
②急于出售或者购买情况下的交易。
③受债权债务关系影响的交易。
④交易双方或者一方获取的市场信息不全。
⑤交易双方或者一方有特别动机或者特别偏好的交易。
⑥相邻房地产的合并交易。
⑦特殊方式的交易。如以拍卖、招标等方式进行的交易。
⑧交易税费非正常负担的交易。
⑨强迫出售或强迫购买的交易。

上述九种情况，在进行评估时都应对其进行交易情况修正。

（2）交易日期修正。是将可比实例在其成交日期时的价格水平修正到评估基准日的价格水平。交易日期修正的方法，一般有：

①采用房地产价格变动率进行修正。
②利用房地产价格指数进行修正。
③评估人员根据市场情况及其自己的经验积累进行判断修正。

房地产价格还可通过分析房地产价格随时间推移的变动规律，采用时间序列分析，建立房地产价格与时间的相互关系模型来求取。

（3）房地产状况修正。

①区域因素修正。区域因素主要包括：繁华程度、交通便捷程度、环境、景观、公共设施配套完备程度以及城市规划限制等方面。

不同用途的房地产，影响其价格的区域因素不同，具体比较修正时应当分别选择对其有影响的主要因素。

②权益状况修正。根据权益的不同，房地产的价格分所有权价格、使用权价格、其他权利价格。

对我国城市土地使用权的权益状况，还应当考虑包括使用年限、使用权类型（出让、划拨）、批准的利用条件等权益的差异。

房地产评估对象是房地产物质实体与房地产权益的综合体，因此在进行房地产状况修正时，必须关注评估对象的权利状况，确信其与参照物的权利状况相同或可修正为相同。

在评估实践中，基本上以房地产权益状况一致为首要前提进行交易实例的搜集，因此，多数情况下，该因素不需进行修正。但是，对于个别存在权益情况差异的房地产，修正难度较大，一般采取权益差异数额扣除的方式来处理，比如划拨土地使用权上的房地产。

③实物状况修正。一般针对建（构）筑物及其不可分离的部分，包含用途、建筑面积、成新程度、建筑结构形式、使用率、楼层、朝向、室内装修、物业管理水平、车位状况等。

对于不同用途的房地产，实物状况修正考虑的因素各不相同，权重也有差异。如车位状况的修正对一般工业类型房地产并不是最主要的，但对于商业用途、办公用途的房地产评估就应当是必不可少的重要考虑因素。

4. 市场法案例——某企业对外转让房地产

【评估目的】办公用房对外转让。

【评估基准日】2012年12月31日。

【评估对象】某公司拥有商务办公区8号楼17层D–2004房400平方米，分摊土地使用权面积：50.00m^2。

【主要情况】该房地产建筑结构：钢混；建成年代：2004年；土地使用权人：某公司；坐落：北京市朝阳区东三环中路888号某商务办公区；土地地类用途：办公；使用权类型：出让、购买；分摊使用权面积：50.00m^2；使用权终止日期：2054年12月31日。产权方提供的《国有土地使用证》和《房屋所有权证》资料显示，截至评估基准日，评估对象未设定抵押权、典权等他项权利。

（1）区位状况。区位状况包括评估对象所处的位置（坐落）、交通、环境（景观）、配套设施等。

①坐落：评估对象为位于北京市朝阳区东三环中路888号的某商务办公区，地处东三环内，所在地段地理位置优越，通达性、可及性良好，东临东三环中路，南临通惠河北路，西邻KK国际集团，北临景恒街，距建国路约200米。

②交通：道路通畅、公共交通便捷，附近有28、57、348、627、974、运通107、214、686、801、976、683等多条公交线路通行并设站，且距地铁1号线、10号线国贸站约200米，出行十分方便，交通便捷通达，处于交通发达地段。

③环境：评估对象所在区域为CBD商务区，市政基础设施完善，商服配套、公共设施齐全，商务环境良好、集聚度尚佳，在市场上有一定的需求潜力。且该房地产所处楼盘拥有临街商铺和服务会所，能够提供餐饮、购物、健身、休闲等多方面的便利服务。

④配套设施：评估对象处于城市内商业发达区域，商业氛围浓，工作环境良好。其周边分布有艾维克大厦、瑞赛大厦、赢嘉中心、南航大酒店、京汇大厦、招商局大厦、中服大厦、银泰中心、国贸中心、中环世贸、凯德大厦、财源国际中心、华彬国际、通用国际、嘉里中心、汉威大厦、富尔大厦、财富中心等众多办公物业项目，以及万达广场、贵

友大厦、秀水市场、赛特购物中心、中央电视台等综合性房地产。

（2）权益状况。

①土地权属和建筑物权属。根据产权方提供的资料显示，委托评估企业拥有评估对象的出让国有土地使用权和房屋所有权证。证载内容略。

②他项权利情况。根据产权方提供的《国有土地使用证》和《房屋所有权证》显示，截至评估基准日，评估对象未设定抵押权、典权等他项权利。

③结论。根据产权方提供的上述权属资料，评估对象权属状况明晰，无共有权人、无权属争议，未设定抵押权；现房屋出租给某传媒公司作为办公用房使用。

（3）委估资产实体概况。资产概况包括土地、建筑物等土地定着物实体的所在项目概况、建筑经济技术指标、评估对象现状、维护使用情况等。

评估对象实体概况为：

8号写字楼为一栋地下3层、地上25层的钢混结构建筑物，建成于2004年，外立面刷白色涂料、落地塑钢窗；首层为临街商铺、3~24层为办公用房。

①装修情况：

- 大堂：地面铺地砖、墙面刷涂料、顶棚为石膏板吊顶或铝扣板吊顶、自动旋转玻璃门；
- 电梯间：地面铺地砖、墙面刷涂料、顶棚为铝扣板吊顶，配备OTIS电梯10部，其中B3~16层为5部、16~25层为5部；
- 公共走廊：地面铺地砖、墙面刷涂料、顶棚刷涂料；
- 办公区内部：地面铺地毯、墙面刷涂料、顶棚为轻钢龙骨矿棉板吊顶，评估对象为大开间，现有玻璃隔断。
- 整栋建筑物配备10部电梯、中央空调、通风系统、自动喷淋烟感报警系统、通讯系统、宽带、安防系统等。
- 估价对象周边市政配套设施完善，所需上水、雨水、污水、供电、通讯、供暖、燃气等均与市政管网相连，在时间和用量上可以满足项目使用需求。

②维护使用情况：经评估人员现场查勘，房屋建筑承重结构构件完好、梁柱基本无倾斜变形、墙面无裂缝、未见基础不均匀下沉，具有较好的强度和稳定性；门窗完好、开启灵活；上下水管和卫生配件完好；供电线路装置完整；设备设施使用正常；维护使用状况良好。

（4）市场法评估计算过程。运用市场比较法的步骤是：在所调查的交易实例中选取可比实例，进行交易情况、交易日期、区域因素、个别因素等修正，求取评估对象的比准价格。

第一步，选取可比实例。

根据评估要求，选取三个可比实例：

- 可比实例A：A写字楼交易案例。
- 可比实例B：B写字楼交易案例。
- 可比实例C：C写字楼交易案例。

第二步，比较因素条件说明（见表3-2）。

表 3–2　　　　　　　　　　　　　比较因素条件说明表

比较因素		评估对象 某办公用房	可比实例 A A 写字楼	可比实例 B B 写字楼	可比实例 C C 写字楼
	实际用途	办公	办公	办公	办公
	交易价格 （人民币元/m²）	待估	36 000	34 000	38 000
	交易情况	正常	正常	正常	正常
	交易时间	2012 年 12 月	2012 年 12 月	2012 年 12 月	2012 年 9 月
区域因素	商务集聚程度	高	高	高	高
	交通通达状况	• 道路通畅 • 公共交通便捷	• 道路通畅 • 公共交通便捷	• 道路通畅 • 公共交通便捷	• 道路通畅 • 公共交通较便捷
	市政基础设施情况	完善	完善	完善	完善
	环境条件	好	好	好	好
个别因素	临街状况	临东三环中路、通惠河北路	临东三环中路	临东三环中路	临通惠河北路
	配套设施完备程度	较完备	较完备	较完备	完备
	所在层数	17 层 （共 25 层）	10 层 （共 32 层）	20 层 （共 32 层）	中区 （共 26 层）
	建筑面积	400m²	07 户型 160m²	03 户型 330m²	约 800m²
	朝向	• 朝向东 • 一面落地窗	• 朝向东南 • 两面落地窗	• 朝向南 • 三面落地窗	• 朝向东 • 一面落地窗
	公共区域装修	• 外装修：涂料、落地塑钢窗 • 内装修：公共部分精装、办公内部简装、大开间可自行隔断	• 外装修：涂料、落地塑钢窗 • 内装修：公共部分精装、办公内部简装、大开间可自行隔断	• 外装修：涂料、落地塑钢窗 • 内装修：公共部分精装、办公内部简装、大开间可自行隔断	• 外装修：铝单板、玻璃幕墙 • 内装修：公共部分精装、办公内部简装、大开间可自行隔断
	市场需求程度	高	高	高	高
	建成时间	2004 年 10 月	2005 年 9 月	2003 年 12 月	2006 年 1 月
	物业管理水平	好	好	好	好
	使用维护新旧状况	良好	良好	良好	良好

第三步，因素修正说明及确定修正指数。

交易情况修正：以上所选择的几个可比实例，均为自由竞争市场上的正常价格，故不用修正。

交易日期修正：以上所选择的几个可比实例，交易日期最多的仅相差3个月，价格相对稳定，故不用修正。

区域因素修正：3个可比实例均为周边地区的交易案例，但小环境有不同，故根据商务集聚程度、交通通达状况、市政基础设施情况、环境条件等因素找出区位因素优劣造成的减价或增价修正。

个别因素修正：主要考虑了该建筑临街状况、配套设施完备程度、所在层数、建筑面积、办公环境、公共区域装修情况、市场需求程度、物业管理水平、使用维护新旧状况等因素进行修正。

表 3-3 比较因素修正指数表

比较因素		评估对象 商务办公区8号楼17层 D-2004	可比实例 A A写字楼	可比实例 B B写字楼	可比实例 C C写字楼
交易情况		100	100	100	100
交易时间		100	100	100	100
区域因素	商务集聚程度	100	100	100	100
	交通通达状况	100	100	100	99
	市政基础设施情况	100	100	100	100
	环境条件	100	100	100	100
个别因素	临街状况	100	100	100	98
	配套设施完备程度	100	100	100	101
	所在层数	100	98	100	99
	建筑面积	100	99	100	102
	内部格局	100	101	102	100
	公共区域装修	100	100	100	103
	市场需求程度	100	100	100	100
	建成时间	100	102	99	103
	物业管理水平	100	100	100	100
	使用维护新旧状况	100	100	100	100

第四步，比较修正过程（见表3-4）。

表 3-4 比较修正计算表

比较因素	评估对象与与可比实例	可比实例 A	可比实例 B	可比实例 C
	交易价格（人民币元/m²）	36 000	34 000	38 000
	交易情况	100/100	100/100	100/100
	交易时间	100/100	100/100	100/100
区域因素	商务集聚程度	100/100	100/100	100/100
	交通通达状况	100/100	100/100	100/99
	市政基础设施情况	100/100	100/100	100/100
	环境条件	100/100	100/100	100/100
个别因素	临街状况	100/100	100/100	100/98
	配套设施完备程度	100/100	100/100	100/101
	所在层数	100/98	100/100	100/99
	建筑面积	100/99	100/100	100/102
	内部格局	100/101	100/102	100/100
	公共区域装修	100/100	100/100	100/103
	市场需求程度	100/100	100/100	100/100
	建成时间	100/102	100/99	100/103
	物业管理水平	100/100	100/100	100/100
	使用维护新旧状况	100/100	100/100	100/100
	修正系数	1.0005	0.9903	0.9526
	比准价格（人民币元/m²）	36 018	33 670	36 199

第五步，求取评估对象单位市场价值。

根据上述所选可比案例 A、B、C 测算修正后的比准价格，考虑可比案例与评估对象所处的区位环境、市场需求、房地产（物业）类型及其他各项条件较为类似，故采用算数平均值方法计算被评估对象的评估值：

评估对象房地产单位价值 ＝（36 018 + 33 670 + 36 199）÷ 3
              ＝ 35 296（元/m²）（取整）

（二）收益法

1. 基本概念及公式。收益法利用了经济学中的预期收益原理，即某房地产的客观合理价格或价值，为该房地产的产权人在拥有该房地产期间内从中所获得的各年净收益的现值之和。因此采用收益法评估房地产时，房地产应当具有经济收益或者潜在经济收益，如写字楼、公寓、住宅、商业用房等。

收益法评估基本公式为：

$$V = \frac{A_1}{1+R_1} + \frac{A_2}{(1+R_1)(1+R_2)} + \cdots + \frac{A_n}{(1+R_1)(1+R_2)\cdots(1+R_n)}$$

$$= \sum_{i=1}^{n} \frac{A_i}{\prod_{j=1}^{i}(1+R_j)}$$

式中：V 为评估价值，A 为净收益，R 为折现率，n 为收益年限。

在折现率保持不变的情况下，收益法公式为：

$$V = \frac{A_1}{1+R} + \frac{A_2}{(1+R)^2} + \cdots + \frac{A_n}{(1+R)^n} = \sum_{i=1}^{n} \frac{A_i}{(1+R)^i}$$

在每年收益不变的情况下，收益法公式为：

$$V = (A/R) \times [1 - 1/(1+R)^n]$$

收益法应用的关键是对评估对象年净收益的估算、收益期限的判断和资本化率的选用。

2. 净收益。根据《资产评估准则——不动产》的要求，运用收益法评估不动产时，应当知晓以下要求：

- 评估对象应当具有经济收益或者潜在经济收益；
- 评估对象未来收益及风险能够较准确地预测与量化；
- 评估对象未来收益应当是不动产本身带来的收益；
- 评估对象未来收益包含有形收益和无形收益。

收益性房地产获取收益的方式，可分为出租和营业两大类。据此，净收益的测算途径可分为两种：一是基于租赁收入测算净收益；二是基于营业收入测算净收益。有些房地产既有大量租赁实例又有营业收入，例如商铺、餐馆等。在实际评估中，只要是能够通过租赁收入求取净收益的，宜通过租赁收入求取净收益来评估。因此评估师在运用收益法评估房地产时，应当注意房地产未来收益应当是房地产本身带来的收益。

房地产收益可分为有形收益和无形收益。**有形收益**是由房地产带来的直接货币收益。**无形收益**是指房地产带来的间接利益，例如安全感、自豪感、提高声誉和信用、增强融资能力等。在求取净收益时不仅要包括有形收益，还要考虑各种无形收益。

无形收益通常难以货币化，难以在计算净收益时予以考虑，但可通过选取较低的折现率或资本化率予以考虑。如果无形收益已通过有形收益得到体现，则确定折现率时就不应当再单独考虑，以免重复计算。例如，在当地能显示承租人形象、地位的写字楼，即承租人租用该写字楼办公可显示其实力，该因素往往已包含在该写字楼较高的租金中。

在评估操作中，需要对评估对象经营状况及财务指标情况进行调查、分析。主要包括：

（1）收集历史的（如前三年）的收益、成本等企业财务报表，评估对象房地产规模、现状、环境、设施条件，相似房地产的有关资料，同类房地产的市场供求变化情况等。

（2）经营收入的确定：首先应考虑评估对象房地产是否是相对独立的可获得收益的经营主体。在此基础上，对所提供的过去几年财务记录进行核实，应将非经营主体所带来的收入从收入记录中扣除。

（3）经营成本的构成分析：重点对主要经营成本要素的构成进行分析，对其中非正常经营成本做相应的成本调整。由于该项调整将直接影响评估价值的计算，因此调整的理由应当依据充分。

（4）对未来收益进行分析判断，结合评估对象的现有用途，对周边市场发育情况及委估房产的未来发展趋势做出分析判断，以便确定未来经营收入可能达到的水平。另外还应分析说明收入增长与委估资产规模的关系。

（5）核实相关税费标准，应考虑直接与房地产经营有关的费用，包括税金、管理费、维修保养费、保险费等。

3. **收益期限。收益期限是评估对象自评估基准日起预期未来可以获取收益的时间。**收益期限应当根据建筑物剩余经济寿命年限与土地使用权剩余使用年限等参数，并根据有关法律、法规的规定，合理确定。

建筑物剩余经济寿命是自评估基准日起至建筑物的继续使用不再经济合理的时间。土地使用权剩余期限是自评估基准日起至土地使用期限结束的时间。

建筑物剩余经济寿命与土地使用权剩余期限可能同时结束，也可能不是同时结束，归纳起来有以下三种情况：①同时结束；②建筑物剩余经济寿命早于土地使用权剩余期限结束；③建筑物剩余经济寿命晚于土地使用权剩余期限结束。

第一种情况下，房地产的收益期限为建筑物剩余经济寿命或者土地使用权剩余期限。

第二种情况下，房地产的价值等于以建筑物剩余经济寿命为收益期限计算的房地产价值，加上建筑物剩余经济寿命结束后的剩余期限土地使用权在评估基准日的价值。建筑物剩余经济寿命结束后的剩余期限土地使用权在评估基准日的价值，等于整个剩余期限的土地使用权在评估基准日的价值，减去以建筑物剩余经济寿命为使用期限的土地使用权在评估基准日的价值。例如，某宗收益性房地产的建筑物剩余经济寿命为30年，土地使用权剩余期限为40年，求取其现在的价值时，可先求取30年收益期限的价值，然后加上30年后的10年使用期限土地使用权在现在的价值。该30年后的10年使用期限土地使用权在现在的价值，等于现在40年使用期限的土地使用权价值减去现在30年使用期限的土地使用权价值。

第三种情况下，按2008年国土资源部、国家工商行政管理总局发布的《国有建设用地使用权出让合同》示范文本的第二十六条，分为两种情形：一是收回土地使用权时"由出让人收回地上建筑物、构筑物及其附属设施，并根据收回时地上建筑物、构筑物及其附属设施的残余价值，给予土地使用者相应补偿"，房地产的价值等于以土地使用权剩余期限为收益期限计算的房地产价值，加上土地使用权剩余期限结束时建筑物的残余价值计算到评估基准日时的价值。二是收回土地使用权时"由出让人无偿收回地上建筑物、构筑物及其附属设施"，以土地使用权剩余期限为房地产的收益期限，计算房地产的价值。

上述收益期限的确定是针对求取建筑物所有权和土地使用权的价值而言的，如果是求取承租人权益的价值，则收益期限为剩余租赁期限。

4. **折现率。折现率的本质是投资风险回报率。**折现率的大小与投资或经营风险的大小成正比，与房地产的收益方式、收益预测方法、风险状况有关，也因房地产的组成部分不同而存在差异。

折现率的口径应当与预期收益口径保持一致。

求取房地产净收益实际上是对未来的净收益做出预测。预期收益实现的程度，与未来房地产所在地的法规政策、经济等环境，以及对房地产运营能力的影响密切相关。因此在运用收益法评估房地产价值时，应当考虑未来收益和风险的合理预期。

采用收益法评估房地产时所选取的折现率，应当等同于与获取评估对象产生的净收益具有同等风险的投资的折现率。折现率的确定应考虑不同的影响因素和可能的情形，避免出现过于武断或仅对某些特定情况适用的情形。

不同地区、不同时期、不同用途或不同类型的房地产，同一类型房地产的不同权益、不同收益类型，由于风险不同，折现率是不尽相同的。因此，在评估中并不存在一个统一不变的折现率数值。

确定折现率还应注意与收益类型及口径的匹配性。比如，名义净收益与名义折现率或名义资本化率，实际净收益与实际折现率或实际资本化率，税前净收益与税前折现率或税前资本化率，税后净收益与税后折现率或税后资本化率，自有资金净收益与自有资金折现率或自有资金资本化率，等等。

5. 房地产租约的影响。房地产租约是对房地产权益的限定，其实质构成房地产评估对象法律关系的一部分，是房地产法律权利状况的一种表现。

《资产评估准则——不动产》第二十八条规定，运用收益法评估房地产时，有租约限制的，租约期内的租金宜采用租约所确定的租金，租约期外的租金应当采用正常客观的租金，并在评估报告中恰当披露租约情况。

由于某些评估对象附带租约，当该评估对象的产权发生转移时，依照有关法规规定应当保持这些租约继续有效。由于买者在购买该房地产后，不能将原租约约定的租金及时调整为市场租金，其净收益水平会受到原租约存续的影响。

有租约限制的，租赁期限内的租金应当采用租约约定的租金（简称"租约租金"，又可称为"实际租金"），租赁期限外的租金应当采用正常客观的市场租金。因此，租约租金高于或低于市场租金，都会影响房地产的价值。

同一房地产，有租约限制下的价值（也称为"出租人权益价值""带租约的房地产价值"）、无租约限制下的价值（也称为"房地产本身的价值"）和承租人权益价值三者之间的关系为：

有租约限制下的价值＝无租约限制下的价值－承租人权益的价值

6. 收益法评估案例。结合市场法评估案例，评估对象目前为出租状态，属收益性或潜在收益性物业，也可选用收益法评估。

运用收益法的技术路线和步骤是：搜集与验证有关租金、营业收入和营业费用等的市场客观水平资料，加以分析判断；预测未来各期的潜在毛收入；考虑客观空置率等后估算有效毛收入；估算正常运营费用；预测净收益；选择适当的资本化率；运用适宜的收益法计算公式，计算评估对象的收益价格。

租期内外测算过程如下：

（1）年潜在毛收入：根据《租约》资料，租期内按已签约租金203元/月/m² 为依据,租期外按评估人员调查的市场租金水平 7.0 元/m²/天测算。

(注:本案例从谨慎角度出发,以租金水平若干年不变为假设前提)

(2)年有效毛收入:根据周边类似物业出租市场空置率等的调查,再结合物业自身实际情况,分析综合因素确定租期内年有效毛收入率为 100%、租期外年有效毛收入率为 90%[①]。

(3)年运营费用:主要包括房产税、营业税、城市建设维护税、教育费附加、管理费、保险费、维修费用等费。各项成本费用的估算,参考了该类物业的市场水平以及对未来管理水平的判断。

a. 营业税、城市维护建设税、教育附加和地方教育费附加分别为租金收入的 5%、0.35%、0.15% 和 0.1%,合计为租金收入的 5.6% 计算。

b. 房产税为房屋重置价值(2 800 元/m²)的 70% 的 1.2% 计算。

c. 管理费为租金收入的 2.5%。

d. 维修费为房屋重置价值(2 800 元/m²)的 2.0% 计算。

e. 保险费为房屋重置价值(2 800 元/m²)的 0.1% 计算。

(4)年净收益:年净收益 = 年有效毛收入 - 年运营费用

(5)折现率(资本化率):是将房地产的年净收益转换成价值的比率,实质上是一种投资的收益率。本报告中的资本化率确定采用累加法,即安全利率加风险调整值法。安全利率选用同一时期的中国人民银行公布的一年定期存款年利率;风险调整值包括投资风险补偿、管理负担补偿、缺乏流动性补偿及其他影响因素等,经综合分析,评估对象的折现率确定为 6.8%。

(6)剩余收益年限:根据《租约》资料,剩余租期为 2 年;另外,根据《国有土地使用证》资料,评估对象土地使用权终止年限为 2054 年 12 月 31 日,则租期外剩余收益年限为 40 年[②]。

(7)收益价值公式 $V = (A/R) \times [1 - 1/(1 + R)^n]$

(8)收益法测算过程见表 3 - 5。

表 3 - 5 评估测算过程表

年期	收入(元)①	费用合计(元)②	净现金流量(元)③ = ② - ①	折现系数④	净现金流折现(元)⑤ = ③ × ④
2013 年度	974 400.00	111 854.40	862 545.60	0.96764125	834 634.7023
2014 年度	974 400.00	111 854.40	862 545.60	0.906031133	781 493.1669
2015 年度	1 022 000.00	115 710.00	906 290.00	0.848343757	768 845.4637
2016 年度	1 022 000.00	115 710.00	906 290.00	0.794329361	719 892.7562

---

① 如果收取押金,应按《房地产估价规范》要求考虑押金利息收入。此案例未作考虑。

② 如果房屋建筑物剩余经济寿命年限大于土地剩余使用年限,需要根据土地使用权出让合同等约定情况,判断在土地使用年限届满时是否需要考虑房屋建筑物剩余价值的补偿(回收)。此案例因评估人员未能取得土地法定使用年限到期后建筑物处置方式的依据,评估结论未考虑可能存在的建筑物残余价值补偿因素。

续表

年期	收入（元） ①	费用合计（元） ②	净现金流量（元） ③=②-①	折现系数 ④	净现金流折现（元） ⑤=③×④
2017 年度	1 022 000.00	115 710.00	906 290.00	0.743754083	674 056.8879
2018 年度	1 022 000.00	115 710.00	906 290.00	0.696398954	631 139.4081
⋮	⋮	⋮	⋮	⋮	⋮
2053 年度	1 022 000.00	115 710.00	906 290.00	0.069640883	63 114.8354
2054 年度	1 022 000.00	115 710.00	906 290.00	0.065206819	59 096.28783
现金流折现合计					12 822 461.21

采用收益法评估的评估对象的评估结果，取整为 32 056 元/平方米。

（三）成本法

1. 概念与公式。成本法也可以说是以房地产各个构成部分的价值累加为基础来求取房地产价值的方法，即先把房地产价格分解为各个构成部分，然后分别求取各个构成部分的价值，再将各个构成部分价值相加。因此，成本法也被称为"积算法"。

成本法的本质是以房地产的重新开发建设成本为导向来求取房地产的价值。通常把成本法求得的价值简称为"积算价格"。成本法中的"成本"不是通常意义上的成本（不含利润），而是价格（可能包含利润）。

从原理上讲，成本法的基本计算思路是：

房地产评估值 = 建筑物评估值 + 土地使用权评估值

建筑物评估值通常采取假定在评估基准日时点，重新建造全新状态下的评估对象建筑物所必须付出的成本、费用、税金和应当获得可能的利润，称为"重置成本"。在此基础上，扣除评估对象现实状况与全新状况之间的价值贬损（贬值额，房地产估价称为折旧）后的计算方式取得，即：

建筑物评估值 = 建筑物重置成本 − 建筑物价值贬损（贬值额）

建筑物价值贬损（贬值）与建筑物重置成本的比例，称为"贬值率"，"1 − 贬值率"称为"成新率"，因此，有以下建筑物评估值计算公式：

建筑物评估值 = 建筑物重置成本 × 成新率

土地使用权评估值的计算方法有多种，对该部分内容的介绍，见本章第三节。

成本法适用于与评估对象同类的房地产市场交易不活跃，成交实例少或者基本没有，无法利用市场法、收益法等方法进行评估的情况。

2. 建筑物重置成本。

（1）重置成本采用客观成本。重新取得的支出或者重新开发建设的支出和利润，不是个别单位或个人实际的支出和利润，而是按照同类或类似房地产开发建设活动的平均水平，所应当付出的成本、费用、税金和应当获得的利润，也就是行业平均正常建造水平下的客观成本，而不一定是该房地产实际发生成本。当然，房地产建造实际发生的成本可能与平均水平的建造支出相一致。

（2）更新重置成本与复原重置成本。按照建筑物重新建造方式的不同，建筑物的重置成本可进一步分为更新重置成本与复原重置成本。

更新重置成本，是指采用评估基准日时点当前适用的建筑材料、建筑构配件、建筑设备和建筑技术及工艺、标准与规划等，在评估基准日时的国家财税制度和市场价格体系下，重新建造与评估对象建筑物具有同等效用的全新建筑物的必要支出和应得利润。在房地产估价中，更新重置成本被称作"重置价格"或"重置成本"。

复原重置成本，是指尽可能采用与评估对象建筑物相同的建筑材料、建筑构配件、建筑设备和建筑技术及工艺等，在评估基准日时的国家财税制度和市场价格体系下，重新建造与评估对象建（构）筑物相同的全新建筑物的必要支出和应得利润。从建筑材料到施工工艺等尽可能以评估对象原有方式进行重建，就像在"复制"或"复原"评估对象。

在房地产估价中，复原重置成本被称作"重建价格"或"重建成本"。

一般的建筑物适用更新重置成本，有历史或美学价值的建筑物适用复原重置成本。但因年代久远、已缺乏与旧建筑物相同的建筑材料、建筑构配件和建筑设备，或因建筑技术、工艺和建筑标准改变等，使"复制"有困难的建筑物，一般只好使用更新重置成本或部分采用更新材料，或者尽量做到"形似"。

（3）重置成本的计算方法。

房地产评估值 = 土地使用权评估值 + 建筑物评估值

在评估操作中，根据评估对象的实际情况，这个基本的计算公式可以有多个具体的构成。如：把土地当作"原材料"模拟房地产开发经营过程，采用成本法评估，其公式就为：

房地产评估值 = 土地取得成本 + 建设成本 + 管理费用 + 销售费用 + 投资利息 + 销售税费 + 开发利润 − 建筑物贬值额

由于土地使用权的评估存在多个方法，且在本章第三节中描述。这里仅就建筑物重置成本的计算进行说明。

若不考虑土地使用权：

单纯建筑物的重置成本 = 建筑安装工程费 + 专业费用 + 管理费用 + 销售费用 + 投资利息 + 销售税费 + 开发利润

由于在具备市场法和收益法评估条件的房地产评估中，成本法较少被采用，因此，在市场交易少或非营利性房地产的评估中，成本法被普遍使用，如政府的办公楼、学校、医院、图书馆、军队营房、机场、博物馆、纪念馆、公园等。

在采用资产基础法评估企业价值的业务实践中，通常对企业自用的厂房、办公楼等建筑物，采用成本法评估。由于这些房地产构成企业的生产要素和基本生产条件，不以对外销售和租赁为目的，除标准工业厂房外，其重置通常采用企业自建的模式。因此，在对持续经营企业的这些房地产评估时，实务上不再考虑公式中的销售费用、销售税费和开发利润，其计算公式变成：

建筑物重置成本 = 建筑安装工程费 + 专业费用 + 管理费用 + 投资利息
或 = 工程综合造价 + 前期及其他费用 + 资金成本

这里，重置成本中建筑物建筑安装工程费或工程综合造价的计算方法有多种，比较常见的有重编概算法、预决算调整法、参考造价修正法等，还可以采用系数调整法。

（4）重置成本操作要求。

①按概预算定额、清单计价标准（重编概算和预决算调整）计算重置成本的，主要搜集评估过程中所依据的行业、地区的建设工程概算（预算）定额、费用定额资料、定额颁布与评估基准日时间差的修正依据（定额调价通知）、相关的市场价格等。

②按系数调整方式确定重置成本的，查阅主要评估对象建筑物的原工程竣工结算资料、工程成本结算资料，对委估建筑物原成本构成及评估的基础数据做出分析说明，对评估所采用的参数（调整系数来源、计算过程）进行分析。

③重置成本中造价计算相关取费、项目建设专业服务费和行政事业性收费标准的调查，包括取得相关地区工程造价信息、建材市场行情资料，以及相关地区行业主管部门等发布的有关建设工程税费、前期及其他费用的取费标准等。

④主要房屋建筑物工程综合造价的计算，可以根据各建筑物的面积、结构、层高、柱距、跨度及装修标准等，按照相关地区工程计价标准或类似工程造价（技术经济）指标等，选择不同结构、用途的典型建筑物进行计算或调整。在此基础上，按相关地区标准计取各项专业费用和其他建设前期费用等，按合理工期和评估基准日的相关利率计算其建设期资金成本。

（5）重置成本的归集。房地产重置成本采取土地使用权与建筑物分别估算、然后加总的评估方式。房地产重置成本中，重要的组成部分是建设成本（开发成本）。开发成本划分为土地开发成本和建筑物建设成本。其中，应归属于土地价值的基础设施建设等费用，属于土地开发成本；开发成本减去土地开发成本后的余额，属于建筑物建设成本。公共配套设施建设费则根据配套项目的情况进行核算，即能有偿转让的公共配套设施，其实际成本应转作为开发产品处理；对不能有偿转让的，竣工后，应将其实际成本，按照一定标准分配计入房屋等开发项目成本及能有偿转让的公共配套设施产品成本之中。

3. 建筑物贬值额。建筑物贬值是指各种原因造成的建筑物价值损失，其金额为建筑物在评估基准日的市场价值与其评估基准日重置成本之差，即：

建筑物贬值额 = 建筑物重置成本 − 建筑物市场价值

相应地，建筑物在评估基准日状况下的市场价值为：

建筑物市场价值 = 建筑物重置成本 − 建筑物贬值额

根据引起建筑物贬值的原因，建筑物贬值可分为实体性贬值、功能性贬值和经济性贬值三类。

（1）实体性贬值。也称为"有形损耗"，是指建筑物在实体上的老化、磨损、损坏所造成的建（构）筑物价值损失。可以从以下四个方面来进一步认识和把握：①自然经过的老化；②正常使用的磨损；③意外破坏的损毁；④延迟维修的损坏残存。

（2）功能性贬值。属于无形损耗，是指建筑物在功能上的缺乏、落后或过剩所造成的建筑物价值损失。其原因，可能是建筑设计上的缺陷，过去的建筑标准过低，人们的消费观念改变，建筑技术进步，出现了更好的建筑物等等。

功能性贬值常常存在于建筑物结构落伍、设施欠完备，如停车位置缺乏、与不动产相配套的外部广场或通道过于狭小、内部格局和功能划分不适应当前使用的要求等方面，通过实体的修复和简单改造一般是不能弥补或改变的。

（3）经济性贬值。也称为"外部性贬值"，是指建筑物以外的各种不利因素所造成的建（构）筑物价值损失。不利因素可能是经济因素（如市场供给过量或需求不足）、区位因素（如环境改变，包括景观被破坏、自然环境恶化、环境污染、交通拥挤、城市规划改变等），也可能是其他因素（如政府政策变化、采取宏观调控措施等）。

实体、功能和经济因素对建筑物价格的影响并非完全独立，大多是相互作用，互相关联的。例如，实体性贬值，可同时引起功能损失，因而在损失量上的计算既可分别，也可一并计算，为了简便起见，大多一并计算。

（4）贬值的计算。计算建筑物贬值额，通常根据经济寿命进行判断。

建筑物的经济寿命是指建筑物对房地产价值有贡献的时期；具体是从建筑物竣工之日开始，到建筑物对房地产价值不再有贡献为止的时间。

对建筑物贬值计算有如下方式：

综合贬值率 = 已使用年限 ÷ 经济寿命年限

综合成新率 = 剩余使用年限 ÷ 经济寿命年限

这两个公式最好同时使用，以互相验证。

经济寿命具体可根据建筑物的结构、工程质量、用途和维修养护情况，结合市场状况、周围环境、经营收益状况等进行综合分析判断得出。建筑物在其寿命期间如果经过了翻修、改造等，自然寿命和经济寿命都有可能得到延长。

（5）建筑物经济寿命与土地使用权使用期限的关系。以成本法求取土地的重置价格时，还应当注意土地的剩余使用年限，并进行年限修正。以有偿出让方式取得的土地使用权，在以成本法得出重置价值后，还应当扣除至评估基准日已使用年限的价值，得出剩余年限的土地使用权价值。

在土地是有期限使用权情况下，建筑物经济寿命与土地使用期限可能不是同时结束，因此，在求取建筑物贬值时应当注意土地使用期限对建筑物经济寿命的影响。

①建筑物经济寿命早于土地使用期限结束的，应当按照建（构）筑物经济寿命计算贬值。

②建筑物经济寿命晚于土地使用期限结束的，分为在土地使用权出让合同中未约定不可续期和已约定不可续期两种情况。

在土地使用权出让合同中已约定不可续期的情况比较少见。对于在土地使用权出让合同中已约定不可续期的，应当按照建筑物经济寿命减去其晚于土地使用期限的那部分寿命后的寿命计算建筑物贬值。

③确定住宅用途建筑物实体性贬值时，还应当考虑土地使用权自动续期的影响。当土地使用权自动续期时，应当根据建筑物的经济寿命年限确定其贬值额。

4. 在建工程的评估。对在建工程的评估，一般可采用与房屋建筑物相同的评估方法，但由于其尚不具备投入运营的条件，采用收益法评估的前提条件不够充足，因此用成本法、市场法比较适宜，或具备条件的还可以采用假设开发法。但在建工程与已完工工程仍然有区别。由于其工程尚未完成，对工程的质量无法做出评价，完工的工程标准、装修条件、设施的配套条件等除有设计要求外，无其他可依赖的客观判定依据。另外因工程尚未完结，相应的费用未作决算，付款进度与结算进度亦会有差异。鉴于这些情况，在对在建工程评估时，应当对以下情形进行合理分析：

- 建设工程的开工日期，按其规模应核定的额定工期，按形象进度计算，有无工程超前或延期问题。
- 工程基础、结构、装修等设计标准，设施配套标准。
- 评估基准日工程形象进度，有无工程监理公司签字的工程报量，该报量与形象进度的差距。
- 工程合同价及合同执行情况。
- 若依据形象进度评估，应考虑形象进度与付款进度的工程款差额，由哪一方负责承付该项差额，与之相关的应支付未支付的其他费用在评估中如何计算等。
- 分析评估应当采用的基本方法、方法所依据的价格资料来源及能够实现的计算过程。

5. 成本法案例。以某企业自用的研究设计大楼为案例，讲解"建筑物重置成本＝工程综合造价＋前期及其他费用＋资金成本"的运用。

评估基准日：2004年12月31日。

评估目的：企业改制。

（1）评估对象概况。研究设计大楼，地上9层，地下1层，框架结构，1989年建成，总建筑面积为8 188.09平方米。层高为3.9米，建筑檐高为32.7米。调整后账面原值为3 989 680.18元，账面净值为2 395 337.38元。钢筋砼箱型基础，现浇钢筋砼框架柱、梁、板，墙体为机砖墙与加气块。水磨石与水泥楼地面。电梯间走道有吊顶，顶棚为木龙骨吊石膏板，其余房间为板顶抹灰。内墙为白灰砂浆、大白浆与油漆墙裙，外墙采用水泥砂浆与涂料。门窗采用木门和双层钢窗，玻璃采用普通玻璃。集中供暖，日光灯照明，两部电梯，卫生设施较为齐全。

（2）重置成本的计算。

①建筑安装工程造价。建筑安装工程造价包括土建装饰工程、水电安装工程的总价。建安工程造价采用按照《建设工程工程量清单计价规范》（GB50500—2003）开发并认证通过的"2003建设工程计价暨工程量清单计价软件"进行计算调整，即：依据原工程量，结合当前评估对象的实际情况、评估基准日的建筑材料的市场价格进行测算，从而确定评估对象的直接费基价，在此基础上根据现行的《河北省建筑安装市政装饰装修工程费率》（河北省冀建质〔2003〕115号文）计算工程建安造价。建筑安装工程造价计算结果为：土建工程直接费为6 210 609.82元（计算过程略）。

表3–6　　　　　　　　　建筑安装工程造价计算表

单位：人民币元

序号	费用名称	费用代号	计算公式	工程费率	土建合计
1	直接工程基价	A	见上表		6 210 609.82
	其中：人工费	a1			1 117 909.77

续表

序号	费用名称	费用代号	计算公式	工程费率	土建合计
	机械费	a2			869 485.37
2	施工组织措施	B	(a1 + a2)×费率	20.30%	403 441.21
3	管理费	C	(a1 + a2 + B)×费率	29.00%	693 342.54
4	利润	D	(a1 + a2 + B)×费率	15.00%	358 625.45
5	规费	F	(A + B + C + D + E)×费率	0.22%	16 865.24
6	税金	G	(A + B + C + D + E + F)×费率	3.43%	263 522.90
7	土建工程造价	H	A + B + C + D + E + F + G		7 946 407.19
8	上下水安装		土建工程造价比例	2.20%	174 820.96
9	电气安装		土建工程造价比例	2.80%	222 499.40
10	采暖通风安装		土建工程造价比例	4.50%	357 588.32
11	建筑安装工程造价		土建工程造价比例		8 701 315.87

经计算，建筑安装工程造价为 8 701 315.87 元。

②前期及其他费用。工程前期及其他费用根据建筑物所在地的实际情况，结合行业标准计算各类建设取费、建设单位所支付的前期及其他费用。见表 3–7。

表 3–7　　　　　　　　　　　前期及其他费用表

单位：人民币元

序号	费用名称	取费基础	依据	费率%	金额
	建筑安装工程造价				8 701 315.87
1	建设单位管理费	工程造价	机械工业概算编制办法	1.50	130 519.74
2	勘察设计费	工程造价	计价格〔2002〕10 号	2.30	200 130.27
3	工程监理费	工程造价	(1992)价费字 479 号	0.85	73 961.18
5	工程保险费	工程造价	机械工业概算编制办法	0.30	26 103.95
6	生产准备费	工程造价	机械工业概算编制办法	0.50	43 506.58
7	墙改专项用费	建筑面积	省政府 72 号令	5.00	40 940.45
	前期及其他费用合计				515 162.17

经计算，前期及其他费用合计为 515 162.17 元。

③资金成本。根据实际情况参考原机械工业部概预算标准，该研究设计楼建成至投产的合理工期为 2 年，1~3 年期固定资产贷款利率为 5.76%，建设资金按均匀投入计，该项工程总的资金成本为：

资金成本 =（工程建安造价 + 工程前期及其他费用）×贷款利率×1/2×建设期
　　　　 =（8 701 315.87 + 515 162.17）×5.76%×1/2×2

= 530 869.14（元）

④重置成本的计算。计算公式为：

重置成本 = 建筑安装工程造价 + 前期及其他费用 + 资金成本
= 8 701 315.87 + 515 162.17 + 530 869.14
= 9 747 347.18（元）

评估单价 = 9 747 347.18 ÷ 8 188.09 = 1 190.43（元/平方米），取整数为 1 190 元/平方米。

重置成本按照评估单价计算：

重置成本 = 1 190 × 8 188.09 = 9 743 827（元）（取整）

（3）成新率的计算。经现场勘查，委估房屋基础有足够承载能力，承重构件无变形裂缝，墙体有轻微裂缝，屋面局部渗漏，楼地面局部磨损，门窗开关基本正常，内、外墙面部分掉皮脱落，水电暖等陈旧老化，部分损坏。经评估人员现场评定，研究设计楼勘察成新率为 77.15%。

表3-8　　　　　　　　　　现场勘查成新率计分表

序号	部位名称	现状描述	标准分	权重	勘察分
1	基础	足够承载能力	25		22
2	承重构件	足够承载能力	25		20
3	墙体	足够承载能力	15	0.75	12
4	屋面	主体坚实	20		15
5	楼地面	勾缝完好密实	15		11
	小　计		100		80
6	屋面	个别部位渗漏	30		24
7	门、窗	使用状况良好	20		14
8	外墙	使用状况良好	10	0.15	6
9	内墙	使用状况良好	15		8
10	顶棚	使用状况良好	10		7
11	楼面、地面	使用状况良好	15		10
	小　计		100		69
12	给排水	使用状况良好	25		15
13	卫生	使用状况良好	10		6
14	消防及报警	使用状况良好	15	0.1	12
15	暖通	使用状况良好	25		18
16	电气设备	使用状况良好	25		17
	小　计		100		15
	综合分：80×0.75 + 69×0.15 + 57×0.10				77.15

委估房屋经济寿命年限为 60 年，至评估基准日已使用 15 年，则：

年限成新率 = (1 − 已使用年限 ÷ 经济寿命年限) × 100%
　　　　　= (1 − 15 ÷ 60) × 100% = 75%
综合成新率 = 77.15% × 0.6 + 75% × 0.4 = 76.23%（取整数为76%）

（四）假设开发法

1. 概念与公式。房地产评估中的**假设开发法**，也称为剩余法、预期开发法、开发法，是以评估对象能够被正常开发利用为前提和预测条件，预测评估对象开发完成后的价值和后续开发建设的必要支出及应得利润，然后将开发完成后的价值减去后续开发建设的必要支出和应得利润，或者通过测算开发过程的现金流量并折现来求取评估对象价值的方法。

假设开发法在运用中，有两种操作方法，分别是传统方法和现金流量折现法，也称为静态假设开发法和动态假设开发法。

（1）**传统方法**（静态假设开发法）是不考虑开发过程的时间因素，将开发完成后的价值和后续的开发成本、后续的管理费用、销售费用、销售税费等，在评估基准日"完成"的情况下进行测算的，是以评估基准日的房地产市场状况、价格标准和该时点评估对象可实现的收入，所需要发生的支出，以及该时点的开发利润水平为判断基础的。

传统方法的基本计算公式是：

房地产价值 = 开发完成后的价值 − 后续开发成本 − 后续管理费用 − 后续销售费用 − 后续投资利息 − 后续销售税费 − 后续开发利润 − 取得待开发房地产的税费

（2）**现金流量折现法**（动态假设开发法）是模拟房地产开发过程，按照可预测的开发过程所需要发生的支出和形成的收入，分时点（一般按年）将收入和支出分别作为开发项目的现金流入和现金流出，得出每阶段（一般是每年）的净现金流量（现金流入 − 现金流出），最后在项目完成时，将各阶段的净现金流量进行折现，累计后得出评估值。

现金流量折现法的基本计算公式是：

$$P = \sum_{i=1}^{n} \frac{I_i - O_i}{(1 + r)^i}$$

式中：I_i 为当年现金流入，O_i 为当年现金流出，r 为折现率，i 为年度，n 为年限。

2. 假设开发法使用范围和开发方式选择。凡是具有开发或再开发潜力并且其开发完成后的价值可以被合理确定的，如可采用市场法、收益法等方法求取的开发后房地产价值，都适用假设开发法评估，包括可供开发建设的土地（包括生地、毛地、熟地，典型的是房地产开发用地）、在建工程（包括房地产开发项目）、可重新装饰装修改造或改变用途的旧的房地产。

假设开发方式一般是按照已经获得批复的规划方案，以及建设规划方案所形成的房地产开发建设投资方案进行测算，或者是满足规划条件下的最佳开发利用方式。

已经获得批复的规划建设方案，具有约束效力，是必须遵循的规范文件。对于未获得批复的规划建设方案，一般较难采用假设开发法进行评估，因为预测的前提不具备。若非涉及法定评估业务的需要，从委托人了解可能开发方案下房地产价值的角度出发，一般是选择最佳的开发利用方式，包括用途、规模、档次等的确定。当然，这些内容的确定都要在城市规划允许的范围内选取，也就是说在这个允许范围内的最佳。

3. 开发完成后的不动产价值。开发完成后的房地产价值，是指开发完成后的房地产状况所对应的价值。以商品房在建工程为例，如果预计开发完成后的商品房为毛坯房的，则对应的应当是毛坯房的价值。

在评估操作中，假设开发法的传统方法，以评估基准日时点的同类房地产可能实现的收入（可能的销售价格）作为评估对象开发后的价值。而对于现金流量折现法，其开发后房地产价值，一般是在其开发完成之时的房地产市场状况下的价值，或与项目开发过程中相吻合的销售价格与收入；当房地产市场较好而采取预售的，则是在其预售时的房地产市场状况下的价值；当房地产市场不好而需要延迟销售的，则是在其延迟销售时的房地产市场状况下的价值。

4. 后续开发建设的必要支出和应得利润。后续开发建设的必要支出和应得利润，是将待开发房地产状况"变成"开发完成后的房地产状况所必须付出的各项成本、费用、税金及应当获得的利润，这都是假设开发法计算中的扣除项。传统的（静态）假设开发法后续开发建设的必要支出和应得利润包括后续开发成本、管理费用、销售费用、投资利息、销售税费、开发利润以及取得待开发房地产的税费等。

现金流量折现法（动态方法）后续开发建设的必要支出等扣减项中，不需要再扣除开发利润。同时，基于现金流量口径的安排与选择，可采用不扣除投资利息的现金流量口径。

5. 折现率。现金流量折现法（动态方法）运用中，折现率是重要的参数。这里的折现率与收益法中的折现率内涵是一致的，其求取的方法也基本相同。

6. 假设开发法操作要求。

（1）获得房地产开发的规划文件和项目建设投资的方案，或确定被估房地产的最佳开发利用方式。

（2）调查了解评估对象所在区域和同一供求圈类似房地产的销售或租赁状况，以及房地产相关政策和同类房地产供需关系。合理分析判断评估对象开发完成后可能的销售策略、价格定位与变动趋势。

（3）了解评估对象开发方式、产品构成、品质定位、投资计划、销售政策与方式等，全面考察评估对象实际状况和投资开发方案是否能够与建设需要的资金、建设进度高度吻合。

（4）调查与核实房地产开发支出的相关标准和所在地类似房地产开发的一般支出水平，获得房地产开发过程中各项支出内容、发生时间、金额等，并做出是否合理的分析判断。

（5）调查了解房地产所在地相关税收、信贷政策与要求、资金借贷利率等。

（6）调查了解并合理分析，在房地产所在地，房地产行业、与评估对象类似房地产开发的整体收益水平，以及影响房地产收益变动的因素、变动趋势和未来一段时间内可能的变动幅度。

（7）调查了解房地产所在地、房地产行业以及与评估对象类似房地产开发的投资回报水平和风险程度，对现金流量折现法计算中的折现率进行求取。

7. 房地产动态假设开发法案例：

【基本情况】

某房地产开发公司企业价值评估中,采用资产基础法所涉及的企业存货——在建开发产品(在建项目)。评估基准日:2010 年 12 月 31 日。

土地面积 11 800 m^2,国有出让住宅用地(取得国有出让土地使用证),开发程度为"七通一平",土地剩余使用年限 69 年。规划容积率 4.0,总建筑面积为 47 200 m^2。

在建开发产品账面价值为 8 263 万元,其中:土地成本(含契税)为 6 552 万元,已发生勘察设计等前期工程及管理费约为 944 万元,已完成建筑工程成本约为 767 万元。

投资建设方案:项目至基准日已经运行 1 年,从评估基准日计算,该工程尚需 3 年建设工期,预计第 1 年投入 40%,第 2 年投入 40%,第 3 年投入 20%。建筑安装工程费估算为 1 600 元/平方米。勘察设计、前期工程费及管理费用等估算为 350 元/平方米。

房地产销售计划:住宅在项目建成时预计销售 55%,建成第二年和第三年分别销售 35% 和 10%。平均销售单价为 6 200 元/平方米。销售费用和交易手续费为收入的 3.5%。

【测算过程】

(1) 后续开发建设成本。根据预算,该项目建筑安装工程单位成本造价约为 1 600 元/m^2,勘察设计等前期工程及管理费位成本造价约为 350 元/m^2,合计约为 1 950 元/m^2,则

总开发建设成本 = 47 200 × 1 950 = 9 204(万元)

后续开发建设成本 = 9 204 − 944 − 767 = 7 493(万元)

测算后期各年的投入金额见表 3 − 9。

表 3 − 9   项目后续开发建设成本投入进度预测表

项目	第 1 年度	第 2 年度	第 3 年度
开发建设成本(万元)	2 997.20	2 997.20	1 498.60

(2) 总销售收入的预测。

住宅销售收入 = 47 200 × 6 200 = 29 264(万元)

表 3 − 10   项目各年销售收入预测表

物业类型	第 3 年度	第 4 年度	第 5 年度
住宅销售收入(万元)	16 095.20	10 242.40	2 926.40

(3) 营业税金及附加:营业税 5%,城建税 7%,教育费附加 3%,合计是 5.5%,以预售或销售收入为基数进行预缴或汇算清缴。

(4) 销售费用:主要是交易手续费、销售人员工资、广告等费用,以预售或销售收入为基数,按 3.5% 测算。

(5) 管理费用和财务费用:管理费用已在建设费用中核算。财务费用未单独核算,不影响项目净自由现金流量计算。

(6) 折旧与摊销:金额小,不单独计算。

(7) 土地增值税：第 3 年度和第 4 年度以预售或销售收入为基数按 2% 预缴，第 5 年度销售完毕清盘后汇算清缴，即：

第 3 年度土地增值税预缴额 = 16 095.20 × 2% = 321.9（万元）
第 4 年度土地增值税预缴额 = 10 242.40 × 2% = 204.85（万元）
第 5 年度土地增值税汇算清缴如表 3 - 11 所示。

表 3 - 11

序号	项目	计算过程	金额
(1)	不动产总价		29 264.00
(2)	扣除项目	① + ② + ③ + ④ + ⑤	22 092.32
①	土地总成本	已实际发生	6 552.00
②	已发生开发建设成本	已实际发生	1 711.00
③	后续开发建设成本	预测发生	7 493.00
④	开发费用	(① + ② + ③) × 10%	1 575.60
⑤	税金	(1) × 5.5%	1 609.52
⑥	其他扣除项目	(① + ② + ③) × 20%	3 151.20
(3)	增值额	(1) - (2)	7 171.68
(4)	增值率		32.46%
(5)	需缴纳土地增值税		2 151.50
(6)	土地增值税（预缴）		526.75
(7)	土地增值税（清算）		1 624.75

注：(1) 根据《土地增值税暂行条例》及其实施细则规定：凡不能按转让房地产项目计算分摊利息支出或不能提供金融机构证明的，房地产开发费用均按取得土地使用权所支付的金额和房地产开发成本之和的 10% 以内计算扣除。本次评估假设项目适用于此规定。

(2) 土地增值税实行四级超率累进税率，对于增值额未超过扣除项目金额 50% 部分，税率为 30%，即 7 171.68 × 30% = 2 151.50 万元。

(8) 企业所得税：第 3 年度和第 4 年度以预售或销售收入为基数按 1.25%（即等于 5% × 25%）预缴，第 5 年度销售完毕清盘后汇算清缴，即：

第 3 年度企业所得税预缴额 = 16 095.20 × 1.25% = 201.19（万元）
第 4 年度企业所得税预缴额 = 10 242.40 × 1.25% = 128.03（万元）
第 5 年度汇算清缴如表 3 - 12 所示。

表 3 - 12

序号	项目	计算过程	金额
①	不动产总价		29 264.00
②	土地总成本	见文字说明	6 552.00
③	已发生开发建设成本	见文字说明	1 711.00

续表

序号	项 目	计算过程	金 额
④	后续开发建设成本	见文字说明	7 493.00
⑤	营业税金及附加	不动产总价×5.5%	1 609.52
⑥	销售费用	不动产总价×4%	1 024.24
⑦	土地增值税	见文字说明	2 151.50
⑧	利润总额	①-(②+③+④+⑤+⑥+⑦+⑧)	8 722.74
⑨	企业所得税	⑧×25%	2 180.68
⑩	企业所得税（预缴）	见文字说明	329.22
⑪	企业所得税（清算）	⑨-⑩	1 851.46

（9）折现率。按照评估所采取的收益口径，根据在建项目所在地同类项目开发收益水平、在建项目开发进度与可能风险状况和房地产项目开发正常的借贷资金规模和结构，折现率取10%，年中折现。

（10）在建开发产品评估值。在建开发产品评估值的测算如表3-13所示。

表3-13　　　　　　　　委估资产评估价值的测算过程表　　　　　　　　单位：万元

序号	项目	费率	第1年度	第2年度	第3年度	第4年度	第5年度
一	现金流入				16 095.20	10 242.40	2 926.40
1	预售销售收入				16 095.20	10 242.40	2 926.40
二	现金流出		2 997.20	2 997.20	3 470.26	1 254.69	3 739.59
1	开发建设成本		2 997.20	2 997.20	1 498.60		
2	营业税金及附加	5.50%			885.24	563.33	160.95
3	销售费用	3.50%			563.33	358.48	102.42
4	土地增值税（预缴）	2.00%			321.90	204.85	
5	土地增值税（清算）						1 624.75
6	企业所得税（预缴）	1.25%			201.19	128.03	
7	企业所得税（清算）						1 851.46
三	项目净现金流量		-2 997.20	-2 997.20	12 624.94	8 987.71	-813.19
四	折现系数	10.00%	0.9535	0.8668	0.7880	0.7164	0.6512
五	折现净现金流		-2 857.72	-2 597.93	9 948.27	6 438.35	-529.57
	合计		10 401.40				

取整，在建开发产品评估值为10 401万元。

思 考 题

1. 房地产评估现场调查的目的是什么？土地使用权权属状况调查主要包括哪些内容？
2. 房屋建筑物权益状况调查一般包括哪些内容？
3. 什么是房地产的相邻关系和租约限制？评估中如何对待租约限制？
4. 房地产市场调查的对象和渠道有哪些？
5. 市场法中的交易情况修正包括哪些内容？
6. 房地产的有形收益和无形收益分别是指什么？
7. 如何处理评估中房地产租约的影响？
8. 建筑物贬值有哪几类，主要内容是什么？
9. 房屋建筑物评估假设开发法的操作要求有哪些？

第二节 土地使用权评估

土地使用权评估是资产评估，也是房地产评估的重要组成部分，在土地资产管理、土地使用权有偿出让、国有土地使用权转让、土地使用权投融资、土地开发建设、财务报告编制等方面，发挥着提供参考价值依据的重要作用。

一、评估准备

土地使用权评估，与房屋建筑物评估要求基本一致。在实践操作中，对单独的土地使用权评估业务，评估的基本事项通常可按表 3-14 方式加以反映。

表 3-14　　　　　　　　　土地使用权评估基本事项表

评估基本事项	内　容	备　注
委托方		除委托方名称外，还应有委托方的隶属关系、单位性质、经营状况、主要产品等，同时还应附有其营业执照等
产权持有方		收集营业执照、章程、评估基准日的资产负债表等
评估目的		应有批准相关经济行为的文件，如：股份制改造批复
评估基准日		根据项目具体情况而定
评估时间要求		根据业务约定书、评估计划等确定

续表

评估基本事项	内容	备注
评估范围		这里可以表述为大致内容,具体内容和准确数量可在评估对象清单表中注明
资产大致状况		土地用途、性质、权利状况、现实使用状况等
法律政策与市场情况		限制交易、规划变化等
其他事项		注明其他需要说明的事项

填表人：　　　　　时间：　　年　月　日

二、现场调查及市场调查

(一) 调查的主要内容

在进行土地使用权评估现场调查过程中，一般要先对委托方提供的土地使用权清单进行核查，对委托方提供的《国有土地使用证》和土地取得有关文件、合同等资料进行查看。其中包括提供的资料与财务记录是否吻合，表格填列内容是否齐全，数字是否准确，证件、文件或合同是否完整，文件记载内容与委托方填报是否一致等。在此基础上，进入现场调查。

产权状况是土地评估的前提条件和重要法律依据，在土地评估过程中，应对评估对象的产权状况（如来源是否合法、界址是否明确、权属是否清楚等）和财务状况进行核实，一般最终以土地管理部门颁发的"国有土地使用证"等为产权依据。如采用土地出让合同等其他产权资料作为依据，则需进行产权披露，特别要披露是否已经全部缴纳了土地出让金和契税等。

评估对象的面积、四至、用途、位置、宗地图等资料须以土地管理部门核发的"国有土地使用证"或出具的产权证明为准。

土地出让市场调查，需要搜集最近的土地交易案例、基准地价资料、土地取得费等资料，应根据不同评估方法运用的需要，对相关评估作价信息进行调查和搜集。

(二) 现场调查程序的履行

土地使用权评估现场调查工作各项程序的履行，一般采用表格方式，主要有：

1. 土地使用权评估基本事项说明表。该表的样式见本节第一部分"土地使用权评估基本事项表"。

2. 土地使用权评估工作程序执行表。该表是反映土地使用权评估具体操作步骤的表格。基本包含了土地使用权评估实施阶段的全部内容。在进行土地使用权评估时，可直接根据土地评估程序安排落实每一项工作，并对执行过程中发现的问题和执行结果进行说明，对实施阶段中需要建立的工作底稿应注明索引号，该表式样见表3-15。

表 3-15　　　　　　　　　土地使用权评估工作程序执行表（样表）

工作程序	执行情况	索引号
1. 明确土地使用权评估的有关事项（包括委托方、评估目的、评估范围、基准日、评估时间要求等）	已明确	
2. 根据土地使用权评估范围，填写土地使用权清单表	已明确	
3. 检查土地产权是否清楚，有无纠纷，土地产权性质是出让还是划拨，宗地划分是否合理，四至是否明确，是否存在他项权利等	已办理（国有土地使用证）	
4. 调查评估对象所在市县的自然条件（包括人口、面积、气候、水文、土壤）、行政区划、经济发展（包括经济结构、主要产品、工农业总产值、居民收入、社会投资状况等）、城市规划与城市性质、产业政策（与评估对象相关类型的产业分布、产品销售及有关优惠政策）和税收政策等	已根据市场调查分析，填写了表格，并准备了相关材料	
5. 现场查勘评估对象及周围地区的土地利用情况，评估对象用途是否相符，主要建筑物名称、建构筑物结构、用途等，周围交通条件、环境条件、集聚状况等	已根据现场查勘和市场调查，填写了有关表格	
6. 调查评估对象的基础设施条件、开发费用水平	已根据现场查勘和市场调查，填写了有关表格	
7. 调查评估对象所在市县的地价水平、房屋建筑成本、售价、租金水平、新建用地的征地水平、有关税费、基准地价及修正体系、评估对象在基准地价中的土地级别、交易状况	已根据市场调查分析，采集了有关材料	
8. 根据评估对象特点，明确土地使用权评估思路，选择合适的评估方法，进行初步测算，并确定最终地价	已明确评估思路，并进行了测算	

填表人：　　　　　　　填表时间：　　　年　　月　　日

　　3. 评估对象清单表。该表主要用以明确需要评估的土地使用权范围，包括宗地数量及每宗地的面积、用途、四至、使用权性质和剩余年限等。该表可由产权持有方根据评估范围和评估目的确定并提供。评估人员必须依据土地管理部门核发的《国有土地使用证》、土地出让合同等资料，对清单表中所列宗地的面积、用途、四至等进行核实，对委托方没有办理《国有土地使用证》的，则需对评估对象进行确权、定界、测量后，在产权证明中标明评估对象的面积、用途、四至、使用权性质和剩余年限等内容。

　　4. 评估对象所在市县一般状况表。此表主要包括影响评估对象地价的一般因素，如所在市县的自然状况（人口、面积、气候、水文、土壤等）、行政区划、经济发展、产业政策与税收政策、城市功能性质与规划发展等。根据评估对象所在市县实际情况进行填写。

5. 评估对象土地利用状况表、宗地内建（构）筑物状况表和宗地内基础设施条件表。"评估对象土地利用状况表"是对评估对象及所在区域的现状利用及其变迁情况进行登记说明。包括评估对象上建筑物名称、建筑面积、建筑容积率及建筑物用途，评估对象内地形、地质状况、临路状况，周围交通条件、环境条件及产业集聚状况等。

6. 市场地价状况调查表。该表主要包括与地价直接相关的有关材料，如征地拆迁成本、土地开发费用、市场地价水平、房屋建筑成本、房屋售价与租金水平、有关税费、基准地价及修正体系、评估对象在基准地价中的土地级别、土地交易资料等。由评估人员对当地地产市场进行调查、分析后填写。

三、评估原则和影响因素

（一）土地使用权评估原则

土地评估应遵循的基本原则有：预期收益原则、替代原则、最有效利用、供需原则、报酬递增递减原则、贡献原则和变动原则。

1. 预期收益原则。是指土地评估应以评估对象在正常利用条件下的未来客观有效的预期收益为依据。

2. 替代原则。是指土地评估应以相邻地区或类似地区功能相同、条件相似的土地市场交易价格为依据，评估结果不得明显偏离具有替代性质的土地正常价格。

3. 最有效利用原则。是指土地评估应以评估对象的最有效利用为前提，有些情况下也叫最高最佳使用原则。

判断土地的最有效利用以土地利用符合自身利用条件、法律法规政策及规划限制、市场要求和最佳利用程度等。

4. 供需原则。是指土地评估要以市场供需决定土地价格为依据，并充分考虑土地供需的特殊性和土地市场的地域性。

5. 报酬递增递减原则。是指土地评估要考虑在技术等条件一定的前提下，土地纯收益会随着土地投资的增加而出现由递增到递减的特点。

6. 贡献原则。是指土地总收益是由土地及其他生产要素共同作用的结果，土地的价格可以土地对土地总收益的贡献大小来决定。

7. 变动原则。是指评估人员应把握土地价格影响因素及土地价格的变动规律，准确地评估价格。

另外还有合法性原则、谨慎性原则（适用于抵押担保等评估）等。

（二）土地使用权影响因素

影响因素有一般因素、区域因素、个别因素。

1. 一般因素。指影响城镇地价总体水平的自然、社会、经济和行政因素等，主要包括地理位置、自然条件、人口、行政区划、城镇性质、城镇发展过程、社会经济状况、土地制度、住房制度、土地利用规划及计划、社会及国民经济发展规划等。

2. 区域因素。指影响城镇内部区域之间地价水平的商服繁华程度及区域在城镇中的位置、交通条件、公用设施及基础设施水平、区域环境条件、土地使用限制和自然条件等。

3. 个别因素。指宗地自身的地价影响因素，包括宗地自身的自然条件、开发程度、形状、长度、宽度、面积、土地使用限制和宗地临街条件等。

四、评估方法运用举例

（一）市场法举例

【基本情况】

某公司拟转让其拥有的一宗土地的土地使用权资产。土地面积4 200m²，性质为"国有出让"，土地登记用途与实际用途为"仓储用地"，开发程度为"七通一平"，宗地剩余使用年期为43.76年，容积率为0.8。评估基准日为2011年2月28日。

地价定义为：评估设定用途为仓储用地；宗地剩余使用年期为43.76年；开发程度为宗地红线外"七通"（通路、供电、供水、排水、供暖、通讯、供气）、红线内"七通一平"土地使用权价值。

【可比交易实例情况】

实例A：某房地产有限责任公司用地

与评估对象处于同一供需圈，土地级别为五级地区，土地用途为工业用地，土地面积3 748m²，容积率为0.50，土地开发程度为宗地外"七通"宗地内"场地平整"条件。该宗地原为A市M实业有限公司使用的国有出让工业用地。2008年9月12日，M实业有限公司将该宗地转让给了该房地产有限责任公司。依据双方签订的《土地使用权转让合同》，成交单价为640元/m²。交易情况正常。

实例B：A市某工业资产经营有限公司用地

该宗地与评估对象处于同一供需圈，土地级别为五级地区，土地用途为工业用地，土地面积5 500m²，建筑容积率为0.451。土地开发程度为宗地外"六通"（通路、通电、通讯、供水、排水、供气）及宗地内"场地平整"。2008年11月28日，A市工业资产经营有限公司通过以挂牌出让方式取得了该宗地50年期工业用地使用权，依据签订的《国有建设用地使用权出让合同》，出让地价为677元/m²，交易情况正常。

实例C：A市某科工贸有限公司用地

与评估对象处于同一供需圈，土地级别为五级地区，土地用途为工业用地，土地面积3 400m²，容积率为1.6，土地开发程度为宗地外"七通"（通路、通电、通讯、供水、排水、供气、供暖）宗地内"场地平整"。2009年9月25日，某科工贸有限公司以挂牌出让方式取得了该宗地50年期工业用地使用权，依据签订的《国有建设用地使用权出让合同》，成交单价为745元/m²，交易情况正常。

【测算过程】

1. 评估公式。市场法评估基本计算公式为：

评估值 = 可比交易实例价值·A·B·C·D

式中：A为交易日期修正系数；B为交易情况修正系数；C为区域因素修正系数；D为个别因素修正系数。

2. 计算过程。

（1）比较因素选择与因素条件说明。评估对象与各可比较实例的比较因素具体情况见表3-16。

表3-16 比较因素条件说明表

比较因素			实例A	实例B	实例C	评估对象宗地
宗地位置			略	略	略	略
交易价格（元/m²）			640	677	745	待定
交易时间			2008.9.12	2008.11.28	2009.9.25	2011.2.28
交易情况			正常	正常	正常	正常
交易方式			转让	挂牌出让	挂牌出让	挂牌出让
土地用途			工业	工业	工业	仓储
剩余使用年限			42.5年	50年	50年	43.76年
区域因素	基础设施		七通	六通	七通	七通
	产业集聚度		高	高	高	高
	交通条件	路网与临路级别	临混合型次干道	临混合型次干道	临混合型次干道	临混合型主干道
		距火车货运站距离	4公里	3.5公里	5.5公里	0.2公里
		城内交通便捷度	与次干道通达好	与次干道通达好	与次干道通达好	与主干道通达好
	环境质量		无污染环境质量高	基本无污染	无污染环境质量高	基本无污染
	规划条件		基本无限制	基本无限制	基本无限制	基本无限制
个别因素	宗地内基础设施条件		场地平整	场地平整	场地平整	场地平整
	面积（m²）		3 748	5 500	3 400	4 200
	宗地形状		规则	规则	规则	规则
	临路状况		一面临路	两面临路	一面临路	一面临路
	场地工程能力		一般场地	一般场地	一般场地	一般场地
	容积率		0.50	0.451	1.6	0.8

（2）比较因素指数确定。根据评估对象与比较实例各项因素具体情况，编制比较因素条件指数表。比较因素指数确定如下：

①交易时间修正指数的确定。交易时间修正指数参照A市地价指数成果确定。A市在出让仓储用地和工业用地两种用途的土地时，价格水平基本一致，评估按照A市工业用地地价指数确定。根据《2009中国城市地价状况》及2010年以来A市地价动态监测结

果，A 市 2005 年以来工业用地地价指数表如表 3-17 所示。

表 3-17　　　　　　　　　　A 市工业地价指数表

时间 用途	2005.12	2006.12	2007.12	2008.12	2009.12	2010.12
工业用地	116	120	131	131	132	139

依据上述地价指数成果，并参照 A 市 2011 年地价监测成果，采用内插法确定三个交易案例 A、B、C 及评估对象的交易时间修正指数分别为：131、131、131.8、139。

②交易情况修正指数的确定。三个可比实例分别为协议转让和挂牌出让方式成交。近年 A 市土地一级市场与二级市场较为活跃，对于同类或相近宗地的交易价格情况基本趋于一致，故交易方式条件指数均为 100。

③交易方式修正指数的确定。三个可比实例分别以转让、挂牌出让方式成交。A 市土地交易市场活跃，不同交易方式在当地的土地市场环境中所形成的交易价格趋同，且符合客观的市场价格水平，交易方式差异对价格影响不大，故交易方式条件指数均为 100。

④土地用途修正指数的确定。仓储用地和工业用地同属工矿仓储用地范围内，且近几年 A 市工业用地和仓储用地的市场交易价格水平基本一致，故土地用途不做修正，土地用途修正指数均为 100。

⑤土地使用年期修正指数的确定。年期修正系数公式为：

$$K = [1 - 1/(1+r)^m] \times 100$$

式中：K 为使用年限修正系数；r 为土地还原利率；m 为评估对象或比较案例的土地使用年期。

r 应用安全利率加风险调整值法与投资风险与投资收益率综合排序插入法综合确定为 7%，将土地使用年期指数定为 $[1 - 1/(1+r)^m] \times 100$。评估基准日评估对象土地使用年期为 43.76 年，比较案例 A、B、C 的土地使用年期分别为 42.5 年、50 年、50 年，根据上述公式计算比较案例与评估对象土地使用年期修正指数分别为 94.36、96.61、96.61、94.82。

⑥区域基础设施修正指数的确定。根据 A 市基础设施开发情况，区域基础设施情况分为七通、六通、五通、三通、未达三通、未开发六个等级。将评估对象条件指数定为 100，每上升或下降一级，因素修正指数增加或者减少 2%。

⑦产业集聚度指数的确定。根据 A 市工矿仓储用地分布现状及发展状况，评估对象所处区域的产业集聚度可以分为高、较高、一般、较差、差五个等级。评估对象和案例在这方面基本无差异，不做修正。

⑧周边路级别指数的确定。A 市市区路网较为密集，车辆通行道路一百余条。评估对象和可比交易实例所处区域的路网状况基本一致，但各宗地所临道路类型存在差异，可以划分为交通型主干道及混合型主干道、混合型次干道及交通型次干道、生活型主干道、生活型次干道及支路、便道或其他五个等级。以评估对象道路级别指数为 100，每上升或下

降一级，因素修正指数增加或者减少2%。

⑨距火车货运站距离指数的确定。距火车货运站距离的远近对宗地地价存在一定影响。A市火车货运站分别座落于A市旧城区东、西两侧，辐射整个A市区。将宗地距火车站每增减500米作为制定该项指数的等级差异单位。以评估对象条件指数为100设定，距火车货运站距离每增加或减少500米，因素修正指数减少或增加0.5%，但最大修正不超过5%。

⑩城内交通便捷度指数的确定。交通便捷度对仓储用地地价的影响较大，根据宗地与不同通行能力道路连接的方便程度、道路通行限制条件、通行速度等情况，将交通便捷度分为五等。以评估对象城内交通便捷度指数为100设定，每上升或下降一级，因素修正指数增加或者减少2%。

⑪环境质量指数的确定。将环境质量条件分为环境质量高、基本无污染、有一定污染、污染较重、严重污染五个等级。以评估对象的环境质量条件指数设定为100，将该项影响因素的等级差异指数定为2%。

⑫规划条件指数的确定。规划条件属于影响宗地地价的显著影响因素。根据A市城市总体规划成果，规划条件分为无限制前景好、基本无限制、有一定限制、有严格限制四个等级。评估对象和可比案例规划条件一致，不需修正。

⑬宗地基础设施修正指数的确定。对宗地内进行基础设施开发配套，追加成本投入，导致宗地价格发生差异。评估对象和可比案例情况基本一致，不需修正。

⑭宗地面积指数的确定。根据A市土地利用现状，宗地面积状况可划分为合适、较合适、一般、偏小或偏大、过小或过大五个等级。以评估对象面积状况作为指数100设定，每上升或下降一级，因素修正指数增加或者减少1%。

⑮宗地形状指数的确定。根据调查A市土地利用现状，将宗地形状分为规则、较规则、一般、较不规则、不规则五个等级。由于评估对象和可比案例情况基本一致，不做修正。

⑯宗地临路条件指数的确定。宗地临路条件分为三面临街、两面临街、一面临街、临支路、不临街五个等级。将评估对象宗地临路条件指数定为100，每上升或下降一级，因素修正指数增加或者减少1%。

⑰宗地场地工程能力指数的确定。A市土地工程能力总体划分为良好场地、较好场地、一般场地和较差场地四个等级。评估对象和可比案例情况基本一致，无修正调整。

⑱容积率修正指数的确定。2007年A市基准地价修正体系未对工业用地制定容积率修正系数，同时解释工业用地包含仓储用地可以认为容积率对A市仓储用地土地价格不敏感，评估对容积率不予修正，容积率修正指数均取100。

（3）编制比较因素条件指数表。根据上述各因素的具体情况，编制比较因素条件指数表见表3-18。

表 3-18　　　　　　　　　　评估对象宗地比较因素条件指数表

比较因素			实例 A	实例 B	实例 C	评估对象宗地
样点地价			640	677	745	待估
交易时间			131	131	131.8	139.0
交易情况			100	100	100	100
交易方式			100	100	100	100
土地用途			100	100	100	100
土地使用年期			94.36	96.61	96.61	94.82
区域因素	基础设施		100	98	100	100
	产业集聚度		100	100	100	100
	交通条件	道路级别	98	98	98	100
		距火车货运站距离	96.2	96.7	95.0	100
		城内交通便捷度	98	98	98	100
	环境质量		102	100	102	100
	规划条件		100	100	100	100
个别因素	宗地基础设施条件		100	100	100	100
	面积		98	101	98	100
	宗地形状		100	100	100	100
	临街状况		100	101	100	100
	场地工程能力		100	100	100	100
	容积率		100	100	100	100

（4）编制比较因素修正系数表。根据比较因素说明表和比较因素条件指数表，编制因素比较修正系数表（见表 3-19）。

表 3-19　　　　　　　　　评估对象宗地因素比较修正系数表

比较因素	实例 A	实例 B	实例 C
交易时间	139/131	139/131	139/131.8
交易情况	100/100	100/100	100/100
交易方式	100/100	100/100	100/100
土地用途	100/100	100/100	100/100
土地使用年期	94.82/94.36	94.82/96.61	94.82/96.61

续表

比较因素	评估对象与比较案例		实例 A	实例 B	实例 C
区域因素	基础设施		100/100	100/98	100/100
	产业集聚度		100/100	100/100	100/100
	交通条件	道路级别	100/98	100/98	100/98
		距火车货运站距离	100/96.2	100/96.7	100/95
		城内交通便捷度	100/98	100/98	100/98
	环境质量		100/102	100/100	100/102
	规划条件		100/100	100/100	100/100
个别因素	宗地基础设施条件		100/100	100/100	100/100
	面积		100/98	100/101	100/98
	宗地形状		100/100	100/100	100/100
	临街状况		100/100	100/101	100/100
	场地工程能力		100/100	100/100	100/100
	容积率		100/100	100/100	100/100
比准价格（元/m²）			738.89	759.39	845.53
评估对象比较价格（元/m²）				781.27	

3. 地价计算。三个比准价格较接近，采用算术平均值：

评估单价 =（738.89 + 759.39 + 845.53）÷ 3 = 781.27（元/m²）

委估宗地评估值 = 4 200.00 × 781.27 = 328 133.4（元）

（二）基准地价修正法举例

【基本情况】

某公司以其所拥有的一宗土地的土地使用权资产对外转让。宗地状况为：面积 31 000m²，国有出让工业用地（取得国有出让土地使用证），开发程度为"五通一平"，土地剩余使用年限 49.45 年。

评估基准日为 2011 年 11 月 30 日。

地价定义：评估设定用途为工业用地，剩余使用年期为 49.45 年，待估宗地实际开发程度为宗地红线外"五通"（通路、供电、供水、排水、通讯）、红线内"五通一平"（通路、供电、供水、排水、通讯及场地平整）的土地使用权价值。

【测算过程】

1. 基准地价成果介绍及内涵。M 市人民政府于 2011 年 7 月 20 日发布《M 市 2011 年土地级别与基准地价标准的通知（M 政〔2011〕51 号）》，M 市区 2011 年土地级别与基准地价标准自 2011 年 8 月 1 日起执行。

M 市基准地价的内涵如下：

(1) 基准地价是指不同级别区域的平均地价，是由征地及有关费用、土地开发费、基础设施配套费、公共事业建设配套费、利息、利润、管理费、级差地价等部分构成，即由土地取得费、出让金、开发费等部分构成。

(2) 基准地价评估基准日为：2010 年 12 月 31 日。

(3) 土地使用年期：商业用地 40 年，住宅 70 年，商务办公用地 50 年、工业用地 50 年。

(4) 土地开发程度：M 市基准地价设定的开发程度是指现状基础设施状况，商业、商务办公、住宅用地设定为"六通一平"（宗地外围通给水、排水、电力、道路、通气、电讯和宗地内土地平整）；工业设定为"五通一平"（宗地外围通路、通电、通水、排水、通讯和宗地内土地平整）。

(5) 容积率：商业、商务办公用地基准地价设定的平均容积率为 3.0，住宅用地基准地价设定的平均容积率为 2.0，工业用地基准地价设定的平均容积率为 1.0。

表 3-20　　市区 2011 年商业、住宅、商务办公、工业级别基准地价表　　单位：元/m²

土地级别 \ 土地用途	商业用地	住宅用地	商务办公	工业用地
Ⅰ	22 602	11 635	15 880	1 640
Ⅱ	15 456	7 871	10 117	1 264
Ⅲ	10 142	5 411	7 378	937
Ⅳ	7 232	3 882	4 913	721
Ⅴ	5 568	2 731	3 089	568
Ⅵ	4 353	1 967	2 022	—
Ⅶ	3 363	1 634	—	—
Ⅷ	2 562	—	—	—
Ⅸ	1 929	—	—	—

(6) 基准地价系数修正法评估宗地地价的计算公式为：

宗地地价 = [基准地价 · K_1 · (1 + $\sum K$) · K_i + 开发程度修正值] · K_2

式中：K_1 为期日修正系数；K_i 为个别因素修正系数；K_2 为土地使用年期修正系数。

2. 确定评估对象土地级别及基准地价。根据评估对象所处位置、土地用途情况，依据《M 市市区土地级别与基准地价更新技术报告》的基准地价图和基准地价表，确定评估对象土地级别为工业Ⅱ级，基准地价水平 1 264 元/m²。

3. 确定期日修正系数（K_1）。期日修正系数参考中国城市地价动态监测网 M 市的地价指数，确定评估对象的期日修正系数，M 市地价指数表如表 3-21 所示。

表 3-21　　　　　　　　　　M 市工业用地地价指数表

时间	2010 年第四季度	2011 年第一季度	2011 年第二季度	2011 年第三季度
工业用地地价指数	730	746	753	760

根据上述列表所示,从2010年年末至2011年三季度末,M市工业用地平均地价指数为760/730=1.04。因此评估对象评估期日修正系数为1.04。

4. 确定区域因素修正系数。根据《M市市区土地级别与基准地价更新技术报告》,工业Ⅱ级用地地价影响因素说明表及修正系数表,按照评估对象的区域因素及个别因素条件,建立地价影响因素说明表和修正系数表,见表3-22至表3-24。

表3-22　　　　Ⅱ级工业用地宗地地价区域因素修正系数指标说明表

因素	因子	优	较优	一般	较劣	劣
交通条件	临街道路状况	交通型主干道	混合型主干道	生活主干道或交通型次干道	生活型次干道	支路
	临公交站点状况(条)	≥16	[13, 16)	[10, 13)	[6, 10)	<6
	距火车站距离(米)	≤1 000	(1 000, 2 000]	(2 000, 5 000]	(5 000, 10 000]	>10 000
	距长途汽车站距离(米)	≤1 000	(1 000, 2 000]	(2 000, 5 000]	(5 000, 10 000]	>10 000
	距码头距离(米)	≤2 000	(2 000, 4 000]	(4 000, 8 000]	(8 000, 13 000]	>13 000
基础公用设施状况	供电状况(%)	≥95	—	[85, 95)	—	<85
	供水状况(%)	≥95	—	[85, 95)	—	<85
	排水状况(%)	≥95	—	[85, 95)	—	<85
环境条件	地质状况	坚固类场地土体,抗震能力强	硬塑类场地土体,抗震能力较强	抗震能力一般	软塑类场地土体抗震能力较弱	软散类场地土体,抗震能力弱
产业规模	产业集聚度	高新技术产业联系紧密区	高新技术产业联系一般区、一般产业联系紧密区	高新技术产业联系松散区、一般产业联系一般区	一般产业联系松散区	独立分布区

表3-23　　　　Ⅱ级工业用地宗地地价区域因素修正系数表

因素	权重	因子	权重	优	较优	一般	较劣	劣
交通条件	0.410	临街道路状况	0.101	0.0074	0.0037	0.0000	-0.0027	-0.0054
		临公交站点状况(条)	0.066	0.0049	0.0024	0.0000	-0.0018	-0.0035
		距长途汽车站距离	0.078	0.0057	0.0029	0.0000	-0.0021	-0.0042
		距火车站距离	0.091	0.0067	0.0033	0.0000	-0.0024	-0.0049
		距码头距离	0.074	0.0054	0.0027	0.0000	-0.0020	-0.0040

续表

因素	权重	因子	权重	优	较优	一般	较劣	劣
基础公用设施状况	0.280	排水状况	0.090	0.0066	0.0033	0.0000	-0.0024	-0.0048
		供水状况	0.090	0.0066	0.0033	0.0000	-0.0024	-0.0048
		供电状况	0.100	0.0074	0.0037	0.0000	-0.0027	-0.0054
环境状况	0.180	地质状况	0.180	0.0132	0.0066	0.0000	-0.0048	-0.0096
产业规模	0.130	产业集聚规模	0.130	0.0096	0.0048	0.0000	-0.0035	-0.0070
合计	1		1	0.0736	0.0368	0	-0.0268	-0.0536

表3-24　　　　　评估对象地价影响因素说明、优劣程度及修正系数表

因素	因子	条件说明	优劣度	修正系数
交通条件	临街道路状况	交通型主干道	优	0.0074
	临公交站点状况（条）	11条	一般	0
	临长途汽车站距离（米）	5公里	一般	0
	距火车站距离（米）	1公里	优	0.0057
	距码头距离（米）	5公里	一般	0
基础公用设施状况	供电状况（%）	≥90，<95	一般	0
	供水状况（%）	≥90，<95	一般	0
	排水状况（%）	≥90，<95	一般	0
环境条件	地质状况	坚固类场地土体，抗震能力强	优	0.0132
产业规模	产业集聚度	一般产业联系一般区	一般	0
合计				0.0263

评估对象区域修正系数$\sum K$合计为2.63%。

5. 确定个别因素修正系数。

（1）工业用地宗地面积修正。评估对象面积对土地利用无不良影响。根据宗地面积修正系数表，确定评估对象的面积修正系数为1。

表3-25　　　　　　　　工业用地宗地面积修正说明表

指标标准	优	较优	一般	较劣	劣
指标标准说明	面积适中，对土地利用极为有利	面积对土地利用较为有利	面积对土地利用无不良影响	面积较小，对土地利用有一定影响	面积过小，对土地利用产生严重的影响
修正系数	1.07	1.035	1	0.97	0.935

（2）工业用地宗地形状修正。评估对象形状较规则，土地利用无不良影响。根据宗地形状修正系数表（见表3-26），确定评估对象的形状修正系数为1。

表 3-26　　　　　　　　　　　工业用地宗地形状修正说明表

指标标准	优	较优	一般	较劣	劣
指标标准说明	形状规则,对土地利用合理	土地利用较为合理	土地利用无不良影响	形状不规则,对土地利用不合理	形状不规则,对土地利用产生严重影响
修正系数	1.07	1.035	1	0.97	0.935

评估对象个别因素修正系数 K_i 为 1。

6. 确定土地使用权年期修正系数（K_2）。评估对象设定年期与基准地价所对应的年期不一致,需进行年期修正,年期修正系数计算公式为：

$$K_2 = \frac{1 - 1/(1+r)^m}{1 - 1/(1+r)^n}$$

公式中：K_2 为土地使用年期修正系数；r 为土地还原率,本次评估取 7%；m 为评估宗地设定使用年限为 49.45 年；n 为基准地价设定土地使用年期工业用地 50 年。

测算后,土地使用年期修正系数 $K_2 = 0.9987$。

7. 土地开发程度修正。评估对象设定开发程度与基准地价设定开发程度一致,无需修正。

8. 测算基准地价设定开发程度下的土地价格和宗地价值。根据公式：

宗地地价 = [1 264 × 1.04 × (1 + 2.63%) × 1 + 0] × 0.9987 = 1 347.38（元/m²）

委估宗地价值评估值 = 31 000.00 × 1 347.38 = 41 768 780.00（元）

（三）成本逼近法举例

【基本情况】

某公司以其所拥有一宗土地的土地使用权资产对外转让,宗地状况为：面积 72 771.4 平方米,国有出让工业用地（取得国有出让土地使用证）,开发程度为"六通一平",土地剩余使用年限 43.91 年。

评估基准日：2010 年 12 月 31 日。

地价定义：评估设定用途为仓储用地；剩余使用年期为 43.91 年；待估宗地实际开发程度为宗地红线外"六通"（通路、供电、供水、排水、供暖、通讯）、红线内"六通一平"（通路、供电、供水、排水、供暖、通讯及场地平整）的土地使用权价值。

【测算过程】

1. 成本逼近法公式如下：

$$V = (E_a + E_d + T + R_1 + R_2 + R_3) \cdot X_1 \cdot X_2$$

式中：V 为土地价格,E_a 为土地取得费,E_d 为土地开发费,T 为税费,R_1 为利息,R_2 为利润,R_3 为土地增值收益,X_1 为土地年期修正系数,X_2 为个别因素修正系数。

2. 计算过程。

（1）土地取得费。土地取得费主要包括：土地补偿安置费、社会保障费用和青苗及地上物补偿费。

评估对象所在区域的土地状况多为旱地，根据《N省实施〈土地管理法〉办法》、《N省财政厅关于调整耕地占用税适用税额有关问题的通知》、《关于公布实施N省征地区片综合地价标准的通知》、《关于公布各地征地区片综合地价社会保障费用标准的通知》、《A市市区征地区片综合地价标准表》等文件，以及评估人员实地查勘情况，以评估对象在征收时为旱地对待。土地取得费用包含的费用主要有：

①土地补偿安置费：根据N省人民政府《关于公布实施N省征地区片综合地价标准的通知》（N政［2008］6号）规定，根据《A市市区征地区片综合地价标准表》，评估对象所临近区域征地综合区片价中补偿安置费为73 100元/亩，本次评估土地补偿安置费按110元/m²计。

②社会保障费用：根据国务院《关于加强土地调控有关问题的通知》（国发［2006］31号）、N省人民政府《关于公布实施N省征地区片综合地价标准的通知》（N政［2008］6号）以及原N省劳动和社会保障厅《关于公布各地征地区片综合地价社会保障费用标准的通知》（N劳社办［2008］72号）规定，评估对象所在区域征收土地的社会保障费用为8 800元/亩，本次评估社会保障费用按13.20元/m²计。

③青苗及地上物补偿费：根据《N省实施〈土地管理法〉办法》、《A市市区征地区片综合地价结果报告》以及评估人员调查征地实际情况，评估对象所在地前三年平均亩产值约2 000元/亩，青苗补偿费按单季产值补偿（一年两季），则：

青苗补偿费＝2 000÷2＝1 000（元/亩）＝1.50（元/m²）

④地面附着物补偿费：根据A市人民政府《关于印发A市建设征收土地地上附着物补偿标准的通知》N政［2008］8号，结合评估对象所处区域地上附着物分布情况，确定评估对象地上附着物补偿费为60.00元/m²。

土地取得费合计为：184.70元/m²。

（2）相关税费。根据N省、A市人民政府及有关部门的文件规定，建设性征收土地应缴纳的有关税费项目及费用标准如下：

①征地管理费：根据文件规定，征地管理费以土地补偿费、安置补助费、青苗补偿费及地面附着物补偿费等四项费用的2.8%计算，则：征地管理费＝5.17元/m²。

②耕地占用税：根据N省人民政府令第124号文件《N省〈耕地占用税暂行条例〉实施办法》，该区域耕地占用税＝38.0元/m²。

③耕地开垦费：根据N省人民政府办公厅《关于加强土地调控严格土地管理的通知》及《N省人民政府关于公布取消停止征收和调整有关收费项目的通知》，耕地开垦费取11.0元/m²。

相关税费合计为54.17元/m²。

（3）土地开发。评估对象设定开发程度为宗地外"六通"（即通路、通电、通讯、通上水、通下水、通气），宗地内"场地平整"。根据A市基准地价更新报告知A市基础设施配套造价分别如下：通路、通电、通讯、通上水、通下水、通气、土地平整的费用分别为31元/m²、15元/m²、5元/m²、15元/m²、20元/m²、30元/m²、5元/m²，确定在评估设定的土地开发程度下，土地开发费用为121元/m²。

（4）利息。在计算利息时，以银行目前执行的一年期固定资产投资贷款利率6.56%为利息率，以复利方式计算。假设开发周期为一年，土地取得费和相关税费一次性投入，

土地开发费用在开发期内均匀投入。则

利息 = $(184.70 + 54.17) \times [(1 + 6.56\%)^1 - 1] + 121 \times [(1 + 6.56\%)^{0.5} - 1]$
    = 19.58（元/m²）

（5）利润。根据对 A 市土地市场的分析，对评估对象所处邻近区域开发利润率的调查，参考行业平均利润率，结合评估对象实际状况，确定评估对象开发利润率为 10%，则

利润 = $(184.70 + 54.17 + 121) \times 10\%$ = 35.99（元/m²）

（6）土地增值收益。土地增值收益随用地类型和土地所处位置的不同而不同，根据评估人员对 A 市土地市场实际情况的调查与分析，结合评估对象所在区域农用地征为建设用地并开发达到评估中所设定的开发条件时土地价格的增值情况，确定土地增值收益率为 20%，则

土地增值收益 = $(184.70 + 54.17 + 121 + 19.58 + 35.99) \times 20\%$
          = 83.09（元/m²）

（7）评估对象无限年期土地使用权价值。

无限年期土地使用权价值 = 184.70 + 54.17 + 121 + 19.58 + 35.99 + 83.09
                = 498.53（元/m²）

（8）个别因素修正。评估对象个别利用条件修正包括：评估对象面积、形状、位置等因素，修正结果如表 3 – 27 所示。

表 3 – 27

序号	因素描述	修正系数
1	在工业用地中位置较佳	3.20%
2	环境较好	2.85%
3	面积较大，便于利用	2.00%
4	宗地红线内基础配套设施完善度较好	2.00%
5	评估对象形状较规则	1.30%
Σ		11.35%

个别因素修正后的土地使用权价格为：

地价 = $498.53 \times (1 + 0.1135)$ = 555.11（元/m²）

（9）年期修正。在选取土地还原利率时取中国人民银行 2011 年 7 月 7 日公布的一年期存款利率 3.5%，结合土地投资风险情况，综合考虑确定土地还原利率取 7%，则：

43.91 年期年期修正系数 = $[1 - 1/(1 + 7\%)^{43.91}]$ = 0.9487
单位地价 = 555.11×0.9487 = 526.64（元/m²）
委估宗地评估值 = $72\,771.4 \times 526.64$ = 38 324 330.1（元）

（四）收益法举例

【基本情况】

某公司拟以其拥有的一宗土地的土地使用权资产对外转让，宗地状况为：面积

871.16平方米，国有出让综合办公用地（取得国有出让土地使用证），开发程度为"六通一平"，土地剩余使用年限43.91年。地上建筑物面积为658.47平方米，建筑结构为砖混结构。

评估基准日：2011年2月28日。

地价定义：评估设定用途为综合办公；待估宗地剩余使用年期为43.91年；待估宗地实际开发程度为宗地红线外"六通"（通路、供电、供水、排水、供暖、通讯）、红线内"六通一平"（通路、供电、供水、排水、供暖、通讯及场地平整）的土地使用权价值。

【测算过程】

1. 收益还原法公式如下：

$$p = \frac{a}{r} \cdot \left[1 - \frac{1}{(1+r)^n}\right]$$

式中：p为土地价格，a为土地纯收益，r为土地还原利率，n为使用土地的剩余年期或有土地收益的年期。

2. 计算过程。

（1）房地年总收益。根据实地调查评估对象邻近区域及同一供需圈内同类房地产的市场租金，结合委托方提供的资料，确定被评估宗地上建筑物的客观市场租金为每月50元/平方米。

按区域内正常利用情况，确定建筑物中可以出租的建筑面积比例为95%，出租率为95%，计算房地年总收益：

房地年总收益 = 50 × 12 × 658.47 × 95% × 95% = 35.6562（万元）

根据评估对象所处区域的出租市场状况，本次评估不考虑收取押金，即不考虑押金利息收入。

（2）房地出租年总费用。

房地出租年总费用 = ① + ② + ③ + ④

①维修费。指为保障房屋正常使用每年需支付的修缮费。参考企业的实际维修费，按建筑物重置价的2%计算。根据委托方提供的资料，评估宗地地上建筑物为混合结构结合《H县基准地价更新技术报告》，砖混结构房屋一层门面的房屋重置价为1 100元/m²，本次根据被评估宗地所在区域与其相同土地开发程度下同类建筑物的造价，以及评估对象实际情况，取房屋重置价为1 100元/m²。

房屋重置总价 = 重置价格 × 总建筑面积
= 1 100 × 658.47 = 72.4317（万元）

维修费 = 房屋重置总价 × 2% = 72.4317 × 2% = 1.4486（万元）

②管理费。根据当地物业管理费的平均情况，按年租金的2%收取。

管理费 = 房地年总收益 × 2% = 35.6562 × 2% = 0.7131（万元）

③保险费。房屋现值计算公式为：

房屋现值 = 房屋重置价格 - 折旧总额

年折旧费 = 房屋重置价格 × (1 - 残值率) ÷ 折旧年限

评估宗地地上建筑物为砖混结构，建成时间为2006年，至评估基准日，已使用5年零9个月,尚可使用年限为43.91年,不考虑残值率。

年折旧费 = 房屋重置价格 ÷（已使用年限 + 尚可使用年限）
= 72.4317 ÷（5.75 + 43.91）= 1.4586（万元）

房屋现值 = 房屋重置价格 − 折旧总额
= 重置价格 − 年折旧费 × 房屋已使用年限
= 72.4317 − 1.4586 × 5.75 = 64.045（万元）

保险费一般按房屋现值的2‰计算,

保险费 = 房屋现值 × 2‰ = 64.045 × 2‰ = 0.1281（万元）

④税金。

a. 房产税：依据税法及当地税务部门的要求确定税率为房地年收益的12%;

b. 营业税、城建税、教育附加费,税率为租金的5.5%税金,合计为房地年总收益的17.5%计算,则

税金 = 35.6562 × 17.5% = 6.2398（万元）

则,房地出租年总费用为上述四项之和,即:

房地出租年总费用 = ① + ② + ③ + ④ = 8.5297（万元）

（3）房地年纯收益。

房地年纯收益 = 房地年总收益 − 房地出租年总费用
= 35.6562 − 8.5297 = 27.1265（万元）

（4）房屋年纯收益。土地还原率为8%,房屋还原率在土地还原率的取值基础上一般高2%~3%,此次评估取10%。

房屋年纯收益 = 房屋现值 × 房屋还原利率
= 64.045 × 10% = 6.4045（万元）

（5）土地年纯收益。

土地年纯收益 = 房地年纯收益 − 房屋年纯收益
= 27.1265 − 6.4045 = 20.722（万元）

3. 地价计算

总地价 = 土地年纯收益 ÷ $r[1 − 1/(1+r)^n]$

其中:r 为土地还原率（办公用地土地还原利率为8%）,n 为评估对象土地使用年期43.91年。

根据上述公式,评估对象总地价为:

评估宗地总地价 = 20.722 ÷ 8% × $[1 − 1/(1+8\%)^{43.91}]$ = 250.199（万元）

评估单价 = 总地价 ÷ 总用地面积 × 10 000
= 250.199 ÷ 871.16 × 10 000 = 2 872.03（元/m²）

（五）静态假设开发法举例

【基本情况】

某公司以其所拥有的一宗土地之土地使用权资产对外投资,宗地状况为:面积为3 085.54平方米,国有出让综合用地（取得国有出让土地使用证）,开发程度为"七通一

平"，土地剩余使用年限 49 年，规划容积率为 2.342，规划建筑面积 7 228 平方米。

评估基准日：2003 年 12 月 31 日。

地价定义：设定用途为商业服务业；剩余使用年期为 49 年；开发程度为宗地红线外"七通"（通路、供电、供水、排水、供暖、通讯、供气）、红线内"七通一平"的土地使用权价值。

【测算过程】

采用静态假设开发法评估，基本公式如下：

地价 = 预计开发完成后房地产总价 - 开发成本 - 投资利息 - 投资利润 - 销售税费

1. 预计开发完成后房地产总价。同类地区、同类物业、用途相同、结构相似、装修档次相近的物业的售价水平多在 3 100 元/建筑平方米，考虑到该物业的装修水平和所处区位条件，确定该物业开发完成后的房地产单价为 3 100 元/建筑平方米。

房地产总价 = 3 100 元/建筑平方米 × 建筑面积 = 2 240.68（万元）

2. 建筑物开发成本。

①建造成本。待估宗地拟建建筑物层数为 6~7 层，结构为框架结构。参考当地公布的商品房开发成本统计数据，多层商品房的施工前期费用为 40 元/m^2，建安工程费为 940 元/m^2，小区配套费和增容费为 420 元/m^2，不可预见费等费用为 310 元/m^2，合计成本费用为 1 710 元/m^2。建造成本总价为 1 235.99 万元。

②管理费，按建造成本的 8% 计，为 98.88 万元。

③专业人士费。包括立项、可行性研究、勘察、规划、设计、评估等费用，按建造成本的 5% 计，为：61.80 万元。

建筑物开发成本 = ① + ② + ③ = 1 396.67（万元）

3. 投资利息。以上述建筑物开发成本及地价的合计为基数，结合开发项目的投资规模，设定开发周期为 1 年，利息率按评估基准日中国人民银行公布的一年（含一年）期贷款利率 5.31% 计，假设开发成本费用均匀投入，则计息期为开发期的一半，地价（含契税，下同）是一次性投入，计息期为整个开发周期，贷款利息为：

投资利息 = 建筑物开发成本 × 利息率 × 1/2 + 地价 × 利息率 × 1
= 37.08 + 0.0531 × 地价（万元）

4. 投资利润。全部预付资本（包括开发成本和土地成本）利润，投资利润为全部预付资本的 10%，则：

投资利润 =（建筑物开发成本 + 地价）× 10% = 139.67 + 0.1 × 地价（万元）

5. 交易税费。在销售过程中支出的费用主要有：

①营业税金及附加：按开发价值的 5.5% 缴纳；

②买卖手续费：按开发价值的 1% 支付；

③广告宣传及代理费：按开发价值的 1% 计；

交易环节的税费合计 = ① + ② + ③ = 168.05（万元）

6. 宗地总地价（含契税）。将上述各项代入公式：

地价（含契税）= 预计开发完成后房地产总价 - 开发成本 - 投资利息 - 投资利润 -
　　　　　　　交易税费

$$= 2\,240.68 - 1\,396.67 - (37.08 + 0.0531 \times 地价) - (139.67 + 0.1 \times 地价) - 168.05 = 432.93\,(万元)$$

根据当地的相关规定,委估宗地购置环节主要是契税,税率为 4%,计算基数为宗地评估价值。

不含契税的宗地评估价值 = 432.93/(1 + 4%) = 416.28(万元)
单位面积地价(不含契税) = 宗地评估价值÷宗地面积
$$= 1\,349.13\,(元/m^2)$$

(六) 动态假设开发法举例

【基本情况】

某公司以其所拥有的一宗土地之土地使用权资产进行抵押贷款融资。宗地状况为:面积为 12 000 平方米,国有出让住宅与商业用地(取得国有出让土地使用证),开发程度为"七通一平",土地剩余使用年限:住宅 69 年、商业 39 年。规划容积率为 4,规划建筑面积 48 000 平方米,其中商业 11 600 平方米,住宅 36 400 平方米。总层数 16 层,商业为 1~2 层,住宅 3~16 层。

投资建设方案:建设期 3 年,勘察设计、前期工程及管理费起初完成投入,估算为 360 元/平方米;建筑安装工程费各年投入比例分别为 30%、50% 和 20%,估算为 1 800 元/平方米。

房地产销售计划:商业房地产在项目建成时预计销售 80%,建成第二年销售剩余的 20%。住宅在项目建成时预计销售 50%,建成第二年和第三年分别销售 30% 和 20%。项目建成前一年开始销售宣传,至销售完成止,销售费用和交易手续费为收入的 4%。商业房地产平均销售单价为 10 000 元/平方米,住宅平均销售单价为 6 000 元/平方米。

评估基准日:2009 年 12 月 31 日。

地价定义:设定用途为证载商住用途;剩余使用年期:商业 39 年、住宅 69 年;开发程度为宗地红线外"七通"(通路、供电、供水、排水、供暖、通讯、供气),红线内"七通一平"(通路、供电、供水、排水、供暖、通讯、供气及场地平整)的土地使用权价值。

【测算过程】

采用动态假设开发法评估,基本公式如下:

$$地价 = P = \sum_{i=1}^{n} \frac{I_i - O_i}{(1+r)^i}$$

式中:I_i 为当年现金流入,O_i 为当年现金流出,r 为折现率,i 为年度,n 为年限。
根据当地房地产开发收益水平和收益口径一致性要求,折现率为 12.8%。

1. 开发完成后房地产总价。

①开发完成后商业房地产价值 = (11 600 × 80% × 10 000)/(1 + 12.8%)³ + (11 600 × 20% × 10 000)/(1 + 12.8%)⁴ = 7 898.79(万元)

②开发完成后住宅房地产价值 = 36 400 × 6 000 × [(50%/(1 + 12.8%)³ + 30%/(1 + 30%)⁴ + 20%/(1 + 12.8%)⁵)] = 14 047.34(万元)

开发后房地产总价值 = 21 946.14（万元）。

2. 建筑物开发成本。

建造总投入费用 = 48 000 × 360 + 48 000 × 1 800 × [(50%/(1 + 12.8%)$^{0.5}$ + (50%/(1 + 12.8%)$^{1.5}$ + (20%/(1 + 12.8%)$^{2.5}$)]

= 9 053.17（万元）

3. 销售费用 = (7 898.79 + 14 047.34) × 4%/(1 + 12.8%)$^{3.5}$ = 877.49（万元）

4. 营业税及附加 = (7 898.79 + 14 047.34) × 5.5% = 1 207.04（万元）

5. 宗地地价（不含契税）。将上述各项代入公式：

土地总价 = (21 946.14 − 1 396.67 − 877.49 − 1 207.04) /1.04

= 10 392.73（万元）

单位地价为 8 660.61 元/平方米，单位楼面地价为 2 165.15 元/平方米。

思 考 题

1. 土地使用权评估基本事项通常包括哪些？
2. 土地使用权评估的现场调查的主要内容有哪些？
3. 现场调查的程序履行表有哪些，其功能分别是什么？
4. 土地使用权评估原则包括哪些？
5. 土地使用权影响因素有哪些？
6. 土地使用权的评估方法有哪些？请简要说明各评估方法技术思路和应用范围。

第四章 无形资产评估

第一节 专利及专有技术评估

一、评估对象

(一) 专利及专有技术概述

专利资产,是指权利人所拥有的,能持续发挥作用且能带来经济利益的专利权益。专利是国家依法在一定时期内授予发明创造者或者其权利继受者独占使用其发明创造的权利。发明和实用新型专利权被授权后,除另有规定外,任何单位或个人未经专利权人许可,不得为生产经营目的制造、使用、许诺销售、销售、进口专利产品或者使用专利方法,不得使用、许诺销售、销售、进口依照该专利方法直接获得的产品。外观设计专利权被授予后,任何单位或者个人未经专利权人许可,不得为生产经营目的制造、销售、进口其外观设计专利产品。

专有技术又称非专利技术、技术秘密(Know-how),是未经公开、未申请专利的知识和技巧。专有技术与专利权不同。从法律角度讲,它不是一种法定的权利,而仅仅是一种自然的权利,是一项收益性无形资产。在进行专有技术的评估之前,应当先对专有技术进行鉴定、分析、判断其存在的客观性;在操作中我们首先要分析其有无超过行业平均利润的超额利润的存在。专有技术与专利技术的区别表现在以下几个方面:

第一,专有技术具有保密性,而专利技术则是在《中华人民共和国专利法》规定范围内公开的。一项技术一经公开,获取它所耗费的时间与投资远远小于研制它所耗费的时间和投资,应当要有法律手段保护发明者的所有权。而没有专利又不公开的技术,所有者只有通过保密手段进行自我保护。

第二,专有技术的内容范围很广,主要包括设计资料、技术规范、工艺流程、材料配方、经营诀窍和图纸等。专利技术通常包括三种,即发明、外观设计和实用新型。

第三,专利技术有明确的法律保护期限,专有技术没有法律保护期限。

第四,对专利技术的保护通常依据《中华人民共和国专利法》进行,对专有技术保护的法律主要有《中华人民共和国合同法》、《中华人民共和国反不正当竞争法》等。

（二）专利及专有技术资产权益

专利资产评估业务的评估对象是指专利资产权益，包括专利所有权和专利使用权。专利使用权的具体形式包括专利权独占许可、独家许可、普通许可和其他许可形式。同理，专有技术资产权益同样包括所有权和使用权。

独占许可是指许可合同所规定的时间和地域范围内卖方只把专利或专有技术转让给某一特定买方，买方不得卖给第二家买主。同时，卖方自己也不得在合同规定范围内使用该专利或专有技术以及销售该专利或专有技术生产的产品。显然，这种许可形式的卖方索价会比较高。

独家许可是指卖方在合同规定的时间和地域范围内只把专利或专有技术授予买方使用，同时卖方保留使用权和产品销售权，但不再将该专利或专有技术转让给第三方。

普通许可是指卖方在合同规定时间和地域范围内可以向多家买方转让专利或专有技术，同时卖方保留专利或专有技术的使用权和产品销售权。

注册资产评估师执行专利及专有技术资产评估业务，应当明确专利及专有技术资产的权利属性。评估对象为所有权的，应当关注专利权及专有技术是否已许可他人使用及使用权的具体形式，并关注其对所有权价值的影响。评估对象为使用权的，应当明确使用权的具体形式。

（三）组织形式

资产评估师执行专利资产评估业务，应当在要求委托方根据评估对象的具体情况和评估目的对专利资产进行合理的分离或者合并的基础上，恰当进行单项专利资产或者专利资产组合的评估。资产评估师应与委托方进行充分地沟通，分析确定专利资产评估的范围，确定专利资产是单项专利还是由多项专利组合而成。

通过分析专利及专有技术体现出的产品超额收益状况，明确评估对象。当企业的专利产品是由一项专利产生，在进行专利资产评估时，应该进行单项专利资产评估；当企业的专利产品是由多项专利及专有技术产生，在进行专利资产评估时，应该进行多项专利及专有技术资产组合评估。如果委托方明确要评估同一产品中包含的多项专利资产中的单项专利资产，那么，可以进行单项专利资产评估，同时要考虑该单项专利资产在多项专利资产组合中的重要性，从而进一步确定单项专利资产价值。

（四）权属状况

资产评估师执行专利资产评估业务，应当关注专利的法律状态。专利的法律状态通常包括专利申请人或者专利权人及其变更情况，专利所处的专利审批阶段、年费缴纳情况、专利权的终止、专利权的恢复、专利权的质押以及是否涉及法律诉讼或者处于复审、宣告无效状态。

对于专有技术，资产评估师需要关注的是该专有技术是否对现有的专利构成侵权。

二、专利和专有技术评估的基本事项

(一) 价值类型

在下列评估目的下,专利和专有技术应该按市场价值进行评估:(1) 许可贸易;(2) 对外投资入股;(3) 转让。

在下列评估目的下,可以选择非市场价值进行评估:(1) 以担保为目的,将专利和专有技术作为质押物;(2) 为清算服务;(3) 为保险赔偿服务;(4) 为法律诉讼服务,为确定专利权纠纷中侵权赔偿的标的大小提供依据;(5) 为纳税服务。

(二) 评估方法

专利及专有技术评估方法的选择与评估对象、价值类型、资料收集情况等因素存在密切关系。表4-1总结了不同评估方法的特点和选用条件。

表4-1　　　　　　　　　专利及专有技术评估方法及选用条件

方法	特　　点	前提条件
收益法	①从投资能获得未来超额收益角度来确定技术的价值 ②符合投资者的目的和价值观 ③因素分析与指标评分需要经验判断	①收益可以预测 ②收益期限可确定 ③资产所承担的风险必须可以度量
市场法	①从市场购买相关技术所需资金角度来确定技术价值 ②价值直接、可靠并具有可检验性 ③受苛刻条件的限制	①有一个充分活跃的技术市场 ②有可比的交易案例 ③交易资料充分、可取
成本法	①从重新投资开发所需资金角度来确定专利资产价值 ②操作简便 ③数据确定比较准确、比较容易取得 ④专利资产价值与其开发成本呈弱对应性	①专利资产具有使用价值 ②专利资产具有剩余使用寿命 ③收益大于或足以补偿支出

(三) 评估范围

对于专利来说,需仔细阅读专利权利要求书,明确法律所保护的范围。由于专有技术的保密性特征,专有技术并不享受法律的保护。专利和专有技术评估范围的相同点在于二者应用的产品范围和工作范围体现了专利和专有技术涉及的评估范围。

三、现场调查及市场调查

(一) 现场调查

1. 调查内容:

(1) 专利。

①资产权利人及实施企业基本情况;

②权属资料，包括专利证书、最近一期的专利缴费凭证、专利登记簿副本、实用新型专利检索报告等；

③专利权利要求书、专利说明书及其附图；

④专利技术的研发过程、技术实验报告，专利资产所属技术领域的发展状况、技术水平、技术成熟度、同类技术竞争状况、技术更新速度等有关信息、资料；如技术效果需检测，还应收集相关产品检测报告；

⑤与分析专利产品的适用范围、市场需求、市场前景及市场寿命、相关行业政策发展状况、宏观经济、专利产品获利能力等相关的信息、资料；

⑥专利产品相关的财务信息，包括专利权人或实施企业过去3年经审计（或未经审计）的财务资料，预计未来5年专利权人或实施企业的发展情况、重要的会计政策及评估基准日前3至5年变化情况，专利权人及实施企业在税收方面享受的优惠政策及时限等；

⑦以往的评估和交易情况，包括专利权转让合同、实施许可合同、是否存在质押等权利限制情况，以及以往设定质押及评估情况。

（2）专有技术。

①权利人及实施企业基本情况；

②专有技术所属技术领域和先进性水平；

③专有技术说明书及其附图（非需保密的核心技术）；

④专有技术的研发过程（非需保密的核心技术）和核心研发团队；如技术效果需检测，还应收集相关产品检测报告；

⑤专有技术成本费用与历史收益情况；

⑥以往的评估和交易情况，包括专有技术转让合同、实施许可合同及其他交易情况；

⑦法律法规资料，主要包括经济法律法规（特别是国有企业改制、合资合作、技术贸易等经济行为法规、合同法、公司法）、与专有技术相关的法律法规、资产评估法规及被评估对象所处的行业政策。

2. 调查方式。

（1）直接观察法。具体到专利和专有技术评估来说，直接观察法是从企业的产品生产线和运作方式中观察专利和专有技术的应用情况。

（2）访问法。由于专利和专有技术的非实体性，其基本情况很难从表面上了解到，因此，可以采取询问法来获得专利和专有技术的深层次信息。通过对专利和专有技术权利主体（一般情况下为企业）的核心研发、一线生产、财务和销售等与专利和专有技术应用以及生产密切相关人群的访问，可以获得关于专利和专有技术应用产品的生产、销售和获利等情况的最直接信息。

3. 调查手段。利用专利和专有技术使用单位所提供的技术档案、检测报告、使用记录、技术更新改进记录等历史资料，利用专业机构的检测结果，对专利和专有技术的存在和使用状态做出判断。必要时，注册资产评估师应当聘请专业机构对专利和专有技术进行鉴定。

(二) 市场调查

1. 调查目的。在采用重置成本法评估专利和专有技术时，可以通过询价来了解专利和专有技术的转让价格或许可使用费，作为判断专利和专有技术重置成本的基础；在采用市场法评估专利和专有技术时，评估师往往需要通过对专利和专有技术交易市场的调查来了解与评估对象相同或相似的市场参照物的现行市场价格。

另外，评估师也可以通过市场调查来判断专利和专有技术是否存在经济性贬值和功能性贬值。市场竞争加剧，产品需求减少，会导致使用专利和专有技术的产品开工不足，生产能力相对过剩；所生产产品的市场寿命终结也将导致生产该产品的某些专利和专有技术剩余经济寿命结束。同时，由于技术的日新月异，技术领域竞争日趋激烈，现有专利和专有技术可能随时面临被淘汰和被替代的风险。因此，需要对市场进行紧密的跟踪和分析，掌握技术发展动态。

2. 调查内容。市场调查内容主要包括：

（1）市场环境分析。主要是了解影响专利和专有技术评估价值的行业发展趋势、政策法规走向及宏观经济发展状况。包括专利和专有技术所有者或实施企业所在国或地区政府对于该专利和专有技术产品发展的有关规定（包括行业发展政策、环保政策等）。

（2）市场供需状况分析。主要是分析与专利和专有技术适用产品市场容量、价格水平、市场前景、市场寿命相关的信息、资料。

（3）市场开发状况分析。主要包括专利和专有技术所有者对产品市场的营销活动、营销计划等。

（4）竞争性分析。主要是同类、类似或可替代技术及其适用产品的竞争状况调查，包括寻找专利和专有技术产品的竞争对手（包括国内和国际）、产品的市场占有率、产品竞争力、产品的优缺点、产品市场的竞争特点等，以及类似专利和专有技术的交易价格或许可使用费。

（5）技术发展趋势分析。主要包括与专利和专有技术所属技术领域的发展状况、技术水平、技术成熟度、同类技术竞争状况、技术更新速度等有关信息、资料。

3. 调查渠道。可以直接从市场、政府部门和各类专业机构等渠道获取相关资料和信息，其内容包括但不限于：

（1）国家知识产权局网站内的有关信息。

（2）国家相关部门（如国务院、国家/地方统计局等）网站内的有关信息。

（3）相关研究部门（如中国社会科学研究院、国家发改委宏观经济研究院、国务院研究中心及各类经济研究所）网站内的有关信息。

（4）国内外相关研究机构（如世界银行、亚洲开发银行、国际货币基金组织等）的有关信息。

（5）行业协会的相关数据，了解该专利和专有技术在本行业的先进性和技术成熟程度、近期是否存在更新的可能性。

（6）产权交易市场上专利权交易的历史案例和信息动态。

四、评定估算

（一）专利资产

由于专利权的个别性特征，专利资产评估最常用的是收益法，有时也用成本法，一般不采用市场法。

1. 收益法。收益法评估专利资产的关键在于寻找、判断、选择和测算评估中的各项技术指标和参数，即专利资产的收益额、折现率和获利期限。专利资产的收益额是指直接由专利资产带来的预期收益，对于收益额的测算，通常可以通过直接测算超额收益或通过利润分成率测算获得。其中直接测算超额收益可以通过将专利资产划分为收入增长型专利和费用节约型专利来测算。采用利润分成率测算专利资产收益额，即以专利资产投资产生的收益为基础，按一定比例即按利润分成率分成确定专利资产的收益。利润分成率反映专利资产对整个利润额的贡献程度。

（1）专利资产收益额的预测。

①收入增长型专利超额收益的预测。收入增长型专利是指专利应用于生产经营过程，能够使得产品的销售收入有较大幅度的增加。

在销售量不变，单位成本不变的情况下形成的超额收益可以用下列公式计算：

$$R = (P_2 - P_1)Q(1 - T)$$

式中：R 为超额收益；P_2 为使用被评估专利资产后单位产品的价格；P_1 为未使用被评估专利资产前单位产品的价格；Q 为产品销售量；T 为所得税税率。

在单位价格和单位成本不变的情况下，形成的超额收益可以参考下列公式计算：

$$R = (Q_2 - Q_1)(P - C)(1 - T)$$

式中：R 为超额收益；Q_2 为使用被评估专利资产后产品的销售量；Q_1 为未使用被评估专利资产时产品的销售量；P 为产品价格；C 为产品的单位成本；T 为所得税税率。

②费用节约型专利超额收益的预测。费用节约型专利是指专利资产的应用使得生产产品的成本费用降低，从而形成超额收益。

假设销售量不变，价格不变时，可以参考下列计算专利资产为投资者带来的超额收益：

$$R = (C_1 - C_2)Q(1 - T)$$

式中：R 为超额收益；C_1 为未使用被评估专利资产时产品的单位成本；C_2 为使用被评估专利资产后产品的单位成本；Q 为产品销售量（此处假设销售量不变）；T 为所得税税率。

③差额法。采用专利资产和其他类型资产在经济活动中的综合收益与行业平均水平的比较来得到专利资产的超额收益。

专利资产带来超额收益 = 净利润 − 净资产总额 × 行业平均资金利润率

④销售收入（或利润）分成。

专利资产收益额 = 销售收入（或利润）× 销售收入（或利润）分成率 × （1 − 所得税税率）

由于销售收入与销售利润有内在的联系，可以根据销售利润分成率推算出销售收入分成率,反之亦然。

(2) 专利资产分成率的确定。在采用销售收入(或利润)分成方式确定专利资产收益额时,需要先确定相关分成率。利润分成率的确定是以专利资产贡献带来的利润在利润总额中的比重为基础的。

关于利润分成率的确定,目前存在几种看法:据联合国工业发展组织对印度等发展中国家引进技术价格的分析,认为利润分成率在16%~27%之间是合理的;在挪威召开的许可贸易执行会上,多数代表提出利润分成率为25%左右较为合理;美国认为一般在10%~30%之间是合理的;我国理论工作者和评估人员通常认为利润分成率在25%~33%之间比较合适。这些基本分析在实际评估业务过程中具有参考价值,但更重要的是对被评估专利资产进行切合实际的分析,确定合理准确的利润分成率。一般来说,利润分成率的计算方法主要有以下几种:

①要素贡献法。专利资产已经成为了生产经营的必要条件,但由于某些原因不可能或很难确定其带来的超额收益,可以根据构成生产经营的要素在生产经营活动中的贡献,利用经验从正常利润中粗略地估计出无形资产带来的收益。我国理论界通常采用"三分法",即主要考虑生产经营活动中的三大要素:资金、管理和技术,这三种要素的贡献在不同行业是不一样的。一般认为,三者对利润的贡献程度如表4-2所示。

表4-2　　　　　　　　　　　要素贡献程度

行业	资金比例	技术比例	管理比例
资金密集型行业	50%	30%	20%
技术密集型行业	40%	40%	20%
一般企业	30%	40%	30%
高科技企业	30%	50%	20%

三者对利润贡献的比例,基本就是三者利润的分成比例。这种方法基本参照各个要素对于利润的贡献确定利润分成率或收入分成率。还可以用行业标准估价、评级、排名法估价、经验法估价等来确定分成率。

②边际分析法。边际分析法是根据使用专利资产后带来的追加利润,测算各个年度追加利润占总利润的比重,并分别按各年度现值之和求出专利资产经济寿命期间追加利润占总利润的比重,即为评估时所采用的利润分成率。具体步骤为:第一,分析专利资产的边际贡献因素。例如成本费用降低、产品结构优化、成本销售收入率提高等因素。第二,测算专利资产寿命期间的利润总额及追加利润总额并折算为现值。第三,计算利润分成率。

$$利润分成率 = \sum 追加利润现值 \div \sum 利润总额现值 \times 100\%$$

【例4-1】某企业转让某项专利技术,该专利可使企业生产线提高产量,通过分析得知,该生产线在寿命期间各年度分别可带来追加利润75万元、90万元、105万元、120万元和135万元,分别占当年利润总额的10%、15%、20%、25%、30%,折现率为10%,试计算该专利技术的利润分成率。

解：

首先，计算各年度追加利润的现值之和：

$$追加利润现值之和 = \frac{75}{1+10\%} + \frac{90}{(1+10\%)^2} + \frac{105}{(1+10\%)^3} + \frac{120}{(1+10\%)^4} + \frac{135}{(1+10\%)^5}$$
$$= 387.23（万元）$$

其次，计算各年度利润总额的现值之和：

$$各年度利润总额现值之和 = \frac{75 \div 10\%}{1+10\%} + \frac{90 \div 10\%}{(1+10\%)^2} + \frac{105 \div 10\%}{(1+10\%)^3} + \frac{120 \div 10\%}{(1+10\%)^4} + \frac{135 \div 10\%}{(1+10\%)^5}$$
$$= 2\,179.34（万元）$$

最后，计算专利资产的利润分成率：

$$专利资产利润分成率 = \frac{\sum 追加利润现值之和}{\sum 利润总额现值之和} = \frac{387.23}{2\,179.34} = 18\%$$

③约当投资分成法。该法根据等量资产获得等量报酬的原则，将购买方共同发挥作用的有形资产和专利等无形资产换算成相应的投资额，按专利等无形资产的折合约当投资与购买方投入资产的总约当投资量的比例确定专利资产的利润分成率。

具体步骤为：

第一，计算专利资产约当投资量。确定专利资产的约当投资量时，适用成本利润率按转让方无形资产带来的利润与其成本之比计算。没有企业的实际数时按社会平均水平确定。

专利资产的约当投资量 = 专利资产重置成本 ×（1 + 适用成本利润率）

第二，计算专利资产购买方的约当投资量。确定购买方约当投资量适用的成本利润率按购买方的所有水平测算。

购买方约当投资量 = 购买方投入的总资产的重置成本 ×（1 + 适用成本利润率）

第三，计算专利资产的利润分成率。

$$专利资产利润分成率 = \frac{专利资产约当投资量}{专利资产约当投资量 + 购买方约当投资量} \times 100\%$$

【例 4-2】 A 企业以制造电视显像管技术向 B 企业投资，该技术的重置成本为 400 万元，B 企业拟投入合营资产的重置成本为 2 000 万元，A 企业无形资产成本利润率为 150%，B 企业拟合作的资产原利润率为 25%。试计算该技术投资的利润分成率。

解：

专利资产的约当投资量 = 400 ×（1 + 150%）= 1 000（万元）

B 企业的约当投资量 = 2 000 ×（1 + 25%）= 2 500（万元）

$$A\ 企业投资专利资产的利润分成率 = \frac{1\,000}{1\,000 + 2\,500} = 28.57\%$$

（3）专利资产收益期限的预测。收益年限从理论上说应该根据被评估专利资产的剩余经济寿命年限确定。目前，国际评估、会计理论界将专利资产归属于经济寿命确定的无形资产，其经济寿命原则上是考虑专利资产法定保护期以及被评估专利类型、可能出现替代技术的时间、相关竞争情况等综合确定。一般情况下，专利资产的经济寿命年限要远低于法律保护年限，例如，发明专利的法定保护期为 20 年，但经济寿命一般可能远低于 20 年，对专利资产剩余经济寿命年限的确定可以参考以下几个方面：

①技术寿命。技术寿命是指由于科学技术的发展，不断出现技术上更先进、经济上更合理的替代技术，使现有技术丧失使用价值。根据技术周期理论，技术的发展过程分为萌芽、成长、成熟、衰退四个阶段，它直接影响技术剩余经济寿命的长短。在实际经济活动中，处于衰退领域中的某项专利技术，即使具有一定的新颖性及创造性，也不会得到广泛持久的应用，从而使该技术的未来收益受损，影响其评估价值。

②技术成熟度。技术成熟度是指专利技术与工业应用之间的距离。一项技术由构思到最终应用于工业化生产，需要经过很多工作，投入大量人力、物力、财力，并且具有一定的技术风险。在评估专利资产时，要注意分析专利资产的技术在评估基准日时的成熟程度。

③法定寿命。我国《专利法》规定，发明专利的保护期限为 20 年，实用新型专利为 10 年。《专利法》规定的保护期限也就是专利技术的权利寿命，它是专利技术获得超额收益年限的上限。

④专利产品寿命。一项专利资产的寿命与专利形成产品的寿命有关。专利分为产品类专利和方法类专利，专利形成产品的寿命直接影响专利资产的寿命。

专利产品的寿命是指产品的市场寿命，即一种新产品从开始进入市场到被市场淘汰的整个过程，一般分为导入期、成长期、成熟期和衰退期四个阶段。

(4) 专利资产折现率的估测。

①加权平均资本成本调整法。以市场上观察到的一定回报率为基础，通过考虑一定溢价来反映知识产权的特定风险，形成其折现率。实务中，使用加权平均资本成本调整法的基础一般是行业内具有代表性企业的加权平均资本成本。

②累加法。折现率由无风险报酬率和风险报酬率组成。在具体实践中，无风险报酬率可以参照同期国库券利率或银行基准利率。风险报酬率是注册资产评估师根据知识产权的不同种类，对未来收益的风险影响因素，以及收益获得的其他外部因素进行综合分析、合理测算确定的。实务中，要对各种风险进行定性定量分析。注册评估师采用累加法估算折现率时需要合理确定该折现率的"口径"问题。

③直接观察法。直接选用市场上可观察到的仅依赖知识产权或相似知识产权运营的企业的资金成本。

(5) 收益法评估案例。下面通过案例说明专利资产的收益法评估过程。

【例 4-3】 A 公司于 3 年前自行开发了一项技术，并获得了专利权证书，专利保护期为 15 年。现在，该公司准备将该项专利技术出售给 B 公司，现需要对该项专利技术进行评估。

评估分析和计算过程如下：

①评估对象和评估目的。由于 A 公司系出售该项专利技术，所以评估对象是拟转让专利技术的所有权，评估目的为转让。

②专利技术核查。该项技术已申请专利，取得了专利证书。专利技术所具备的基本功

能可以从专利说明书及有关专家鉴定书中得到。此外,该项专利技术已在 A 公司使用了 3 年,产品已进入市场,并深受消费者欢迎,市场潜力较大。因此,该项专利技术的有效功能较好。

③评估方法选择。该项专利技术具有较强的获利能力,而且,同类技术在市场上被接受使用的情况较多,分成率较容易获得,为测算收益额提供了条件。因此,决定采用收益法进行评估。

④判断确定评估参数。根据对该类专利技术更新周期以及市场中产品更新周期的分析,确定该项专利技术的剩余使用期限为 5 年。根据对该类专利技术的交易实例,以及该类专利技术对产品生产的贡献分析,资产评估师将销售收入分成率确定为 6%。

根据对过去经营绩效及未来市场需求分析,资产评估师对未来 5 年的销售收入进行预测,认为未来 5 年的销售收入分别为 250 万元、240 万元、300 万元、300 万元和 300 万元。根据当期的市场投资收益率,资产评估师确定适用的折现率为 15%。

⑤计算评估值。过程及结论见表 4-3。

表 4-3 评 估 计 算 表 单位:万元

年份	预期收入 ①	专利分成额 ②=①×6%	15%的复利现值系数 ③	专利收益折现值 ④=③×②
1	250	15	0.8696	13.04
2	240	14.40	0.7561	10.89
3	300	18	0.6575	11.84
4	300	18	0.5718	10.29
5	300	18	0.4972	8.95
合计				55.01

因此,该项专利的评估值为 55.01 万元。

2. 市场法。运用市场法进行专利资产评估时,应当收集足够的可比交易案例。在分析交易案例的可比性时,应当考虑交易资产的特点、交易时间、限制条件、交易双方的关系、购买方现有条件,专利资产的获利能力、竞争能力、技术水平、成熟程度、剩余法定保护年限及剩余经济寿命、风险程度、转让或者使用情况、实施专利资产是否涉及其他专利资产等因素。

如果需要使用市场法评估专利资产,评估人员应注意以下事项:

(1) 具有合理比较基础的类似专利资产;

(2) 收集类似专利资产交易的市场信息是为横向比较提供依据,而收集被评估专利资产以往的交易信息是为纵向比较提供依据;

(3) 作为市场法应用基础的价格信息应满足相关、合理、可靠和有效的要求;

(4) 无论是横向比较,还是纵向比较,参照物与被评估专利资产会因时间、空间和条件的变化而产生差异,评估人员应对此作出合理调整。

3. 成本法。专利资产的成本费用与专利资产可以带来的额外收益没有必然的联系。

评估专利的重置成本,主要是为了向侵权者索赔,有时也可以按财务制度的规定依照成本进行摊销补偿。此外,当专利资产的预期收益难以被测定时,也没有依据表明重置成本会大大偏离预测收益的本金化价格时,重置成本可以作为以专利投资确定底价的参考因素。

重置成本法的基本公式为:

专利资产的评估值 = 重置成本 × 成新率

运用成本法评估专利资产的关键在于分析计算重置成本和成新率。专利资产分为外购和自创两种,外购专利资产的重置成本比较容易确定。相对而言,自创专利资产的成本构成相对复杂一些。

(1) 专利资产的成本构成。外购专利的成本应包括其购买价款、相关交易税费以及直接归属于该项资产使其达到预定用途所发生的其他支出。

自创专利资产的成本主要包括开发成本、转化成本、获权及维权成本、交易成本等。主要项目有:

①开发(研制)成本。包括直接成本和间接成本。直接成本是研制过程中直接投入所发生的费用,主要包括材料费用、工资费、专用设备费、资料费、咨询鉴定费、协作费、培训费、差旅费和其他费用;间接成本是与研制开发有关的费用,一般包括管理费用、非专用设备折旧费用等。

②交易成本。是指发生在交易过程中的费用支出,主要包括技术服务费、交易过程中发生的差旅及管理费、手续费、税金等。

③专利资产申请和维持产生的专利费。包括专利代理费、专利申请费、实质性审查请求费、维护费、证书费等。

由于评估目的不同,其成本构成内涵也不一样,评估人员在评估时应视不同情形考虑以上成本的全部或一部分。

(2) 重置成本的估算。重置成本是指在现实条件下,重新购置、建造或形成与被评估资产完全或基本相同的全新资产所需花费的成本。专利资产重置成本的估算方法主要有重置核算法和综合估价法。

①重置核算法。重置核算法是将无形资产开发的各项支出按现行价格和费用标准逐项累加核算,并将资金使用成本和合理利润考虑在内。其计算公式为:

重置成本 = 直接成本 + 间接成本 + 资金成本 + 合理利润

其中直接成本依照专利资产实际发生的材料、工时消耗量,按现行价格和费用标准进行估算。即:

$$\text{专利资产直接成本} = \sum(\text{物质资料实际消耗量} \times \text{现行价格}) + \sum(\text{实耗工时} \times \text{现行费用标准})$$

【例4-4】某企业2011年外购的一项专利技术账面价值为850万元,经核查,该专利技术是运用现代先进的实验仪器经反复试验研制而成,物化劳动耗费的比重较大,可适用生产资料物价指数。已知此项专利技术购置时物价指数和评估时物价指数分别为100%和120%,2012年进行评估,试按物价指数法估算其重置成本。

解: 该项专利技术的重置成本为:$850 \times \dfrac{120\%}{100\%} = 1\ 020$(万元)

②综合估价法。综合估价法是以研发专利资产的资本投入为基础，考虑开发风险确定评估值的方法。评估公式为：

重置成本 = 研制开发的全部资本投入 × $\dfrac{(1+无风险报酬率)^{n/2}}{1-研制风险率}$

或　　　 = 研制开发的全部资本投入 × (1 + 同类无形资产投资报酬率)

式中：n 为研发时间（年）。

（3）成新率。由于专利资产没有物质实体，不存在实体性贬值，影响专利资产成新率的因素是专利资产的功能性贬值和经济性贬值。因此在专利资产评估中，成新率的确定应考虑专利资产使用效率与时间的关系。通常，专利资产成新率的确定可以采用专家鉴定法和剩余经济寿命预测法进行。

①专家鉴定法。是指邀请有关技术领域的专家，对被评估专利资产的先进性、适用性作出判断，从而确定其成新率的方法。

②剩余经济寿命预测法。是由评估人员通过对无形资产剩余经济寿命的预测和判断，从而确定成新率的方法。其计算公式为：

成新率 = 已使用年限/(已使用年限 + 剩余使用年限) × 100%

公式中，已使用年限比较容易确定，剩余使用年限应由评估人员根据专利资产的特征，分析判断获得。

（4）成本法评估案例。

【例 4 – 5】 某股份有限公司有一项 2009 年 12 月自行研制开发成功并获专利的技术，2012 年 1 月因出售需要对其价值进行评估。经过财务核算表明，该专利技术的开发研制花费 4 年时间，总费用为 30 万元。2010—2012 年期间生产及生活资料物价上涨 5%，无风险报酬率为 5%，该类专利技术开发研制的平均风险率为 60%。经专家鉴定该专利技术的剩余经济使用年限为 8 年。评估该专利技术的价值。

解：①计算该专利技术的重置成本：

重置成本 = 研制开发的全部资本投入 × $\dfrac{(1+无风险报酬率)^{n/2}}{1-研制风险率}$

　　　　 = 30 × (1 + 5%) × (1 + 5%)$^{4/2}$/(1 – 60%) = 86.82（万元）

②计算该专利技术的成新率：

成新率 = 已使用年限/(已使用年限 + 剩余使用年限) × 100%

　　　 = 8/(2 + 8) × 100% = 80%

③计算该专利的评估值：

专利评估值 = 重置成本 × 成新率 = 86.82 × 80% = 69.46（万元）

4. 实物期权法。传统的评估方法认为，一项资产收益的不确定性越高，它的资产价值就越低。但实物期权理论认为，如果资产管理者能够辨明和使用期权的价值，那么增加的不确定性有可能带来更高的回报，因此具有更高的价值。在实物期权理论下，专利和专有技术项目的价值包括两部分，一个是项目的内在价值，这是直接的、静态的净现金流量的贴现值，可采用传统的价值评估方法得出；二是投资带来的期权的价值，这是由经营柔性带来的，该期权价值可采用期权定价模型得出。

当然，实物期权法并不是对所有专利资产和专有技术都适用，当专利和专有技术投资项目中不存在实物期权或者存在期权但不确定性比较小时，这时并不需要用实物期权法来分析，传统的评估方法就能准确的对投资项目进行评价。只有在下面几种情况下实物期权才是适用的：

第一，当专利或专有技术项目存在决策权时，用传统评估方法或其他方法不能正确地对项目进行评估，实物期权法能够计算决策权的价值；

第二，当项目的不确定性足够大时，使得项目具有很多的选择性，比如使用延迟期权以获得更多信息，等新信息出现后再进行投资，这样可以避免一定的风险；

第三，当项目的价值是由未来存在的期权价值决定而不是由当前现金流决定时，如增长期权，在这种情况下如果用传统评估方法对项目进行评估，那得到结果往往会低估项目的真实价值，使原本有潜力的项目不能获得投资；

第四，当项目存在管理柔性时，只有实物期权法能够正确评估项目运行过程中的管理柔性，传统评估方法一般都无能为力；

第五，当项目需要在中途进行修正或战略调整的情况下。比如项目中如果存在扩张期权或收缩期权，那么投资者可以根据情况来对项目的规模进行调整，而这种中途的选择权只有实物期权法才能对其正确评估。

综上所述，期权定价理论是评估具有不确定性的专利资产和专有技术价值的有利工具。专利和专有技术评估实务中涉及的实物期权种类主要包括增长期权、延迟期权、收缩期权和退出期权等。

到目前为止，理论上合理、应用上方便的期权定价模型主要有布莱克—舒尔斯模型（Black-Scholes Model）和二叉树模型（Binomial Model）等。

（1）布莱克—舒尔斯模型及其应用。针对无红利流量情况下欧式期权的价值评估，考虑了标的资产评估基准日价值（S）及其波动率（σ）、期权行权价格（X）、行权期限（T）和无风险收益率（r）五大因素以确定期权价值。模型形式为：

买方期权价值 $C_0 = SN(d_1) - Xe^{-rT}N(d_2)$

卖方期权价值 $P_0 = Xe^{-rT}N(-d_2) - SN(-d_1)$

其中，C_0 和 P_0 分别代表欧式买方期权和卖方期权的价值；e^{-rT} 代表连续复利下的现值系数；$N(d_1)$ 和 $N(d_2)$ 分别表示在标准正态分布下，变量小于 d_1 和 d_2 时的累计概率。d_1 和 d_2 的取值如下：

$$d_1 = \frac{\ln(S/X) + (r + \sigma^2/2)T}{\sigma\sqrt{T}}$$

$$d_2 = \frac{\ln(S/X) + (r - \sigma^2/2)T}{\sigma\sqrt{T}} = d_1 - \sigma\sqrt{T}$$

选择布莱克—舒尔斯模型估算实物期权价值的步骤如下：

第一步，估计有关参数数据。

第二步，计算 d_1 和 d_2。

第三步，求解 $N(d_1)$ 和 $N(d_2)$。

第四步，计算买方期权或者卖方期权的价值。

(2) 二叉树模型及其应用。二叉树模型可用于计算欧式期权价值，也可以在一定程度上计算美式期权价值。在应用二叉树模型时，可以根据需要将期权的行权期限划分为任意多个变化期，从而可以增加在期权到期时标的资产价值及对应的期权价值的可能值。一般而言，划分的期数越多，评估结果越精确。在实物期权的评估中，由于基础数据的估计不可能很准确，通过增加期数提高评估结果的准确性意义不大。从实际评估效果考虑，建议一般采用一期或者两期二叉树模型即可。

一期二叉树和两期二叉树的期权价值模型分别为：

$$f = e^{-rT}[pf_u + (1-p)f_d]$$

$$f = e^{-rT}[p^2 f_{uu} + 2p(1-p)f_{ud} + (1-p)^2 f_{dd}]$$

选择二叉树模型估算实物期权价值的步骤如下：

第一步，计算 u、d 和 p；

第二步，计算到期实物期权的各种可能值，如一期二叉树下为 f_u 和 f_d；两期二叉树下为 f_{uu}、f_{ud} 和 f_{dd}；

第三步，计算实物期权到期的期望价值，如一期二叉树下为 $pf_u + (1-p)f_d$；两期二叉树下为 $p^2 f_{uu} + 2p(1-p)f_{ud} + (1-p)^2 f_{dd}$；

第四步，按无风险收益率折现上述期望价值，得出实物期权的评估基准日价值。

(3) 评估模型的选择。布莱克—舒尔斯模型和二叉树模型都可用于计算买方期权和卖方期权的价值。布莱克—舒尔斯模型针对欧式期权的定价，是连续时间下的期权定价模型；二叉树模型是离散时间下的期权定价模型，理论上对于欧式期权和美式期权都适用。在期权行权期限内有红利流量的情况下，应用布莱克—舒尔斯模型评估可能会在一定程度上低估期权的价值，可以考虑采用针对红利的布莱克—舒尔斯模型的变型来评估。

(4) 期权评估案例。

【例 4-6】现有一个关于 WLAN 专利的投资项目，2012 年实施第一阶段，预计 2015 年实施第二阶段。6 年内的折现率为 10%，无风险利率为 6%，市场波动率为 40%。这两个阶段的现金流如表 4-4 和表 4-5 所示。其中的单位均为万元。

表 4-4　　　　　　　　　第一阶段的预期收益现金流量表

年份	2012	2013	2014	2015	2016	2017	2018
净现金流量	-250	40	45	50	65	60	80

表 4-5　　　　　　　　　第二阶段的预期收益现金流量表

年份	2012	2013	2014	2015	2016	2017	2018
净现金流量				-200	130	180	170

①传统的评估方法。采用传统的收益现值法来对该项专利进行评估，仅考虑实施第一阶段，将上面每年的收益数据代入公式 $P = \sum_{i=1}^{n} \frac{F_i}{(1+r)^i}$ 中，得出 $P = -12.9 < 0$。

②期权定价模型评估。如果有了第一阶段投入，有条件启动第二阶段，在转让第一阶

段成果时,就应考虑第二阶段投资机会所带来的选择期权价值。对比可以采用期权定价理论模型来评估。此案例背景已介绍折现率为10%,无风险利率为6%,市场波动率为40%,可以直接运用 Black – Scholes 模型计算该专利选择期权的价值,由条件可知该专利项目的执行价格 X = 200 万元,有效期 = 3 年,波动率 = 40%,标的资产现价 S 是 2016—2018 年第二阶段实施所创造现金流的净现值:

$$s = \frac{130}{(1+10\%)^4} + \frac{180}{(1+10\%)^5} + \frac{170}{(1+10\%)^6} = 296.47（万元）$$

根据期权定价模型计算:

$$d_1 = \frac{\ln(S/X) + (r + \sigma^2/2)T}{\sigma\sqrt{T}} = 1.1744$$

$$d_2 = d_1 - \delta\sqrt{T} = 0.4816$$

$$C = SN(d_1) - Xe^{-rT}N(d_2) = 146.44（万元）$$

经期权定价模型计算可以得出,实施第二阶段投资的期权价值为 146.44 万元。该项专利的评估值应包括实施第一阶段的收益现值和投资第二阶段的选择期权价值。

该案例表明:传统的收益现值法很可能会严重低估相关专利的价值,引入实物期权法能比较全面地估算相关专利资产的客观价值。

(二) 专有技术

专有技术的评估方法与专利资产评估方法基本相同。基本方法也是收益法和成本法。在具体评估中,要根据评估目的和委托评估单位提供的资料,同时参考该专有技术的收益情况来确定。

五、专利及专有技术评估报告撰写

资产评估师执行专利和专有技术评估业务,编制评估报告,除应遵守《资产评估准则——评估报告》以外,还应按照《资产评估准则——无形资产》、《专利资产评估指导意见》等反映专利和专有技术的特点。

《专利资产评估指导意见》中指出,资产评估师应当在专利评估报告中反映专利资产的特点,通常包括以下内容:

1. 说明评估对象的详细情况,通常包括专利资产的权利属性、使用权具体形式、法律状态、专利申请号及专利权利要求等;
2. 描述专利资产的技术状况和实施状况;
3. 说明对影响专利资产价值的法律因素、技术因素、经济因素的分析过程;
4. 说明专利的实施经营条件;
5. 说明使用的评估假设及限定条件;
6. 说明专利权许可、转让、诉讼、无效请求及质押情况;
7. 说明有关评估方法的主要内容,包括评估方法的选取及理由,评估方法中的运算和逻辑推理方式,各重要参数的来源、分析、比较与测算过程,对初步价值结论进行分析并形成最终评估结论的过程。

专有技术的评估报告撰写可以参考专利评估报告,应该注意的是,在实务中,专有技术的评估报告中不要涉及需保密的核心专有技术,以免引起不必要的法律纠纷。

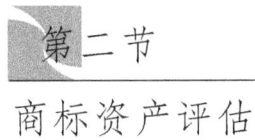

思 考 题

1. 专利资产所有权和使用权在评估收益预测中的差别是什么?
2. 关于专有技术,一般由企业自行采取保密措施,并没有申请相关的权利证明,评估对象和相关权属如何判断?

第二节 商标资产评估

一、评估对象

(一)商标资产概述

商标资产是指权利人所拥有或者控制的,能够持续发挥作用并且能带来经济利益的注册商标权益。

《中华人民共和国商标法》未对商标概念进行定义。国际保护工业产权协会(AIPPI)在柏林大会上曾对商标做出如下定义:"商标是用以区别个人或集体所提供的商品及服务的标记。"世界知识产权组织在其商标《示范法》中曾作如下定义:"商标是将一企业的产品或服务与另一企业的产品或服务区别开的标记。"商标通常由文字、图形、字母、数字、三维标志、颜色组合或者上述要素的组合构成,是帮助消费者识别和购买某产品或服务的标志。随着经济的发展和技术进步,商标的要素以及商标的形式也在创新,甚至出现了新型的声音、气味、动态商标。无论商标的组成要素如何千变万化,商标的本质就是区别不同主体商品或服务的标志。

《中华人民共和国商标法》规定"经商标局核准注册的商标为注册商标","商标注册人享有商标专用权,受法律保护"。未注册的商标,由于其法律权属尚未通过国家商标主管部门确认,商标的权利存在不确定性,商标权益无法得到法律保护。商标注册后,商标注册人依法享有商标专用权,其他任何企业都不得仿效使用。注册商标能够被特定权利主体拥有,并且可以为权利主体带来经济利益,符合《企业会计准则》对资产的定义。

(二)注册商标资产权益

商标资产评估对象是指受法律保护的注册商标资产权益,包括商标专用权、商标许可权。注册资产评估师执行商标资产评估业务,应当明确商标资产的权利属性。评估对象为商标专用权的,应当关注商标是否已许可他人使用及具体许可形式。评估对象为商标许可权时,应当明确该权利的具体许可形式和内容。

商标权是指商标注册人在法定期限内对其注册商标所享有的受国家法律保护的各种权利,商标法中明确保护的商标权益是"注册商标专用权",是指商标权主体对其注册商标依法享有的在指定商品或服务项目上独占使用的权利。所有权是所有人依法对自己财产所享有的占有、使用、收益和处分的权利。它是物权中最重要也最完全的一种权利,具有绝对性、排他性和永续性三个特征。商标资产属于无形资产,具有不同于"物"的资产特性,所有权四项权能中的"占有"权不具有排他性,因此商标专用权的具体内容仅包括专有使用权、收益权和处分权三项权能。商标权的核心权益是商标专用权,是最重要的商标权利,其他权利都是由此派生出来的。

商标许可权是商标专用权在收益权方面的派生权益,也是我们俗称的"商标使用权"。商标许可权是指商标权人可以通过签订商标使用许可合同许可他人使用其注册商标的权利。

(三) 注册商标类别

注册商标包括商品商标、服务商标、集体商标、证明商标,商标资产评估涉及的商标通常为商品商标和服务商标。

商品商标是自然人、法人或者其他组织对其生产、制造、加工、拣选或者经销的商品向商标局申请的注册商标;服务商标是自然人、法人或者其他组织对其提供的服务项目向商标局申请的注册商标;集体商标是指以团体、协会或者其他组织名义注册,供该组织成员在商事活动中使用,以表明使用者为该组织成员资格的标志;证明商标是指由对某种商品或者服务具有监督能力的组织所控制,而由该组织以外的单位或者个人使用于其商品或者服务,用以证明该商品或者服务的原产地、原料、制造方法、质量或者其他特定品质的标志。

集体商标是团体、协会或者其他组织表明该组织成员的标志,组织中的成员均可使用,不具有专有性,使用它也不会带来直接商业利益;证明商标控制者不是证明商标的使用者,证明商标的使用同样不具有专有性,证明商标控制者是具备对某种商品或者服务具有监督能力的组织,不具有监督能力的组织也无法获取证明商标。

(四) 权属状况

资产评估师执行商标资产评估业务,应当关注商标资产的法律状态。商标资产的法律状态通常包括商标注册人及变更情况,商标续展情况,商标专用权质押情况,商标专用权权属纠纷及涉及诉讼情况等。

法律依法保护商标权利人的商标专用权,现实生活中存在着有人故意复制或模仿他人具有一定知名度的商标以获取不正当竞争利益的侵权行为。商标权利人通常也会注册相同或相似的商标阻止不正当竞争。因此,注册资产评估师执行商标资产评估业务时应当关注影响其法律权属的事项,以保证被评估对象产权完整无瑕疵。

二、商标评估的基本事项

(一) 反映商标资产权利特点的主要经济行为

引起商标评估的经济行为比较多,但反映商标权利特点的主要包括以下几种:

1. 注册商标转让。注册商标转让是商标注册人在注册商标的有效期内,依法定程序,将商标专用权转让给另一方的行为。注册商标具有经济价值,可以依法转让。根据我国《商标法》的规定,注册商标可以转让,转让注册商标时转让人和受让人应当签订转让协议,并共同向商标局提出申请。转让注册商标经核准后,发给受让人相应证明,予以公告。受让人自公告之日起享有商标专用权。转让注册商标的,商标注册人对其在同一种商品上注册的近似商标,或者在类似商品上注册的相同或者近似商标,应当一并转让。

在对商标专用权评估时,应当将商标注册人在相同或者类似商品和服务上注册的相同或者近似商标作为商标组合。

按照转让性质,商标权转让分为永久性转让和非永久性转让。永久性商标权转让,当事方一般会约定自商标权转让合同办妥商标转让变更注册手续后,该商标权正式转归受让方。非永久性商标权转让,当事人一般会约定转让期限,并约定转让方将在转让期限届满之日起收回商标权。另外,商标转让时,当事人通常会明确约定受让方可以使用该商标的商品种类(或服务的类别及名称)以及可以使用该商标的地域范围。因此,在商标资产评估时,对转让商标(或源自转让的商标),应关注相关转让合同的权利约定和限制条款。

2. 注册商标许可使用。注册商标许可使用是指注册商标注册人通过法定程序允许他人使用其注册商标的行为。注册商标的使用既可以是注册商标所有人自行使用,也可以是注册商标所有人以外的第三人被许可使用。注册商标许可使用是注册商标所有权中一个非常重要的权利,运用得当,可使企业获益。

企业许可他人使用注册商标,通常是以订立使用许可合同的方式。在使用许可关系中,注册商标人或授权使用注册商标的人为许可人,另一方为被许可人。实际中,注册商标使用许可合同有的是独立的许可协议,也有相当一些是包含在其他合同中的注册商标使用许可条款,如附随于技术转让、特许经营等合同的注册商标使用规定。

我国法律规定,经许可使用他人注册商标的,必须在使用该注册商标的商品上标明被许可人的名称和商品产地。许可他人使用其注册商标的,许可人应当将其商标使用许可报商标局备案,由商标局公告。商标使用许可未经备案不得对抗善意第三人。许可他人使用其注册商标的,许可人应当监督被许可人使用其注册商标的商品质量,被许可人应当保证使用该注册商标的商品质量。

注册商标使用许可通常包括下列三种类型:

(1) 普通许可:"薄利多销"的形式。即许可人允许被许可人在约定的地域范围、期间和方式下使用合同项下的注册商标。同时,许可人保留自己在该地区内使用该注册商标和再授予第三人使用该注册商标的权利。这种许可方式多适用于被许可人生产能力有限或者产品市场需求量较大的条件下,许可人可以多选择几个被许可人,而每份许可的交易对价相对较低，因而是一种"薄利多销"的方式。

（2）独占许可：可对抗注册商标所有人的独家使用。即在约定的地域、时限和方式下，被许可人对授权使用的注册商标享有独占使用权。许可人不得再将同一注册商标许可给第三人，许可人自己也不得在该地域内使用该注册商标。独占许可的使用费比其他许可形式要高得多，所以只有当被许可人从产品竞争的市场效果考虑，认为自己确有必要在一定区域内独占使用该注册商标时才会要求得到这种许可。

（3）排他使用许可：注册商标人和被许可人的使用并行。在这种情况下，除许可人给予被许可人在约定的地域、时限和方式下使用其注册商标的权利外，被许可人还可享有排除第三人使用的权利。即许可人不得把同一许可再给予任何第三人，但许可人保留自己使用同一注册商标的权利。排他使用许可仅仅是排除第三方在该地域和时限内使用该注册商标。

3. 以注册商标投资入股。注册商标投资入股有两种情形：第一，将注册商标的使用权投资入股，这种投资实际是商标专用权人以费入股参与接受投资企业的经营活动，在这种情况下商标注册人应当与被投资企业签订注册商标使用许可合同，在合同中就有关内容做出约定，并向商标主管部门备案。第二，将注册商标专用权作价投资入股，这种投资实际上是将注册商标的专用权依法转让给被投资企业，出资人和新设立的公司应当共同向商标主管部门提出申请，附送《商标注册证》加注发给新设立的公司，并予以公告。

注册商标出资时，商标注册人（出资人）应当通过出资合同（协议），对注册商标的出资方式，以及被投资企业使用注册商标的地域、时间、所涉商品种类（或服务的类别及名称）等做出明确的约定。注册资产评估师在实施评估时应关注企业章程、出资合同（协议）等有关商标资产及权利的约定内容。

（二）评估方法选择

注册商标评估较多采用收益法，但也不排斥采用市场法和成本法。由于注册商标的单一性，同类注册商标价格获取的难度很大，使得市场法应用受到限制。另外，注册商标的投入与产出具有弱对应性，因此采用成本法评估注册商标时必须慎重。

（三）确定评估范围

注册商标评估的范围应包括待评估注册商标的种类、数量及应用的商品种类和地域范围。资产评估对象是指受法律保护的注册商标资产权益，包括注册商标专用权、注册商标许可权。

注册资产评估师执行注册商标资产评估业务，应当明确注册商标资产的权利属性。评估对象为注册商标专用权的，应当关注注册商标是否已许可他人使用及具体许可形式。评估对象为注册商标许可权时，应当明确该权利的具体许可形式和内容。

三、现场调查及市场调查

(一) 现场调查

1. 现场调查的目的。资产评估师执行商标资产评估业务，应当要求委托方明确商标的基本状况，通常包括：

(1) 商标的文字、图形、字母、数字、三维标志和颜色组合及其说明，商标注册号、注册期限及核准的注册类别；

(2) 商标的取得（包括原始取得和继承取得），以及商标注册、转让和继承程序办理情况；

(3) 指定使用注册商标的商品或者服务项目；

(4) 在类似商品或者服务上注册的相同或者近似的商标情况。

此外，资产评估师执行商标资产评估业务，还应关注商标资产的法律状态。

2. 调查内容。注册资产评估师在调查过程中收集的相关资料通常包括：

(1) 商标注册人的基本情况；

(2) 商标和有关权利事项登记情况；

(3) 商标权利限制情况，包括在时间、地域方面的限制以及质押、法律诉讼等；

(4) 公众对商标的知晓程度；

(5) 商标使用的持续时间；

(6) 商标宣传工作的持续时间、程度和地理范围；

(7) 与使用该商标的商品或者服务相关的著作权、专利、专有技术等其他无形资产权利的情况；

(8) 宏观经济发展和相关行业政策与商标商品或者服务市场发展状况；

(9) 商标商品或者服务的使用范围、市场需求、经济寿命、同类商品或者服务的竞争状况；

(10) 商标使用、收益的可能性和方式；

(11) 类似商标近期的市场交易情况；

(12) 商标以往的评估及交易情况；

(13) 商标权利维护方面的情况，包括权利维护方式、效果、成本费用等。

资产评估师执行商标资产评估业务，应当尽可能获取与商标资产使用相关的财务数据或者经审计的财务报表，对商标资产的相关财务数据进行必要的分析。

还有一个需要关注的问题是，注册商标所对应的产品或服务的发展规划，包括委估商标所在企业今后 5~10 年的发展战略，企业的生产或销售计划，企业长期经营策略和远期战略规划，未来 5~10 年发展的可行性分析报告，已形成的相关董事会决议及规划，政府部门扶持企业的政策。

通过现场调查，确认注册商标基本情况、核实注册商标的法律权属并了解商标产品的经济效益；资产评估师应当核查商标注册人持有的商标注册证、续展申请或相关法律变更文书，并核对相关证书原件，若有许可使用情况，还需与注册商标许可使用合同中的相关条款进行核对；同时还应核查注册商标质押登记的相关资料，以确认是否存在质押以及前次质押（如有）是否已解除或撤销。

（二）市场调查

资产评估师执行商标资产评估业务，应当分析商标商品或者服务的市场需求，关注商标的美誉度、认知度以及商标商品或者服务在相关行业的市场竞争力等因素对商标资产价值的影响。资产评估师应当通过市场调查了解注册商标的实施和应用情况，应当包括（但不仅限于）收集以下资料：

1. 注册商标所对应的产品或服务已有市场方面的资料，主要包括：

（1）商标权人或使用企业实际或计划如何应用委估商标，是自行用于生产产品、提供服务，还是许可他人使用；

（2）与商标产品或服务相关的行业政策和发展状况，宏观经济情况，商标产品在市场中的竞争地位（目前和未来的），包括市场容量（总销售或营业额）、市场份额、产品的优缺点、竞争力等；提供行业统计资料，包括：行业平均资金利税率、成本利润率、资产利润率、净资产利润率、企业主要产品行业平均销售利润率；

（3）商标的应用领域，主要的应用产品或服务介绍，应用产品（服务）价格和定价方式的描述，各类产品（服务）的价格或边际利润情况；

（4）委估商标所覆盖产品的主要生产线技术水平、维护状况、配套生产能力，有无增大配套生产能力的可能，如有，增产的瓶颈环节在哪里，解决瓶颈环节的技术改造投资为多少、时间为多长，如改造完成配套生产能力为多少等；对委估服务商标，也应关注支持提供相关服务的配套资产的能力及其他约束条件；

（5）商标产品或服务市场是否具有季节性或周期性；

（6）商标权人或使用企业对商标产品或服务的营销是建立在本地、地区性、全国范围，还是世界范围；境内和境外业务的种类和比重，境外涉及的主要国家和地区。

2. 注册商标所对应的产品或服务销售与市场开发方面的资料：

（1）商标权人或使用企业是否进行过委估商标产品（服务）的市场调查，以及调查的结果，包括市场容量及企业所占份额；主要产品（服务）的客户名单和各客户的销售额比例资料；

（2）商标权人或使用企业对委估商标产品（服务）的市场营销活动，包括营造新市场的方法。企业通过广告，以商标为载体宣传企业的信誉和形象、扩大产品知名度，也会带来更多的市场机会。商标的作用及影响力，促使企业以商标为核心整合企业的技术、管理、营销，用产品质量和服务质量提高经济效益，通过提高商标知名度，增加商标附加值，形成自身的核心竞争力，以获得商标带来的溢价收益和低成本扩张优势；

（3）商标权人或使用企业销售队伍的规模和结构、相关营销计划，包括广告媒体及预算；说明促销计划及策略，包括产品（服务）定价方针等；产品不含税单价（或服务收费标准）、销售税金及附加税的税目、税率；销售报表复印件；

（4）商标权人或使用企业是否参加有关价格、非竞争协议或受其影响等。

3. 关注商标的美誉度、认知度。商标对市场的影响力体现为消费者广为知晓的范围、公众对商标的熟悉及认可度、对商标产品或服务质量的信赖程度。按照商标的知名度可分为著名商标、知名商标和普通商标,著名商标的影响力及影响范围大于知名商标,知名商标的影响力及影响范围大于普通商标。因此,只有了解商标资产的历史美誉度、在消费者中的认知度等商标价值关键影响因素,才能客观分析商标商品或服务的市场竞争力,准确地把握商标资产的核心价值。

4. 注册商标所对应的产品或服务的竞争性分析资料:

(1) 描述商标产品(服务)的竞争对手(包括国内和国际),公司规模、生产产品(或提供服务)所依托的技术与本次委估商标产品(服务)的比较、产品(服务)的种类和市场占有率等情况;

(2) 描述商标产品(服务)市场的竞争特点,采用的价格优势、质量优势或售后服务优势等;

(3) 描述商标权人或使用企业竞争对手是否参加行业协会,或可以并准备参加行业协会,介绍该协会有关情况。

5. 注册商标所对应的产品或服务的相关产业政策:

(1) 商标权人或使用企业所在国或地区政府对于该商标产品(服务)发展的有关规定(包括行业发展政策、环保政策等);

(2) 是否有可能影响商标商品(服务)销售的政策限制(如市场准入政策、特许经营政策和产品的政府定价政策等)。

6. 其他需要的资料:

(1) 委托方或商标权人在前三年是否有过对该商标的评估报告;

(2) 资产评估师认为需要的其他资料。

四、评定估算

注册商标评估一般采用收益法,资产评估师运用收益法评估注册商标时应恰当地确定相关评估参数。

(一)预期收益的确定

注册商标的预期收益应当是因注册商标的使用而额外带来的收益,可以通过增量收益、节省许可费、收益分成或者超额收益等方式估算。确定预期收益时,应当区分并剔除与注册商标无关的业务产生的收益,并关注以下因素:(1)注册商标产品或服务所属行业的市场规模;(2)注册商标产品或服务的市场地位;(3)相关企业的经营情况,经营的合规性、技术的可能性和经济的可行性。估算注册商标预期收益常用的方法包括直接估算法、分成率法和要素贡献法。

1. 直接估算法。注册商标应用于生产经营过程,能够使得产品的销售收入大幅度提高,提高的原因在于:生产的产品能够以高出同类产品的价格销售。采用该方法计算超额收益的公式,可参考本章第一节中专利资产收益额预测的相关内容。

【例 4-7】某集团公司是全国生产农用运输车的企业,主要产品的注册商标为"ABC"牌。根据近期"ABC"牌农用车主要销售市场资料,"ABC"牌农用车与其他厂家生产的相同规格产品售价比较情况见表 4-6。

表 4-6　　　　　　　　　　　　主要销售市场售价比较

主要销售地	A省	B省	C省	D省	E省	其他
占全部销量比重	21.8%	29.5%	16.3%	12.5%	10.5%	9.4%
单位售价平均差异（元）	50	30	40	0	40	30

加权平均超额售价 = 50×21.8% + 30×29.5% + 40×16.3% + 40×10.5% + 30×9.4%

= 33（元）

根据企业前三年的实际产销情况、财务状况和企业发展规划，对企业未来收益年限的超额收益预测见表 4-7。

表 4-7　　　　　　　　　　　　超额收益预测表

年份	2007	2008	2009	2010	2011
销量（辆）	234 708	238 749	242 911	247 198	251 614
销售收入（万元）	74 271	76 199	78 185	80 230	82 337
单车超额收益（元）	33	33	30	35	30
超额收益（元）	7 745 364	7 878 717	7 287 330	8 651 930	7 548 420
所得税后收益（元）（所得税税率25%）	5 809 023	5 909 038	5 465 498	6 488 948	5 661 315

2. **分成率法。** 分成率法是目前国际和国内技术交易中常用的一种确定无形资产超额收益的实用方法。计算注册商标超额收益也可以采用此法。计算公式为：

注册商标超额收益 = 与注册商标相关产品（服务）的总收益 × 分成率 ×（1 - 所得税税率）

无形资产分成率有销售收入分成率与销售利润分成率两种，两者区别在于分成的对象不同，但双方存在内在联系可以互换。

超额收益额 = 销售收入 × 销售收入分成率 ×（1 - 所得税税率）

= 销售利润 × 销售利润分成率 ×（1 - 所得税税率）

销售收入分成率与销售利润分成率的关系：

销售收入分成率 = 销售利润分成率 × 销售利润率

或 = 销售收入分成率 ÷ 销售利润率

分成率一般可采用市场法、对比公司法和经验判断法确定。

（1）市场法是根据以往的市场成交案例确定分成率或提成率。从理论上来说是最好的方法，但关键在于交易案例数据的取得。

（2）对比公司法是利用对比公司数据确定分成率或提成率。该方法建立在委估注册商标在拟受让方发挥的作用，应该与处于同行业的对比公司中的同类注册商标所发挥的作用存在相同或相似的地方。

（3）所谓经验判断法是指在注册商标转让实务中，一般根据评估实践经验确定一定

的分成率。根据评估实践和国际惯例,在评估注册商标时,其主要影响因素有:

①根据注册商标在社会中的被认可程度可以分为著名商标、一般商标。商标的被认可程度越高,商标的分成率越高;

②根据商标企业所在行业分析。一般而言,食品、饮料等行业的商标比其他行业的商标分成率高;

③商标所在企业在行业中所处的地位。例如,行业龙头商标的分成率要比其他普通商标高得多;

④法律保护的状况,商标保护的深度和广度,对商标的分成率具有一定影响。

【例4-8】A玩具厂将"××"牌玩具的注册商标使用权通过许可使用合同允许B厂使用,使用时间为5年。双方约定注册商标使用费由B厂每年按使用该注册商标新增利润的26%支付给A厂,试评估该注册商标使用权价值。

(1) 预测使用期内新增利润总额。根据预测每件玩具可新增净利润5元,第1年至第5年生产的玩具分别为40万件、45万件、55万件、60万件、65万件;

(2) 按许可合同确定的26%作为利润分成率;

(3) 综合考虑各项因素,确定折现率为14%。

表4-8 评估值计算表

年度	产量(万件)	新增净利润(元/件)	新增净利润额(万元)	分成率	折现系数	折现值(万元)
1	40	5	200	26%	0.8772	45.6144
2	45	5	225	26%	0.7695	45.01575
3	55	5	275	26%	0.675	48.2625
4	60	5	300	26%	0.5921	46.1838
5	65	5	325	26%	0.5194	43.8893
合计			1 325			228.96575

由此确定注册商标使用权价值为228.97万元。

3. 节省许可费法。节省许可费法是假设商标是通过特许使用而获得并非自主拥有,则商标资产价值为预期的未来特许使用费的现值。在确定许可使用费率时,应尽可能选择与被评估商标具有同样特征和规模的其他商标的许可使用费率,深入分析可比商标许可协议中的可用数据。

4. 超额收益法。超额收益法是先估算所有资产共同创造的整体收益,然后在整体收益中扣除商标资产以外的其他贡献资产的贡献,将剩余收益即超额收益作为商标资产的贡献现金流的方法。资产评估师运用收益法评估时,无论选择何种收益方式分析预期收益,都应当根据商标资产的市场地位及行业的市场总量合理预测,未来收益预测不但要符合经济规律,企业也应具备与预测相匹配的经营条件,且在未来实际经营活动中可行。

(二)剩余经济年限的确定

资产评估师运用收益法评估注册商标时,应当根据注册商标商品或服务所属行业的发展趋势，合理确定收益期限。收益期限需要综合考虑法律保护期限、相关合同约定期限、注册商标商品的产品寿命、注册商标商品或服务的市场份额及发展潜力、注册商标未来维护费用、所属行业及企业的发展状况、注册商标注册人的经营年限等因素确定。

商标权具有时间性、地域性，在有效期内，商标权受法律保护。我国《商标法》规定，注册商标的保护期限为核准注册日起的 10 年，注册商标有效期满，需要继续使用的，可以在期限届满前 12 个月内申请续展注册，并可无限续展。按照上述规定，一般认为有较高知名度的商标所有权的寿命期是无限年期的。

（三）许可费率的确定

如果有相同或相类似的许可合同约定的，宜直接采用或参考许可合同所确定的许可费率进行测算，但许可合同必须是非关联企业间签定且未显失公允，或者是关联企业间签定的但可以证明是按市场公允定价原则。无许可合同约定的，可采用市场调查法等方式确定。

（四）折现率的确定

资产评估师运用收益法进行注册商标评估，应当综合考虑评估基准日的利率、资本成本，以及注册商标商品生产、销售实施过程中的技术、经营、市场等方面的风险因素，合理确定折现率。注册商标折现率口径应当与预期收益的口径保持一致。折现率一般采用累加法，其中风险报酬率的确定应综合考虑同行业可比企业经营的一般风险水平。确定注册商标的折现率时一般应遵循以下几条原则：

1. 不低于行业平均净资产收益率；
2. 折现率与收益额相匹配；
3. 综合考虑投资者的期望回报率及交易双方的利益分配。

五、商标评估报告的专业披露要求

根据《商标资产评估指导意见》第三十四条规定，注册资产评估师应当在评估报告中反映商标资产的特点。通常包括以下内容：

1. 商标注册人的基本情况；
2. 商标的基本情况；
3. 商标商品或者服务的基本情况；
4. 商标商品或者服务的生产、销售中涉及的著作权、专利、专有技术等其他无形资产的情况；
5. 商标资产产生收益的方式；
6. 商标剩余法定保护期限以及预计收益期限；
7. 对影响商标资产价值因素的分析过程；
8. 使用的评估假设以及限定条件；
9. 商标资产许可、转让、诉讼以及质押等情况；
10. 有关评估方法的主要内容，包括评估方法的选取及其理由，评估方法的运用和逻辑推理计算过程，各重要参数的来源、分析、比较与测算过程，对初步评估结论进行分析并形成最终评估结论的过程。

思考题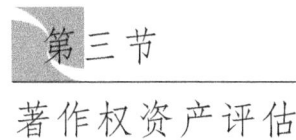

1. 注册商标资产权益都有哪些？商标许可有哪几种形式？
2. 在使用收益法评估商标权时，在确定收益额、折现率和收益期限时，应该注意哪些问题？

第三节 著作权资产评估

一、评估对象

（一）著作权概述

著作权资产是指权利人所拥有或控制的，能够持续发挥作用并且预期能带来经济利益的著作权的财产权益和与著作权相关权利的财产权益。

著作权是《中华人民共和国著作权法》赋予作品作者及其他著作权人对作品享有的人身权和财产权。根据我国著作权法规定（如无特指，以下的著作权法均指我国著作权法），著作权包括发表权、署名权、修改权、保护作品完整权、复制权、发行权、出租权、展览权、表演权、放映权、广播权、信息网络传播权、摄制权、改编权、翻译权、汇编权和应当由著作权人享有的其他权利等16+1项权利。

所谓16+1，就是在明确列举16项权利之后，再增加一条兜底条款，以表明著作权范围和内容的开放性。在上述16+1项权利中，前4项权利，即发表权、署名权、修改权、保护作品完整权等被视为作者的人身权，著作权中的第5项至第17项权利，根据著作权法的规定，著作权人可以依法转让、许可他人使用并依照约定或者著作权法的有关规定获得报酬，这13项权利具有经济属性，因此被称为财产权或经济权利。

（二）著作权的财产权

著作权资产评估对象是著作权中的财产权益以及与著作权有关权利的财产权益。就法律属性来说，著作权人身权与作者人身密切相关，不能转让或许可他人使用（特殊情况下也会受到必要的限制），其本身不是获取财产收益的权利，因此著作权资产评估对象一般不应包括著作权的人身权。著作权人可以部分或全部转让、许可他人使用著作权中的财产权并收取报酬，因此著作财产权具有资产的属性，属于著作权资产评估的对象。

同样，就与著作权有关的权益即邻接权而言，能成为著作权资产评估对象的也只是其中的财产权部分。

（三）组成形式

资产评估师执行著作权资产评估业务，应当要求委托方明确著作权评估对象的组成形式。著作权资产评估对象通常有下列组成形式：（1）单个著作权中的单项财产权利；（2）单个著作权中的多项财产权利的组合；（3）分属于不同著作权的单项或者多项财产权利的组合；（4）著作权中财产权和与著作权有关权利的财产权益的组合；（5）在权利客体不可分割或者不需要分割的情况下，著作权资产与其他无形资产的组合。

著作权法列举了主要的 8+1 类作品，并且给出了作品著作权的 12+1 项财产权和 4 项与著作权有关权利（邻接权）的财产权。但通常情况下，不是每类作品都涉及 12+1 项财产权，不同类的作品可能涉及的财产权有所不同。一般认为不同作品涉及的财产权如下：

（1）文字作品。复制权、发行权、表演权、放映权、广播权、信息网络传播权、改编权、翻译权和汇编权等；

（2）口述作品。复制权、发行权、表演权、放映权、广播权、信息网络传播权、改编权和汇编权等；

（3）音乐、戏剧、曲艺、舞蹈、杂技艺术作品。复制权、发行权、表演权、放映权、广播权、信息网络传播权、摄制权、改编权、翻译权和汇编权等；

（4）美术、建筑作品。复制权、发行权、展览权、放映权、信息网络传播权、摄制权和改编权等；

（5）摄影作品。复制权、发行权、展览权、放映权、广播权、信息网络传播权和汇编权等；

（6）电影作品和以类似摄制电影的方法创作的作品。复制权、发行权、出租权、放映权、广播权、信息网络传播权、摄制权、改编权、翻译权和汇编权等；

（7）工程设计图、产品设计图、地图、示意图等图形作品和模型作品。复制权、发行权、放映权、信息网络传播权、改编权、翻译权和汇编权等；

（8）计算机软件。复制权、发行权、出租权、信息网络传播权、翻译权等。

四项与著作权有关的权利（邻接权）涉及的财产权利情况如下：

（1）出版者对其出版的图书、期刊的版式设计的权利。转让和许可他人使用图书、期刊的版式设计的权利；

（2）表演者对其表演享有的权利。许可他人从现场直播和公开传送其现场表演的权利；许可他人录音录像的权利；许可他人复制、发行录有其表演的录音录像制品的权利；许可他人通过信息网络向公众传播其表演的权利；

（3）录音、录像制作者对其制作的录音、录像制品享有的权利。许可他人复制、发行、出租、通过信息网络向公众传播的权利；

（4）广播电台、电视台对其播放的广播、电视所享有的权利。许可他人转播其播放的广播、电视节目的权利；将其播放的广播、电视录制在音像载体上以及复制音像载体的权利。

著作权资产评估对象一般就是由上述各种财产权利组成。

(四) 权属状况

根据《著作权资产评估指导意见》第十八条，注册资产评估师执行著作权资产评估业务，应当关注著作权的法律状态。著作权的法律状态包括著作权权利人信息、权利人变更情况、著作权质押情况和涉及诉讼情况等。

1. 著作权权利归属。著作权归属的确定性一直是交易实践中的突出问题。尤其是在著作权质押、出资等活动中，著作权归属的确定与否直接影响着各方当事人的利益，因而，权利归属的确认非常重要。

2. 著作权权利限制。权利的限制包含合理使用、法定许可以及合同约定所限制的内容。根据著作权法的规定，在特定条件下使用某一作品可以不经著作权人同意，不向其支付报酬，即存在"合理使用"的情况。法定许可是指著作权法规定的在法定条件下使用某一作品可以不经著作权人许可，但需在使用后向著作权人支付报酬。在授权许可的情况下，根据合同或协议的约定可以对被许可人进行权利的限制，评估师亦应关注权利限制的情况。

3. 著作权质押、诉讼。评估师需要关注著作权质押情况，著作权法规定的著作权以及与著作权有关权利的财产权可以出质。以共有的著作权出质的，除另有约定外，应当取得全体共有人的同意。以著作权出质的，出质人和质权人应当订立书面质权合同，并由双方共同向登记机构办理著作权质权登记。著作权是否涉及诉讼或存在有关权属争议也会影响评估业务的进行，评估师应当关注这些情况。

4. 职务作品与法人作品的区别。

（1）职务作品。《著作权法》第十六条规定，公民为完成法人或者其他组织工作任务所创作的作品是职务作品，有该条规定情形之一的职务作品，除署名权外，其他著作权归法人或者其他组织享有。

（2）法人作品。所谓法人作品就是法人或其他组织作为作者的作品，即由法人或者其他组织主持，代表法人或者其他组织意志创作，并由法人或者其他组织承担责任的作品。

(五) 相关法律法规

在评估实务中资产评估师应了解的与著作权有关的法律法规主要包括：《中华人民共和国著作权法》、《中华人民共和国著作权法实施条例》、《信息网络传播权保护条例》、《计算机软件保护条例》、《著作权集体管理条例》等。评估师在进行著作权资产评估之前，需要认真阅读相关法律法规，对相关规定有较深刻的认识。

二、现场调查及市场调查

(一) 计算机软件著作权

1. 现场调查：

（1）核实法律权属。资产评估师应核实计算机软件著作权的相关法律权属，包括：①计算机软件著作权登记证书；②如果计算机软件著作权是通过转让而来的，则需要核查转让合同和相关权属证明文件；③如果计算机软件著作权存在未决诉讼，则需要核查相关的法律文件；④如果是共有计算机软件著作权，需要核查该经济行为是否征得权利共有人的同意（相关声明或证明）。

（2）了解计算机软件著作权实施和应用情况：①如果计算机软件著作权尚未实施，则需要分析该计算机软件著作权是否已具备实施条件，若尚未具备实施条件，则需要估计其具备实施条件的可能性、时间进度和后续投入成本等；②如果已实施，则需详细了解计算机软件著作权的具体实施或运用情况及历史数据，包括实施条件、运用环境、成本效益等。

（3）与计算机软件著作权所对应的产品（作品）相关的财务信息。包括：著作权人或实施企业资产规模以及经营场所的简介，著作权人或实施企业过去三年经过审计（或未经审计）的财务报表、以前年度损益弥补信息、评估基准日税金申报表以及税单复印件等；著作权人或实施企业实施的重要会计政策及其前五年的变化情况等资料。

2. 市场调查。资产评估师执行计算机软件著作权资产评估业务时，应当收集包括（但不限于）以下资料：

（1）著作权所对应的产品（作品）销售与市场开发资料。包括：著作权人或实施企业进行的对委估著作权产品（作品）的市场调查结果，如市场容量及企业所占份额，主要产品的客户名单和各客户的销售额比例资料；著作权人或实施企业对委估著作权产品（作品）的市场营销活动，包括营造新市场的方法；著作权人或实施企业的销售队伍规模和结构、相关的营销计划等。

（2）著作权的竞争性分析资料。包括：著作权产品（作品）竞争对手公司规模，产品（作品）的比较，产品（作品）的种类和市场占有率等；著作权产品（作品）的市场竞争策略，如价格优势策略、质量优势策略、售后服务优势策略等；著作权人或实施企业的竞争对手是否加入行业协会，或可以并准备加入行业协会。

（3）著作权相关的产业政策。包括：著作权人或实施企业所在国或地区政府对于该著作权产品（作品）发展的有关规定，如行业发展政策等；是否有影响著作权产品销售的政策限制，如市场准入政策、特许经营政策、产品的政府定价政策等。

（4）注册资产评估师认为需要的其他资料。资产评估师执行著作权资产评估业务，应当了解与著作权资产共同发挥作用的其他因素，并重点关注下列情况：①著作权资产与相关有形资产以及其他无形资产共同发挥作用；②原创作品著作权与演绎作品著作权共同发挥作用；③著作权和与著作权有关权利共同发挥作用。

3. 其他因素。当存在与评估对象共同发挥作用的其他因素时，注册资产评估师应当分析这些因素对著作权资产价值的影响。通过上述调查，资产评估师执行计算机软件著作权资产评估业务时应对影响其价值的因素进行分析，包括：

（1）法律因素：①著作权的权利内容；②著作权的法律状况；③著作权的剩余法定保护年限；④著作权的相关法制环境等。

（2）作品因素：①著作权作品内容种类及特征；②著作权作者的知名度及其历史创作和业绩状况；③著作权实施单位的竞争力。

（3）经济因素：①分析宏观经济环境以及未来宏观经济走势；②分析著作权所属行

业的发展状况,并预期未来发展水平;③产品市场需求分析;④著作权权利维护方面的情况,包括权利维护方式、效果,历史上的维护成本费用支出等。

(二) 计算机软件著作权以外的著作权

1. 现场调查。根据《著作权资产评估指导意见》第二十条,注册资产评估师执行著作权评估业务,应当对享有著作权的作品相关情况进行调查,包括必要的现场调查,并收集相关信息、资料等。资产评估师在调查过程中收集的相关信息资料通常包括:

(1) 作品作者和著作权权利人的基本情况;

(2) 作品基本情况,包括作品创作完成时间、首次发表时间、复制、发行、出租、展览、表演、放映、广播、信息网络传播、摄制、改编、翻译、汇编等使用情况;

(3) 作品的类别,包括文字作品,口述作品,音乐、戏剧、曲艺、舞蹈、杂技艺术作品,美术、建筑作品,摄影作品,电影作品和以类似摄制电影的方法创作的作品,工程设计图、产品设计图、地图、示意图等图形作品和模型作品,法律、行政法规规定的其他作品;

(4) 作品的创作形式,包括原创或者各种形式的改编、翻译、注释、整理等;

(5) 作品的题材类型、体裁特征等情况;

(6) 著作权和与著作权有关权利的情况及其登记情况;

(7) 各种权利限制情况,包括相关财产权利在时间、地域方面的限制以及质押、诉讼等方面的限制;

(8) 与作品相关的其他无形资产权利的情况;

(9) 作品的创作成本,费用支出;

(10) 著作权资产以往的评估和交易情况,包括转让、许可使用以及其他形式的交易情况;

(11) 著作权权利维护情况,包括权利维护方式、效果,历史上的维护成本费用支出等;

(12) 宏观经济发展和相关行业政策与作品市场发展状况;

(13) 作品的使用范围、市场需求、经济寿命、同类产品的竞争状况;

(14) 作品使用、收益的可能性和方式;

(15) 同类作品近期的市场交易及成交价格情况。

2. 市场调查。与计算机软件著作权内容类似,此处不再赘述。

三、评定估算

著作权资产评估可根据情况选择收益法、成本法或市场法。各种方法的特点和适用前提可参考本章第一节表4-1。

需要指出的是,成本法是通过重置被评估作品所需要的成本来估算著作权资产价值的,由于重置一般都是涉及作品重置,总是涉及"所有权"的,因此成本法一般不适用涉及许可使用权著作权资产的评估。

（一）计算机软件著作权

计算机软件评估和一般文学作品、艺术作品等著作权资产评估具有不同的特点。

1. 计算机软件的评估特点。

（1）计算机软件的特点。计算机软件价值评估中，应首先关注计算机软件所具有的无实物形态但以实物为载体，容易被复制，高智力投入而且需要长期持续投入等特点。

软件产品是无形的，没有质量、体积以及其他物质性，只能存在于有形的载体中，如磁盘、光盘、硬盘等介质中，而且通过该载体进行交易，所以软件交换价值应该是载体的自身价值和软件价值之和，但是一般来说软件价值远大于载体价值，载体价值在实际评估操作中甚至可以忽略不计。软件产品的无形性也决定了应用成本法进行价值评估时，仅考虑有形成本资料的投入是不全面的。

软件产品的复制（批量生产）相对简单，其复制成本同其开发成本比较，几乎可以忽略不计。因此，软件产品比较容易被复制乃至剽窃。这使得对进入公共领域市场的软件进行预测时，其实际市场结果往往和预测存在不小的差距。

（2）计算机软件评估方法的特点。

运用收益法评估计算机软件的特点：①资产与经营收益之间存在稳定的比例关系；②未来收益可以预测；③软件的受益期限较其他技术类产品短；④收益额受软件技术水平、技术风险、市场前景等因素的影响与作用，因此收益额预测的准确与否对软件评估值影响很大；⑤对于已经生产并投放市场的诸如财务软件、人事工资管理软件等通用软件，具有市场容量的专业应用软件，以及对信息企业的价值评估，可采用收益法；⑥自行开发生产、独家转让并可投入生产的软件也可以采用收益法进行评估；⑦可操作性强，工作量较大。

运用市场法评估计算机软件的特点：①存在着具有可比性的参照软件；②价值影响因素明确，可以量化；③使用较多的是功能类比法；④多用于软件产品定价、软件整体价值评估等；⑤在市场数据比较公开化的前提下，工作量中等。

运用成本法评估计算机软件的特点：①以工作量或程序语句行数为软件成本的度量标准，软件成本主要体现在人员工资上；②国际上一般使用成本进行软件评估；③计算机软件评估时，对于专用（用户只有一个或若干个）软件以及虽属于通用软件但尚未投入生产销售的，一般采用成本法；④对于诸如自用型软件，不存在市场或市场容量少，难以通过销售软件使用许可权获得收益的情况，采用成本法较为合适。另外对于未开发完成软件，采用成本法进行评估也比较有说服力；⑤适用于软件的整体转让、定价等经济行为；⑥成本法对于软件创造性价值考虑较少；⑦软件维护成本较高，持续时间较长，各种软件都不相同，软件维护成本预测的准确性对软件价值影响较大；⑧评估工作量大。

2. 计算机软件著作权价值评估方法。

（1）收益法。以收益法估算计算机软件著作权的价值，收益可能来自使用费、授权收入、超额收益或成本节省。

收益法评估软件价值与其他技术类无形资产评估类似。

应当注意的是，软件产品的收益预测值存在一个一般趋势：使用者对新推出软件的适用性和稳定性有一个认识的过程，所以第一阶段收益相对较低，处于市场开拓期间；第二阶段有所上升，处于发展期；第三阶段达到峰值，属于稳定期；以后由于功能更强的新一代软件的推出或者市场容量的饱和，先进性相对减弱，收益发生下滑，逐步进入衰退期。资产评估师在进行评估工作的过程中应当对上述问题予以考虑。

（2）市场法。市场法对于计算机软件市场、技术市场和资本市场比较发达的国家和地区是一种常用的有效方法。这种评估方法主要是通过在计算机软件市场或技术市场、资本市场上选择相同或近似的资产作为参照物，针对各种价值影响因素，主要是计算机软件的功能类比，将被评估计算机软件与参照物计算机软件进行价格差异的比较调整，分析各项调整结果，确定评估计算机软件资产的评估值。计算公式为：

$$V = \alpha \cdot \beta \cdot y$$

式中：V 为委托评估计算机软件的价值；y 为参照物计算机软件的价值；α 为生产率调整系数；β 为价值调整系数。

（3）成本法。我们通过案例来说明成本法在计算机软件著作权资产评估中的运用：

【例 4-9】计算机软件 Star 是由 A 公司开发的应用于特殊硬件的嵌入式操作系统，通过该系统可以实现某种特殊的商业功能。该系统由 8 个子系统组成，是源代码程序。B 公司看好 A 公司的软件，决定购买 A 公司的 Star 软件。A 公司同意转让，并请评估公司对 Star 软件进行评估。评估人员分析了解，B 公司购买该软件目的主要出于节省开发时间。通过对 A 公司开发人员、管理人员、财务人员进行走访与面谈。对该软件的内部文件审核，包括系统设计资料、用户手册以及营销资料等；并对该软件开发期间的财务数据进行了考察。得出如下信息：

该软件的 8 个子系统皆为嵌入式。该软件的源程序有效代码行数为 38 千行。目前全部 8 个子系统由于不断的维护更新，都能在较高水平的硬件和操作系统平台上运行。软件开发总投入成本为 80 万元，由 10 名工作人员开发 3.7 个月完成。维护成本约等于开发成本的 30%。

一般来说，成本法适用于大型系统软件的评估、计算机软件产品定价以及以计算机软件合资入股的价值评估。

对于系统软件，大型专业应用软件，刚开发完成还没有进入市场的计算机软件产品或是不存在交易市场的自用计算机软件，可以采用参数成本法模型来估算其价值。

该模型的基本公式和原理如下：

$$P = c_1 + c_2$$

式中：P 为计算机软件成本评估值；c_1 为计算机软件的开发成本；c_2 为计算机软件维护成本。

（1）计算机软件开发成本 c_1 的计算。计算机软件开发成本 c_1 由计算机软件工作量 M 和单位工作量成本 W 所决定，其公式为：

$$c_1 = M \times W$$

此处，计算机软件工作量 M 为在现时以及现有条件下，重新开发此计算机软件所需工作量，为一般水平下的计算机软件劳动工作量。单位工作量成本 W 为待估软件开发公司实际投入的成本除以该计算机软件实际工作量，体现的是该软件公司开发该计算机软件的实际单位投入。

此时，可以通过构造成本模型Ⅱ（COCOMOⅡ）或者多蒂（Doty）来计算计算机软件开发工作量M。首先介绍构造成本模型Ⅱ（COCOMOⅡ）。

其公式为：

$M = \alpha \cdot \beta \cdot k^b$

式中：M为工作量，单位人·月；α为计算机软件的社会平均生产率参数，统计数据，一般α取值2.5~3.5；β为工作量修正系数，为多个工作量因子的乘积；k为计算机软件源程序指令行数（不包括注释行，一般源程序包含20%~30%的注释行），单位为千行；b为社会平均规模指数，b一般取值1.1~1.3。

统计数据参见表4-9：

表4-9　　　　　　　　　　　计算软件工作量的统计数据

软件模型	名义工作量 $M_1 = \alpha \cdot k^b$	开发工作量 $M = M_1 \cdot \beta$	应用
独立软件	$M_1 = 3.2 \times k^{1.05}$	$M = M_1 \cdot \beta$	中小型软件
半分离软件	$M_1 = 3.0 \times k^{1.12}$	$M = M_1 \cdot \beta$	中型软件项目
嵌入式软件	$M_1 = 2.8 \times k^{1.20}$	$M = M_1 \cdot \beta$	大型软件项目

关于工作量修正系数β，通常用下述公式计算：

$\beta = \pi \beta_i$

式中：β_i为各个方面特点的参数与考察指标，对于一般计算机软件应考察分析的项目包括：β_1表示要求的软件可靠性；β_2表示产品的复杂程度；β_3表示附加信息量大小；β_4表示平台兼容性；β_5表示软件工具的使用；β_6表示要求的再利用率；β_7表示程序员能力；β_8表示应用经验值；β_9表示实际分析能力；β_{10}表示主存限制；β_{11}表示执行时间限制；β_{12}表示个人的连续性；β_{13}表示平台经验值；β_{14}表示语言及工具经验；β_{15}表示文档要求；β_{16}表示多地点研制；β_{17}表示要求的研制进度。

实际计算机软件评估中，一般只需考虑其中的前八个修正因子即可。

在star软件的案例中，评估师根据各方面特点与考察指标，得到了工作量修正系数β=1.17。

介绍完构造成本模型Ⅱ（COCOMOⅡ），我们采用Doty模型来求工作量M，这是一种较为简单的方法。它将计算机软件技术产品按应用领域分成4类，代码分成两类，用最小二乘法建立估算模型，不同情况采用不同的估算公式，如表4-10所示：

表4-10　　　　　　　Doty模型计算软件工作量的估算公式

应用领域	估算公式	
	目标代码	源代码
综合	$M = 4.790 \cdot k^{0.991}$	$M = 5.258 \cdot k^{1.057}$
控制	$M = 4.573 \cdot k^{1.228}$	$M = 4.089 \cdot k^{1.263}$
科学	$M = 4.495 \cdot k^{1.068}$	$M = 7.054 \cdot k^{1.019}$
商业	$M = 2.895 \cdot k^{0.784}$	$M = 4.495 \cdot k^{0.781}$

本例中,如果利用 Doty 来计算工作量 M,应当选用商业源代码软件的计算公式
$M = 4.495 \cdot k^{0.781}$

该软件的源程序有效代码行数 k 为 38 千行,则可以计算出:
$M = 4.495 \times 38^{0.781} = 77.00886$(人·月)

在 M 确定以后,需要确定单位工作量成本 W。单位工作量成本 W 的确定应首先考虑到计算机软件成本由直接成本、间接成本、期间费用构成,单位成本的计算公式为:
$W = f \div g$

式中:f 为实际计算机软件开发的直接成本、间接成本、期间费用总和。一般主要考虑人员工资,软硬件投入与折旧等主要投入;g 为实际工作量,一般为开发人员数量与计算机软件开发实际工作时间之积,单位人·月。

在本案例中,总开发成本 f 为 80 万元。

实际工作量 $= 10 \times 3.7 = 37$(人·月)

则根据上述公式可以计算单位成本:
$W = 800\ 000 \div 37 = 21\ 621$(元)

综上所述,可以计算出 star 软件的开发成本:
$c_1 = M \cdot W = \alpha \cdot \beta \cdot k^b \cdot f \div g = 2.8 \times 38^{1.20} \times 1.17 \times 21\ 621 = 5\ 571\ 344.14$(元)

(2)计算机软件维护成本 c_2 的计算。计算机软件维护成本 c_2 计算公式如下:
$c_2 = c_1 \cdot \gamma$

式中,c_2 为计算机维护成本;c_1 为计算机软件开发成本;γ 为维护参数。

维护参数 γ,可按系统软件的复杂度从简单到一般再到复杂的顺序,分别取 0.15、0.20、0.25 及 0.30、0.35、0.40 等,如表 4-11 所示。

表 4-11　　　　　　　　　　维护参数 γ 的经验数据

中小型软件		大型软件	
复杂度	成本维护系数 γ	复杂度	成本维护系数 γ
简单	0.15	简单	0.30
一般	0.20	一般	0.35
复杂	0.25	复杂	0.40

在上述案例中,通过评估师的判断,该软件属于较为简单的大型软件,因此取成本维护系数 γ 为 0.30。

根据上述公式,可以得出软件维护成本为 1 671 403.24 元。

综上,可以得到基于构造性成本模型 II 的软件价值为 7 242 747.39 元。

限于篇幅,Doty 模型计算的软件价值不再赘述。

根据上面的案例可以将成本法评估计算机软件的思路总结如图 4-1 所示。

(二)计算机软件著作权以外的著作权

1. 收益途径。根据《著作权资产评估指导意见》第二十三条,注册资产评估师运用

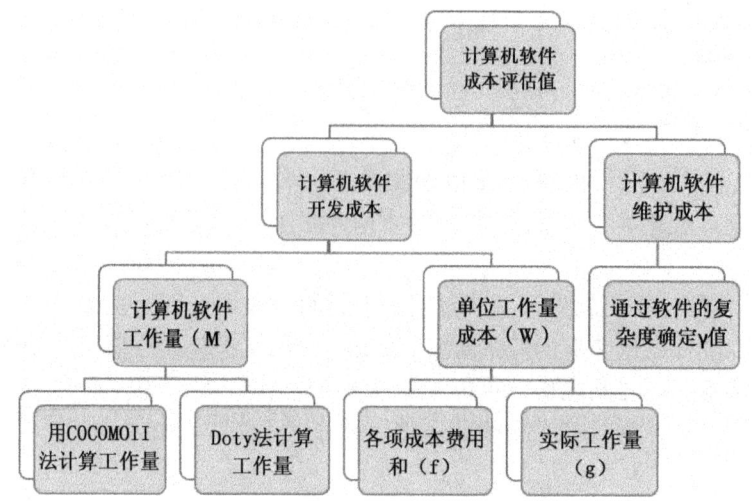

图 4-1 成本法评估计算机软件思路图

收益法进行著作权资产评估时,应当根据著作权资产对应作品的运营模式合理估计评估对象的预期收益,并关注运营模式法律上的合规性、技术上的可能性、经济上的可行性。著作权的预期收益通常通过分析计算增量收益、节省许可费和超额收益等途径实现。上述著作权资产预期收益的不同实现方式直接构成著作权资产收益法评估的三种方式:

(1) 增量收益,对应增量收益法。增量收益法是比较企业拥有标的著作权资产所产生的收益与没有标的著作权资产所产生的收益,在上述两种情况下产生收益的差异就是标的著作权资产所创造的增量收益,采用恰当的折现率将增量收益折现,以获得著作权资产的评估价值。增量收益的含义包括增加收益或节省成本。增量收益法通常比较适合侵权损失赔偿目的的著作权资产评估。

(2) 节省许可费,对应许可费节省法。所谓许可费节省法是通过估算一个假设的著作权受让人如果拥有该著作权,就可以节省许可费支出。将资产经济寿命期内每年节省的许可费支出通过适当的折现率折现,并以此作为著作权资产评估价值的一种评估操作方式。许可费一般可以分为两部分:一是入门费;二是建立在每年经营业绩基础上的提成费/分成费。许可费节省法通常比较适合资产转让、许可使用等目的的著作权资产评估。

(3) 超额收益,对应超额收益法。所谓超额收益法是先估算著作权与其他贡献资产共同创造的整体收益,然后在整体收益中扣除贡献资产的贡献,将剩余收益,即超额收益作为著作权资产的贡献,将上述贡献采用恰当的折现率折现以获得著作权资产的评估价值。当评估标的著作权资产是企业或者资产组中主要的资产时,可以采用超额收益的方式评估著作权资产的价值。

另外一个需要关注的问题是,《著作权资产评估指导意见》第二十四条指出,注册资产评估师执行著作权资产评估业务,应当关注该作品演绎出新作品并产生衍生收益的可能性。当具有充分证据证明该作品在可预见的未来可能会演绎出新作品并产生衍生收益时,注册资产评估师应当谨慎、恰当地考虑这种衍生收益对著作权资产价值的影响。第二十五条指出,当原创作品的演绎作品尚未形成时,注册资产评估师应当了解其衍生收益的产生在评估基准日具有较大的不确定性,应当按或有资产评估衍生收益对应的著作权资产的价值。

一般情况下,估计的剩余使用年限比有关著作权的合法年限要短得多。剩余使用年限是指书籍、电影、歌曲、剧本、诗歌或其他著作权作品预期流行并在商业上获得认可的年限,预期剩余使用年限内计划收益的现值即是著作权的评估值。《著作权资产评估指导意见》第二十六条指出,注册资产评估师运用收益法进行著作权资产评估时,应当合理确定资产的剩余经济寿命。剩余经济寿命需要综合考虑法律保护期限、相关合同约定期限、作品类别、创作完成时间、首次发表时间以及作品的权利状况等因素确定。

下面我们通过一个案例来说明如何通过收益途径对著作权进行评估:

【例4-10】A公司以电视剧制作、发行为主体业务。是国内第一批获得广电总局批准认证的甲种"电视剧制作许可证"的民营影视制作机构。A公司年产电视剧达400部,制作业绩已超过大多数国营公司。2012年12月31日,A公司委托某资产评估公司对其剧目《XY》的著作权价值进行评估。《XY》是根据SY同名小说改编,讲述的是某个优秀将领富有传奇色彩的一生。

A公司在发行过程中采用三种方式,一是向大音像公司出售电视剧版权;二是自行向各级电视台出售电视剧播映权;三是授权某网络科技公司将其拍摄的电视剧通过互联网传播。

《XY》共30集,制作费用为2 100万元,从2010年1月开始发行。截止评估基准日,A公司已经向3个合作媒体直接出售首轮播映权,首轮播映权累积实现节目费收入达3 500万元,二轮播映权已销售给3个合作媒体,累积实现节目收入790万元。

表4-12 《XY》收入情况表 单位:人民币万元

剧目	第一轮收入 (2010.3—2011.1)	第二轮收入 (2011.1—2012.12)	第二轮年收入
《XY》	3 500	790	395

A公司已经建立了广泛的发行网络,遍及国内国外两大市场,可以为《XY》未来持续发行提供基本保证。

(1)收益期限的确定。

①法律保护期限。根据《中华人民共和国著作权法》,法人或者非法人单位的作品、著作权由法人或者非法人单位享有的职务作品,其发表权、使用权和获得报酬权的保护期为50年,截止于作品首次发表后第50年的12月31日。因此,在评估基准日,电视剧《XY》的剩余著作权保护期为47年。

②经济寿命。根据目前市场需求情况,本次评估依据《XY》在评估基准日后的播映权销售收益,因此评估人员认为收益年限应按电视剧的具体情况确定,根据《XY》的发行情况,确定其经济寿命为10年。

(2)折现率的确定。本次评估中确定的折现率按照:

折现率 = 无风险报酬率 + 风险报酬率

首先，无风险报酬率一般应考虑社会平均报酬率，因此选取距离评估基准日最近一期的凭证式国债五年期利率4.00%，换算成复利为3.71%。其次，在确定风险报酬率的过程中考虑如下因素：

①法律风险。《XY》已获得国家广电总局的发行许可，能够获得《中华人民共和国著作权法》的保护，法律风险不大。

②市场风险。从2004年起，我国电视剧保持高速增长，成为国家的第四支柱产业。2008年我国整个电视剧及电视广告市场规模超过1 000亿元。最近10年内平均增长速度为35%。预计今后，仍能保持15%的年增幅。从整体上看，电视剧及电视广告市场有很大市场需求。但是随着行业的不断发展，委估对象的现有竞争和潜在竞争越来越激烈，存在一定的市场风险。

③经营风险。从发行到评估基准日，通过电视剧《XY》的著作权发行，A公司累积产生发行收入3 500万元，取得一定的经济效益。但是未来经营仍存在一定的经营风险。

④财务风险。财务风险包括融资风险和流动资金风险。企业正常经营阶段只需要少量流动资金，不需要大量融资。融资风险不大。从A公司的经营和财务状况来看，回款情况较好，资金周转较好，流动资金风险较小。因此，财务风险不大。

综合上述，给予《XY》11.00%的风险报酬率。计算折现率为15.00%。

(3) 收益额的测算。综合考虑委估对象的历史收益、A公司的营销网络建设、市场需求潜力等因素。得出收益额的预测如下：

①销售额预测。评估基准日后5年内，电视剧《XY》的播映权的收入为第二轮发行的平均收入，从第6年开始每年收入为上一年的85%。

②成本费用的预测。销售费用。第一轮基本已经发行完毕，考虑第一轮发行过程中销售费用已经基本发生，按照该行业运作特点，第一轮后无需再考虑支付。因此第二轮销售费用按0确定。

管理费用。按上一年A公司管理费用占收入的比例12.14%确定。

财务费用。A公司以往三个年度，财务费用均为负值。但考虑向银行申请贷款，财务费用所占比按1%考虑。

③营业税金及附加、所得税的确定。营业税按正常的比例提取，为销售收入的5%；城建税和教育附加费为营业税的7%和3%。所得税税率20%。

④分成率的确定。电视剧《XY》著作权收益额的主要贡献因素如下：形式与内容俱佳的著作是取得收益的前提；充足的资金是取得收益的重要保证；良好的组织管理及销售网络是取得收益的重要环节。根据本项目具体情况，确定委估对象的利润分成率为50%。

通过上述分析，可以将收益预测总结如表4-13所示。

最后，乘以利润分成率50%，再用折现率15.00%折现。可以得到《XY》的著作权价值为597万元。

2. **市场途径**。当市场上存在足够多的与被评估著作权可比的参照物时，可以采用市场法。运用市场法需要注意，一是要有一个比较成熟的资产交易市场；二是可以找到与待评估著作权相似的参照物，要求相似参照物的交易价格确知，交易情况和交易时间与待评估资产相近，参照物在技术参数、功能等方面与待评估资产具有可比性。

表 4-13　　　　　　　《XY》著作权收益预测表（合并数据）　　　　　　单位：万元

收益预测										
年份	2013	2014	2015	2016	2017	2018	2019	2020	2021	2022
销售收入	395	395	395	395	395	395	335.75	285.39	242.58	206.19
销售税金	21.73	21.73	21.73	21.73	21.73	21.73	18.47	15.70	13.34	11.34
销售费用	0	0	0	0	0	0	0	0	0	0
管理费用	47.95	47.95	47.95	47.95	47.95	47.95	40.76	34.65	29.45	25.03
财务费用	3.95	3.95	3.95	3.95	3.95	3.95	3.36	2.85	2.43	2.06
产品利润	321.37	321.37	321.37	321.37	321.37	321.37	273.16	232.19	197.36	167.76
所得税	64.27	64.27	64.27	64.27	64.27	64.27	54.63	46.44	39.47	33.55
净利润	257.10	257.10	257.10	257.10	257.10	257.10	218.53	185.75	157.89	134.21

由于著作权自身的独特性，大多数著作权不容易找到可类比的市场价格。此外，许多著作权交易价格具有保密性，又造成查询类比市价的困难。因此，在著作权评估中市场法的应用较少。

但是，对于通俗小说、通俗音像制品等，其著作权交易在市场上较常见，运用市场法是可行的。在使用该方法时特别要注意，应当说明参照物资料的来源、数量及其特征。《著作权资产评估指导意见》第二十八条指出，注册资产评估师运用市场法进行著作权资产评估时，应当对收集的交易案例与评估对象进行比较，分析在交易时间、权利种类或者形式以及限制条件、交易方的关系、获利能力、竞争能力、剩余经济寿命、风险程度等方面的差异。

3. 成本途径。成本法基本公式为：

评估价值 = 重置全价 – 贬值 = 重置成本 × 成新率

根据《著作权资产评估指导意见》第二十九条，这里的重置成本包括创作人员和管理人员的人工成本、材料成本、创作环境配套成本、场地使用或者占用等合理成本以及合理利润和相关税费等。

利用成本法进行著作权评估，主要是准确地确定重置成本和成新率，然后根据具体情况进行评估。利用成本法评估著作权的价值，一般是在著作权的取得成本有据可查或者评估目的是为了财务记账和摊销时进行，重置成本的取得一般采用财务核算法、指数调整法、市场询价法。

①财务核算法。财务核算法是以著作权取得时实际消耗的材料及所消耗工时，按照现实的价格水平和费用标准进行重新计算，得到资产的重置成本。其计算公式为：

重置成本 = $\sum$（实耗材料量 × 现行价格）+ $\sum$（实耗工时 × 现行费用标准）

②指数调整法。指数调整法是根据著作权的历史成本并用适合的价格趋势指数转化为现时成本水平，从而得到重置成本。其计算公式为：

重置成本 = 实际总成本 × 综合价格指数

或 =（实际物质材料成本 × 价格指数）+（实际人工成本 × 生活费用指数）

③市场询价法。即通过市场上与被评估著作权相同或相似的著作权作为参照物，直接利用参照物的市场交易价格或者对参照物的市场价格进行适当调整后，作为被评估著作权的重置成本。

关于成新率，在评估实务中一般采用尚可使用年限法或摊销余额法来确定。下面我们结合一个案例来说明如何通过成本途径评估著作权的价值。

【例4-11】A公司制作了一部有关安全培训的录像，名字叫《X培训》，片长约30分钟，由独立制片商C公司出品。这部录像在A公司放映取得了显著成效。A公司是附属于M公司的一家专业投资银行机构。该录像片给M公司的分析人员留下了深刻印象，他们要求A公司把这一原创录像制品的版权转让给M公司。

分析的目标是估计2012年12月31日两家关联公司之间就目标版权达成的公平转让价格（市场价值）。

根据所取得的相关资料和了解的事实，做出如下分析：

（1）该录像片是唯一已知专门为经济咨询公司制作的宣传安全的录像片。根据这一事实，可以确定在分析时无法取得可比的交易案例。因此，采用市场途径是不现实的。

（2）该录像片不是为盈利目的而创作，因此，采用收益途径评估有困难。

（3）制作具有著作权的录像片所发生的成本，包括直接成本、间接成本和机会成本，可以确定和追索。因而采取成本途径估计目标版权的市场价值较为合适。

首先估计与录像片的知识性内容有关的间接成本：

（1）有适当经验的员工年度总成本。公司向有适当经验的员工每年支付约87 000元的报酬。为了反映员工在概念开发期间的真实总成本，评估人员还对管理费用和相关福利支出进行了估计（约占年度总报酬的35%）。

（2）用于安全工作的年度成本百分比。这是指有适当经验的员工在有关安全问题上所花费的时间。与A公司负责安全和培训的经理交谈表明，与安全功能有关的工作占了他30%~40%的工作量，本例取值35%用于计算。

（3）估计知识性内容开发所需要的时间（年）。根据人力资源部主任提供的过去工作记录分析，知识性内容的开发期可以合理地估计为10年。

（4）适用于该录像片的知识性内容开发成本的百分比。根据和人力资源部主任的讨论，以及估计的10年知识性内容开发期，评估人员预计用于安全功能的总工作量的30%与适当纳入录像片内容中的观念和信息有关。

然后估计直接成本，即目标录像片的制作成本：

（1）C公司撰写原稿、承制录像片和起草参考手册的成本合计数为35 000元。

（2）A公司的直接人工成本。A公司由3人组成工作小组监督C公司的工作。估计小组发生的直接人工费用和管理费用及相关福利支出总计为13 460元。

（3）附加的直接费用。在个别辅助项目中发生的附加直接费用，如在录像片制作过程中发生的管理成本、复印费、复制费和邮费、背带费、画外音制作费等等，其总成本为3 400元。

（4）合理利润。该行业的合理利润率一般在20%~30%，这里取总成本的20%。

（5）贬值系数。根据录像片的性质，在这个例子中唯一的贬值系数就是技术性贬值。

该录像片预计可使用 10 年，现已使用 2.5 年。考虑到录像片内容的技术性和非盈利性，用直线摊销法计算。

根据上述各项分析，得到计算过程和结果如表 4-14 所示。

表 4-14　　　　　　　　《X 培训》成本法评估计算表　　　　　　　单位：元

	直接报酬支付额	管理费用/福利支出	小计	合计
间接成本				
对知识性内容的成本估计：				
有适当经验的员工年度总成本	87 000	30 800		
用于安全工作的年度成本百分比	35%	35%		
估计知识性内容开发期间的年度成本	30 450	10 780		
估计知识性内容开发所需要的时间（年）	10	10		
估计知识性内容的总成本	304 500	107 800		
适用于该录像片知识性内容开发成本的百分比	30%	30%		
估计知识性内容的成本	91 350	32 340		
间接成本合计			123 690	
直接成本				
目标录像片的制作成本：				
C 公司撰写原稿、承制录像片和起草参考手册的成本合计数		35 000		
A 公司的直接人工成本		13 460		
附加的直接费用		3 400		
直接成本合计			51 860	
《X 培训》的初始开发成本				175 550
合理利润				35 110
《X 培训》的重置成本				210 660
贬值系数				25%
《X 培训》的版权转让价格				157 995

四、著作权评估报告专业披露要求

注册资产评估师应当在著作权资产评估报告中反映著作权资产的特点，通常包括以下内容：

1. 作者和著作权权利人的基本情况；
2. 评估对象的详细组成情况，包括作品基本情况、作品的类别、作品的创作形式，涉及的演绎作品的详细情况；

3. 评估对象包含的财产权利限制条件；
4. 与著作权有关的权利情况；
5. 著作权和与著作权有关权利事项登记情况；
6. 作品含有其他无形资产的情况；
7. 作品产生收益的方式；
8. 著作权剩余法定保护期限以及剩余经济寿命；
9. 对影响著作权资产价值的法律因素、技术因素、经济因素的分析过程；
10. 使用的评估假设以及限定条件；
11. 著作权资产许可、转让、诉讼以及质押等情况；
12. 有关评估方法的主要内容，包括评估方法的选取及其理由，评估方法的运用和逻辑推理计算过程，各重要参数的来源、分析、比较与测算过程，对初步价值结论进行分析并形成最终评估结论的过程。

思 考 题

1. 计算机软件以外著作权的评估方法有哪些？这些方法应用的过程中应该注意哪些问题？
2. 计算机软件的价值影响因素有哪些？这些因素是如何影响计算机软件著作权价值的？

第四节 其他无形资产评估

本节将除了专利及专有技术、商标与著作权之外的无形资产归于其他无形资产，选取其中有代表性的，着重介绍评定估算并辅以相应的案例。

一、客户关系类无形资产

(一) 定义

客户关系类无形资产是指由于企业与客户之间所建立的往来关系而体现的价值。这种往来关系为企业与顾客之间的经济交往提供了可能性，通过人力资产和结构资产的综合影响，客户关系资产将直接为企业获利创造条件。例如：企业与供应商之间、企业与购货商之间的稳固而良好的关系，必将有利于保证原材料的供应数量、供应质量、供应时间及供应频率，有利于稳定销售渠道、拓展销售市场，从而提高企业产品的市场占有率、增强获利能力。

客户关系类无形资产价值不仅仅是指当前的赢利能力，还包括企业从优质客户中获得长期的贡献流的折现净值，把企业所有客户的这些价值加起来就是客户关系类无形资产的价值。

因此，客户关系类无形资产就是企业所拥有的客户资源中能够为企业带来的预期经济利益，并可进行资产化处理的部分。其本质就是把客户资源当作企业的一项资产。从对智力资产的研究来看，客户关系其实是企业的一项重要的无形资产。

（二）特点

1. 共享性。客户资源是一种共享资源，分享这类资源的产品数量越多，分摊到单位产品中的成本就越低，客户资源的共享性节省了企业大量的采购和营销费用。

2. 动态性。在很大程度上，客户关系类无形资产的形成、维持和运用取决于客户的价值观、态度和其他心理特征。同时，客户忠诚度的培养和维系还受到竞争对手竞争策略的改变和行业环境改变的影响。因此，企业的客户关系类无形资产具有很强的动态性和不确定性。

3. 较弱的投资性。企业客户关系类无形资产的载体是客户，客户强烈的能动性、多样性和选择性使得企业无法将客户的忠诚度作为投资的工具，而只能将客户资本中的采购渠道、营销渠道、服务力量等当作权益资本来获取收益。

（三）影响客户关系类无形资产价值的因素

由于同一客户持续采购或销售行为具有一定的周期性和较大的不确定性，因而评估时除了分析国家宏观政策、行业景气程度、企业发展状况等因素之外，还应对被评估单位的客户结构、客户流失等情况加以分析，以真实反映客户关系类无形资产的价值。

1. 宏观经济环境。宏观经济环境对客户关系类无形资产的价值有着深刻影响，其稳定与否将决定对经营期限的评估假设；如果采用收益法对客户关系类无形资产进行评估，经营期限无限制条件下的客户关系类无形资产价值将大于有限期经营条件下的客户关系类无形资产价值。

2. 企业经营状况。企业经营状况是决定客户关系类无形资产价值的内在因素。客户关系类无形资产评估是建立在其所属企业历史数据之上，如果企业采购或营销的产品数量越大，那么客户关系类无形资产的价值也就越大；反之，其价值就越小。

3. 客户结构。客户结构对客户关系类无形资产产生重要影响。根据客户合作期限，对客户关系进行分类，结合销售收入变动趋势，分析被评估对象中哪些是优质客户、大客户。

4. 客户流失率。客户流失率主要是对客户关系类无形资产的经济寿命产生影响。客户流失率越低，说明客户关系越稳定，那么客户关系类无形资产的经济寿命就越长久；反之，客户关系类无形资产的经济寿命就越短暂。

（四）评估方法

客户关系类无形资产评估是对客户关系类无形资产价值形态的量化。严格地说，是对客户关系类无形资产价值的货币表现。客户关系类无形资产评估的目的主要在于对客户关系类无形资产进行合理、有效的管理，使得客户增加、流失以及每个客户带来收益的变化等平常经营现象引起每一个员工乃至企业管理层的足够重视。

由于客户关系类无形资产的特殊性，对客户关系类无形资产的评估主要采用收益法。

1. 常用方法概述。

（1）销售收入分成法。按照该方法计算客户关系类无形资产收益的公式为：

客户关系类无形资产的收益 = 与客户关系相关产品（或服务）的预期收入 × 销售收入分成率

（2）多期超额收益法。无形资产评估的多期超额收益法建立在美国评估基金会（American Appraisal Foundation）2010 年 5 月 31 日发布的《BEST PRACTICES FOR VALUATIONS IN FINANCIAL REPORTING》，目前国内尚没有关于多期超额收益法方面的规范或者指南等，因此我们以该文件为基础简单介绍多期超额收益法。多期超额收益法一般适用评估一些非传统无形资产，如客户关系、未结定单等，但不适用现金流存在重叠的无形资产评估。另外，多期超额收益法还适用特许经营权等无形资产评估。

一般认为企业的收益都是由企业拥有的资产创造的，包括有形资产和无形资产。企业各类可确指的资产对企业整体收益的贡献是可以分割估算的：流动资产的贡献可以分割计算；固定资产的贡献可以分割计算；可以确指的无形资产的贡献也可以分割计算。如果企业整体收益与各类可确指的资产的贡献之和后相比仍有剩余，则这个剩余收益就被称为超额收益。其应用步骤如下：

①将被评估无形资产和与其共同发挥作用的相关资产组成一个资产组（CGU）。

②调整溢余资产——包括资产能力溢余。

③预测资产组的预期经营业绩（Prospective Financial Information or PFI）：资产组的预期收益应该基于市场价值基础上，任何针对特殊投资者的协同效应产生的附加价值不应考虑在内；超额收益应该采用现金流，一般不采用利润。

④未来经营业绩预测的调整：剔除可能的非正常项目的收益或者费用。

⑤固定资产折旧、无形资产摊销的预测。

⑥未来资本性支出预测。

⑦确定贡献资产（Contributory Assets）。

⑧确定贡献资产的贡献率（Contributory Asset Charge or CAC）。

⑨估算贡献资产的全部合理贡献。

⑩从全部经营收益中减去全部贡献资产的贡献得到"超额收益"。

⑪确定超额收益的折现率。

⑫将每年的超额收益折现得到现值和。

⑬确定税务摊销价值。

⑭最后确定全部被评估无形资产的价值。

采用收益法能真实和较准确地反映评估对象收益本金化的价值，并与投资决策相结合，易为交易双方所接受。

2. 评估案例。

【例 4-12】 A 公司拟受让 B 公司所拥有的汽车零部件售后业务的客户关系，本次评估即是为上述经济行为提供该客户关系类无形资产在 2011 年 5 月 31 日的价值参考意见。

截至 2011 年 5 月底，B 公司汽车零部件售后业务客户关系以 246 个客户为基础，以 2010 年至 2011 年 5 月底存在销售为确认依据，即 2010 年至 2011 年 5 月底存在 246 个非关联方客户与 B 公司存在汽车零配件售后业务销售关系。

需特别注意：本次评估对象是 B 公司汽车零部件售后业务的客户关系，而关联方客户不属于 B 公司自身开拓的客户，关联方客户关系不在本次评估范围内。

（1）收益预测：

①行业分析。详细分析略，结论为未来几年汽车零部件售后市场仍将保持增长，但竞争会更加激烈。

②客户结构分析。246 个售后业务非关联方客户中，2009 年及以前年度建立客户关系的，合计 67 个客户，占 27.2%。但是从销售收入来看，这 67 个客户 2009—2010 年和 2011 年 1—5 月售后业务销售收入占 B 公司当年售后业务收入的比例依次为 56.0%、64.1% 和 65.0%，这些客户中很多客户为公司优质客户、大客户，客户关系稳定。

2010 年新建客户有 82 个，占 33.3%。其中，39 个客户 2010 年和 2011 年 1—5 月售后业务收入为 1 750.71 万元、1 316.23 万元，依次占当年非关联方售后业务收入的 18.8%、28.7%；另外 43 个客户 2010 年销售收入为 297.82 万元，占当年非关联方售后业务收入的 3.2%，2011 年 1—5 月销售收入为 0。

2011 年新建客户有 24 个，占 9.8%，这 24 个客户 2009—2010 年的销售收入为 0，2011 年 1—5 月销售收入合计 291.41 万元，占当年非关联方售后业务收入的 6.3%。

③客户流失情况分析。2009 年存续的售后业务非关联方客户中，2010 年和 2011 年 1—5 月售后业务销售收入为 0 的客户有 59 个，2009 年售后业务销售收入为 1 142.28 万元，占当年非关联方售后业务收入的 13.5%，该部分客户关系很可能已流失。

该公司售后业务 2009 年非关联方客户数量为 199 个，这 199 个客户 2010 年和 2011 年 1—5 月的流失情况如表 4-15 所示：

表 4-15　　　　　　　　B 公司 2009—2011 年的客户流失情况

项　　目	2009 年	2010 年	2011 年 1—5 月
存续客户数量	199	140	67
流失率		29.6%	52.1%
存续客户售后业务销售收入	8 455.43	7 273.72	2 986.47
流失率		14.0%	

从以上分析可知，虽然售后业务非关联方客户数量流失率较高，但是客户销售收入流失率尚可。

综合以上分析，本次评估预测该公司现有客户 2012—2016 年因需求量增长产生售后业务收入每年增长 8%，不考虑评估基准日后对现有客户持续营销、大力维护带来的收入增长,仅以目前的客户关系为基础产生的收入增长。

表4-16　　　　　B公司非关联方客户关系以后年度存续收入　　　　　单位:万元

项目	2011年6—12月	2012年	2013年	2014年	2015年	2016年
存续收入	5 616.05	8 953.59	8 326.84	7 743.96	7 201.89	6 697.76

(2)销售收入分成率的选取。该客户关系类无形资产分成率的确定因素主要如下:

①B公司为贸易企业,客户关系是该公司重要的无形资产,经过多年的积累,该公司与部分客户已经形成很好的客户关系,积累了部分稳定的客户资源;

②客户关系仅为B公司部分无形资产,该公司还拥有专利、商标等其他无形资产。

由于多种因素共同作用,每个因素都在生产过程中起了相当重要的作用,本次评估通过分析该客户关系类无形资产对未来收益的贡献,确定其净利润分成率为20%。

根据国务院国资委财务监督与考核评价局颁布的"2011年企业效绩评价标准值",经计算,得出B公司所属行业的销售净利率:

表4-17　　　　　　　物资贸易行业2011年的销售净利率

项目	优秀值	良好值	平均值
销售净利率	4.51%	3.16%	1.76%

由于受金融危机等因素的影响,近几年B公司经营状况不佳,销售净利率很低。本次被评估客户关系类无形资产的销售净利率取3%,略低于行业良好值。

因此,该客户关系类无形资产的销售收入分成率取0.6%。

(3)预期净收益的计算。根据如下公式:

预期净收益 = 销售收入 × 销售收入分成率

表4-18　　　　该客户关系类无形资产以后年度的预期净收益表　　　　单位:万元

项目	2011年6—12月	2012年	2013年	2014年	2015年	2016年
销售收入	5 616.05	8 953.59	8 326.84	7 743.96	7 201.89	6 697.76
净收益(分成率0.6%)	33.70	53.72	49.96	46.46	43.21	40.19

(4)收益年限的确定。截至评估基准日,B公司售后业务非关联方客户关系共包含200多个合作客户。通过对该公司客户结构、流失率、客户经营寿命等分析,最终确定该客户关系的经济寿命。评估人员认为B公司售后业务非关联方客户关系的经济寿命能够持续到2016年,即收益年限为5年零7个月。

(5)折现率的选取。参照国务院国资委财务监督与考核评价局制定的"2011年企业效绩评价标准值"的分类,被评估单位属于物资贸易行业,与折现率选取有关的全行业财务效益指标见表4-19:

表 4-19　　　　　　　　　　物流贸易行业的财务效益指标表

项　目	优秀值	良好值	平均值	较低值	较差值
净资产收益率（%）	17.9	13.8	9.3	-1.4	-7.9
总资产报酬率（%）	9.3	7.1	4.9	-1.1	-6.4

从表 4-19 看，行业净资产收益率的优秀值为 17.9%，良好值为 13.8%，平均值为 9.3%。预计受让所带来的收益能达到行业良好水平，故选取该行业的净资产收益率的良好值，即 13.8% 作为预测的基础。

该客户关系类无形资产存在的个别风险包括：

①市场风险：B 公司供应高档售后汽车配件，售后市场客户主要包括汽配公司、贸易公司、批发市场等社会渠道，行业竞争激烈，存在一定的市场风险，因此取市场风险为 2%。

②客户结构风险：B 公司目前的售后业务非关联方客户关系类型大部分是私营企业，除了部分长期合作客户，其他客户的稳定性相对较差，客户持续采购行为具有较大的不确定性，因此客户结构风险取 2%。

综上，个别风险取 4%。

本次评估中，考虑了上述诸多因素后，以物资贸易业全行业净资产收益率良好值 13.8% 为基础，再加上 4% 的其他风险报酬率作为无形资产的折现率，也即所确定的折现率为 17.8%，取整为 18%。

（6）评估结果。

表 4-20　　　　　　　该客户关系类无形资产以后年度的折现值表　　　　　　　单位：万元

项　目	2011年6—12月	2012年	2013年	2014年	2015年	2016年
售后业务销售收入	5 616.05	8 953.59	8 326.84	7 743.96	7 201.89	6 697.76
净收益（分成率0.6%）	33.70	53.72	49.96	46.46	43.21	40.19
折现系数（折现率18%）	0.908	0.7695	0.6521	0.5526	0.4683	0.3969
折现值	30.60	41.34	32.58	25.67	20.24	15.95
该客户关系类无形资产评估值	166（取整）					

二、特许权类无形资产

（一）定义

从特许权的外延来看，特许权可以分为狭义的特许权和广义的特许权。其中，狭义的特许权是指特许经营权，我国《商业特许经营管理条例》第三条对特许经营的界定：拥有注册无形资产、企业标志、专利、专用技术等经营资源的企业，以合同形式将其拥有的经营资源许可其他经营者使用。而广义的特许权，通常是指政府和企业授予的，特许一定的主体在一定地区、一定期限内生产经营某项业务或某类产品的特许权力，受让人凭借特许权可以获取超额收益。

由中国资产评估协会发布的《资产评估准则——无形资产》，第十六条中规定无形资产的评估对象为"可辨认无形资产包括专利权、无形资产权、著作权、专有技术、销售网络、客户关系、特许经营权、合同权益等。不可辨认无形资产是指商誉等。"由此可见，我国评估准则中定义的特许权是狭义的特许权，而本书中讨论的特许权是广义的特许权。

（二）特点

特许权类无形资产，除了具有无形资产应具有的基本特征之外，还有其独有的、与其他无形资产相区别的特点：

1. 多样性。各种特许权的授权主体可以是个人、企业或政府，只要他依法享有相应的权力，即可依法律规定或合同约定授予特许权，授予的可以是独占权，也可以是普通权力。各种特许权的对象可以是物产权、工商产权如专卖专营权，也可以是某种行为权力如生产许可证。

2. 时效性。无论政府授予的特许权还是企业授予的特许权，都是有一定的使用年限的。政府会定期对获取特许权的企业进行年检或检查，一旦发现有违规行为，就要求整顿甚至吊销特许权证书；而企业特许权一般在合同里约定了使用年限。

3. 限制性。特许权受让人必须严格按照许可方的规定进行经营操作，并支付一定的报酬。并且，无论是政府的特许权还是企业对其他企业的特许权，在授予时都加了诸多限制，是不可能随意转让的。

4. 排他性。特许权在某个地区和某个时间段具有一定程度的排他性，因此，它能够给特许权的经营者带来因垄断产生的超额收益。

（三）影响特许权类无形资产价值的因素

1. 特许范围和内容。特许权的范围和具体内容是影响特许权价值的一个非常重要的因素。一般说来，特许权的范围越大，其价值越高；特许权包含的权益内容越大，其价值也就越高。

2. 产生超额收益的能力。特许权的价值与其能够为受让人带来超额收益的能力密切相关。一般情况下，其能够带来超额收益的能力越强，其价值越高。例如，特许经营权的价值主要取决于其能够给受让人带来的超额收益的能力。

3. 特许权面临风险。特许权面临的风险程度主要是针对特许经营权，对于商业特许经营权中特许的商标、经营模式等面临的风险越高，其折现率会越大，在预期收益相同的情况下，特许权的价值就会越低。

4. 特许权的使用年限。一般地，特许权的使用年限与特许权的价值呈正相关关系，使用时间越长，价值越高。

5. 现行可比市价。特许权参照物的成交价值对评估对象价值有很明显影响，例如，同样是省会城市，一个城市出租车特许权的价值高低对类似城市出租车特许权价值的高低有联动关系。

6. 特许权的实施成本。一般情形下，特许权实施成本和其价值之间存在相关关系，但这并不绝对。特许经营权实施成本高,或者说门槛高,则特许权经营权的价值就可能低,否则会高。

有些特许权是有成本的,有些是没有成本的。例如,政府的特许权对政府而言没有任何成本,但并不代表政府的特许权没有价值或价值比较低,恰恰相反,由于政府特许权带有明显的地域垄断或行业垄断特征,并且这种垄断依靠国家相关法律法规来进行保障的,这种特许权带来的超额收益更高,其价值更大。

(四) 评估方法

1. 收益法。对大多数特许权来说,评估的目的是转让、招商、联营、入股,可采用收益途径进行评估,常用的是收益提成法、贴现现金流法与剩余法。

(1) 收益提成法。运用此方法对特许权类无形资产价值进行评估,难点在于分成率(特许权类无形资产对未来收益的贡献程度)的确定。评估时可采用加权平均法,其模型为:

$$\alpha = V \cdot \bar{\alpha}$$

式中:α 为分成率;V 为特许权综合能力评价值;$\bar{\alpha}$ 为特许权类无形资产对未来收益贡献的平均值。

评价步骤如下:

①建立指标体系;
②确定各级指标的评分等级和评分标准;
③确定各级指标权重;
④确定各级指标综合评价值,公式为:

$$V = \sum_{i=1}^{n} W_i \cdot \beta_i$$

式中:W_i 为指标权重;β_i 为指标评分。

⑤确定特许权对未来收益贡献的平均值 α;
⑥计算分成率。

(2) 贴现现金流法。贴现现金流法通过预测特许权未来能产生的现金流量,采用适当的折现率贴现为现值,作为特许权的评估值。

$$P = \alpha \sum_{i=1}^{n} \frac{NCF_i}{(1+r)^i}$$

式中:P 为特许权评估值;α 为特许权收益提成率;n 为许可使用年限;r 为折现率;NCF_i 为第 i 年的净现金流量。

(3) 剩余法。获得特许权,会给其所有者提供在特许权有效期内赚取超额利润的机会。因此,特许权的评估是以被许可方在生产经营中使用特许权所带来的超额收益为基础的。在采用收益法评估特许权时,一般要将特许权创造的收益从总收益中分离出来,采用剩余法来评估特许权的价值。

【例 4 - 13】 XX 市拟发出租车牌照 3 500 个(假定 10 年内控制在此数),10 年期。所有出租车的票价由市出租车管理委员会统一制定,并保留对不遵守规章制度的牌照所有者处罚的权力。目前，购买一辆出租车的成本是 10 万元，预期经济寿命为 10 年（残值为零）。一辆出租车一般每年正常运营 320 天，一天可取得毛收入 400 元。汽油和保养等成本费用（包括营业税金及附加、养路费、路桥费、运管费、出租车管理费、车船税等）占营业收入的比重为 40%，汽车保险费（包括交强险、车损险、其他附加险等）每年 1 200 元，每辆出租车向出租车管理委员会缴纳的年费是 1 000 元，出租车司机的日时间机会成本为 80 元（全年 365 天均计入），所得税税率为 25%，年折现率为 10%。现估算该市应对所发的每个出租车牌照收取的费用（注：（P/A, 10%, 10）为利率 10% 的 10 年期年金现值系数）。

公司支出的费用包括出租车折旧、由公司承担司机四金、出租车保险费用、出租车司机的保险费用、车辆保养费用、车辆年检费、公司行政费用。

①出租车运营的年营业收入 = 320 × 400 = 128 000（元）
②年经营费用见表 4-21。

表 4-21　　　　　　　　　　出租车各个项目的年经营费用表

项目名称	项目费用（元）
司机的时间机会成本（工资）	29 200
汽油及保养等成本	51 200
保险费	1 200
年费	1 000
合　　计	82 600

(3) 年折旧费 = 100 000/10 = 10 000（元）
(4) 所得税 =（128 000 - 82 600 - 10 000）× 25% = 8 850（元）
(5) 年净收入 = 128 000 - 82 600 - 8 850 = 36 550（元）
(6) 扣除除牌照以外其他资产所贡献的利润 = 36 550 ×（1 - 0.5）= 18 275（元）
(7) 未来 10 年净收入的现值 = 18 275 ×（P/A, 10%, 10）
$$= 18\ 275 × 6.144 = 112\ 281.6（元）$$

2. 市场比较法。特许权的评估有时也可采用市场比较法。市场比较法是根据市场中的替代原理，将被评估资产与具有替代性的，且在评估基准日近期市场上交易的类似资产进行比较，并对类似资产的成交价格作适当修正，以此估算被评估资产客观价值的方法。

市场比较法主要考虑的是被评估资产与参照物交易情况、交易日期和个别差异情况等，对被评估资产进行市场比较法评估，除了对交易情况和交易日期修正外，还对被评估资产的个别因素和区域因素进行分析调整。

市场比较法求取资产评估价值的计算公式为：

评估值 = 参照物价值 × 交易情况修正系数 × 交易日期修正系数 × 个别因素修正系数 × 区域因素修正系数

【例 4-14】A 公司拟收购 XX 市 YY 加油站现有土地使用权，加油站特许经营权，房屋建筑物、构筑物和加油站设备等能独立运营的经营性资产。包括：土地面积 3 754 平方米；建筑物 1 幢，建筑面积 165 平方米；加油棚 672 平方米；地坪约 2 500 平方米；油罐 5 个，共 125 立方米；变压器（50 千伏安）1 台；干粉灭火器（35kg）4 只；干粉灭火器（8kg）4 只；干粉灭火器（4kg）4 只；灭火毯 2 条；防火锹 2 把。上述资产均为新购建，尚未投入使用。

上述资产中，评估基准日后出具本评估报告前，土地使用权已经取得权属证书，用途为商业，使用类型为出让，终止日期为 2049 年 3 月 23 日，使用权面积为 3 754 平方米；但房屋建筑物产权证等尚未取得，为保证评估工作的进行，A 公司和 XX 市 YY 加油站经协商后约定按建筑工程施工许可证载明的建筑面积计算，其中站房面积 165 平方米，钢网架罩棚 672 平方米。

本次评估为 A 公司收购上述 XX 市 YY 加油站能独立运营的经营性资产提供市场价值参考意见。

（1）被评估对象与案例各因素条件对照表（见表 4 - 22）。

表 4 - 22　　　　　　评估对象和各案例的比较因素条件说明表

项　目		评估对象	案例 A	案例 B	案例 C
交易价格（万元）			2 242.61	1 628.34	2 050.00
成交日期		2009.8.31	2008.8.12	2008.3.14	2009.7.31
交易情况		正常	正常	正常	正常
个别因素	客户关系类别	周边物流、企业、散客的车辆较多	周边企事业、散客的车辆较多	社会散客以及周边工业区内的车辆	周边物流、散客的车辆较多
	经营状况	未运营	正常经营	正常经营	正常经营
	土地面积	出让面积 3 754 平方米	出让面积 2 000 平方米	出让面积 3 200 平方米	出让面积 3 801.2 平方米
	加油设备	4 台 8 枪（待添置）	4 台 16 枪	9 台 36 枪	4 台 16 枪
	储油罐	5 个加油罐共 125 立方米	5 个加油罐共 150 立方米	6 个加油罐共 420 立方米	5 个加油罐共 150 立方米
区域因素	周边道路	XX 市北外环，城区主干道	地级市主城区主干道	县级市城区主干道	地级市城区主干道
	汽车流量	较多	很多	一般	较多
	周边规划条件	城区加油站	城区加油站	城区加油站	城区加油站
	区域配套设施完备程度	较好	较好	较好	较好

（2）比较因素的修正说明。在各因素条件表的基础上，进行比较实例的交易日期、交易情况、个别因素及其他因素修正，说明如下：

①交易日期。选取案例为上年收购成交案例，案例 A 为 2008 年 8 月、案例 B 为 2008 年 3 月、案例 C 为 2009 年 7 月，加油站作为成品油的零售窗口，国内同行业开始大规模

收购加油站，同时由于自中国加入世贸组织后，外国同行业也开始进入这一领域，加油站资产成为稀缺资源，虽然当前受金融危机影响，收购行为不太活跃，但整体市场价格还在逐渐提升，根据当前加油站成交价格趋势，案例 A、B 的修正系数分别为 103%、105%，因案例 C 交易日期和被评估对象评估基准日较近，且所在地区近期加油站交易价格变化不大，故案例 C 的修正系数为 100%。

②交易情况。本次评估交易情况有些特殊，由于案例对象均为正常经营中的加油站，而被评估对象尚需买方自行添加部分设施方可经营，因此参考案例交易价格需修正。本次评估根据被评估对象尚需添置的设施对加油站价值的影响，分别对案例 A、B、C 的成交价往下修正 4%。

其一：个别因素。

a. 客户关系类别：案例 C 与被评估对象周边主要为物流企业和散客，客户关系类型基本一致，案例 A 周边企事业单位、散客较多，案例 B 加油以散客和周边工业区用户并重，经综合考虑各客户关系类别对加油站的贡献后，我们对案例 A、B、C 的客户关系类别分别修正为 101%、98%、100%。

b. 经营状况：经测算，被评估对象未来的运营状况好于案例 B，但逊于案例 C 和案例 A，针对相关的经营状况和未来的发展趋势，我们对案例 A 的分值向上修正 5%，案例 C 分值向上修正 1%，案例 B 分值向下修正 5%。

c. 土地面积：根据上面的表格显示，被评估对象和案例之间的面积均有差异，但整体来说，面积大，会给加油站进出站提供方便，也会提升加油站的整体形象，故根据各案例的实际情况进行调整，确定案例 A、B、C 因素指数分别为 95、97、101。

d. 加油设备：被评估对象的加油设备尚未添置，建设规划为 4 台 8 枪，由买方购置，案例 A 为 4 台 16 枪，案例 B 为 9 台 36 枪，案例 C 为 4 台 16 枪，成色均较新。考虑到加油枪购置费用和台数及枪数对加油效益的影响，我们对案例 A、B、C 因素指数分别定为 102、103、102。

e. 储油罐：储油罐的容积大，可以减少油品运输的频率，提高加油站的工作效率，但整体影响幅度不大，故本次评估根据案例的实际情况进行微调，则案例 A、B、C 的因素指数分别为 101、102、101。

其二：区域因素。

a. 周边道路：被评估对象为县级市城区道路，与比较案例 A、B、C 所处道路相比，案例 C 为地级市城区道路，与被评估对象道路因素相当，而案例 A 为地级市主城区道路，较被评估对象道路因素为优，案例 B 虽为县级市城区道路，但位置较偏，与被评估对象道路因素相比较差，故本次评估将比较案例 A 的分值上调 2%，案例 B 分值下调 5%，案例 C 不做修正。

b. 汽车流量：车流量是一个衡量加油站价值的指标，它会影响加油站的收益，影响加油站的价值，故本次评估根据实际情况将比较案例 A 分值上调 5%，案例 B 分值下调 5%，案例 C 不做修正。

c. 周边规划条件：案例 A、B、C 均属于城区加油站，规划条件相当，故本次评估对比较案例 A、B、C 均不做修正。

d. 区域配套设施完备度：案例 A、B、C 均属于城区加油站，周边的公建设施较多，区域配套完备程度较好，故本次评估对比较案例 A、B、C 均不做修正。

(3) 比较因素条件指数表（见表 4-23）及修正系数表（见表 4-24）。

表 4-23　　　　　　　　　　　　比较因素条件指数表

项　目		估价对象	案例 A	案例 B	案例 C
交易价格（万元）		—	2 242.61	1 628.34	2 050.00
成交日期		100	103	105	100
交易情况		100	96	96	96
个别因素	客户关系类别	100	101	98	100
	经营状况	100	105	95	101
	土地面积	100	95	97	101
	加油设备	100	102	103	102
	储油罐	100	101	102	101
区域因素	周边道路	100	102	95	100
	汽车流量	100	105	95	100
	周边规划条件	100	100	100	100
	区域配套设施完备度	100	100	100	100

表 4-24　　　　　　　　　　　　比较因素修正系数表

项　目		案例 A	案例 B	案例 C
交易价格（万元）		2 242.61	1 628.34	2 050.00
成交日期		103/100	105/100	100/100
交易情况		96/100	96/100	96/100
个别因素	客户关系类别	100/101	100/98	100/100
	经营状况	100/105	100/95	100/101
	土地面积	100/95	100/97	100/101
	加油设备	100/102	100/103	100/102
	储油罐	100/101	100/102	100/101
区域因素	周边道路	100/102	100/95	100/100
	汽车流量	100/105	100/95	100/100
	周边规划条件	100/100	100/100	100/100
	区域配套设施完备度	100/100	100/100	100/100
修正价格		1 994.94	1 916.73	1 872.69

计算上述修正后价格的算术平均数，得出比准价格为：
(1 994.94 + 1 916.73 + 1 872.69) ÷ 3 = 1 928.12（万元）

三、人力资本类无形资产

(一) 定义

资产评估所界定的人力资本类无形资产（Human Capital Intangible Assets）是企业能够以签订契约（合同）等方式控制和使用人力资本并取得相应收益的权利。

在评估中，人力资本类无形资产一般包括企业家人力资本、企业的管理团队、集合劳动力（Assembled Workforce）等，这些人力资本类无形资产通常通过企业与员工签订的各类合同形式被企业拥有和控制，如劳动合同、非竞争性协议（Non‐compete Agreements）等。

高科技企业中的科研团队、"专、精、特、新"企业中的科研团队以及创业投资、股权转让和作价投资中都需要考虑高新技术人才作为人力资本类无形资产的因素。此项研究作为新的研究课题，目前国内外尚无专门的评估准则，此处亦仅作探讨研究。

人力资本价值在一定程度上是其可转让部分使用权的价值。它包括两个部分：第一部分价值是企业对人力资本进行的补偿和人力资本实现价值时所要求的代价；第二部分价值是人力资本占有者向企业索取的价值。

(二) 特点

人力资本作为企业的一项无形资产，除了有一般无形资产的特点外，还具有其自身特殊性：

1. 与其所有者的不可分离性。人力资本的一个显著特性是其"不可分割地属于其载体"（周其仁）。对此，美国著名经济学家西奥多·W.舒尔茨也曾指出"人力资本的显著标志是它属于人的一部分"，"没有人能把他所拥有的人力资本分开，他必将始终带着自己的人力资本，无论这笔资产用于生产还是用于消费"。

2. 能动的创造性。人力资产与企业的其他资产相比，其最大的特性是人的能动创造性。人在处理问题时，主观上都存在着积极与消极、作为与不作为的选择，这便导致了企业对于人力资源控制的不完全性。企业可以通过一纸合同强制职员"在职"，却无法保证其"尽职"。同时，这种能动的创造性也正是企业能获得超额收益的源泉。

3. 非同质性。由于各个人的个人禀赋是有差异的，人们的接受能力、完成工作的能力以及创造力等都不同，这就导致人力资本在使用中会发挥不同的作用，其价值有很大的差别。

4. 社会性。人力资本的物质载体是人本身，而人生存于特定的社会环境中，受各种社会条件制约，因而人力资本的变化，除受各种经济条件和人类生理条件的明显约束外，主要受社会条件和特定生产方式的制约，使人力资本具有鲜明的社会属性。

(三) 影响人力资本类无形资产价值的因素

1. 自身因素。自身因素是影响企业人力资本价值评估结果的首要影响因素，包括以下几个方面：

（1）知识要素，具体指人力资源的学历、培训经历、知识结构和专业知识；

（2）资历和经验要素，指相关的工作经历及其积累的工作经验；
（3）品质要素，包括廉洁、自律、敬业、公正、影响力等；
（4）职责要素，指相应的职责和所承担的风险；
（5）绩效要素，指工作业绩、工作效率以及员工和客户的满意度；
（6）能力要素，指胜任现有职务所需要的能力，包括决策能力、计划能力、授权能力、学习能力、协调能力、创新能力、适应能力和沟通能力等；
（7）基本素质要素，指经营者必需的身体健康及心理素质要求。

2. 企业因素。企业是决定人力资本价值的另一个重要影响因素，人力资本价值体现的环境是企业。因此，在进行人力资本价值评估时，需要特别注意企业因素的影响：

（1）企业的治理结构。涉及如何协调人力资本与货币资本的关系，以及信息产生的渠道和质量。良好的企业治理结构可以协调好人力资本与货币资本的关系，充分发挥人力资本所有者的主观能动性。信息收集的效率和可靠性相对有一定保障，也能够比较容易、准确地根据实际情况得出评估结果。相反，如果企业的治理结构不好，我们就要首先分析、过滤收集到的信息，这会使评估的难度增加，甚至会影响到评估结果的准确性。

（2）企业的管理状况。这主要涉及企业的人力资本管理问题，即人力资本的激励机制与约束机制，对人力资本价值评估的影响很大。激励机制"缺位"，导致企业中的人力资本所有者没有动力，企业发展也没有活力，甚至会导致企业发展背离正常的轨道。对人力资本的约束包括内部约束和外部约束（社会约束）。平衡人力资本所有者的激励与约束，是市场经济中普遍存在的难题，解决这一难题，目前在我国显得尤为重要。当前，我国企业人力资源管理"缺位"，导致人力资本价值严重偏离其真正的市场价值，给人力资源评估工作带来了不少困难。

（3）企业的组织结构。良好的企业组织结构可以为人力资本提供良好的发展环境。

（4）企业的经营发展状况。正常经营的企业，其人力资本能够得到正常使用，价值可以得到正常发挥；而经营不正常的企业，人力资本无法得到正常使用，其价值就会贬值。

3. 环境因素。环境因素是指对人力资本有着重要影响，但企业本身无法控制的因素，主要指外部环境因素，包括：

（1）地区经济发展状况。一个地区经济发展程度越高，该地区人力资本的价值就越高。这是因为，劳动生产率与社会经济发展程度成正比，经济越发展，劳动生产率就越高。

（2）社会环境。尊重知识、尊重人才的良好社会氛围，能给人力资本价值实现提供良好的激励机制。

（3）文化差异。文化差异会影响人们工作与生活的价值观和生产方式。在相同条件下，处于不同文化背景的人，其价值也可能有极大的差异。

（4）其他因素。社会的传统、道德约束、价值判断等因素，都会在不同程度上对人力资本价值的实现产生影响。

（四）评估方法

人力资本类无形资产评估通常采用成本途径。

1. 人力资本类无形资产的重置成本。运用成本途径评估人力资本类无形资产，通常是采用重置成本法评估训练有素的生产型集合劳动力的价值，因为这类人力资本类无形资产通常具有可替代性，其价值与取得成本的相关性较强。重置一个集合劳动力的成本包括招聘、雇佣和培训替代劳动力的费用。

（1）招聘和雇佣的费用。一般包括下列几项：①在招聘替代员工过程中所支付的公司员工工资和福利；②在面试替代员工过程中所支付的公司员工工资和福利；③在招聘和雇佣替代员工过程中所发生的与这些员工有关的管理成本；④直接招聘和雇佣支出（广告费用和应聘人员的差旅费、住宿费、安家费等）。

（2）培训费用。一般包括下列几项：①在培训替代员工过程中所支付的公司员工工资和福利；②在培训替代员工过程所发生的与这些员工有关的管理成本；③替代员工接受培训直至上岗期间的工资和福利；④直接培训支出。

在重置成本法中，以上预计的费用通常按照员工全部报酬的一定比例来表示。如果公司员工是按级别来划分的，可按照员工级别分别预计招聘、雇用和培训费用。用不同级别员工的全部报酬分别乘以招聘、雇佣和培训的估计成本比例，就可以得出有相关能力的劳动力价值。这里需要注意的是，如果使用了历史报酬，则需对员工全部历史报酬按照劳动力市场现行市价进行适当调整。

2. 评估案例。

【例4-15】A公司拟了解所拥有人力资本类无形资产的价值，对该公司人力资本类无形资产价值进行评估。本次评估基准日为2012年6月30日。

此次评估中A公司的人力资本类无形资产主要为企业内部训练有素的集合劳动力，由333个研发人员和1 552个生产工人组成（假设该配置属于合理配置，公司无冗员）。

在此次评估项目中，评估人员通过估算A公司当前集合劳动力的重置成本，得出其现时市场价值。对该重置成本评估的主要技术思路是按照现行价格和现行市场条件对企业的集合劳动力开发成本进行估计和核算，以重新构建相同集合劳动力所需支付的现行成本作为集合劳动力的评估价值。在此思路指导下，需完成以下分析和计算步骤：

（1）招聘成本。

招聘成本 = 内部招聘成本 + 外部招聘成本
    = 内部招聘人员的工资 + 内部招聘人员福利 + 相关差旅费 + 其他管理支出
    + 渠道性费用

①外部招聘成本的计算。企业的外部招聘成本是指在招聘过程中发布、获取招聘信息的渠道性费用。在估计和计算A公司的外部招聘成本时，假设A公司将相关集合劳动力的外部招聘工作全部外包，并以现行市场上专业人力资源招聘公司的招聘代理业务报价作为取价依据，以此为基础并经过相应调整，对A公司集合劳动力的外部招聘成本进行估算。

表 4-25　　　　　　　　生产工人外部招聘费用计算表

人员类别	人均招聘价格（元）	人数（人）	招聘成本合计（元）
工龄 20 年以上工人	1 417	770	1 091 090
工龄 20 年以下工人	480	782	375 360
合计			1 466 450

A 公司生产工人外部招聘费用合计为：1 466 450 元。

表 4-26　　　　　　　　研发人员外部招聘费用计算表

人员类别	人均招聘价格（元）	人数（人）	招聘成本合计（元）
初级职称人员	480	82	39 360
中级职称人员	1 417	139	196 963
高级职称人员	3 960	112	443 520
合计			679 843

A 公司研发人员外部招聘费用合计为：679 843 元。

②内部招聘成本的计算。以每周 5 天，每天 8 小时工作制计算，当地企业的普通员工和中层、高层的小时报酬分别为 9.4 元、22 元和 50 元。按此标准，A 公司内部招聘成本计算见表 4-27 所示。

表 4-27　　　　　　　　企业内部招聘成本计算表

工作流程	参与人员（类型和人数）	工作时间（小时/人）	小时报酬（元）	招聘成本（元）
筛选简历	普通员工 1 名	4	9.4	37.6
	中层 1 名	1	22	22
面试准备	普通员工 1 名	1	9.4	9.4
	中层 1 名	2	22	44
面试初选	普通员工 1 名	5	9.4	47
	中层 2 名	5	22	220
进行笔试	普通员工 1 名	2	9.4	18.8
面试终选	普通员工 1 名	2	9.4	18.8
	中层 2 名	2	22	88
	高层 1 名	2	50	100

通过上述计算，企业内部每招聘一名员工所花费的内部成本为 605.6 元，则 A 公司在研发人员和生产工人所花的内部招聘成本为 605.6 ×（333 + 1 552）= 1 141 556 元。

③招聘成本评估结果。经过计算，A 公司最终的员工招聘成本为 3 287 849 元。

（2）培训成本。

①生产工人的培训成本计算。考虑地区性差异和培训市场差异，XX 市场的企业内部培训价格确定为 700 元/人次。A 公司 2010 年和 2011 年的培训成本计算如表 4-28 所示。

表 4-28　　　　　　　　　　A 公司 2010 年培训费用计算表

培训内容	人次	培训价格（元/人）	培训成本（元）
安全知识	100	700	70 000
辅机专业知识	10	700	7 000
安全、质量、工艺和劳动纪律	32	700	22 400
特种作业相关知识	30	700	21 000
冲压工艺	17	700	11 900
涂漆工艺	8	700	5 600
常用锻压机械保养与维护	26	700	18 200
安全技术知识	50	700	35 000
自硬砂工艺	15	700	10 500
安全生产的管理及技术	54	700	37 800
气割基本知识及安全	20	700	14 000
比武涉及专业知识	80	700	56 000
木模质量标准	12	700	8 400
工艺理论与实际操作技能	16	700	11 200
重型加工装配厂房数控设备操作人员培训班	7	700	4 900
合　计	477		333 900

上述计算结果再加上企业其他培训支出 21 200 元，则 A 公司 2010 年全年技术工人的培训成本为 355 100 元。

表 4-29　　　　　　　　　　A 公司 2011 年培训费用计算表

培训内容	人次	培训价格（元/人）	培训成本（元）
装机基本理论	13	700	9 100
介绍产品结构、性能	54	700	37 800
铣工基础	20	700	14 000
点焊、铆工、气割知识及三者关系	8	700	5 600
检修规程及汽轮机装配工艺	19	700	13 300
汽轮机装配工艺	20	700	14 000
碾砂设备操作方法及工艺规程	8	700	5 600
起重机械安全知识	60	700	42 000
安全技术知识	20	700	14 000
涂漆工艺安全	12	700	8 400
2008 年版《透平型同步电机技术条件》	25	700	17 500
特种作业人员操作知识	20	700	14 000
工艺、质量知识	12	700	8 400

续表

培训内容	人次	培训价格（元/人）	培训成本（元）
青年技能比武相关知识	80	700	56 000
锻造工艺与质量	24	700	16 800
电机绝缘与结构	20	700	14 000
提高生产加工技能	16	700	11 200
行车、起重操作规程及安全教育	20	700	14 000
专业相关技能技巧知识	20	700	14 000
热处理工艺守则执行	25	700	17 500
设备操作应知应会	25	700	17 500
装箱与防护中常见质量问题	35	700	24 500
数控机床培训实际操作	10	700	7 000
压力容器焊接工用于压力容器产品生产、取证	13	700	9 100
长度三大件检修、取证	2	700	1 400
模工及机床安全操作规程	42	700	29 400
重型加工装配厂房数控机床操作人员理论培训	32	700	22 400
机械制造及机械工艺等	20	700	14 000
合计	675		472 500

上述计算结果再加上企业其他培训支出 25 650 元，则 A 公司 2011 年全年技术工人的培训成本为 498 150 元。

通过平均 A 公司 2010 年和 2011 年培训费用的技术结果，确定现行市场条件下，A 公司一年的技术工人培训费用为 426 625 元，每年技术工人的人均培训费用为 740.7 元/人。

由于技术工人在企业所处工作阶段不同，处于不同工龄阶段的技术工人的培训费用也会出现差异，培训费用会随着工人工龄的增长而发生变化，因此根据工人的工龄不同以 5 年为一个阶段设定培训费用的变化率，费用变化系数依据制造类企业对技术工人的培养规律，在工人的培养前期和中期，企业的投入较多，在 10 年左右形成对工人进行培训投入的高点，之后逐渐减少，变为维持工人技术水平的维持性费用。系数根据向 A 公司有经验的培训人员沟通后确定，以上面计算的人均培训费用作为计算基数，计算公式为：

培训成本 = [∑（某工龄段培训人均费用 × 对应的变化系数）× 所对应的工龄年数]
× 该工龄段人数

= [∑（与工龄相对应的人均年度费用 × 所对应的工龄年数）] × 该工龄段人数

例如：

6~10 年工龄的工人培训成本 = [(1.2 × 740.7) × 5 + (1.4 × 740.7) × 3] × 107
= 808 399.98（元）

则 A 公司的技术工人培训成本计算见表 4-30。

表4-30　　　　　　　　A公司技术工人培训成本计算表

工龄	人数	培训费用变化系数	人均费用（元/人）	与工龄相对应的人均年度费用	工龄中位数	培训成本（元）
小于5年	118	1.2	740.7	888.84	2.5	262 208
6~10年	107	1.4	740.7	482.86	8	808 400
11~15年	222	1.5	740.7	1 111.05	13	3 042 055
16~20年	327	1	740.7	740.7	18	18 892 294
21~25年	311	0.8	740.7	592.56	23	5 160 012
26~30年	221	0.65	740.7	481.455	28	3 593 099
30年以上	238	0.5	740.7	370.35	40	4 319 022
合计	1 544					36 077 090

②研发人员的培训成本计算见表4-31。

表4-31　　　　　　A公司2010—2011年研发人员的培训费用

培训内容	人次	培训价格（元/人）	培训成本（元）
宣讲汽机投标技巧、要求	35	1 200	42 000
宣讲产品设计新程序、步骤	35	1 200	42 000
焊接、表面处理等标准	20	1 200	24 000
新旧标准的比较与应用	15	1 200	18 000
宣贯最新电机方面国家标准	25	1 200	30 000
热处理理论与操作	16	1 200	19 200
机械制图及机械常识	20	1 200	24 000
提高CAD应用能力	10	1 200	12 000
汽轮机、通用等标准	20	1 200	24 000
熔模铸造等方面新工艺	16	1 200	19 200
励磁调节理论	16	1 200	19 200
数据库建立资源共享、CAD工艺辅助设计	12	1 200	14 400
机械识图、制图	20	1 200	24 000
通用零部件法兰标准	20	1 200	24 000
发电机材料标准	20	1 200	24 000
介绍直接空冷50mw汽机原理、结构特点	49	1 200	58 800
汽轮机辅机设计原理	10	1 200	12 000
100MW以上励磁调节装置的开发及应用	12	1 200	14 400
自硬砂造型对木模的要求	10	1 200	12 000
合计	381		457 200

由此可以确定 A 公司一年的研发人员培训费用为 228 600 元,人均培训费用为 1 200 元/人。研发人员的培训成本与其技术职称相关,职称等级越高则对其花费的总体培养费用越高。根据一般研发人员的培养周期规律,设定不同职称的人员需要企业花费的平均培养时间分别为 2.5 年、7.5 年和 15 年。

表 4 - 32   A 公司研发人员培训成本计算表

职称	人数	平均培养时间	人均培训费用(元/人)	培训成本(元)
初级职称	82	2.5	1 200	246 000
中级职称	139	7.5	1 200	1 251 000
高级职称	112	15	1 200	2 016 000
合计(元)	333			3 513 000

③培训成本计算结果。经过计算,A 公司的员工培训成本为 39 162 090 元。

(3) 评估结果。经过分析和计算,A 公司的集合劳动力评估价值为人民币 42 449 939 元,取整为人民币 4 245 万元。

3. 用成本法评估人力资本类无形资产时需要考虑的问题。

(1) 运用重置成本法时,分析人员应考虑:如果公司重新制定其基本员工政策,目前的员工是否有一部分将不会再次被雇用;如果公司存在冗员,剩余的员工通常不作为有相关能力的劳动力计算。

(2) 如果企业管理当局正考虑关停某生产线,且该条生产线上的员工将随之被裁减,则该产品的专业员工理应被排除在评估范围之外。

(3) 在某些情况下,公司为了遵守法规的要求和政府的指示,可能被迫保留过多的员工,分析人员在评估有相关能力的劳动力时应考虑是否要对这部分剩余劳动力进行调整。

四、商誉

(一) 定义

商誉通常是企业在同等条件下,能获取高于正常投资报酬率所形成的价值。这是由于企业所处地理位置的优势,或者由于经营效率高、历史悠久、人员素质高等多种原因,与同行业企业相比较,可获得超额利润。

20 世纪 60 年代以前所称的无形资产是一个综合体,商誉则是这个综合体的总称。20 世纪 70 年代以后,由于确认、计量的需要,无形资产逐渐分解、分化,形成了各种可独立的无形资产。因此,现在所称的商誉,是指企业所有无形资产扣除各单项可辨认无形资产以后的剩余部分。商誉是不可辨认的无形资产。

(二) 特点

1. 非独立性。商誉不能离开企业而单独存在,不能与企业可确指的资产分开出售,也不能从企业的可辨认的各种资产分开来出售。

2. 积累性。企业的商誉不可能在企业设立的当天或设立后的短期内形成，而是取决于企业长期的经营，特别取决于企业产品（或服务）的质量、无形资产使用的广泛程度、企业组织机构的合理性，更取决于企业人员的素质和文化程度、服务态度及遵守合同方面的表现。

3. 整体性。由于商誉是一种不可确指的无形资产，因而它不能单独存在，只能依附于企业整体，即商誉本身不是一项单独的、能产生收益的无形资产，而只是超过企业可确指的各单项资产价值之和的价值。因此，评估商誉的价值要从企业整体获利能力上把握，并且只有在继续经营的条件下，企业的商誉才是有价值的。

4. 持续性。企业的良好商誉能够长期存在，没有法定的时间限制性，这是其他无形资产一般不具备的。只要企业遵守诚实信用的原则，不断提高其产品质量，改善服务态度，它的商誉就能持续下去，但很难确定它未来可持续的年限。

（三）评估方法

1. 割差法。割差法是根据企业整体资产评估价值与可确指的各单项资产评估值之和进行比较确定商誉评估值的方法。基本公式是：

商誉的评估值 = 企业整体资产评估值 − 企业可确指的各单项资产评估值之和

企业整体资产评估值可以通过预测企业未来预期收益并进行折现或资本化获取。对于上市公司，也可以按股票市价总额确定。采取上述评估方法的理论依据是，企业价值与企业可确指的各单项资产价值之和是两个不同的概念。如果有两个企业，企业可确指的各单项资产价值之和大体相当，但由于经营业绩悬殊，预期收益悬殊，其企业价值自然相去甚远。企业中的各项单项资产，包括有形资产和可确指的无形资产，由于其可以独立存在和转让，因此，评估价值在不同企业中趋同。但它们由于不同的组合，不同的使用情况和管理，使之运行效果不同，导致其组合的企业价值不同，使各类资产组合后产生的超过各项单项资产价值之和的价值，即为商誉。

【例4-16】××企业进行股份改制上市，企业净资产评估价值为21 450万元（未考虑商誉），已经国有资产管理部门核准，并批准按照1∶1折股，股本为21 450万股。为确定流通股股票发行价格，需要对企业的商誉进行评估。根据企业历史经营情况和未来市场形势，预计未来5年的净利润分别是1 805万元、1 995万元、2 280万元、2 517.5万元和2 660万元，并假设从第6年开始以后各年净利润保持在2 660万元。根据银行利率及企业经营风险情况确定的折现率和本金化率均为10%，试确定该企业商誉评估值。

第一步，采用（单项）加和法对该企业整体净资产进行评估。评估结果已经国有资产管理部门核准，评估结果见表4-33。

表4-33　　　　　　××企业可确指资产负债评估结果表　　　　　　单位：万元

项　目	账面净值	评估值	增减值	增减率
流动资产	11 847.45	12 028.90	181.45	1.53%
固定资产	11 856.95	13 900.88	2 043.93	17.24%
其中：在建工程	161.50	161.50	0.00	0.00%

续表

项　　目	账面净值	评估值	增减值	增减率
房屋建筑物	3 368.70	4 650.25	1 281.55	38.04%
机器设备	4 066.00	4 446.00	380.00	9.35%
无形资产	19.00	1 814.50	1 795.50	9 450.00%
其中：土地使用权	0.00	627.00	627.00	
资产总计	23 723.40	27 744.28	4 020.88	16.95%
流动负债	7 259.90	7 281.75	21.85	0.30%
长期负债	0.00	0.00	0.00	0.00%
负债总计	7 088.90	7 281.75	192.85	2.72%
净资产	16 463.50	20 462.53	3 999.03	24.29%

第二步，采用收益法评估该企业的整体价值。

表 4-34　　　　　　　××企业未来预期收益现值情况表　　　　　单位：万元

年　　限	第一年	第二年	第三年	第四年	第五年	第六年以后
净利润	1 805	1 995	2 280	2 517.5	2 660	2 660
折现率	10%	10%	10%	10%	10%	10%
折现系数	0.9091	0.8264	0.7513	0.6830	0.6209	6.2090
现值	1 640.93	1 648.67	1 712.96	1 719.45	1 651.59	16 515.94

$$企业整体价值 = 1\,805 \times 0.9091 + 1\,995 \times 0.8264 + 2\,280 \times 0.7513 + 2\,517.5 \times 0.6830$$
$$+ 2\,660 \times 0.6209 + 2\,660/10\% \times 0.6209$$
$$= 1\,640.93 + 1\,648.67 + 1\,712.96 + 1\,719.45 + 1\,651.59 + 16\,515.94$$
$$= 24\,889.54（万元）$$

第三步，割差计算商誉。

企业商誉价值 = 24 890 - 20 463 = 4 427（万元）

2. 超额收益法。超额收益法又称为直接法，是直接把企业收益与按行业平均收益率计算的收益之间的差额（即超额收益）作为评估对象，将其现值之和确定为企业商誉评估值的一种评估方法。

超额收益法的依据是以商誉所带来的超额收益的量作为商誉的价值。在具体计算时，还必须分析：商誉所带来的超额收益水平以及将会带来超额收益的期间。

（1）超额收益现值法。超额收益现值法是指把企业可预测的若干年预期超额收益进行折现，把折现后的现值之和作为企业商誉价值的一种方法。

（2）超额收益资本化法。超额收益资本化法的依据是：以带来超额收益的资产价值作为商誉的价值。在具体计算时，还需要分析商誉的收益率（超额收益率）与其他资产或净资产的收益率（正常收益率）是否一致的问题。其计算公式如下：

商誉价值=(企业预期年收益-行业平均收益率×企业的单项资产评估之和)÷适用的资本化率

上式中,"行业平均收益率×企业的单项资产评估之和"表示企业除商誉以外的资产,按行业平均水平计算应取得的年收益;企业整体资产预期收益与企业除商誉以外的资产乘以行业平均水平计算所取得的年收益之差(即上式中的分子)整体上表示企业与行业平均水平比较取得的超额年收益。因此,最后计算出来的表示超额收益在未来无限长的时间内的现值累计,即为商誉的价值。

采用超额收益资本化法的条件是:假定企业持续经营,且经营的期限理论上可以无限长,因此这种方法主要适用于经营状况一直较好,超额收益比较稳定的企业。

【例4-17】经过对某大型工业企业的考察,评估出整体资产价值为26 000万元;评估出有形资产价值为22 600万元;评估出土地使用权价值为3 000万元;该企业引进的专利工艺技术和产品专有技术价值为600万元。用超额收益资本化法对该企业商誉进行评估。

经过分析测算,取行业平均收益率为12%,企业未来年平均收益为4 850万元;考察认为,企业将长期持续经营;由于被评估企业有一定的技术风险和市场风险,因此取资本化率为18%。故,该企业商誉的价值为:

(企业预期年收益-行业平均收益×企业的单性资产评估值之和)÷适用的资本化率
=[4 850-(22 600+3 000+600)×12%]÷18%
=9 478(万元)

3. 评估中应注意的问题:

(1)商誉评估必须坚持预期原则,企业是否拥有超额收益是判断企业有无商誉和商誉大小的标志;

(2)商誉价值的形成既然是建立在企业超额收益基础之上,那么收益评估价值的高低与企业为形成商誉而投入的费用和劳务没有直接联系,因此,商誉不能采用投入费用累加的方法进行评估;

(3)商誉是众多因素共同作用的结果,但形成商誉的个性因素具有无法被单独计量的特征,所以商誉评估也不易采用市场类比法进行评估;

(4)企业负债与否、负债规模的大小与企业商誉没有直接的关系;

(5)在计算超额收益时,要剔除:偶然性或突发性的收益因素、人为造假或"技术处理"的收益因素,将实际收益调整为客观收益;

(6)注意区分折现率与本金化率的运用情形,一般说来:折现率是将有限期收益换算成现值的比率,而本金化率是将未来永续性预期收益换算成现值的比率,但它们在本质上相同,都属于资产收益率;

(7)在企业价值评估中,收益额与资产收益率有若干种,无论选取哪一种指标作为企业收益额与资产收益率,二者必须保持计算口径与统计口径的一致。

思 考 题

1. 客户关系类无形资产的经济寿命应该如何确定?

2. 所有行政许可都是特许权吗？特许权评估应注意哪些问题？
3. 如何区分人力资源、人力资本和人力资本类无形资产？
4. 影响商誉价值的因素有哪些？

第五节 案例

案例一：ABC芯片设计公司专利权质押评估案例

【案例提要】

ABC公司是一家数字视频图像解决方案芯片设计公司，目前已进行产业化生产和销售，历史经营业绩较好。因进入销售旺季，需要运营资金，ABC公司拟将其取得的18项发明专利权向银行进行质押。因此委托评估机构进行评估，评估基准日为2010年6月30日。本次评估对象是18项发明专利权所形成的专利组合，该案例具有一定的借鉴意义。

【委托方、产权持有单位】

ABC公司。

【评估目的】

本项评估的目的是以无形资产进行质押贷款。

【评估基准日】

2010年6月30日。

【评估资产概况】

纳入本次评估范围的无形资产为18项发明专利的所有权（略）。经清查，委估18项专利的权利人全部为ABC公司，且所有专利均获得了国家知识产权局授权的专利证书，专利年费均已按时缴纳。经向知识产权局查询，所有专利历史年度无对外许可使用、质押登记记录。

纳入评估范围的资产与委托评估时确定的资产范围一致。

【评估方法】

资产评估的常用方法主要有重置成本法、市场比较法和收益法三种。一般来说，专利及专有技术、商标等无形资产，特别是高科技成果用成本法很难真实反映其实际价值，因此本次评估不选用成本法。由于该无形资产无可比交易案例，也无法采用市场法进行评估。委估无形资产的未来收益可以预测和量化,同时其风险也可以用货币衡量,因此,本次评估采用收益法。

由于委估专利所属行业无类似专利的许可使用案例,因此无法采用许可费率进行测算,本次评估最终选用收益分成的模型进行测算。

收益法计算公式:

$$P = \sum_{t=1}^{n} \frac{R_t}{(1+r)^t}$$

式中:P 为专利技术的评估价值;R_t 为未来第 t 年专利技术的技术收益;n 为专利技术的经济寿命;r 为折现率;t 为未来第 t 年。

其中:专利技术的技术收益=委估专利产品的未来收益×利润分成率

【评估测算过程】

1. 委估无形资产介绍和应用。ABC 公司基于对视频领域技术的不断研究,形成了一套涵盖视频数据结构、算法研究、芯片架构的完整 SoC 芯片技术体系。委估 18 项专利均为芯片设计的算法,主要包括以下三大类算法:

(1) 图像后处理技术的算法;
(2) 视频信号的接收和处理算法;
(3) 与模拟技术相关的算法。

其中:

第一,图像后处理技术的算法是该行业的核心技术,拥有该技术的企业通常不会将该技术对外许可使用。

第二,与模拟技术相关的算法的研发具有极高的门槛,从事该项研究的工程师通常需要具备业内从业 10~15 年以上的经验。

委估专利技术提供了关于平板电视必备的隔行到逐行转换技术,帧频转换技术,三维降噪技术,图像饱和度增强及图像清晰度提升技术,图像细节增强、图像缩放技术及视频信号检测技术等多项技术。

拟质押专利的核心是算法,其直观体现是视频的整体图像画质,主要包括清晰度、透亮感、锐度、图像层次感、景深、底噪、色彩饱和度和鲜艳感。无论是电视制造商还是电视芯片厂商,即使购买使用拟质押专利技术的电视,将芯片拆解分析,也无法了解该专利技术的具体算法,可以说拟质押专利技术具有很高的技术门槛,无法通过其产品轻易取得,且难以被模仿。

目前国内数字电视的 SoC 主芯片主要是欧洲厂商生产,如 ST 意法半导体的产品比较领先,而国内的芯片厂家目前仅能提供比较低成本低制程的产品,并且在码流兼容性、图像显示以及稳定性上都有很大的欠缺,所以在应用上仅仅局限在比较简单的卫星市场,没有涉及到有线机顶盒的应用。而 ABC 公司借助自身在 DVB 方面的经验积累,在数字电视的 SoC 主芯片产业与其他国际知名厂商处于同一阵营。

委估专利技术的实际载体是视频图像处理芯片,依托这些专利,企业先后开发了视频图像处理芯片,可广泛适用于各种液晶电视、等离子电视、电视机顶盒、白色小家电等。

企业的经营模式是晶圆代工,企业设计好后由晶圆厂加工生产,因此委估专利技术对实物资产的依赖程度较低。

在电视市场,目前 ABC 公司的客户覆盖了大部分国内主流电视厂商,如长虹、创维、TCL、海信、夏华等,与长虹、创维等关键客户正在形成战略合作关系。在小尺寸图像显示器市场,ABC 公司与其主要的关键客户,如佳的美等建立了长期的供货关系和稳定的战略合作关系。

2. 公司主要产品市场统计情况及预期分析如表 1 所示。

表1

产品线	市场分布	主导产品	累计出货量	市场占有率 2007 年	市场占有率 2008 年	市场占有率 2009 年	注释
电视芯片	高清 CRT 电视、液晶电视、流媒体电视、网络电视、数字电视一体机	HTV180、HTV190、HTV192、HTV276、HTV270、HTV280	超过 1 000 万颗	50%	79%	30%	大尺寸液晶电视芯片没有考虑流媒体和网络,导致 2009 年丢失了部分市场,2010 年年底会推出高度集成的单芯片,支持流媒体和网络功能,抢回市场
STB 机顶盒芯片	DVB-C 有线机顶盒、DMB-TH 地面机顶盒	HTV900、HTV902、HTV900D、HTV900C、HTV900E、HTV900H	超过 1 500 万颗	0%	1%	30%	2009 年华亚机顶盒业务异军突起,成功在有线、地面、卫星等多个领域大批量出货
AV 便携和其他类芯片	电视盒、电脑电视(USB dongle)	HTV760、HTV761、HTV790、HTV791、HTV600、AV228、AV339、X8A、X9A	超过 1 500 万颗	50%	20%	20%	2010 年推出新的产品,预计下半年会出现爆发式增长

3. 主要产品竞争对手分析。在数字电视 SoC 解码主芯片产业,特别是 DVB-C 有线数字电视领域,竞争日趋激烈,但目前基本还是以欧洲、美国、日本地区的厂商为主导,国内芯片企业 2009 年以前在这部分还比较薄弱,2009 年开始随着 ABC 公司在这个领域的异军突起,打破了国外厂商垄断的局面,从 2008 年 0% 的市场占有率,在 2009 年一举达到了 12% 的市场占有率。

中国 DVB-C 有线数字电视 SoC 主芯片市场份额见表 2(数据来源:美国 isuppli 公司,HuayaiMicro PM)。

表2

企　　业	地区	2007年	2008年	2009年
ST意法半导体	欧洲	74%	72%	65%
Zoran卓然半导体	美国	14%	10%	8%
NXP恩智浦半导体	欧洲	3%	7%	5%
NEC	日本	5%	4%	5%
Broadcom博通半导体	美国	0%	1%	1%
ABC公司	中国	0%	0%	12%
其他		4%	6%	4%
总计		100%	100%	100%

通过对以上各竞争对手的分析可知，欧美及日本知名芯片设计企业，主要面对中高端市场，产品规格比较高。这些公司在技术上总体处于领先地位，掌握处理器、解码器和画质处理等核心技术，并且方案配套软件比较完备。但普遍存在价格偏高，以及本地支持不到位的问题，制约了本地产业链的有效发展。

中国台湾地区企业主要针对中低端市场，其技术特点是高集成度，画质质量一般，但芯片的开发周期短，产品更新换代速度快。

此外，大陆的一些本土企业也在SoC解码主芯片领域耕耘，但其除了在欧洲标准的DVB-S和直播星ABS-S免费卫星市场取得不错的成绩外，在技术难度比较大的国内有线DVB-C数字电视市场，因为缺乏相应的软件实力，不能支持各种条件接收、数据广播等复杂系统软件，所以一直没有突破。还有一家企业除了在欧洲标准的DVB-T高清免费接收机顶盒市场稍有成绩外，在技术难度比较大的国内有线、地面数字电视市场，都没有大的突破。

与目前竞争对手相比，在数字电视SoC解码主芯片领域ABC公司具有比竞争对手（主要是国外和台湾地区企业）更贴近客户的优势，借助自身多年来在电视和标清机顶盒市场和技术的积累，有很大的机会在高清机顶盒市场得到较大的成长。

4. 评估模型中各主要参数的选取。

(1) 专利产品近三年和评估基准日的经营状况如表3所示。

表3　　　　　　　　　　　　　　　　　　　　　　　　　　　　　　金额单位：万元

项　　目	2007年	2008年	2009年	2010年1—6月
一、营业收入	21 694.53	21 833.28	28 260.59	4 740.51
减：营业成本	11 701.65	14 728.06	17 497.93	2 638.86
营业税金及附加	4.50	3.25	2.00	—
营业费用	740.14	593.28	602.00	350.43
管理费用	5 048.06	3 919.09	7 097.57	3 709.81
财务费用	32.57	-23.34	18.29	16.66

续表

项 目	2007 年	2008 年	2009 年	2010 年 1—6 月
资产减值损失		40.16	333.84	
二、营业利润	4 167.61	2 572.78	2 708.96	-1 975.25
加：营业外收入	31.93	508.26	605.42	226.19
减：营业外支出	5.01	37.79	9.34	4.52
三、利润总额	4 194.53	3 043.25	3 305.04	-1 753.58
减：所得税	10.72	—	-13.93	0.55
四、净利润	4 183.81	3 043.25	3 318.97	-1 754.13

上述 2007—2009 年财务数据经上海××会计师事务所有限公司审计，2010 年 1—6 月财务数据未经审计。

其中 2010 年 1—6 月份收入较低主要是该行业的季节性因素导致。

委估专利权为企业所有产品的基础性专利，企业历史年度全部营业收入均与专利技术密切相关。

（2）未来收益额：

①销售收入预测。专利实施收入近年来一直处于增长态势，其中从 2004 年到 2008 年期间呈现持续快速增长，2009 年由于金融危机的影响，企业增长速度放缓，但仍然是增长态势，从 2004 年至今专利实施收入情况如表 4 和图 1 所示。

表 4   单位：万元

项 目	2005 年	2006 年	2007 年	2008 年	2009 年	2010 年 1—6 月
营业收入	1 454.02	7 979.39	21 694.53	23 280.28	28 260.59	4 740.51
增长率		448.78%	171.88%	7.31%	21.39%	

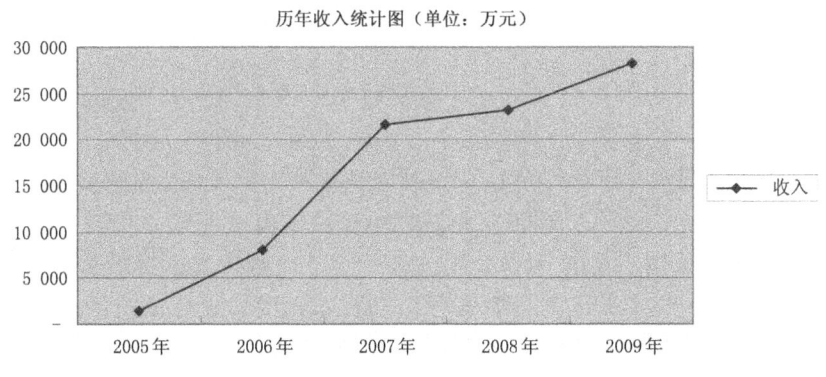

图 1

其中专利实施带来的收入主要包括产品销售收入和研发收入，前三年和 2010 年 1—6 月按照研发收入和产品收入细分的情况如表 5 所示。

表5 单位：万元

项目	2007年	2008年	2009年	2010年1—6月
营业收入	21 694.53	23 280.28	28 260.59	4 741.00
其中：产品收入	19 852.76	21 402.46	27 694.60	4 741.00
研发收入	1 841.77	1 877.82	565.99	
营业收入增长率		7%	21%	

由于研发收入具有一定的不确定性，且金额相对较小，故本次对专利产生的收益预测中仅考虑产品收入。其中，按照产品大类细分的产品收入明细如表6所示。

表6 单位：万元

项目	2007年	2008年	2009年	2010年1—6月
电视机等芯片	19 852.76	21 045.41	11 725.27	3 299.19
机顶盒芯片	—	357.05	15 969.33	1 441.81
产品收入	19 852.76	21 402.46	27 694.60	4 741.00
营业收入增长率		7.81%	29.40%	

对原有专利产品做进一步细分，将原有的电视机芯片领域细分为电视机芯片（以下简称：TV 芯片）、机顶盒芯片（以下简称：STB 芯片）、AV 多媒体芯片（以下简称：AV 芯片）以及白色小家电芯片（以下简称：Display 芯片）。

以下为对各系列专利产品的收入预测：

a. STB 芯片收入的预测分析。

◆ STB 芯片收入预计将顺应 2010 年 1—6 月份的趋势，在 2010 年 7—12 月份仍将较上年同期大幅下降。

国内 STB 市场可分为卫星数字电视、有线数字电视及地面无线数字电视三个领域，目前国内地面无线数字电视领域出货量极小（2010 年预计几十万台左右），而卫星数字电视和有线数字电视（每年 2 500 万台左右）国内销量均有数千万台左右，ABC 公司 2009 年在卫星数字电视领域取得了大概 30% 左右市场份额，2010 年初，国内的二代卫星电视（ABS-S 的演进版）采用了英国 NDS 公司的高级安全加密技术，目前只有少数国外 STB 芯片厂商的产品支持该技术，国内 STB 芯片厂商目前无产品支持该技术，ABC 公司虽然正在布局，但由于无适合产品，实际上已经退出该市场。

此外，随着三网合一的推进，各地广电正在对有线数字电视进行一省一网的整合（原有状况为一省几十个网），已招标地区暂时停止 STB 供货，进而引起 ABC 公司的客户暂停对原有采购计划的履行，对 2010 年 7—12 月份的 STB 芯片业绩造成大的影响。

◆ 2011 开始较 2010 年出现大幅上涨，但尚未达到 2009 年的芯片收入水平。

ABC 公司目前正在推广新的集成度更高的标清双向 STB 芯片，考虑到省网整合的推进进程，该芯片将在 2011 年一季度进入大批量销售阶段。

其次，企业研发的高清 STB 芯片将在 2011 年进入量产，其售价及毛利均是目前的标清 STB 芯片的几倍，因此可对业绩带来大的上升。

后期随着市场容量自身的逐渐扩大，销售将会持续增长。

b. TV 芯片收入的预测分析。

◆ TV 芯片预计将顺应 2009 年电视机芯片收入的下滑趋势在 2010 年、2011 年出现大幅下降。

国内的平板电视在 2010 年进入互联网电视时代，原有模拟电视芯片的需求量正在迅速减少，由于 ABC 公司新一代带联网功能的电视芯片正在研发中，预计 2012 年投放市场，所以 2010 年及 2011 年在主流电视领域公司没有主打产品销售，进而引起 TV 产品线业绩大幅下降。

◆ 2012 开始 TV 芯片销售收入将出现大幅增长，但尚未达到 2009 年的电视机芯片收入水平。

随着 ABC 公司新的电视芯片第二季度及第三季度陆续问世，2012 年及 2013 年电视产品线业绩会有较大的上升。

c. AV 芯片收入的预测分析。ABC 公司在 2010 年下半年会推出新的 AV 多媒体芯片，独创了与屏共同销售的模式（bundle sale），可以说没有竞争对手，目前已经有国内一线大厂合作，在 2010 年下半年及 2011 年将有大的销售收入增长。

考虑到随着市场成熟、单价下降，2012 年及 2013 年在业绩上会有大的下降，但随着企业不断进行技术研发会陆续推出系列产品，因此 AV 产品线在 2014 年、2015 年将有新的业绩增长。

d. Display 芯片收入的预测分析。Display 芯片又称状态显示芯片，其主要应用于白色家电领域，白色家电的设计周期通常长达 1 年左右，ABC 公司的一代状态显示芯片销售从 0 到每月数万颗花了大概一年左右的时间，随着产品进入稳定的成熟期，2011 年相较 2010 年将有大的增长，随着市场容量自身的逐渐扩大，2012 年及 2013 年将会持续增长。

通过以上分析，本次评估预测专利产品以后年度的销售收入如表 7 所示。

表 7   单位：万元

项 目	2010 年 7—12 月	2011 年	2012 年	2013 年	2014 年	2015 年
TV 芯片	1 000.00	500.00	8 000.00	11 000.00	12 100.00	13 310.00
STB 芯片	4 000.00	15 000.00	16 500.00	18 150.00	19 965.00	21 962.00
AV 芯片	20 000.00	24 000.00	15 000.00	12 000.00	13 200.00	14 520.00
Display 芯片	600.00	2 000.00	7 000.00	10 000.00	11 000.00	12 100.00
销售收入	25 600.00	41 500.00	46 500.00	51 150.00	56 265.00	61 892.00
增长率	9.55%	36.78%	12.05%	10.00%	10.00%	10.00%

②销售成本预测。委估专利产品采用的是晶圆代工模式,通常是企业设计好后由晶圆厂加工生产。因此专利产品的销售成本除研发收入对应的研发支出外,全部是委托外部晶圆厂加工的加工费用。

由于电视机芯片和机顶盒芯片所依赖的实体价格差异较大,一般售价在4 000~5 000元的电视机,其电子相关部件的价格能占到15%~20%左右,通常芯片的售价在5~8美元/片。但是目前市场上销售的机顶盒基本为低端产品,整个机顶盒售价在200~300元左右,其配套芯片相应的价格空间比较小,因此芯片的售价往往在2美元/片。根据产品客户对其价格容忍程度的不同,企业制定销售政策也需要配套考虑,因此在电视机芯片和机顶盒芯片方面的毛利率也就存在较大差异,其前三年和基准日专利实施的成本和按照产品大类的主营业务成本如表8所示。

表8   单位:万元

项 目	2007年	2008年	2009年	2010年1—6月
专利实施成本	11 701.65	15 672.27	17 497.93	2 638.86
其中:研发成本	250.96	1 014.58	96.16	—
产品成本	11 450.69	14 657.69	17 401.77	2 638.86
占专利实施收入比率	53.94%	67.32%	61.92%	55.67%

其中,按照专利产品大类细分的产品成本明细如表9所示。

表9   单位:万元

项 目	2007年	2008年	2009年	2010年1—6月
电视机等芯片	11 450.69	14 355.36	6 467.33	1 710.71
机顶盒芯片	—	302.33	10 934.44	928.15
产品成本	11 450.69	14 657.69	17 401.77	2 638.86
占电视机等芯片收入比例	57.68%	68.21%	55.16%	51.86%
占机顶盒芯片收入比例		84.68%	68.47%	64.38%
占产品收入比率	53.94%	67.32%	61.92%	55.67%

根据前面对收入的预测分析,AV芯片和Display芯片的毛利参照企业目前和客户洽谈情况,并且产量趋于平稳发展后,以后年度毛利率会逐渐上升,但随着产品成熟预计毛利率将会下降。

另一方面,对于TV芯片和STB芯片考虑到随着高清市场的来临,企业生产的机顶盒芯片将往高端产品转化,同时企业生产的电视机芯片转向数字电视芯片,因此在产量上升的同时毛利率会上升,但随着销量趋于平稳增长时,毛利率会逐渐下降。具体对每大类产品成本占收入的比例预测如表10所示。

表 10

项 目	2010年7—12月	2011年	2012年	2013年	2014年	2015年
TV 芯片	55%	55%	55%	54%	53%	52%
STB 芯片	65%	65%	62%	58%	60%	62%
AV 芯片	45%	52%	55%	55%	56%	57%
Display 芯片	65%	60%	60%	60%	61%	62%

综上，专利产品以后年度的销售成本如表 11 所示。

表 11　　　　　　　　　　　　　　　　　　　　　　　　　　　　　　　　单位：万元

项 目	2010年7—12月	2011年	2012年	2013年	2014年	2015年
TV 芯片	550.00	275.00	4 400.00	5 940.00	6 413.00	6 921.20
STB 芯片	2 600.00	9 750.00	10 230.00	10 527.00	11 979.00	13 616.44
AV 芯片	9 000.00	12 480.00	8 250.00	6 600.00	7 392.00	8 276.40
Display 芯片	390.00	1 200.00	4 200.00	6 000.00	6 710.00	7 502.00
销售成本合计	12 540.00	23 705.00	27 080.00	29 067.00	32 494.00	36 316.04
占销售收入比例	48.98%	57.12%	58.24%	56.83%	57.75%	58.68%

③营业税金及附加的预测。该类型生产厂商通常的芯片销售都是通过香港公司销售给相关客户的海外公司，收入很大部分是美元收入，不开增值税发票，进项税大于销项税，历年度的营业税金及附加，如表 12 所示。

表 12　　　　　　　　　　　　　　　　　　　　　　　　　　　　　　　　单位：万元

项 目	2007年	2008年	2009年	2010年1—6月
营业税金及附加	4.50	3.25	2.00	—

上述营业税金及附加主要是研发收入缴纳的，考虑到以后年度不预测研发收入，因此税金及附加以后年度预测为 0。

④销售费用的预测。对专利产品费用类数据的预测借鉴 ABC 公司整体运营的费用情况。

ABC 公司历史销售费用的金额比较小，是因其属于技术型高科技企业，产品不直接面对消费者，不需要投入大量广告、宣传方面的费用。销售费用主要包括国内公司比如上海、南京等发生的市场部人员的人工成本、招标手续费、售后服务费、运输费、业务招待费等支出。

ABC 公司前三年和基准日的销售费用如表 13 所示。

表 13   单位：万元

项　目	2007 年	2008 年	2009 年	2010 年 1—6 月
销售费用	740.14	593.28	602.00	350.42
占营业收入比例	3.41%	2.55%	2.13%	7.39%

考虑到该企业客户相对较为稳定并且均形成战略合作，以及该部分费用历史年度的金额相对较为稳定，因此参考 2008 年、2009 年该费用占收入比例的情况，取 2.5% 作为今后销售费用占收入的比例。

因此，专利产品以后年度的销售费用预测如表 14 所示。

表 14   单位：万元

项　目	2010 年 7—12 月	2011 年	2012 年	2013 年	2014 年	2015 年
销售费用	640.00	1 037.50	1 162.50	1 278.75	1 406.63	1 547.30
占销售收入比例	2.50%	2.50%	2.50%	2.50%	2.50%	2.50%

⑤管理费用的预测。ABC 公司历史年度管理费用金额比较大，这点与企业的特色有关。主要包括管理人员和研发人员的人工成本、市场推广费、售后服务费、运输费、业务招待费、其他管理费用等。

ABC 公司前三年和基准日的管理费用如表 15 所示。

表 15   单位：万元

项　目	2007 年	2008 年	2009 年	2010 年 1—6 月
管理费用	5 048.06	4 336.63	7 432.00	3 709.81
占营业收入比例	25%	20%	27%	78%

由于 2009 年开始公司结构发生较大变化，人员工资发生较大增长，因此以后年度的预测主要参照 2009 年、2010 年 1—6 月份管理费用的情况。

其中按照主要明细项分列的管理费用如表 16 所示。

表 16   单位：万元

项　目	2009 年	2010 年 1—6 月
工　资	3 262.52	1 919.94
租赁费	652.92	329.69
折旧摊销费	1 695.76	1 064.06
其他费用	1 820.80	396.12
合　计	7 432.00	3 709.81
占营业收入比例	27%	78%

管理费用主要包括人工成本、租赁费、研发费用、设备成本等其他费用，具体预测分

析如下:

a. 人工成本:包括除销售人员的公司全部人员的工资奖金、社保、公积金、福利费等人工成本的支出。根据目前工资状况,预计未来我国劳动力成本将会逐步上升。主要因为:一是我国人口结构发生变化,特别是农村年轻人数量下降,影响了劳动力供应,劳动力供求会结构性趋紧;二是国家陆续加大对职工劳动保障、安全生产等方面的要求,企业用工成本逐步增加;三是许多地方政府出台了工人最低工资标准。

评估人员考虑人均工资的综合增长速度,参照企业对不同岗位人员平均工资增长幅度的预测,对人均工资成本考虑10%的增长。

同时考虑相关人员数量的增长,预计2011—2014年人工成本每年增长15%。

b. 租赁费:租赁费包括上海、南京、美国等全部子公司办公场所的租赁费,考虑到房地产租赁市场上涨的因素,2010年7—12月参照上半年的租赁费,预计2011年开始到2015年每年租赁费增长5%,以后年度将保持不变。

c. 折旧摊销:包括固定资产机器设备、无形资产(购入软件使用权、芯片等)的摊销,该部分费用2010年7—12月参照2010年1—6月测算,2011年开始参照2010年全年计算,以后年度保持不变。

d. 其他管理费用:包括其他研发费、办公费、交通费、审计费、税金、水电费等,考虑到随着销售收入的增长该部分费用保持小幅增长。

因此,委估专利产品以后年度的管理费用预测如表17所示。

表 17   单位:万元

项 目	2010年7—12月	2011年	2012年	2013年	2014年	2015年
工资	2 303.93	4 857.45	5 586.07	6 423.98	7 387.58	8 495.72
租赁费	329.69	692.35	726.97	763.32	801.49	841.56
折旧摊销费	1 064.06	2 128.12	2 128.12	2 128.12	2 128.12	2 128.12
其他费用	1 600.00	2 200.00	2 310.00	2 425.50	2 546.78	2 674.12
合计	5 297.68	9 877.92	10 751.16	11 740.92	12 863.97	14 139.52
占销售收入比例	20.69%	23.80%	23.12%	22.95%	22.86%	22.85%

⑥财务费用的预测。企业以前年度的财务费用金额较小,其前三年和基准日的财务费用如表18所示。

表 18   单位:万元

项 目	2007年	2008年	2009年	2010年1—6月	平均值
财务费用	32.58	-23.80	18.29	16.66	
占营业收入比例	0.15%	-0.10%	0.06%	0.35%	0.12%

分析企业历史财务费用水平,参考行业平均水平,对专利产品今后财务费用预测如表

19 所示。

表 19 单位：万元

项　目	2010 年 7—12 月	2011 年	2012 年	2013 年	2014 年	2015 年
财务费用	128.00	207.50	232.50	255.75	281.33	309.46
占营业收入比例	0.50%	0.50%	0.50%	0.50%	0.50%	0.50%

⑦所得税的预测。专利产品收益的所得税税率按照社会客观平均标准计算，即 25%。

基于以上预测和假设，专利产品以后年度的净利润预测如表 20 所示。

表 20 单位：万元

年　份	2010 年 7—12 月	2011 年	2012 年	2013 年	2014 年	2015 年
销售收入	25 600.00	41 500.00	46 500.00	51 150.00	56 265.00	61 892.00
销售收入增长率	7%	37%	12%	10%	10%	10%
减：销售成本	12 540.00	23 705.00	27 080.00	29 067.00	32 494.00	36 316.04
占销售收入比例	49%	57%	58%	57%	58%	59%
营业税金及附加						
销售费用	640.00	1 037.50	1 162.50	1 278.75	1 406.63	1 547.30
占销售收入比例	3%	3%	3%	3%	3%	3%
管理费用	5 297.68	9 877.92	10 751.16	11 740.92	12 863.97	14 139.52
占销售收入比例	21%	24%	23%	23%	23%	23%
财务费用	128.00	207.50	232.50	255.75	281.33	309.46
占销售收入比例	0.5%	0.5%	0.5%	0.5%	0.5%	0.5%
营业利润	6 994.32	6 672.08	7 273.84	8 807.58	9 219.07	9 579.68
减：所得税	1 748.58	1 668.02	1 818.46	2 201.90	2 304.77	2 394.92
净利润	5 245.74	5 004.06	5 455.38	6 605.68	6 914.30	7 184.76

（3）无形资产经济寿命的确定。科技成果的经济寿命取决于行业技术的发展更新速度、技术领先程度、法律或者行政保护强度。由于科技发展的速度越来越快，一种新的、更为先进适用或效益更高的技术资产出现，将使原有技术资产贬值。通常，影响技术资产寿命的因素是多种多样的，主要有法规（合同）年限、保密状况、产品更新周期、可替代性、市场竞争情况等。

可以根据技术资产的更新周期评估其剩余经济年限。技术资产的更新周期有两大参照系，一是产品更新周期，在一些高技术和新兴产业，科学技术进步往往很快转化为产品的更新换代。例如微型计算机每 2~3 年就会开发出新的型号，产品更新周期从根本上决定了技术资产的更新周期；二是技术更新周期，即新一代技术的出现替代现役技术的时间。具体测算时，通常根据同类技术资产的历史经验数据，运用统计模型来分析。

首先分析委估专利技术的保护年限，其次分析其经济寿命年限。视频处理芯片产业的产品技术更新比较快，并且各大系列产品的经济寿命周期往往受宏观政策的影响较大。本次委估专利权包括与视频信号传输及图像处理技术相关的一些核心基础性算法，即便在产品更新之后企业仍将使用本次委估的全部或部分专利技术进行新产品研发，不断创新补充添加新的技术去生产新的产品。

在仔细分析和比较委估无形资产的特点后，考虑同行业技术领域内一般技术的实际经济寿命年限，此次评估确定委估18项专利技术的平均剩余经济寿命为10年6个月，也就是无形资产收益年限至2020年12月31日。

（4）利润分成率的选取。

首先，管理、技术、人力、物力、财力等要素共同起作用，对企业的收益做出贡献。知识产权作为特定的生产要素，参与企业收益分配的理论依据就在于此。因此在利润分成率中首先需要分析确定委估无形资产的技术贡献率。

其次，在市场交易中，投资者的目的是获取收益，某项资产交易能否成功以及成交价格的高低取决于该项资产在未来能否为投资者带来收益及其收益能力的高低。通过收益法来测算委估无形资产的交易价格时，势必需要权衡投资者获得该无形资产扣减成本后的收益剩余空间，因此在预测了委估无形资产今后的技术贡献时，必须将委估无形资产的全部收益价值在投资者与出让方之间均衡分配。同时除前面谈到的正常利润分配外，还存在一些其他因素会影响无形资产的收益，如市场供需关系等。

因此对利润分成率的选取主要考虑两方面因素：

①无形资产的技术分成率。通过分析企业所处行业、资产分布特点，分析全部知识产权对企业整体收益所产生的贡献率。该行业的分成率在40%~50%左右。

通过分析委估无形资产在全部知识产权中所起的作用，确定委估无形资产的技术分成率。

对于ABC公司委估专利技术分成率的确定主要考虑以下几方面因素：

a. 企业采取的经营模式是晶圆代工，企业设计好后由晶圆厂加工生产，相比于自己生产加工的企业对实物资产的依赖程度较低，因此无形资产在该类型公司中贡献率非常高。

b. 委估技术的创新程度比较高。委估专利权提供的图像后处理技术的算法、视频信号的接收和处理算法和与模拟技术相关的算法，均为业内从事该领域高端企业才具备的，具有自身的独特技术优势。

c. 委估专利技术为基础性专利，今后产品的更新升级仍将会持续使用，但由于芯片设计领域所涉及技术非常多，产品升级速度比较快，委估专利技术并非企业今后生产产品的全部技术。

考虑到专利产品对知识产权依赖程度较高，对专利产品全部知识产权分成率确定为50%；同时考虑到委估专利在全部知识产权类无形资产中的地位，确定其占全部分成率的比重为50%。

则相关技术分成率为 = 50% × 50% = 25%

②对于利润分配因素的考虑。本次委估无形资产，包含的图像后处理技术算法、模拟技术相关算法等，在该芯片设计领域内不同于其他技术，企业无法通过商业许可方式获

得,买方若想获得相关专利,必须采取企业并购等模式,需要付出非常昂贵的代价。因此出于利润分配因素考虑,确定将上述分成率加以调整的系数为110%。

综合以上分析,最终确定委估专利技术的利润分成率为:25% × 110% = 27.5%,本次评估取28%。

(5) 折现率的选取。折现率实质为报酬率,本次采用累加法估算:

折现率 = 无风险报酬率 + 行业风险报酬率 + 个别风险保持率

①无风险报酬率。本次估值选用了5个长期国债于2010年6月30日的到期收益率平均值3.65%作为无风险报酬率。

②行业风险报酬率。参照国务院国资委财务监督与考核评价局的"企业效绩评价标准值2010",根据其分类,委估技术应用企业属于电子元器件制造业,该行业的净资产收益率如表21所示。

表21

项 目	优秀值%	良好值%	平均值%	较低值%	较差值%
行业净资产收益率	7.3	2.5	-1.0	-7.3	-13.1

经分析,本次评估行业风险报酬率取3.5%。

③无形资产个别风险报酬率。从无形资产预计收入状况,按其可能产生的风险种类确定其风险报酬率,目前尚无相关统计参数。根据对委托评估无形资产的实施计划分析,评估人员认为其主要存在技术、市场、管理和财务四方面风险,各类风险取值按照0~5%计算。具体取值及计算过程如表22至表25所示。

表22　　　　　　　　　　技术风险估算表

权重	考虑因素	风险取值					
		5%	4%	3%	2%	1%	0
0.3	技术转化风险					√	
0.3	技术替代风险		√				
0.2	技术权利风险				√		
0.2	技术成熟风险					√	

技术风险估值 = 0.3 × 1% + 0.3 × 4% + 0.2 × 2% + 0.2 × 1% = 2.1%

表23　　　　　　　　　　市场风险估算表

权重	考虑因素	风险取值					
		5%	4%	3%	2%	1%	0
0.4	市场容量风险					√	
0.2	市场现有竞争风险			√			
0.4	市场潜在竞争风险			√			

市场风险估值 = 0.4 × 1% + 0.2 × 3% + 0.4 × 3% = 2.2%

表 24 财务风险估算表

权重	考虑因素	风险取值					
		5%	4%	3%	2%	1%	0
0.6	融资风险				√		
0.4	流动资金风险			√			

财务风险估值 = 0.6 × 2% + 0.4 × 3% = 2.4%

表 25 管理风险估算表

权重	考虑因素	风险取值					
		5%	4%	3%	2%	1%	0
0.5	经营管理			√			
0.5	客户管理				√		

管理风险估值 = 0.5 × 3% + 0.5 × 2% = 2.5%
无形资产个别风险报酬率 = 2.1% + 2.2% + 2.4% + 2.5% = 9.2%

④折现率估算。

r = 3.65% + 3.5% + 9.2% = 16.35%（取整 16%）

（6）评估值计算。委估专利技术的剩余经济寿命还有 10.5 年（2010 年 7—12 月至 2020 年），上述说明中已经预测了委估无形资产未来 5.5 年（2010 年 7—12 月至 2015 年）的净利润额，2016 年至 2020 年的净利润由于可预见性较差，假定与 2015 年持平。因此，对委估无形资产的收益计算见表 26。

表 26   单位：万元

年 份	2010 年 7—12 月	2011 年	2012 年	2013 年	2014 年	2015 年	2016—2020 年
净利润	5 245.74	5 004.06	5 455.38	6 605.68	6 914.30	7 184.76	7 184.76
技术分成率	28%						
分成后收益	1 468.81	1 401.14	1 527.51	1 849.59	1 936.00	2 011.73	2 011.73
折现率	16%						
年份	0.5	1.5	2.5	3.5	4.5	5.5	5.5 到 10.5 年
折现系数	0.9285	0.8004	0.69	0.5948	0.5128	0.4421	1.4474
折现值	1 363.79	1 121.47	1 053.98	1 100.14	992.78	889.39	2 911.78
无形资产价值	9 430（四舍五入）						

【评估结论】

经评估,在评估基准日委估无形资产收益法评估价值为人民币 9 430 万元。

【案例分析】

本次评估对象为专利组合,且该专利组合与其他著作权、其他专利申请技术等无形资产一起,共同发挥作用形成最终的芯片产品。

在评估过程中,对无形资产收益的预测是首先需要解决的问题。由于委估专利组合需与其他无形资产共同发生作用形成企业的收益,且企业的所有产品收入均与委估专利组合直接相关,因此要预测整个企业的未来收益。

确定好收益后,如何对其所带来的净利润进行分成是一个挑战。一般来讲,通过分析企业所处行业、资产分布的特点,首先确定全部知识产权对企业整体收益所产生的贡献率。同时对委估专利组合进行分析,主要考虑以下几点:企业是晶圆代工模式,属于轻资产公司;专利技术的创新程度比较高,均为业内该领域高端企业才具备,可获取性较难;委估专利技术为基础性专利,并非企业今后生产产品的全部技术。因此在对全部知识产权的贡献率确定后,再通过分析其特点,最终确定委估专利组合的分成率。

本案例在确定分成率的过程中,所考虑的行业特点、市场供需、知识产权结构等因素是确定知识产权组合评估中比较有代表性的。

案例二:AAA 混凝土制品公司专利和专有技术作价出资评估案例

【案例提要】

本次评估对象是专利和专有技术,评估采用销售收入分成收益模型,通过选取同行业上市公司作为对比公司,根据上市公司的经营数据,提取销售收入净分成率,提供了一个在实务中可操作的无形资产分成率计算方法。

AAA 公司是一家混凝土制品企业,2007 年投产和销售,历史经营业绩较好。委估专利和专有技术涵盖 AAA 公司 b 种混凝土制品的设计、生产等诸多环节,形成了一个专利保护体系,该专利保护体系使得国内仅 AAA 一家公司可生产拥有自主知识产权保护的 b 种混凝土制品。其中 10 项已申请发明者专利,还有一部分未申请专利,这里作为一个知识产权组合来评估。为了公司规模的快速扩大,抢占市场,AAA 公司拟将委估专利权和专有技术作价出资,和另一家公司组建合资企业。因此委托评估机构进行评估,评估基准日为 2011 年 12 月 31 日。

【委托方、产权持有单位】

AAA 公司。

【评估目的】
本项评估的目的是以无形资产作价出资。

【评估基准日】
2011 年 12 月 31 日。

【评估对象、范围及其基本情况】
纳入本次评估范围的无形资产为 10 项发明专利所有权和专有技术。

1. 专利权。经查,委估 10 项专利的权利人全部为 AAA 公司,且委估 10 项专利均获得了国家知识产权局颁发的专利证书,专利年费均已按时缴纳。经向知识产权局查询,所有专利历史年度无对外许可使用、无质押登记记录。

2. 专有技术。纳入评估范围的资产与委托评估时确定的资产范围一致。(略)

3. 委估无形资产介绍和应用。委估无形资产应用产品为各种型号的 b 种混凝土制品。

AAA 公司 b 种混凝土制品具有节能、节材、施工方便、易于堆放和运输等特点,符合国家倡导的节能减排和工程项目安全政策。

AAA 公司 b 种混凝土制品销售总额持续快速增长,产品收入结构随市场拓展和需求变化而调整。

委估无形资产主要技术创新和优势如下:

(1) AAA 公司 b 种混凝土制品采用了国内目前较为先进的混凝土构件生产工艺,全部为机械化作业,避免了人工操作的不稳定性,保证了产品质量。

(2) AAA 公司 b 种混凝土制品,用材较低,具有较高的性价比。

(3) AAA 公司 2009—2011 年毛利率依次为 21%、22.6% 和 20%,和同类产品相比,具有较高的毛利率水平,其技术优势是导致毛利率较高的主要原因之一。

(4) AAA 公司的生产技术与传统工艺相比,能够降低成本、极大降低安全事故率、提高生产效率、提高产品品质、减少能耗,经济效益较为显著。

AAA 公司 2009—2011 年 b 种混凝土制品的销售数量如表 1 所示。

表 1 单位:万米

项 目	2009 年	2010 年	2011 年
销售数量	350	455	592

AAA 公司 2009—2011 年 b 种混凝土制品的销售收入如表 2 所示。

表 2 单位:万元

项 目	2009 年	2010 年	2011 年
销售收入	33 250	43 657	57 322

近年来 AAA 公司依托 b 种混凝土制品的营销优势,树立了良好的品牌形象,巩固和扩大了优势产品的市场占有率。同时,利用多种方法向客户推介,增强市场对公司产品和服务的认同度;以上海为中心,快速辐射长三角地区,重点发展江苏、浙江市场,并在安徽、湖南、湖北、辽宁、江西等多地设立子公司;整合上下游资源,在巩固原有民用市场份额的前提下,响应国家号召,着重开拓铁路等公用设施、基础设施项目,开拓北方市场,提高行业集中度,以达到规模效益。

4. AAA 公司 b 种混凝土制品研发投入情况。自 2007 年,AAA 公司每年投入大量资金进行 b 种混凝土制品技术研发,研发新产品、新工艺,降低成本,提高生产效率,提高产品质量。AAA 公司 2007—2011 年技术研发投入合计约 3 500 万元,具体如表 3 所示。

表 3   单位:万元

研发费用	2007 年	2008 年	2009 年	2010 年	2011 年
材料	90	250	350	906	1 378
人工	30	26	50	56	116
其他	15	15	32	102	84
合计	135	291	432	1 064	1 578
总计	3 500				

5. 竞争对手分析。(略)

【评估方法】

资产评估的常用方法主要有重置成本法、市场比较法和收益法三种。一般来说,专利及专有技术、商标等无形资产特别是高科技成果的价值用成本法很难真实反映,因此本次评估不选用成本法。由于该无形资产无可比交易案例,也无法采用市场法进行评估。委估无形资产的未来收益可以预测和量化,同时其风险也可以用货币衡量,因此,本次评估采用收益法。

1. 收益法的计算公式:

P = 未来收益期内各期收益的现值之和 = $\sum_{i=1}^{n} \frac{F_i}{(1+r)^i}$

式中:P 为评估值;r 为所选取的折现率;n 为收益年期;F_i 为未来第 i 个收益期的预期收益。

2. 主要参数的选取。

(1) 预期净收益的预测。

本次无形资产评估选用销售收入分成模型:

委估无形资产预期净收益 = 委估无形资产应用产品销售收入 × 销售收入净分成率

(2) 无形资产分成率。本次评估选取三家上市公司作为对比公司,根据上市公司的经营数据，提取销售收入净分成率。

（3）收益年期的确定。通常，影响技术资产寿命的因素是多种多样的，主要有法规（合同）年限、保密状况、产品更新周期、可替代性、市场竞争情况等。

在仔细分析和比较委估无形资产的特点，并考虑同行业技术领域内相关技术的实际经济寿命年限后，确定出委估无形资产的收益年限。

（4）折现率的确定。本次评估折现率的确定基础采用加权平均资本成本（WACC）。公式如下：

$$WACC = K_e \cdot W_e + K_d \cdot (1-t) \cdot W_d$$

式中：WACC 为加权平均资本成本；K_e 为公司普通权益资本成本；K_d 为公司债务资本成本；W_e 为权益资本在资本结构中的百分比；W_d 为债务资本在资本结构中的百分比；t 为公司所得税税率。

无形资产折现率 R_i 计算公式如下：

$$R_i = \frac{全部资产}{无形资产}\left(WACC - R_c \cdot \frac{营运资金}{全部资产} - R_f \cdot \frac{有形非流动资产}{全部资产}\right)$$

其中：全部资产 = 股权价值 + 付息债权价值

营运资金 = 流动资产 – 非付息负债

有形非流动资产 = 有形非流动资产账面价值

无形资产 = 全部资产 – 营运资金 – 有形非流动资产

R_c 为营运资金回报率；R_f 为有形非流动资产回报率。

3. 评估假设和限制条件。（略）

【评估测算过程】

1. 销售收入的预测。AAA 公司 b 种混凝土制品以后年度销售收入预测如表 4 所示。

表 4　　　　　　　　　　　　　　　　　　　　　　　　　　　　　　　　　　　单位：万元

项　目	2012 年	2013 年	2014 年	2015 年	2016 年
销售收入	69 474	84 203	102 054	113 382	125 967

销售收入具体预测过程（略）。

2. 无形资产经济寿命的确定。

可以根据技术资产的更新周期确定评估剩余经济年限。技术资产的更新周期有两大参照系：一是产品更新周期，二是技术更新周期。具体测算时，通常根据同类技术资产的历史经验数据，运用统计模型来分析。

根据规定，发明专利保护期限为 20 年。本次委估的专利中，发明专利申请日期最早的为 2006 年 1 月，剩余保护期限为 14 年。

委估对象中的专利和专有技术已涵盖 AAA 公司 b 种混凝土制品的设计、生产等诸多环节，形成了一套知识产权保护体系，该知识产权保护体系使得国内只有 AAA 一家公司生产拥有自主知识产权保护的 b 种混凝土制品，其中发明专利为核心专利，起主导作用。

在仔细分析和比较委估无形资产的特点，并考虑同行业技术领域内一般技术的实际经济寿命年限后，此次评估确定委估技术资产的平均剩余经济寿命为 10 年，也就是无形资产收益年限至 2021 年 12 月 31 日。

3. 销售收入净分成率的选取。本次评估选取深天地 A、天山股份、四川双马三家上市公司作为对比公司，根据上市公司的经营数据，提取销售收入分成率。

对比公司介绍如下：

对比公司一：深圳市天地（集团）股份有限公司，股票简称：深天地 A，股票代码：000023，于 1993 年 4 月 29 日于深交所上市，主营业务：商品混凝土。

对比公司二：新疆天山水泥股份有限公司，股票简称：天山股份，股票代码：000877，于 1999 年 1 月 7 日于深交所上市，主营业务：水泥及其相关产品的生产、经营及销售。

对比公司三：四川双马水泥股份有限公司，股票简称：四川双马，股票代码：000935，于 1999 年 8 月 24 日于深交所上市，主营业务：水泥的生产和销售。

根据上述三家对比公司 2009—2011 年的财务报告，得到对比公司的资本结构如表 5 所示。

表 5

项目	对比公司名称	2011 年	2010 年	2009 年	三年平均	平均值
营运资金比例	深天地 A	39.3%	21.8%	13.1%	24.7%	9.6%
	天山股份	0.4%	5.6%	-1.1%	1.6%	
	四川双马	6.8%	0.7%	0.3%	2.6%	
有形非流动资产比例	深天地 A	36.9%	31.0%	32.1%	33.4%	53.3%
	天山股份	97.9%	61.1%	69.8%	76.3%	
	四川双马	90.8%	34.3%	25.6%	50.2%	
无形非流动资产比例	深天地 A	23.8%	47.1%	54.8%	41.9%	37.1%
	天山股份	1.6%	33.3%	31.3%	22.1%	
	四川双马	2.4%	65.1%	74.1%	47.2%	

对比公司无形资产应为企业全部的无形资产，不仅是产品专利和专有技术，而且包括客户资源、管理经验、商誉等，我们通过分析确定本次评估的产品专利和专有技术应该占全部无形资产的 50%，因此可以得到产品技术占全部资本中的比例，并进一步对比财务报表，得出表 6。

表6

金额单位：万元

对比公司	年份	无形资产在资本结构中比例	无形资产中技术的比例	技术在资本结构中比例	税息折旧/摊销前利润总额EBITDA	技术对现金流的贡献	营业收入	技术提成率
深天地A	2009年	54.8%	50%	27.4%	6 692.6	1 834.2	78 013.1	2.35%
	2010年	47.1%	50%	23.6%	8 416.3	1 983.9	91 961.4	2.16%
	2011年	23.8%	50%	11.9%	7 359.5	876.8	80 014.8	1.10%
天山股份	2009年	31.3%	50%	15.7%	92 132.9	14 427.4	411 511.9	3.51%
	2010年	33.3%	50%	16.6%	130 701.8	21 757.2	570 478.1	3.81%
	2011年	1.6%	50%	0.8%	244 446.4	1 997.8	827 778.8	0.24%
四川双马	2009年	74.1%	50%	37.0%	29 282.7	10 845.2	72 411.7	14.98%
	2010年	65.1%	50%	32.5%	11 699.1	3 807.5	63 607.7	5.99%
	2011年	2.4%	50%	1.2%	66 860.2	815.4	203 381.0	0.40%

从表6可以看出，四川双马2009年技术提成率异常高，达到14.98%，本次评估剔除该数值，将其余技术提成率的平均值2.4%作为对比提成率。

可比公司和AAA公司的销售毛利率如表7所示。

表7

对比公司名称	2011年	2010年	2009年	三年平均
深天地A	16.1%	15.0%	15.4%	15.5%
天山股份	32.8%	28.9%	26.4%	29.4%
四川双马	21.1%	21.5%	24.3%	22.3%
平均值	23.4%	21.8%	22.0%	22.4%
AAA公司	20.0%	22.6%	21.0%	21.2%

销售毛利率水平越高，则相应的技术贡献水平越高。根据以上销售毛利率数据，目标公司技术提成率如表8所示。

表8

项目	对比公司平均销售利润率	目标公司销售利润率	差异率	对比公司技术提成率平均值	目标公司技术提成率
	A	B	C = B/A	D	E = C * D
AAA公司专利和专有技术	22.40%	21.20%	0.9466	2.4%	2.27%

因此，本次评估AAA公司b种混凝土制品技术销售收入分成率取2.2%（税前），销售收入净分成率为1.6%（税后）。

4. 折现率的选取。本次评估折现率计算的基础采用加权平均资本成本（WACC）。无形资产折现率 R_i 计算公式如下：

$$R_i = \frac{全部资产}{无形资产}\left(WACC - R_c \cdot \frac{营运资金}{全部资产} - R_f \cdot \frac{有形非流动资产}{全部资产}\right)$$

（1）AAA 公司加权平均资本成本（WACC）为 10.6%（计算过程，略）。

（2）无形资产折现率计算。根据三家对比公司（深天地 A、天山股份、四川双马）经营数据：

营运资金÷全部资产=9.6%

有形非流动资产÷全部资产=53.3%

无形资产÷全部资产=37.1%

营运资金回报率 R_c 取 1 年期贷款利率 6%，有形非流动资产回报率 R_f 取 5 年期贷款利率 6.55%。

无形资产折现率 =（10.6% - 9.6%×6% - 53.3%×6.55%）÷37.1% = 17.6%

即无形资产折现率取 17.6%。

【评估结论】

委估无形资产的剩余经济寿命还有 10 年（2012—2021 年），上述说明中已经预测了委估无形资产未来五年（2012—2016 年）的逐年净利润额，以后年度的净利润由于可预见性较差，假定与第 5 年持平。

因此，委估无形资产收益法评估结果如表 9 所示。

表 9　　　　　　　　　　　　　　　　　　　　　　　　　　　　　　　　　　　单位：万元

项目	2012 年	2013 年	2014 年	2015 年	2016 年	2017—2021 年
销售收入	69 474	84 203	102 054	113 382	125 967	125 967
销售收入净分成率	1.6%					
分成后净收益	1 112	1 347	1 633	1 814	2 015	2 015
折现率	17.6%					
年份	1	2	3	4	5	10
折现系数	0.8503	0.7231	0.6149	0.5228	0.4446	1.4030
分成后净收益现值	946	974	1 004	948	896	2 828
无形资产评估值	7 600（取整至十万位）					

经评估，在评估基准日委估无形资产收益法评估价值为人民币 7 600 万元。

【案例分析】

本次评估对象为专利和专有技术，涵盖 AAA 公司 b 种混凝土制品的设计、生产等诸多环节，发明专利为核心专利，起主导作用。

从本案例技术说明可以看到，评估师在确定无形资产技术分成率时，可以采用上市公司经营数据，提取技术分成率。主要思路是首先选取"对比公司"，对比公司即为选择的同行业上市公司，具有与被评估无形资产相似或相近特性的无形资产。然后通过分析"对比公司"的资产结构和收益现金流，确定对比公司与被评估无形资产相似的无形资产的提成率/分成率，再根据对比公司和被评估企业销售毛利率数据，调整得到被评估无形资产的提成率/分成率。

无形资产技术分成率一直是无形资产评估的难点和重点，该案例提供了一个在实务中可操作的案例。

第五章 流动资产及其他长期资产评估

流动资产是指企业可以在一年或者超过一年的一个营业周期内变现或者运用的资产，是企业资产中必不可少的组成部分。

流动资产一般包括货币资金、交易性金融资产、应收票据、应收股利、应收利息、应收账款和其他应收款、预付账款、存货以及一年内到期的非流动资产等。从评估的角度看可将其分为两大类，一类是实物形态的流动资产，如存货等；一类是货币性流动资产，如货币资金、交易性金融资产和各种债权等。

本章讨论的流动资产主要是一般工业企业的流动资产，房地产开发企业等特殊企业的流动资产具有特殊性，需要单独讨论。

随着生产经营活动的进行，流动资产从货币形态开始，依次改变其形态，最后又回到货币形态（货币资金→储备资金→生产资金→成品资金→货币资金），各种形态的资金与生产流通紧密结合，周转速度快，变现能力强。

流动资产评估的特点主要有：

1. 流动资产评估主要是单项资产评估。它是以单项资产为评估对象进行的资产评估，一般不需要以其综合获利能力进行综合性价值评估。

2. 必须合理确定流动资产评估的基准日。流动资产与其他资产的显著不同在于其流动性和波动性，不同形态的流动资产随时都在变化。而评估则是确定其某一时点上的价值，因此合理确定流动资产评估的基准日非常重要。评估基准日应尽可能选在会计期末。

3. 既要认真进行资产清查，同时又要分清主次，掌握重点。由于流动资产数量多且形态复杂，评估清查核实的工作量很大，选择清查核实方法及确定评估值时需考虑的问题各不相同。清查时应充分考虑评估的时间要求和评估成本。在评估工作开始时，先要对评估范围内的流动资产的特点、分布状况以及所属行业财务、会计制度等进行充分了解，然后针对企业的生产经营特点，设计评估方案。

其他长期资产一般包括可供出售金融资产、持有至到期投资、长期应收款、长期股权投资、投资性房地产、在建工程、工程物资、固定资产清理、开发支出、商誉、长期待摊费用、递延所得税资产以及其他非流动资产等。从评估的角度看可将其分为两大类，一类是实物形态的资产，如投资性房地产、在建工程和工程物资等；一类是非实物形态的资产，如可供出售金融资产、持有至到期投资、长期应收款、长期股权投资、开发支出、商誉、长期待摊费用和递延所得税资产等。

对于实物形态的长期资产，根据实物状况，核实资产后可以选择成本、收益或市场途径适用的评估方法进行评估；对于非实物形态的长期资产，在核实资产后，需要根据所属行业财务、会计制度和计价原则等因素，采用相适应的评估方法。

第一节 货币资金

货币资金是指以货币形态存在的资产，根据存放地点和用途的不同，可以分为现金、银行存款和其他货币资金。现金是指企业的库存现金。银行存款是指企业存入银行或其他金融机构的货币资金。其他货币资金是指除现金和银行存款以外的其他各种货币资金，包括外埠存款、银行本票存款、信用卡存款、信用证保证金存款、银行汇票存款以及存出投资款等。

一、申报明细表的审核

取得货币资金评估申报明细表，核对表内各项内容是否齐全。库存现金申报表应包括存放地点、币种、账面金额和评估基准日汇率等内容，银行存款申报表应包括开户银行、账号、币种、账面金额和评估基准日汇率等内容，其他货币资金申报表应包括名称及内容、用途、币种、金额和基准日汇率等内容。

核对申报明细表合计金额与资产负债表余额是否相符，核对现金日记账、银行存款日记账和总账是否相符，核对总账与申报明细表是否相符。

核查评估基准日和现场盘点日之间库存现金的收支变化情况。核查银行存款余额调节表，核实调节表数据计算的正确性，核查调节后的银行存款存在差异的原因，核查未达账项的真实性，核查评估基准日和现场核查日期间的银行存款、其他货币资金的收支变化情况，核对银行存款总账余额与银行对账单汇总金额。

二、盘点及函证

盘点库存现金，必须有企业出纳人员和会计主管参加，评估人员监盘。盘点程序包括：要求出纳人员提供所保管的全部现金和有价证券，并列出明细清单，说明所有权；出纳人员清点，评估人员监点；编制库存现金盘点表；评估人员检查是否有未入账单据；编制库存现金追溯表，确定评估基准日的库存现金。

$$\frac{\text{基准日的}}{\text{库存现金}} = \frac{\text{盘点日的}}{\text{现金实有数}} - \frac{\text{基准日至盘点}}{\text{日的现金收入}} + \frac{\text{基准日至盘点}}{\text{日的现金支出}}$$

通过向往来银行或其他金融机构函证，核对银行存款账户名称、银行账号、币种、利率、基准日或报表日的余额、起止日期，核对是否被用于质押、担保或存在其他使用限制等情况。

三、评定估算

对于货币资金的评估,实际是对现金和各项存款的清查确认,最终以核实后的实有额作为评估值。如有外币存款,应按评估基准日的汇率折算成人民币值。

四、报告及披露要求

货币资金评估说明一般要求披露:

1. 相关资产的内容、类型和账面金额。
2. 存放地点、形成时间。
3. 核实方法和过程;评估值确定方法。
4. 评估结果和差异。

货币资金部分还应关注:现金出现负数的原因及处理、未达账项对净资产的影响、函证不符情况下的处理方式等。

对货币资金的评估通常不会单独出具评估报告,一般作为企业整体价值评估报告中的一部分。注册资产评估师应当在评估报告中披露必要信息,使报告的阅读者充分了解评估过程,正确理解评估结论。

第二节 交易性金融资产

根据《企业会计准则第22号——金融工具确认和计量》,金融资产满足下列条件之一的,应当划分为交易性金融资产:

1. 取得该金融资产的目的,主要是为了近期内出售或回购。如购入的拟短期持有的股票,可作为交易性金融资产。
2. 属于进行集中管理的可辨认金融工具组合的一部分,且有客观证据表明企业近期采用短期获利方式对该组合进行管理。如基金公司购入的一批股票,目的是短期获利,该组合股票应作为交易性金融资产。
3. 属于衍生工具。即一般情况下,购入的期货等衍生工具,应作为交易性金融资产,因为衍生工具的目的就是为了交易。但是,被指定且为有效套期工具的衍生工具、属于财务担保合同的衍生工具、与在活跃市场中没有报价且其公允价值不能可靠计量的权益工具投资挂钩并须通过交付该权益工具结算的衍生工具除外,因为它们不能随时交易。

交易性金融资产通常表现为企业为了近期内出售而持有的股票、债券和基金投资,如以赚取差价为目的从二级市场购买的股票、债券和基金等。交易性金融资产是近年新增加的会计科目,主要为了适应现在的股票、债券和基金等出现的市场交易,取代了原来的短期投资,与之类似,又有不同。交易性金融资产是一项流动性仅次于现金的流动资产。通常企业持有交易性金融资产的目的在于有效利用暂时闲置的资金,以取得高于同期银行存款利息的收入，并可以及时兑换现金，或者实现套期保值。

一、申报明细表的审核

核对交易性金融资产评估申报明细表表内各项内容。交易性金融资产申报表应包括被投资（基金发行）单位名称、股票（债券、基金）名称、基金类型、基金代码、投资（债券、基金发行）日期、持股数量、成本、账面价值、基准日股票收盘价（每份基金净值）和债券票面利率等内容。

二、核实

核实主要包括：确定将评估对象划分为交易性金融资产是否符合《企业会计准则》的规定；核对相关明细账与总账、资产负债表是否相符；检查非记账本位币交易性金融资产的折算汇率及折算结果是否正确；核查评估基准日和现场盘点日之间的交易性金融资产的数量增减变化情况和市场价值变化情况；向相关金融机构函证。

三、评定估算

（一）股票投资的评估

股票是股份有限公司发行的、用以证明投资者股东身份和权益，并据以获得股息和红利的有价证券。

股票按不同的分类标准可分为：记名股票和不记名股票；有面值股票和无面值股票；普通股股票和优先股股票；上市交易股票和非上市交易股票。对于股票的价值评估，一般分为上市交易股票和非上市交易股票两类进行。非上市交易股票通常由于不能取得满足其公允价值计量要求的、持续存在的活跃市场报价，无法将其认定为交易性金融资产或可供出售金融资产，但是考虑章节的问题，将其评估方法也在本节统一介绍。

1. 上市交易股票的评估。**上市交易股票**是指企业公开发行的、可以在证券交易所上市自由交易的股票，不包括可以在场外交易的股票。对于上市交易股票的评估，在正常情况下可以采用市场法，即按照评估基准日的收盘价确定被评估股票的价值。所谓正常情况是指股票市场发育正常，股票自由交易，没有非法炒作的现象。在非正常情况下，股票的市场价格就不能完全作为评估的依据，而应采用评估非上市交易股票的方法，以股票的内在价值作为评估股票价值的依据。

【例5-1】某企业基准日交易性金融资产为持有某上市公司股票50 000股，评估基准日股票收盘价为10元/股，则：

股票评估值 = 50 000 × 10 = 500 000（元）

2. 非上市交易股票的评估。非上市交易股票又分为普通股和优先股两种。

（1）普通股股票的评估。对于非上市普通股股票的评估，实际是对普通股的预期收益预测并折算成评估时点的价值。所以在确定未来收益和折现率时，就需要对股票发行企业进行全面、客观的了解与分析，包括：企业历史的利润水平和股利分配政策、发展前景、所处行业的前景、盈利能力、管理人员的素质和创新能力等。

对普通股股票的评估可以参照本书第六章的相关内容。

（2）优先股股票的评估。按照惯例，优先股在发行时就已规定了股息率。对优先股评估，主要是判断股票发行企业是否有足够的税后利润用于优先股的股息分配。如果股票发行企业资本构成合理，盈利能力强，优先股的收益有保证，评估人员可以根据事先确定的股息率计算优先股的年收益额，然后进行折现或资本化处理。其计算公式为：

$$P = \sum_{i=1}^{\infty} \frac{R_i}{(1+r)^i} = \frac{A}{r}$$

式中：P 为优先股的评估值；R_i 为第 i 年的优先股收益；r 为折现率；A 为优先股的等额股息收益。

【例 5-2】被评估企业基准日持有 A 公司优先股 50 000 股，每股面值 10 元，年股息率为 10%。经评估人员了解分析，A 公司具有较强的盈利能力，能保证优先股股利的持续分配，折现率确定为 8%，则该优先股评估值为：

$$P = \frac{A}{r} = \frac{50\ 000 \times 10 \times 10\%}{8\%} = 625\ 000\ （元）$$

（二）债券投资的评估

债券是政府、企业、银行等债务人为了筹集资金，按照法定程序发行的、并向债权人承诺在指定日期还本付息的有价证券。债券具有如下特点：一是投资风险小。在正常情况下，无论是政府、企业或银行发行债券都必须按国家有关规定严格执行，投资风险相对较小；二是到期还本付息，收益相对稳定；三是具有较强的流动性。

债券的评估一般分为上市交易债券的评估和非上市交易债券的评估。一般来说，非上市交易债券由于不能取得满足其公允价值计量要求的、持续存在的活跃市场报价，无法将其认定为交易性金融资产或可供出售金融资产，但是考虑到章节问题，将其评估方法也在本节统一介绍。

1. 上市交易债券的评估。**上市交易的债券**是指可以在证券市场上流通交易、自由买卖的债券。可上市交易的债券的现行价格，一般以评估基准日的收盘价作为评估值。但在特殊情况下，如证券市场投机严重、债券价格严重扭曲、不能代表其实际价格时，可参照非上市债券的评估方法进行评估。

【例 5-3】被评估企业基准日持有上市债券账面余额为 10 万元（债券 1 000 张，面值 100 元/张），评估基准日收盘价为 115 元/张，经评估人员了解分析，评估基准日债券市场正常，该收盘价较为合理，则债券评估值为：

债券评估值 = 1 000 × 115 = 115 000（元）

2. 非上市交易债券的评估。**非上市债券**是指不能在市场上流通交易、自由买卖的债券。对于非上市债券，主要采用收益法进行评估。根据债券付息方式把债券分为到期一次还本付息债券和分次付息到期一次还本债券两种类型，评估时采用不同方法计算其评估值。

（1）到期一次还本付息债券的评估。其评估值计算公式为：

$$P = \frac{F}{(1+r)^n}$$

式中：P 为债券的评估值；F 为债券到期时本金和利息之和；n 为评估基准日到债券还本付息的期限；r 为折现率。

关于本利和 F 的计算，应视债券利率是采用单利计算或复利计算而定。

①采用单利计算时，可按下式计算：

$$F = A \cdot (1 + m \cdot r)$$

②采用复利计算时，可按下式计算：

$$F = A \cdot (1 + r)^m$$

式中：A 为债券面值或计算本金值；m 为债券的期限或计息期限；r 为债券利息率。

【例 5-4】被评估企业评估基准日持有 A 公司发行的债券 10 万元，发行期为 4 年，年利率 10%，单利计息，到期后一次性还本付息。评估时债券的购入时间已满 3 年。经评估人员了解分析，A 公司经营业绩较好，1 年后有还本付息的能力，风险不大，确定折现率为 6%，债券评估过程如下：

$$F = 100\,000 \times (1 + 10\% \times 4) = 140\,000 \text{（元）}$$

$$P = 140\,000 \div (1 + 6\%) = 132\,075 \text{（元）}$$

（2）分次付息到期一次还本债券的评估。此类债券的评估宜采用有限期的收益法，其计算公式为：

$$P = \sum_{i=1}^{n} \frac{R_i}{(1+r)^i} + \frac{A}{(1+r)^n}$$

式中：P 为债券的评估值；A 为债券的面值；R_i 为债券在第 i 年的预期收益（利息）；r 为适用的折现率；i 为评估基准日距收取利息日期限；n 为评估基准日距到期还本日期限。

【例 5-5】被评估企业基准日持有 A 公司发行的债券 10 万元，发行期为 3 年，年利率 10%，单利计息，按年付息，到期还本。评估时债券购入已满一年，第一年利息已作投资收益入账。经评估人员了解分析，A 公司经营业绩较好，1 年后有还本付息的能力，风险不大，确定折现率为 6%，债券评估过程如下：

$$P = 10\,000 \times (1 + 6\%)^{-1} + 10\,000 \times (1 + 6\%)^{-2} + 100\,000 \times (1 + 6\%)^{-2}$$
$$= 107\,333 \text{（元）}$$

四、报告及披露要求

交易性金融资产评估说明一般要求披露：

1. 交易性金融资产的种类（包括企业为交易目的所持有的债券、股票、基金及其他交易性金融资产等）、形成时间及对应金额；
2. 交易性金融资产的核实方法和结果；
3. 交易性金融资产公允价值的形成，以及交易性金融资产的变现能力；
4. 上市交易的债券、股票、基金应当说明评估基准日前后一段时间内的交易价格、持有量及评估计算过程；非上市的债券、股票、基金应当说明票面利率或者约定利率及评估计算过程；
5. 交易性金融资产公允价值与评估价值类型的一致性，并说明评估值确定的方法和结果。

对交易性金融资产的评估通常不会单独出具评估报告,一般作为企业整体价值评估报告中的一部分。注册资产评估师应当在评估报告中披露必要信息,对于上市交易的股票和债券,必须说明所用评估方法和结论,并申明该评估结果应随市场价格变动予以调整,使报告阅读者充分了解评估过程,合理理解评估结论。

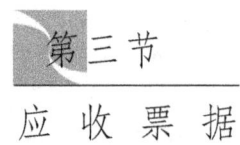

第三节 应 收 票 据

应收票据是指企业持有的、尚未到期兑现的商业票据。商业票据是一种载有一定付款日期、付款地点、付款金额和付款人的无条件支付的流通证券,也是一种可以由持票人自由转让给他人的债权凭证。应收票据按照到期时间分类可分为短期应收票据和长期应收票据,如无特指,应收票据即为短期应收票据。

按是否带息应收票据可分为带息应收票据和不带息应收票据。带息应收票据是票面注明利息的应收票据,其利息应单独计算;不带息应收票据是票面不注明利息的应收票据,其利息包含在票面本金之中。

应收票据核算企业因销售商品、产品、提供劳务等而收到的商业汇票,包括银行承兑汇票和商业承兑汇票。

一、申报明细表的审核

获取应收票据评估明细表,应获得户名(结算对象)、出票日期、到期日期、票面利率、账面价值等信息;复核加计是否正确,并与总账数和明细账合计数核对是否相符;结合坏账准备科目与报表数核对是否相符;检查非记账本位币应收票据的折算汇率及折算是否正确;检查逾期票据是否已转为应收账款。

二、核实

取得企业"应收票据备查簿",核对其是否与账面记录一致。在应收票据明细表上标出基准日至现场工作日已兑现或已贴现的应收票据,检查相关收款凭证等资料,以确认其真实性。

监盘库存票据,并与"应收票据备查簿"的有关内容核对;检查库存票据,注意票据的种类、号数、签收的日期、到期日、票面金额、合同交易号、付款人、承兑人、背书人的姓名或单位名称,以及利率、贴现率、收款日期、收回金额等是否与"应收票据登记簿"的记录相符;关注是否对背书转让或贴现的票据负有连带责任;注意是否存在已作质押的票据和银行退回的票据。

对应收票据进行函证,并对函证结果进行汇总、分析,同时对不符事项与审计师协商做出适当处理。

对于大额票据，应取得相应销售合同或协议、销售发票和出库单等原始交易资料并进行核对，以证实是否存在真实交易。

复核带息票据的利息计算是否正确；并检查其会计处理是否正确。

对贴现的应收票据，复核其贴现息计算是否正确，会计处理是否正确。编制已贴现和已转让但未到期的商业承兑汇票清单，并检查是否存在贴现保证金。

三、评定估算

应收票据的评估主要有以下两种方法：

（一）按应收票据的本利和计算

应收票据的评估值为票据的面值加上应计利息。其计算公式为：

应收票据评估值＝票据面值×(1＋利息率×时间)

对于不带息应收票据，票据面值即为评估值。

【例5-6】某公司拥有一张期限为3个月的商业汇票，本金10万元，月息为8‰，评估基准日离付款期尚有2个月，因此确定评估值为：

应收票据评估值＝100 000×(1＋8‰×1) ＝100 800（元）

（二）按应收票据的贴现值计算

应收票据的评估值为评估基准日到银行申请贴现的贴现值。其计算公式为：

应收票据评估值＝票据到期价值－贴现息

贴现息＝票据到期价值×贴现率×贴现期

【例5-7】甲企业拥有一张商业无息汇票，面值100万元，汇票到期日为9月30日。现对该企业进行评估，评估基准日为6月30日。由此确定贴现期为90天，贴现率按月息5‰计算，则有：

贴现息＝(100×5‰÷30)×90＝1.5（万元）

应收票据评估值＝100－1.5＝98.5（万元）

如果被评估的应收票据系在规定的时间内尚未收回的票据，由于会计处理上要求将不能如期收回的应收票据转入应收账款账户，因此，此时也应按应收账款的评估方法进行评估。

四、报告及披露要求

应收票据评估说明一般要求披露：

1. 应收票据的种类（银行承兑汇票和商业承兑汇票）和金额；
2. 查阅票据凭证过程及结果、已变现应收票据的数额；
3. 可能形成坏账的应收票据的判断依据及评估值的确定过程及结果；并列示已成为坏账的应收票据的证据。

对应收票据单独出具评估报告的情形较少。可能会因出资、偿债、资产证券化等原因，客户提出单独评估的委托。这时，要根据不同目的和要求，选用相应价值类型进行评估和撰写报告。

应收票据评估通常作为企业价值评估的一部分,无论是单独出具的应收票据评估报告,还是作为企业价值评估报告的一个组成部分,注册资产评估师均应在评估报告中披露必要信息,使得报告的阅读者充分了解评估过程,合理理解评估结论。

第四节 应收股利(应收利润)与应收利息

应收股利(应收利润)是指企业因股权投资而应收取的现金股利以及应收其他单位的利润,包括企业股票实际支付的款项中包括的已宣告发放但尚未领取的现金股利和企业对外投资应分得的现金股利或利润等,但不包括应收的股票股利。

应收利息核算企业发放贷款、持有至到期投资、可供出售金融资产等应收取的利息。企业购入到期一次还本付息的持有至到期投资持有期间确认的利息收入,在"持有至到期投资"科目核算。

一、申报明细表的审核

获取的应收股利(应收利润)评估明细表,应包括户名(结算对象)、发生日期、股利(利润)所属期间、账面价值等内容。应收利息评估明细表则包括欠款单位名称(结算对象)、发生日期、本利所属期间、利息率和账面价值等内容。

复核加计是否正确,并与总账数和明细账合计数核对是否相符;结合坏账准备科目与报表数核对是否相符;检查非记账本位币应收股利、应收利息的折算汇率及折算是否正确。

关注到期一次还本付息债券投资的应收利息是否包含在应收利息明细表中,如有,则商审计师、企业调整至持有至到期投资科目。

二、核实

与投资(如长期股权投资、交易性金融资产、可供出售金融资产等)的相关评估结合,验证确定应收股利的计算是否充分、正确;与金融资产(如交易性金融资产、持有至到期投资、可供出售金融资产等)的相关评估结合,验证确定应收利息的计算是否充分、正确。

对于重大的应收股利、应收利息项目,审阅相关文件,测试其计算的准确性。必要时,向被投资单位函证并记录。

对至评估时已收回金额较大的款项进行常规检查,如核对收款凭证、银行对账单、股利分配方案等。

关注长期未收回且金额较大的应收股利和应收利息,询问被评估企业管理人员及相关人员或者查询被投资单位、欠款单位的情况,确定应收股利、应收利息的可收回性。必要时，向被投资单位函证股利、欠款单位利息支付情况，复核并记录函证结果。

三、评定估算

对于应收股利和应收利息的评估，通常在清查核实其账面余额的基础上，扣除可能的坏账损失来确定评估值。应收股利和应收利息发生坏账损失的可能性相对较小，如有确凿证据表明因被投资（或债券发行）单位原因无法支付股利（或利息）而逾期挂账的，企业通常需要同时采用个别认定法计提坏账准备。评估时需要关注相关证据预计有关回收损失。

对于有充分理由确信全部能收回的，按核实后的账面值确定评估值；对于符合有关规定核销或者有确凿证据表明无法收回的，可评估为零；对于有可能收不回来的，应采取适当的方法确定预计的回收损失，如账龄分析法或信用分析法。

四、报告及披露要求

应收股利和应收利息评估说明一般要求披露：
1. 应收股利、应收利息的主要业务内容和对应金额；
2. 应收股利、应收利息核实的方法及结果；
3. 应收股利、应收利息发生时间和原因，收回的可能性的判断过程及结果；
4. 可能形成坏账款项的判断依据及评估值确定的过程及结果；并列示已成为坏账的应收股利、应收利息的证据；
5. 坏账准备的评估处理。

对应收股利和应收利息的评估通常不会单独出具评估报告，一般作为企业整体价值评估报告中的一部分。注册资产评估师应当在评估报告中披露必要信息，使报告阅读者充分了解评估过程，合理理解评估结论。

第五节 应收账款及其他应收款

应收账款是指企业在正常的经营过程中因销售商品、产品、提供劳务等业务，应向购买单位收取的款项，包括应由购买单位或接受劳务单位负担的税金、代购买方垫付的各种包装费、运杂费等。

应收账款是伴随企业的销售行为发生而形成的一项债权。因此，应收账款的确认与收入的确认密切相关。通常在确认收入的同时，确认应收账款。

应收账款表示企业在销售过程中被购买单位所占用的资金。企业应及时收回应收账款以弥补企业在生产经营过程中的各种耗费，保证企业持续经营；对于被拖欠的应收账款应采取措施，组织催收；对于确实无法收回的应收账款，凡符合坏账条件的，应在取得有关证明并按规定程序报批后，作坏账损失处理。

应收账款是有特定范围的。首先，应收账款是指因销售活动或提供劳务而形成的债权，不包括应收职工欠款、应收债务人的利息等其他应收款；其次，应收账款是指流动资产性质债权，不包括长期的债权，如购买长期债券等；再次，应收账款是指本公司应收客户的款项，不包括本公司付出的各类存出保证金，如投标保证金和租入包装物等保证金。

其他应收款是企业应收款项的另一重要组成部分，是企业除应收票据、应收账款、预付账款、应收股利、应收利息、长期应收款等以外的各种应收及暂付款项。其他应收款通常包括暂付款，是指企业在商品交易业务以外发生的各种应收、暂付款项。

其他应收款主要包括：

1. 应收的各种赔款、罚款，如因企业财产等遭受意外损失而应向有关保险公司收取的赔款等；

2. 应收的出租包装物租金；

3. 应向职工收取的各种垫付款项，如为职工垫付的水电费、应由职工负担的医药费、房租费等；

4. 存出保证金，如租入包装物支付的押金；

5. 预付账款转入（有确凿证据表明其不符合预付账款性质，或者因供货单位破产、撤销等原因已无望再收到所购货物的预付账款）；

6. 备用金；

7. 其他各种应收、暂付款项。

对于应收账款和其他应收款的评估过程就是核实判断它们的可回收价值的过程。

一、申报明细表的审核

审核应收账款和其他应收款评估明细表，包括欠款单位名称（结算对象）、业务内容、发生时间、账龄、账面价值等内容。

复核加计是否正确，并与总账数和明细账合计数核对是否相符；结合坏账准备科目与报表数核对是否相符；检查非记账本位币应收款项的折算汇率及折算是否正确；分析有贷方余额的项目，查明原因，必要时作重分类调整；结合其他应收款、预收账款等往来项目的明细余额，调查有无同一客户多处挂账、异常余额，以及应收账款明细表中与销售无关的其他款项（如代销账户、关联方账户或雇员账户）。如有，应做出记录，必要时作调整；了解重大明细项目的其他应收款内容及性质，进行类别分析，重点关注是否存在资金被关联企业（或实际控制人）大量占用、变相拆借资金、隐性投资、误用会计科目以及或有损失等现象。

二、核实

1. 核查涉及应收账款的相关财务指标。

（1）分析信用政策是否发生变化，复核应收账款借方累计发生额与主营业务收入是否配比，并将当期应收账款借方发生额占销售收入净额的百分比与管理层考核指标，以及被评估企业相关赊销政策进行比较，如存在差异应查明原因；

（2）计算应收账款周转率、应收账款周转天数等指标，并与被评估企业以前年度指标、同行业同期相关指标对比分析，检查是否存在重大异常。

2. 获取或编制应收账款、其他应收款账龄分析表。

测试计算的准确性；将加总数与应收账款总分类账余额相比较，并调查重大调节项目；检查原始凭证，如销售发票、运输记录等，测试账龄核算的准确性。

在应收账款、其他应收款明细表上标出至评估时已收回的应收账款金额，对已收回金额较大的款项进行常规检查，如核对收款凭证、银行对账单、销货发票等，并注意凭证发生日期的合理性，分析收款时间是否与合同相关要素一致。

3. 实施函证程序。

选取函证项目，对函证实施过程进行控制；编制应收款项函证结果汇总表，对函证结果进行评价；核对回函内容与被评估单位账面记录是否一致，如不一致，分析不符事项的原因；检查销售合同、发运单等相关原始单据，分析被评估单位对于回函与账面记录之间差异的解释是否合理；编制应收款项函证结果调节表，并检查支持性凭证；如果不符事项构成错报，应商审计师重新考虑所实施审计程序的性质、时间和范围。

对未函证或未得到回函的应收款项实施替代程序，抽查有关原始凭据，如销售合同、销售订单、销售发票副本、发运凭证及回款单据等，以验证与其相关的应收款项的真实性。

检查应收账款、其他应收款中有无债务人破产或者死亡的，以及破产或者遗产清偿后仍无法回收的，或者债务人长期未履行偿债义务的，并检查坏账处理是否经授权批准，并向被评估企业获取相关证明。

检查向债务人询证回函的例外事项及存有争议的余额。

4. 评价坏账准备计提的适当性。

取得或编制坏账准备计算表，复核加计是否正确，与坏账准备总账数、明细账合计数核对是否相符。将应收款项坏账准备本期计提数与资产减值损失相应明细项目的发生额核对，看其是否相符。

检查应收账款、其他应收款坏账准备计提和核销的批准程序，取得书面报告等证明文件，评价计提坏账准备所依据的资料、假设及方法，复核坏账准备是否按经股东（大）会或董事会批准的既定方法和比例提取，其计算和会计处理是否正确。

根据账龄分析表选取金额大的账户、逾期的客户，以及认为必要的其他账户（如有收款问题记录的账户，收款问题行业集中的账户），复核并测试所选取账户期后收款情况。针对所选取的账户，与授信部门经理或其他负责人员讨论其可收回性，并复核往来函件或其他相关信息，以支持被评估单位就此做出的说明。针对坏账准备计提不足情况进行调整。

5. 核查企业是否存在应收账款质押或出售，以及相关账务处理的适当性。

三、评定估算

应收账款和其他应收款的评估主要有以下几种方法：

1. 账龄分析法。即按应收账款的时间长短，分析判断可收回的金额和坏账损失。一般来说，应收账款账龄越长，发生坏账损失的可能性越大。因此，可将应收账款按账龄长短分成几组，按组估计坏账损失的可能性，并进而计算坏账损失的金额。

【例 5-8】甲企业评估基准日应收账款账面余额为 475 万元，具体账龄情况如表 5-1 所示。

表 5-1　　　　　　　　　　应收账款账龄分析表　　　　　　　　　　单位：元

欠款单位	金额	账龄		
		1 年以下	1~3 年	3 年及 3 年以上
A	1 600 000	850 000	550 000	200 000
B	1 800 000	1 600 000	20 0000	
C	820 000	620 000	150 000	50 000
D	530 000	430 000	100 000	
合计	4 750 000	3 500 000	1 000 000	250 000

预计回收损失计算分析如表 5-2 所示。

表 5-2　　　　　　　　　　预计回收损失计算分析表　　　　　　　　　　单位：元

账龄	应收金额	预计回收损失率	回收损失金额
1 年以下	3 500 000	3%	105 000
1~3 年	1 000 000	15%	150 000
3 年及 3 年以上	250 000	30%	75 000
合计	4 750 000		330 000

根据表 5-2 计算得出：

应收账款评估值 = 4 750 000 - 330 000 = 4 420 000（元）

2. 坏账比例法。即按坏账的比例，判断不可回收的坏账损失的数额。坏账比例的确定，可以根据被评估企业前若干年（一般为 3~5 年）的实际坏账损失额与其应收账款发生额的比例确定。其计算公式如下：

$$坏账比例 = \frac{评估前若干年发生的坏账数额}{评估前若干年应收账款余额} \times 100\%$$

【例 5-9】甲企业评估基准日应收账款账面余额为 780 万元，前 5 年的应收账款发生情况及坏账损失情况如表 5-3 所示。

表 5-3　　　　　　　　　　坏账损失情况表　　　　　　　　　　单位：元

年度	应收账款余额	坏账损失	备注
前 5 年	4 870 000	250 000	
前 4 年	3 760 000	330 000	
前 3 年	5 790 000	370 000	
前 2 年	3 560 000	120 000	
前 1 年	8 520 000	550 000	
合计	26 500 000	1 620 000	

由此计算前 5 年坏账损失占应收账款的百分比为：

坏账损失占应收账款的比例 = 1 620 000 ÷ 26 500 000 × 100% = 6.11%

预计回收损失额 = 780 × 6.11% = 47.66（万元）

确定坏账损失比例时，还应该分析因特殊原因造成的历史年度坏账损失。在计算坏账损失比例时，应将因特殊原因造成的坏账从中剔除，不能直接作为计算未来回收损失的依据。

3. 信用分析法。信用分析，是对反映债务人经济状况或影响债务人信用状况的若干指标赋予一定权重，通过某些特定方法得到信用综合分值或违约概率值，并将其与基准值相比来为债权定价，其代表为 z 计分模型。

z 计分模型是 Altman 1968 年提出的以财务比率为基础的多变量模型。该模型运用多元判别分析法，通过分析一组变量，使其在组内差异最小化的同时实现组间差异最大化，在此过程中要根据统计标准选入或舍去备选变量，从而得出 z 判别函数。将 z 值的大小同衡量标准相比，可以区分破产公司和非破产公司。1995 年，对于非上市公司，Altman 对 z 模型进行了修改，得到 z' 计分模型。Altman、Haldeman 和 Narayannan 在 1977 年对原始的 z 计分模型进行扩展，建立的第二代的 zeta 信用风险模型。该模型在公司破产前 5 年即可有效划分出将要破产的公司，其中破产前 1 年准确度大于 90%，破产前 5 年的准确度大于 70%。新模型不仅适用于制造业，而且其有效性同样适用于零售业。上述两种模型中，zeta 分类准确度比 z 计分模型高，特别是破产前较长时间的预测准确度相对较高。

四、报告及披露要求

应收账款及其他应收款评估说明一般要求披露：

（1）应收账款、其他应收款的主要业务内容和对应金额；

（2）应收账款、其他应收款核实的方法及结果；

（3）应收账款、其他应收款发生的时间和原因、收回可能性的判断过程及结果；

（4）可能形成坏账款项的判断依据及评估值确定的过程及结果，并列示已成为坏账的应收账款、其他应收款的证据；

（5）坏账准备的评估处理。

对应收账款及其他应收款单独评估并出具评估报告的情形较少。客户可能会因出资、偿债、资产证券化或以财务报告为目的等原因，提出单独评估的委托。这时，要根据不同的目的和要求，选用相应价值类型进行评估和撰写报告。

应收账款及其他应收款评估通常作为企业价值评估的一部分，无论是单独出具的评估报告，还是作为企业价值评估报告的一个组成部分，注册资产评估师均应在评估报告中披露必要信息，使报告阅读者充分了解评估过程，合理理解评估结论。

第六节 预付账款

预付账款是指企业按照购货合同的规定，预付给供应单位的款项，也是公司债权的组成部分。预付账款一般包括预付的货款和预付的购货订金。预付账款按实际付出的金额入账，如预付的材料、商品采购货款、必须预先发放的在以后收回的农副产品预购订金等。预付账款还包括施工企业的预付工程款和预付备料款等。

一、申报明细表的审核

审核预付账款评估明细表，包括收款单位名称（结算对象）、业务内容、发生日期、账龄和账面价值等情况。

复核加计是否正确，并与总账数和明细账合计数核对是否相符，结合坏账准备科目与报表数核对是否相符；结合应付账款明细，查核有无重复付款或将同一笔已付清的账款在预付账款和应付账款两个科目中同时挂账的情况；分析出现贷方余额的项目，查明原因，必要时建议进行重新分类调整；对期末预付账款余额与上期期末余额进行比较，了解其波动原因。

对账龄较长已不符合流动资产性质的、预付的在建工程款和固定资产采购款，建议进行账务调整。

二、核实

1. 分析预付账款账龄及余额构成。确定各笔款项是否根据有关购货合同支付；检查一年以上预付账款未核销的原因及发生坏账的可能性，检查不符合预付账款性质的或因供货单位破产、撤销等原因无法再收到所购货物的是否已转入其他应收款。

2. 选择预付账款的重要项目进行函证，对未函证或未取得回函的实施替代的检查程序（检查原始凭单，如合同、发票、验收单等），核实预付账款的真实性。

3. 检查现场核查日后的预付账款、存货及在建工程明细账，并检查相关凭证，核实期后是否已收到实物并转销预付账款，分析现场核查日预付账款的真实性和完整性。

4. 关注关联方预付账款的真实性、合法性，检查预付账款的坏账准备计提是否正确。

5. 关注是否存在货物已到（或相关劳务已提供）、但正式发票未到的预付款项。

三、评定估算

对于预付账款的评估，在于判断其是否包含权利价值，以及权利实现的可能性。如果预付账款的效益已在评估基准日前全部体现，仅因未取得发票而挂账，那么这种预付账款不应在评估中作价。只有那些在评估基准日后仍发挥作用的预付账款，才具有相应的评估值。

【例5-10】某企业评估基准日中预付账款中有预付某宾馆20万元会议费。经评估人员核实,该会议在基准日前已召开,预付会议费已经全部支出,只是由于发票未到企业尚未做账。因此,该20万元预付账款应评估为零。

对于账龄较短、发生损失可能性不大的预付账款,评估值可按核实后的账面值确认。对于账龄较长、很可能发生损失的预付账款,如果未转入其他应收款,或者未计提坏账准备,也应在评估中采用账龄分析、坏账比例等方法扣除其预计回收损失。

四、报告及披露要求

预付账款评估说明一般要求披露:

1. 预付账款的主要业务内容和对应金额;
2. 预付账款核实的方法及结果;
3. 预付账款发生时间和原因,收回可能性的判断过程及结果;
4. 可能形成坏账款项的判断依据及评估值确定的过程及结果;并列示已成为坏账的预付账款的证据;
5. 坏账准备的评估处理。

对预付账款的评估通常不会单独出具评估报告,而是作为企业整体价值评估报告中的一部分。注册资产评估师应当在评估报告中披露必要信息,使得报告阅读者充分了解评估过程,合理理解评估结论。

第七节 存 货

存货是指企业在日常活动中持有以备出售的产成品或商品、处在生产过程中的在产品、在生产过程或提供劳务过程中耗用的材料、物料等。存货区别于固定资产等非流动资产的最基本的特征是,企业持有存货的最终目的是为了出售,不论是可供直接销售,如产成品、商品等,还是需经过进一步加工后才能出售,如原材料等。

存货包括各种材料、低值易耗品、在产品、产成品及库存商品等。

一、申报明细表的审核

审核各项存货的评估申报明细表。材料采购(在途物资)、原材料、委托加工物资、产成品(库存商品、开发产品、农产品)、在产品(自制半成品)、发出商品、在库周转材料明细表的内容均应包括名称、规格型号、计量单位、账面价值(数量、单价、金额)。原材料、在库周转材料还包括存放地点(委托加工物资、发出商品则分别为"加工单位名称"、"对方单位名称")。在用周转材料则包括名称、规格型号、启用日期、原始入账价值、(摊余)账面价值(数量、金额)。

复核加计明细表是否正确,并与总账数、明细账合计数核对是否相符,结合跌价准备科目与报表数核对是否相符。

需要提醒关注申报存货存在负数的情况。应查明原因，必要时商审计师或管理层进行调整。可能的情况主要有：

1. 外购存货已经入库，由于发票未到或者货款未付等原因，没有按会计准则的规定办理验收入库手续并及时入账，但由于销售或耗用导致存货发出并已从账上转出，使得存货账面产生未进先出而形成负数数量和负数余额；

2. 因舞弊或差错，导致存货多转发出数量和少转发出成本；

3. 串货（发票开错或发货发错）引起。

二、核实

1. 核对分析。

（1）原材料。比较当年及以前年度原材料成本占生产成本百分比的变动，并对异常情况进行了解；比较原材料的实际用量与预算用量的差异，并分析其合理性；核对仓库记录的原材料领用量与生产部门记录的原材料领用量是否相符，并对异常情况做出解释；根据标准单耗指标，将原材料收发存情况与投入产出比较，以分析本期原材料领用、消耗及结存的合理性。

（2）库存商品。按品种分析库存商品各月单位成本的变动趋势，以评价是否有调节生产成本或销售成本的因素；比较前后各期的主要库存商品的毛利率（按月、按生产线、按地区等）、库存商品周转率和库存商品账龄等，评价其合理性并对异常波动做出解释，查明异常情况的原因；比较库存商品存量与产量及库存能力的差异，并分析其合理性；核对仓库记录的入库量与生产部门记录的产量是否一致，并对差异做出解释；核对发票记录的数量与发货量、订货量、主营业务成本记录的销量是否一致，并对差异做出解释；比较库存商品销量与产量或采购量的差异，并分析其合理性；比较库存商品销量和平均单位成本之积与账面库存商品销售成本的差异，并分析其合理性。

（3）生产成本。对生产成本进行分析性复核，检查各月及前后期同一产品的单位成本是否有异常波动，注意是否存在调节成本现象；分别比较前后各期及本年度各个月份的生产成本项目，以确定成本项目是否有异常变动以及是否存在调整成本的现象；比较当年及以前年度直接材料、直接人工及制造费用占生产成本的比例，并查明异常情况的原因；核对材料发出量与生产领用量、实物领用量与账务记录量的一致性；核查工资部门记录的人工成本与生产部门记录的工时和工资标准之积，并了解异常情况的原因。

了解企业的生产工艺流程和成本核算方法，检查成本核算方法与生产工艺流程是否匹配，前后期是否一致并做出记录；抽查成本计算单，检查直接材料、直接人工及制造费用的计算和分配是否正确，并与有关佐证文件（如领料记录、生产工时记录、材料费用分配汇总表和人工费用分配汇总表等）相核对。

获取完工产品与在产品的生产成本分配标准和计算方法，检查生产成本在完工产品与在产品之间以及完工产品之间的分配标准和方法是否适当。

对采用标准成本或定额成本核算的，获取标准成本或定额成本以及材料成本差异的计算和分配方法。

2. 实物盘点。选取代表性样本，抽查存货明细账的数量与盘点记录的存货数量是否一致，以确定存货明细账的数量的准确性和完整性；从明细账中选取具有代表性的样本，与盘点报告（记录）的数量核对；从盘点报告（记录）中抽取有代表性的样本，与明细账的数量核对。其中存货样本的抽查比例应根据被评估企业内控制度及执行状况、存货在全部资产中的重要程度决定。对抽查发现问题较多的，应扩大样本量。通常抽查样本应达到全部存货价值的60%或数量的40%。

对存放在外（以及委托加工、销售）的存货需取得并核对相关存放地的证明文件（包括相关合同协议），进行函证，大额或重要的还应实施现场查验。

3. 进行各项测试。进行存货入库的截止测试、出库截止测试、原材料计价方法的测试等。

检查原材料发出计价的方法是否正确，了解企业原材料发出的计价方法，前后期是否一致，并抽取主要材料复核其计算是否正确；若原材料以计划成本计价，还应检查材料成本差异的发生和结转的金额是否正确。编制本期发出材料汇总表，与相关科目勾稽核对，并复核月发出材料汇总表的正确性。结合原材料的盘点检查，期末有无"料到单未到"的情况，如有，应了解是否已暂估入账，其暂估价是否合理。

三、评定估算

（一）材料的评估

材料是指企业在生产过程中经加工改变其形态或性质并构成产品主要实体的各种原料及主要材料、辅助材料、外购半成品（外购件）、修理用备件（备品备件）、包装材料、燃料等。为建造固定资产等各项工程而储备的各种材料，虽然同属于材料，但是，由于用于建造固定资产等各项工程，不符合存货的定义，不能作为企业的存货进行核算，在"工程物资"科目核算。

对材料进行评估时，可以根据材料购进情况，选择相适应的方法。

1. 近期购进库存材料的评估。近期购进材料，库存时间短，在市场价格变化不大的情况下，其账面值与现行市价基本接近。评估时，可以按账面值确认，也可以采用市场法评估。

2. 购进批次间隔时间长、价格变化大的库存材料的评估。这类材料评估时，一般以基准日的市场价格作为其评估值。

【例5-11】某企业要求对其库存的煤炭进行评估。该煤炭是分两期购进的，第一批购进时间是上年12月，购进1 000吨，每吨500元，第二批是今年2月购进的，数量3 000吨，每吨550元。今年3月31日评估时，需评估煤炭的数量是4 000吨，基准日市场价格为580元，确定评估值为：

煤炭评估值 = 4 000 × 580 = 2 320 000（元）

3. 缺乏现行市价材料的评估。部分材料购置时间早，市场已无相同产品，没有市场现价。这类材料的评估，可以通过寻找替代品的价格变动资料来修正材料价格；也可以在市场供需分析的基础上，确定该项材料的供需关系，并以此修正材料价格；还可以通过市场同类商品的平均物价指数进行评估。

4. 呆滞材料的评估。呆滞材料是指从企业库存材料中清理出来，需要进行处理的材料。由于积压时间较长，可能会因为自然力作用和保管不善而造成使用价值的下降。对这类资产评估时，应通过分析计算，扣除相应的贬值额后确定评估值。

除了会计账面反映的库存材料，对盘盈、盘亏材料，应在对申报内容核实基础上查明原因，要求企业提供相关证据及说明，符合条件的应商审计师和管理层做出账务调整。评估原则及适用方法与账内相同或类似材料相同。

（二）低值易耗品的评估

1. 低值易耗品的基本概念。**低值易耗品**是指单项价值在规定限额以下或使用期限不满一年、但能多次使用而基本保持其实物形态的劳动资料。尽管财务制度规定了划分固定资产和低值易耗品的一般标准，但各行业、各地区在对二者划分上却是不一样的。因此，评估过程中确定劳动资料是否是低值易耗品，原则上视其在企业中的作用判断，一般可尊重企业原来的划分方法。

包装物和低值易耗品可以在周转材料科目核算，也可以单独设置"包装物"、"低值易耗品"科目。

2. 低值易耗品的特点。与典型流动资产相比，低值易耗品具有周转时间长、不构成产品实体等特点。低值易耗品在用期间其价值分次转移，报废之前其实物形态基本不变。

3. 低值易耗品的分类。

（1）低值易耗品按用途分类，可以分为以下几类：一般工具，专用工具，替换设备，管理用具，劳动保护用品及其他。这种分类的目的，在于可按低值易耗品的大类进行评估，以减少评估工作量。

（2）低值易耗品按使用情况分类，可以分为两类：一是在库低值易耗品，二是在用低值易耗品。这种分类的目的是便于根据低值易耗品的具体使用情况，选用不同的评估方法。

4. 低值易耗品的评估。

（1）在库低值易耗品的评估。可以根据具体情况，采用与材料评估相同的方法。

（2）在用低值易耗品的评估。可以采用成本法进行评估。在用低值易耗品评估值计算公式为：

在用低值易耗品评估值 = 全新低值易耗品的价值 × 成新率

全新低值易耗品的价值，可以直接采用其账面价值（价格变动不大），也可以采用现行市场价格，或通过物价变动指数调整加以确定。在用低值易耗品成新率计算公式为：

$$成新率 = \left(1 - \frac{低值易耗品实际已使用月数}{低值易耗品可使用月数}\right) \times 100\%$$

由于低值易耗品使用期限较固定资产短，所以一般不考虑其功能性损耗和经济性损耗。评估师在确定低值易耗品成新率时，应根据其实际损耗程度确定。一般来说，不能够按照其摊销方式确定其成新率。

【例5-12】被评估企业基准日某项低值易耗品，原价1 500元，预计使用1年，现已使用9个月，该低值易耗品现行市价为1 200元，由此确定其评估值为：

在用低值易耗品评估值 = 1 200 × (1 - 9 ÷ 12) × 100% = 300（元）

(三) 在产品的评估

在产品是指企业正在制造尚未完工的产品，包括正在各个生产工序加工的产品和已加工完毕但尚未检验或已检验但尚未办理入库手续的产品。对外销售的在产品视同产成品评估。具体的评估方法有：

1. 成本法。成本法是根据技术鉴定和质量检测的结果，按评估时的相关市场价格及费用水平重置同等级在产品所需投入合理的料、工、费计算评估值。这种评估方法只适用于生产周期在半年以上或一年以上，仍需继续生产、销售并且有盈利的在制品等的评估。对生产周期短的在制品主要以其发生成本为计价依据。在没有变现风险的情况下，可根据其账面值进行调整。具体方法有以下几种：

（1）按价格变动系数调整原成本。对生产经营正常、会计核算水平较高的企业在制品的评估，可参照实际发生的原始成本，根据至评估基准日的市场价格变动情况，调整成重置成本。其计算公式为：

$$\text{在产品评估值} = \text{原合理材料成本} \times (1 + \text{价格变动系数}) + \text{原合理工资、费用} \times (1 + \text{合理工资、费用变动系数})$$

需要说明的是，在产品成本包括材料、工资和其他费用三部分。其他费用属间接费用，工资费用尽管是直接费用，但也同间接费用一样较难测算。因此评估时将工资和其他费用合为一项费用。

（2）按社会平均工艺定额和现行市价计算评估值。该方法是按重置同类资产的社会平均成本确定被评估在制品的价值。其计算公式为：

$$\text{在产品评估值} = \text{在产品实有数量} \times (\text{该工序单件材料工艺定额} \times \text{单位材料现行市价} + \text{该工序单件工时定额} \times \text{正常工资、费用})$$

对于工艺定额的选取，如果有行业的平均物料消耗标准的，可按行业标准计算；没有行业统一标准的，按企业现行的工艺定额计算。

【例5-13】某工厂在产品经核实为50件，每件钢材消耗定额200千克，每千克平均单价4.5元。每件在产品累计工时定额10小时，工资及福利费每小时20元，其他费用每小时5元，根据以上资料评估该在产品每件评估值为：

P = 200 × 4.5 + 10 × (20 + 5) = 1 150（元）

50件评估值为：

P = 1 150 × 50 = 57 500（元）

（3）按在产品的完工程度计算评估值。在产品的最终形式为产成品，这种方法是将清查核实后的在产品数量，按照完工程度调整为约当产量，然后在计算产成品重置成本基础上，按在产品完工程度计算确定在产品评估值。其计算公式为：

在产品评估值 = 产成品重置成本 × 在产品约当产量

或： = 产成品重置成本 × 在产品完工率

在产品约当产量、完工率可以根据其完成工序与全部工序比例、生产完成时间与生产周期比例确定。当然,确定时应分析完成工序、完成时间与其成本耗费的关系。

2. 市场法。**市场法**是按同类在产品的市价,扣除销售过程中预计发生的费用后计算评估值。这种方法适用于因产品下马,在产品和自制半成品只能按评估时的状态向市场出售情况下的评估。一般来说,被评估资产通用性好,能用于产品配件更换或用于维修,则其评估值就比较高。而那些不能继续生产,又无法通过市场调剂出去的专用配件只能按废料回收价格进行评估。其计算公式为:

(1) 在产品评估值 = 在产品实有数量 × 可接受的不含税的单位市场价格 – 预计销售过程中发生的费用

(2) 某报废在产品评估值 = 可回收废料的重量 × 单位重量现行的回收价格

【例5-14】甲企业因产品技术落后而全面停产,准备并入另一家企业,相关在产品资料如下:在产品账面记录的成本为80万元。按其状态及通用性分为两类:

第一类:已加工成部件,可通过市场销售且流动性较好的A在产品1 200件,现行市价为每件400元;

第二类:加工成的部件无法销售,又不能继续加工,只能报废处理的B在产品3 000件,可回收废料价格为每件10元。

对于第一类在产品,可根据市场可接受现行价格确定评估值(本例对销售费用忽略不计)。第二类在产品只能按废料的回收价格确定评估值。

甲企业在产品评估值 = 1 200 × 400 + 3 000 × 10 = 510 000(元)

(四) 产成品及库存商品的评估

产成品及库存商品是指工业企业已经完成全部生产过程并验收入库,可以按照合同规定的条件送交订货单位或者可以作为商品对外销售的产品。企业接受外来原材料加工制造的代制品和为外单位加工修理的代修品,制造和修理完成验收入库后,应视同企业的产成品。产成品科目核算的内容包括库存产成品、外购商品、存放在门市部准备出售的商品、发出展览的商品以及寄存在外的商品等。

对此类存货应依据其变现能力和市场可接受的价格进行评估,适用的方法有成本法和市场法。

1. 成本法。采用成本法对生产及加工工业的产成品评估,主要根据生产、制造该项产成品全过程中发生的成本费用确定评估值。具体应用过程中,可分以下两种情况进行:

(1) 当评估基准日与产成品完工时间较接近,成本升降变化不大时,可以直接按产成品账面成本确定其评估值。其计算公式为:

产成品评估值 = 产成品数量 × 单位产成品账面成本

(2) 当评估基准日与产成品完工时间相距较远,制造产成品的成本费用变化较大时,产成品评估值可按下列两种方法计算:

方法一:

$$\text{产成品评估值} = \text{产成品实有数量} \times \left(\text{合理材料工艺定额} \times \text{材料单位现行价格} + \text{合理工时定额} \times \text{每小时合理工时工资、费用} \right)$$

方法二：

$$产成品评估值 = 产成品实际成本 \times \left(材料成本比例 \times 材料综合调整系数 + 工资、费用成本比例 \times 工资、费用综合调整系数\right)$$

【例 5-15】现对某企业进行资产评估。经核查，该企业产成品实有数量为 150 件，根据该企业的成本资料，结合同行成本耗用资料分析，合理材料工艺定额为 400 千克/件，合理工时定额为 30 小时。评估时，由于生产该产成品的材料价格上涨，由原来的 50 元/千克涨至 55 元/千克，单位小时合理工时工资、费用不变，仍为 20 元/小时。根据上述分析和有关资料，可以确定该企业产成品评估值为：

产成品评估值 = 150 × (400 × 55 + 30 × 20) = 3 390 000（元）

【例 5-16】某企业评估时产成品实有数量 100 台，每台实际成本 60 元，根据会计资料，生产该产品的材料费用与工资、其他费用的比例为 55∶45，根据目前价格变动情况和其他相关资料，确定材料综合调整系数为 1.05，工资、费用综合调整系数为 1.1。由此可以计算该产成品的评估值为：

产成品评估值 = 100 × 60 × (55% × 1.05 + 45% × 1.1) = 6 435（元）

2. **市场法**。**市场法**是指按不含价外税的可接受市场价格扣除相关费用后计算被评估产成品评估值的方法。应用市场法评估产成品，在选择市场价格时应注意考虑下面几项因素：

（1）产成品及库存商品的使用价值。根据所取得的产品技术水平和质量技术鉴定文件，确定产品是否具有使用价值以及产品的实际等级，以便选择合理的市场价格；

（2）分析市场供求关系和被评估产成品的前景，所选择的价格应是在公开市场上所形成的近期交易价格，非正常交易价格不能作为评估依据；

（3）产成品内在技术水平先进，但外表存有不同程度的残缺，可根据其损坏程度，通过调整系数予以调整。

采用市场法评估产成品时，现行市价中包含了成本、税金和利润的因素，如何处理待实现的利润和税金，应根据评估目的而定。假如以产成品出售价格咨询为目的的评估，应直接以现行市价作为其评估值，而无需考虑扣除其销售费用和税金。对企业价值评估（如股权转让）涉及的产成品，由于产成品在经济行为完成后按市价销售，流转税金和所得税等需要流出企业，为相关产成品销售产生的费用也应得到补偿，这部分不能作为产成品的评估价值，需要加以扣除。而待实现的利润净额是否能全部作为评估价值的组成部分，应根据具体情况分析确定。因此，在这种情况下，必须从市价中扣除各种税费和评估基准日企业产权持有者让渡给接收方的利润，将余下部分作为产成品的评估值。让渡给接收方利润的确定应充分考虑产成品的畅销程度、市场的容量和变现的时间等风险因素。

【例 5-17】甲企业拟进行以股权转让为目的的评估，评估基准日产成品 A 库存数量为 100 件，市场近期正常不含税价格为 50 元/件。该产品销售费用率为 3%，税金占收入的比例为 5%，利润率为 10%，经评估人员了解分析，A 产品属于一般销售商品，变现能力一般，因此本次评估考虑扣减 50% 的净利润。A 产品评估值为：

P = 100 × 50 × (1 - 3% - 5% - 10% × 50%) = 4 350（元）

四、报告及披露要求

存货评估说明一般要求披露：

（1）存货的种类、金额等。应当分别按材料采购（在途物资）、原材料、在库周转材料、委托加工物资、产成品（库存商品）、在产品（自制半成品）、发出商品和在用周转材料等进行说明。

（2）存货数量和质量核实的方法、过程和结果。

（3）外购存货账面记录的构成，并分析构成的合理性，说明市场价格的查询情况。

（4）自制存货的销售成本费用率及相关税费额或者比率的确定方法和数额。

（5）对外销售存货的适销程度及判断理由。

（6）在用存货成新率的确定方法。

（7）失效、变质、残损、无用等存货的可变现价值的判断过程和结论，或者技术鉴定（如需要）情况及可变现价值的判断情况。技术鉴定应当说明鉴定方法及鉴定结论。

对存货单独评估并出具评估报告的情形很少。可能会因出资、偿债、以财务报告为目的等原因，客户提出单独评估的委托。这时，要根据不同的目的和要求，选用相应的价值类型进行评估和撰写报告。

存货评估通常作为企业价值评估的一部分，无论是单独出具的评估报告，或是作为企业价值评估报告的一个组成部分，注册资产评估师应当在评估报告中披露必要信息，使得报告阅读者充分了解评估过程，合理理解评估结论。

第八节 一年内到期的非流动资产

一年内到期的非流动资产反映企业将于一年内到期的非流动资产项目金额，包括一年内到期的持有至到期投资、长期待摊费用和一年内可收回的长期应收款。对这项资产的评估主要在于核实资产并判断其可实现价值。

一、申报明细表的审核

审核评估明细表，包括项目及内容、发生日期、结算内容、账面价值等内容。复核加计正确，并与报表数、总账数和明细账合计数核对是否相符；检查非记账本位币的折算汇率及折算是否正确。

二、核实

采用相应的长期资产的评估程序进行核实。

三、评定估算

采用相应的长期资产的评估程序和方法进行估值。

四、报告及披露要求

一年内到期的非流动资产评估说明一般要求披露：
（1）一年内到期的非流动资产的内容和金额；
（2）一年内到期的非流动资产核实的方法和结果；
（3）一年内到期的非流动资产评估值确定的方法和结果。

对一年内到期的非流动资产单独评估并出具评估报告的情形很少。可能会因出资、偿债、以财报为目的等原因，客户提出单独评估的委托。这时，要根据不同目的和要求，选用相应的价值类型进行评估和撰写报告。

一年内到期的非流动资产评估通常作为企业价值评估的一部分，无论是单独出具的评估报告，或是作为企业价值评估报告的一个组成部分，注册资产评估师应当在评估报告中披露必要信息，使得报告阅读者充分了解评估过程，合理理解评估结论。

第九节 其他长期资产评估

一、可供出售金融资产

可供出售金融资产通常是指企业初始确认时即被指定为可供出售的非衍生金融资产，以及没有划分为以公允价值计量且其变动计入当期损益的金融资产、持有至到期投资、贷款和应收款项的金融资产。比如，企业购入的在活跃市场上有报价的股票、债券和基金等，没有划分为以公允价值计量且其变动计入当期损益的金融资产或持有至到期投资等金融资产的，可归为此类。

（一）申报明细表的审核

审核可供出售金融资产申报明细表，核对表中内容是否填写齐全、正确。可供出售金融资产申报明细表一般应包括：被投资单位名称、股票性质（或债券种类、金融资产名称）、投资（发行）日期、持有数量、基准日市价、成本（或债券面值）、账面价值，以及债券的票面利率和到期日等内容。

复核加计是否正确，与总账数和明细账合计数核对是否相符，结合可供出售金融资产减值准备科目与报表数核对是否相符。

（二）核实

1. 确定可供出售金融资产的余额正确并存在。对于没有划分为以公允价值计量且其变动记入当期损益的金融资产，获取股票、债券和基金等账户对账单，与明细账余额核对。需要时，向证券登记公司等发函询证，以确认其存在；

企业人员盘点库存可供出售金融资产，编制可供出售金融资产盘点表，评估师实施监盘并检查可供出售金融资产名称、数量、票面价值、票面利率等内容，并与相关账户余额进行核对；

如可供出售金融资产在评估现场核查日已售出或兑换，则追查至相关原始凭证，以确认其在评估基准日存在；

在外保管的可供出售金融资产等应查阅有关保管的文件，必要时可向保管人函证，复核并记录函证结果。了解在外保管的可供出售金融资产是否实质上为委托理财。如是，则应详细记录，分析资金的安全性和可收回性，提请企业重新分类，并充分披露；

结合银行借款等项目，分析判断企业的可供出售金融资产是否存在质押、担保事项。

2. 判断可供出售金融资产的计价正确。复核可供出售金融资产的计价方法，检查其是否按公允价值计量，前后期是否一致，公允价值取得依据是否充分；

与被评估单位讨论以确定实际利率依据是否充分，非本期新增投资，复核实际利率与前期是否一致；

重新计算持有期间的利息收入和投资收益。按票面利率计算确定当期应收利息，按可供出售金融资产摊余成本和实际利率计算确定当期投资收益，差额作为利息调整。与应收利息和投资收益中的相应数字核对无误；

复核可供出售金融资产的期末价值计量是否正确，会计处理是否正确。可供出售金融资产期末公允价值变动应计入资本公积。但应关注按实际利率法计算确定的利息、减值损失、外币货币性金融资产形成的汇兑损益应确认为当期损益。与财务费用、资产减值损失等科目中的相应数字核对无误。

（三）评定估算

可供出售金融资产可以参照本章第二节交易性金融资产的评估方法进行评估。

（四）报告及披露要求

可供出售金融资产评估说明一般要求披露：

1. 可供出售金融资产的种类（股票投资、债券投资、其他投资）、发生时间和对应金额；

2. 可供出售金融资产核实的方法和结果；

3. 可供出售金融资产公允价值与评估价值类型的一致性，并说明评估值确定的方法和结果。

二、持有至到期日投资

持有至到期投资是指到期日固定、回收金额固定或可确定，且企业有明确意图和能力持有至到期的非衍生金融资产。企业委托银行或其他金融机构向其他单位贷出的款项，也可在本科目核算。

企业从二级市场上购入的固定利率国债、浮动利率公司债券等，都属于持有至到期投资。持有至到期投资通常具有长期性质，但期限较短（一年以内）的债券投资，符合持有至到期投资条件的，也可以划分为持有至到期投资。

企业不能将下列非衍生金融资产划分为持有至到期投资：初始确认时即被指定为以公允价值计量且其变动计入当期损益的非衍生金融资产；初始确认时被指定为可供出售的非衍生金融资产；符合贷款和应收款项定义的非衍生金融资产等。

如果企业管理层决定将某项金融资产持有至到期，则在该金融资产未到期前，不能随意地改变其"最初意图"。也就是说，投资者在取得投资时意图就应当是明确的。除非遇到一些企业所不能控制、预期不会重复发生且难以合理预计的独立事件，否则将持有至到期。

（一）申报明细表的审核

审核持有至到期投资申报明细表，核对表中内容是否填列齐全、完整。持有至到期投资申报明细表一般应包括：被投资单位名称、投资类别、投资日期、到期日、票面利率、投资成本和账面价值等内容；

复核加计是否正确，并与总账数和明细账合计数核对是否相符；结合持有至到期投资减值准备科目与报表数核对是否相符；

与被评估单位讨论以确定划分为持有至到期投资的金融资产是否符合企业会计准则的规定；

与上年度明细项目进行比较，确定与上年度分类相同。

（二）核实

1. 确定持有至到期投资的余额正确和持有至到期投资的存在。

（1）被评估单位的主管会计人员盘点库存持有至到期投资，编制持有至到期投资盘点表。评估人员实施监盘并检查持有至到期投资名称、数量、票面价值、票面利率等内容，并与相关账户余额进行核对；如有差异，查明原因，做出记录或进行适当调整；

（2）如持有至到期投资在评估基准日已售出或兑换，则追查至相关原始凭证，以确认其在资产负债表日存在；

（3）在外保管的持有至到期投资等应查阅有关保管的文件，必要时可向保管人函证。询证函由评估人员直接收发、复核并记录函证结果。了解在外保管的持有至到期投资实质上是否为委托理财，如是，则应详细记录、分析资金的安全性和可收回性，提请被评估单位重新分类，并充分披露；

（4）如可以向证券公司等获取对账单的，应取得对账单，并与明细账余额核对。需要时，向其发函询证，以确认其存在。如有差异，查明原因，做出记录或进行适当调整；

（5）结合货币资金、借款等项目，分析判断企业的持有至到期投资是否存在抵押、质押事项，或变现受到限制的情况。

2. 确定持有至到期投资的计价正确。

（1）检查持有至到期投资初始计量正确；复核其计价方法，检查是否按摊余成本计量，前后期是否一致；

（2）与被评估单位讨论确定实际利率依据是否充分，非本期新增投资，复核实际利率与前期是否一致；

（3）重新计算持有期间的利息收入和投资收益。按票面利率计算确定当期应收利息，按持有至到期投资摊余成本和实际利率计算确定当期投资收益，差额作为利息调整。与应收利息（分期付息）或应计利息（到期付息）和投资收益中的相应金额核对无误。

（三）评定估算

持有至到期投资可以参照本章第二节交易性金融资产的评估方法进行评估。

（四）报告及披露要求

持有至到期投资评估说明一般要求披露：

1. 持有至到期投资的内容和金额；
2. 持有至到期投资核实的方法和结果；
3. 持有至到期投资可收回金额的判断理由，并说明评估值确定的方法、过程和结果。

三、长期应收款

长期应收款是指企业融资租赁产生的应收款项和采用递延方式分期收款、实质上具有融资性质的销售商品和提供劳务等经营活动产生的应收款项。

（一）申报明细表的审核

获取长期应收款申报明细表，核对表中内容填列是否齐全、完整。长期应收款申报明细表一般应包括：欠款单位名称（结算对象）、业务内容、发生日期和账面价值等内容；

复核加计是否正确，并与总账数和明细账合计数核对是否相符，结合坏账准备科目和未实现融资收益科目与报表数核对是否相符；

检查非记账本位币长期应收款的折算汇率及折算是否正确。

（二）核实

1. 分析长期应收款账龄及余额构成，了解每一明细项目的性质，查阅长期应收款相关合同协议，了解长期应收款是否按合同或协议规定按期收款，检查长期应收款是否真实。

2. 选择长期应收款的重要项目，函证其余额，对未回函的实施替代的程序。

3. 对于融资租赁产生的长期应收款，取得相关的合同和契约。

（1）关注租赁合同的主要条款，检查是否满足企业会计准则对于融资租赁的相关规定；

（2）根据合同及协议，检查最低租赁收款额、每期租金、租赁期、担保余值和未担保余值等项目的金额是否正确；检查初始直接费用及其相关会计处理是否正确；

（3）检查租赁资产在租赁期开始日的公允价值，如与账面价值有差额，检查其会计处理是否正确。

4. 对于采用递延方式、有融资性质的销售形成的长期应收款，取得相关的销售合同或协议，检查是否满足确认销售收入的条件；检查合同规定的售价、每期租金和收款期等要素；检查所销售资产在销售收入确认日的公允价值；检查会计处理是否正确。

5. 对有实质上构成对被投资单位净投资的长期权益，检查在"长期股权投资"的账面价值减记至零后还需承担的投资损失，检查是否冲减长期应收款。若无，应做出记录，必要时建议做适当调整。

6. 检查长期应收款的的坏账准备。确定长期应收款是否可收回，了解有无未能按合同规定收款或延期收款现象，坏账准备的计提方法和比例是否恰当，计提是否充分。

（三）评定估算

长期应收款的评估，应首先分析核实回收的可能性，估计坏账损失的可能性，然后通过收益法进行评估。其计算公式为：

$$P = \sum_{i=1}^{\infty} \frac{R_i}{(1+r)^i}$$

式中：P 为长期应收款的评估值；R_i 为第 i 年可收回的款项；r 为折现率。

对预计回收损失可以参照本章第五节应收账款及其他应收款的评估方法进行评估。

对于企业因融资租赁产生的长期应收款，由于在账务处理时其科目余额已经考虑了折现因素，如果其回收不存在坏账损失的可能，则评估值可按账面值确认。

（四）报告及披露要求

长期应收款评估说明一般要求披露：

（1）长期应收款的内容和金额；

（2）长期应收款核实的方法和结果；

（3）长期应收款评估值确定的方法和结果；

（4）无法收回的长期应收款的判断理由和依据；

（5）坏账准备的评估处理。

四、长期股权投资

长期股权投资目的是为长期持有被投资单位的股份，成为被投资单位的股东，并通过所持有的股份，对被投资单位实施控制或施加重大影响，或为了改善和巩固贸易关系，或持有不易变现的长期股权投资等。

长期股权投资评估具有以下特点：

1. 长期股权投资评估是对资本的评估。从出资的形式来看，用于长期股权投资的资产可以是货币资金、实物资产，也可以是无形资产。但是，不论出资的形式如何，投出的资产在被投资企业发挥着资本的作用。所以，长期股权投资的评估实际上是对资本的评估，这是长期股权投资的一个显著特点。

2. 长期股权投资评估是对被投资企业偿债能力和获利能力的评估。长期投资的根本目的是获得投资收益和投资资本增值，其价值主要体现在该项投资性资产所能获得的收益的大小。获利能力的大小，一是取决于其数量；二是取决于其风险。对风险的衡量，偿债能力是一项重要指标。因此，长期股权投资的评估，实际上是对长期投资的对方企业的评估，也就是对其获利能力和偿债能力的评估。

（一）申报明细表的审核

获取长期股权投资申报明细表，核对表中内容填列是否齐全、完整。长期股权投资申报明细表一般应包括：被投资单位名称、投资日期、协议投资期限、持股比例、投资成本和账面价值等内容；

复核加计是否正确，与长期投资——股权投资明细账合计数、总账余额是否相符，与资产负债表金额是否相符。

（二）核实

取得长期股权投资的相关文件，包括董事会决议、投资协议、章程、验资报告等；

根据获取的长期股权投资的相关文件，确认各项股权投资的股权比例、原始投资额和投资到位状况；

获取被投资单位经审计后的会计报表，了解被投资单位的经营状况，据此判断被投资单位的持续经营能力。

（三）评定估算

对长期股权投资的评估，必须针对不同的投资形式、投资收益获取方式和占被投资企业实收资本或所有者权益的比重大小等具体情况，选择不同的评估形式和方法。比较常见的投资收益分配方式有以下几种：

1. 按投资方投资额占被投资企业实收资本的比例，参与被投资企业净利润的分配。

2. 按被投资企业的销售收入或利润的一定比例提成。

3. 按投资方出资额的一定比例支付资金使用报酬。按股权投资占被投资企业实收资本或股本的比重大小和实际可实施控制程度，可分为控股型投资和非控股型投资，对应的评估形式也可分为控股型的股权投资评估和非控股型的股权投资评估两类。

（1）非控股型股权投资（少数股权）评估。对于非控股型股权投资评估，通常采用的方法为收益法。即根据历史上收益情况和被投资企业的未来经营情况即风险，预测未来收益，再用适当折现率折算为现值得出评估值。

①对于合同、协议明确约定了投资报酬的长期投资，可将按规定应获得的收益折为现值，作为评估值；

②对于不是直接获取资金收入,而是取得某种权利或其他间接经济效益的投资,可通过了解分析测算相应的经济效益折为现值,作为评估值;

③对到期可收回资产的实物投资,可按约定或预测的收益折为现值,再加上到期收回资产的现值,作为评估值;

④对于明显没有经济利益,也不能形成任何经济权利的投资则按零值计算。

在被投资企业的未来收益难以确定时,也可以采用成本法或市场法进行评估。

①采用成本法评估,即通过对被投资企业进行整体评估,确定净资产数额,再根据投资方所占的份额确定评估值;

②如果进行该项投资的期限较短,价值变化不大,被投资企业资产账实相符,则可根据核实后的被投资企业资产负债表上净资产数额乘以投资方所占的份额确定评估值。

对于非控股型股权投资,无论采用什么方法评估,都应当在适当及切实可行的情况下考虑由于具有控制权或者缺乏控制权对评估对象价值的影响。

(2) 控股型股权投资评估。对于控股型的股权投资,应对被投资企业进行整体评估,再按投资企业所占的份额确定评估值。对被投资企业进行整体评估的基准日应与投资方的评估基准日一致。评估方法请参见第六章企业价值评估中的相关内容。

评估人员在评估部分股东权益价值时,应当在适当及切实可行的情况下考虑由于控股权和少数股权等因素产生的溢价或折价,并在评估报告中披露是否考虑了由于控股权和少数股权等因素产生的溢价或折价。

(四) 报告及披露要求

长期股权投资评估说明一般要求披露:

(1) 长期股权投资的内容和金额;

(2) 长期股权投资核实的内容(投资日期、持股比例、投资协议等)、方法和结果;

(3) 控股长期股权投资,应当说明对被投资企业的企业价值进行评估的情况以及评估结果,并说明控股长期股权投资评估值确定的方法和结果;

(4) 非控股长期股权投资,应当按投资项目分别说明非控股长期股权投资评估值确定的方法和结果。

五、投资性房地产

投资性房地产是指为赚取租金或资本增值、或两者兼有而持有的房地产。投资性房地产应当能够单独计量和出售。投资性房地产主要包括:已出租的土地使用权、持有并准备增值后转让的土地使用权和已出租的建筑物。

下列各项不属于投资性房地产:(1) 自用房地产,即为生产商品、提供劳务或者经营管理而持有的房地产;(2) 作为存货的房地产。投资性房地产属于正常经常性活动,形成的租金收入或转让增值收益确认为企业的主营业务收入但对于大部分企业而言,是与经营性活动相关的其他经营活动。

(一) 申报明细表的审核

取得投资性房地产的申报明细表,并核对表中内容填列是否齐全、完整。投资性房地产申报明细表一般应包括:权证编号、房屋(宗地)名称、来源、土地位置、土地用途、准用年限、开发程度、结构/用地性质、建筑面积、建成年月/取得日期、成本单价、原始入账价值和账面价值等内容。

复核加计是否正确,并与总账数和明细账合计数核对是否相符;成本模式计量的,结合投资性房地产累计摊销(折旧)、投资性房地产减值准备科目与报表数核对是否相符。

与被评估单位讨论已确定划分为投资性房地产的建筑物(包括正在建造或开发过程中将来用于出租的建筑物)、土地使用权是否符合会计准则的规定。

(二) 核实

1. 根据被评估单位管理层的能力和意图,检查对投资性房地产的分类和采用的计量属性是否适当,是否符合会计准则的规定。

2. 权属情况核查。

(1) 索取权属证书原件,核对房地产拥有单位提供的复印件的完整性及与原件的一致性(如不完整应要求房地产拥有单位补足);

(2) 了解被评估对象是否已设定他项权利或存在诉讼等影响房地产权利行使的事项。如不存在,应要求房地产拥有单位出具《房地产拥有单位承诺函》;

(3) 核查已设定他项权利或存在诉讼等影响房地产权利行使事项的相关依据,并记录相关事项特征信息(或由房地产拥有单位提供附有相关信息一览表的书面说明);

(4) 被评估对象或其部分区域未领取权属证书的应替代核查能证明其权属来源的其他证照、批文及合同(留取复印件),要求房地产拥有单位出具情况说明,还需了解是否因此对房地产拥有单位完善房地产登记手续构成实质性障碍;

(5) 对于担保目的评估,应核查被评估对象法定优先受偿情况。

3. 现场勘查。

(1) 了解被评估对象的实际利用情况,核查与权属证书及规划建设条件的一致性,如不一致应查明原因;

(2) 了解被评估对象的实体特征;

(3) 了解被评估对象的区位特征;

(4) 了解被评估对象的其他信息;

(5) 现场拍照。

4. 外部取价依据调查,搜集被评估对象所在地房地产评估的背景资料,初选房地产评估方法。

(三) 评定估算

投资性房地产可采用第三章中房地产评估的成本、市场及收益途径下的方法进行评估,具体评估时需根据评估对象、资料搜集情况等相关条件,分析三种资产评估基本方法的适用性，恰当选择一种或多种资产评估基本方法。由于投资性房地产多为商业房地产，通常选用市场法和收益法的评估值作为最终评估结论。

（四）报告及披露要求

投资性房地产评估说明一般要求披露：

1. 投资性房地产的种类、内容和金额。
2. 投资性房地产核实的方法和结果，并应当说明投资性房地产权属资料的查验情况、租赁合同约定的租金和租赁期限等内容。
3. 采用收益法评估投资性房地产，应当说明现实租赁合同约定的租金、租赁期限，租赁合同到期后租金的确定方法，折现率确定方法和结果，评估值确定的方法和结果；采用市场法评估投资性房地产，应当说明可比交易实例的选取、可比因素比较调整、评估值确定的方法和结果。
4. 公允价值计量的投资性房地产，应当说明评估值与公允价值及其变动的差异及原因。

六、在建工程

在建工程是正在建设尚未竣工投入使用的建设项目，指企业固定资产的新建、改建、扩建，或技术改造、设备更新和大修理工程等尚未完工的工程支出。在建工程通常有"自营"和"出包"两种方式。**自营在建工程**是指企业自行购买工程用料、自行施工并进行管理的工程；**出包在建工程**是指企业通过签订合同，由其他工程队或单位承包建造的工程。

（一）申报明细表的核对

取得在建工程申报明细表，核对表中内容是否填列齐全、正确。土建工程在建申报明细表一般包括：项目名称、结构、建筑面积/容积、开工日期、预计完工日期、形象进度、付款比例和账面价值等内容；安装工程在建申报明细表一般包括：项目名称、规格型号、数量、计量单位、开工日期、预计完工日期和账面价值（设备费、资金成本、安装费及其他、合计）等内容。

（二）核实

1. 确定重点评估范围。对明细表中的工程项目按金额大小排序，在此基础上按金额的大、中、小分为三类；

如果工程项目较多，可在上述分类的基础上确定重点评估项目，并编制"重点评估在建工程明细表"（主要内容同申报明细表）；

写"选择重点评估在建工程说明"，简要说明所选择房屋建筑物或设备的数量、金额加总后各占总体的比例，重点设备所包含的类别等能否满足评估项目的需要等其他因素的考虑。

2. 核实在建工程是否存在，了解和判断当前完工程度。评估人员会同企业专业人员对明细表中所有工程项目进行逐一清点核实，有表有物的项目做出标识，有表无物、有物无表的项目也做出标识并注明原因；

如工程数量较大，不能全部清点，对重点评估的工程项目仍须逐一清点核实，对非重点评估的设备应选择适当的样本量，抽选样本并对抽选出的样本进行逐一清点核实；

在清点核实过程中，按工程实际的进展情况和当前的完工状态，对每一工程项目的当前完工程度做出判断；

对于重点评估的工程项目，还需了解是否出现了新的、性能更优的设备，使被评估的工程项目完工后，在功能上相对落后等功能性贬值因素。

对比盘点结果与在建工程明细表的差异，分析差异原因，确属盘盈盘亏的项目，须请客户提供资产盘盈盘亏情况说明，并进行恰当的调整。

3. 核实在建工程的产权归属，账面价值是否正确。取得工程项目的合同复印件、原始发票等资料，并仔细阅读，不明事宜向相关人员询问；

如工程项目的原始发票获取有困难，可采用替代程序；

如工程项目在以前年度已经开工，请客户提供上一年的审计报告及经审计的会计报表；

核对上一年在建工程总账与审计后的会计报表是否相符，在建工程明细账是否与总分类账相符；

追查未获得原始发票的工程项目是否记录在在建工程明细账中，金额是否相符；

跟踪查阅当年工程项目的账面记录，抽查工程项目的支出是否合规、合理并追查至原始发票，如发现重大的异常支出，应做记录并进行恰当调整；

对于任何获悉的抵押、质押、冻结资产的事项或其他足以引起对资产所有权产生疑问的事项，予以高度关注。

（三）评定估算

对于在建工程通常采用工程进度法、变动因素调整法、重编预算工程进度法等方法进行评估。

1. 对出包工程进行评估，通常采用工程进度法（工期较短）和重编预算工程进度法（工期较长）。

（1）根据现场对工程项目判断的完工程度乘以合同价，计算评估值。其计算公式为：

评估值 = 合同价（或基准日重新核定的合同价）× 完工程度

（2）查阅工程项目的付款记录，调整应付款项占合同价的比率至完工程度同等比率。

2. 对自建工程进行评估，通常采用变动因素调整法、重编预算工程进度法。工程建造时间较长的应考虑价格变动的因素，将历史成本调整为现时价格后确定评估值；工程建造时间较短，价格没有太大变动的，可以将核实后的账面金额作为评估值。

（四）报告及披露要求

在建工程评估说明一般要求披露：

1. 在建工程的内容、账面价值、减值准备、开工日期和预计完工日期。

2. 在建工程项目的合规性文件核实情况。一般包括：项目可行性研究报告及批复、初步设计及批复、建设用地规划许可证、建设工程规划许可证和建筑工程施工许可证等。对于停建和缓建等在建项目，应当说明已进行现场勘查以及勘查情况。

3. 在建工程账面记录的明细构成，并分析相关费用支出是否正常。

4. 在建工程的形象进度、合同签订情况、已支付工程款和应付（未付）工程款情况，并说明对评估价值的影响。

5. 参照房屋建筑物、机器设备类固定资产的要求编写评估说明。

七、工程物资

工程物资是指用于固定资产建造的建筑材料（如钢材、水泥、玻璃等），企业（民用航空运输）的高价周转件（如飞机的引擎）等，购买回来要再次加工建设的资产，在资产负债表中列示为非流动资产。

企业会计记录设置工程物资科目，核算企业的基建工程、更改工程和大修理工程准备的各种物资的实际成本，包括为工程准备的材料、尚未交付安装的需要安装设备的实际成本，以及预付大型设备款和基本建设期间根据项目概算购入为生产准备的工具及器具等的实际成本。

（一）申报明细表的审核

取得工程物资申报明细表，核对表中内容是否填写齐全、正确。工程物资申报明细表应包括名称、工程项目、计量单位、账面价值（数量、单价和金额）、实际数量等内容。

核对加计是否正确，并与总账数和明细账合计数核对是否相符，结合工程物资减值准备与报表数核对是否相符。

（二）核实

评估人员与企业专业人员实地检查工程物资，确定其是否存在，并观察是否呆滞、积压物资；

抽查工程物资采购合同、发票、货物验收单等原始凭证；

检查工程完工后剩余的工程物资在转入存货时，是否将其所含的增值税进项税额进行了正确的分离；

检查是否与关联方的工程物资购销业务，是否按正常交易价格结算。

（三）评定估算

工程物资可以参照本章第七节对于材料的评估方法进行评估。

（四）报告及披露要求

工程物资评估说明一般要求披露：

1. 工程物资的种类和账面金额；
2. 工程物资核实的方法和结果；

3. 工程物资的评估说明参照存货评估说明要求编写。

八、固定资产清理

固定资产的清理是指固定资产的报废和出售,以及因各种不可抗力的自然灾害而遭到损坏和损失的固定资产所进行的清理工作。

(一) 申报明细表的审核

取得固定资产清理申报明细表,核对明细表中的内容是否填列齐全、正确。固定资产清理申报明细表一般包括待处理资产名称、发生日期、账面价值等。核对列示金额的栏目加总是否正确,与固定资产清理明细账合计数、总账余额是否相符,与资产负债表金额是否相符。对明细表中出现的任何疏漏、缺项及错误要查明原因,并请企业补齐、更正。

(二) 核实

对固定资产清理的项目追查至处理前固定资产的台账记录,检查项目是否一致,金额是否正确;检查固定资产清理的发生是否有正当理由,是否有充分的依据;检查固定资产清理是否办理审批手续,会计处理是否正确。

(三) 评定估算

固定资产清理应按固定资产实物的可变现金额确认评估值。

(四) 报告及披露要求

固定资产清理评估说明一般要求披露:
1. 固定资产清理的内容(出售、转让、报废、毁损、对外投资、非货币性资产交换、债务重组等)和金额;
2. 固定资产清理核实的方法和结果;
3. 固定资产清理一般反映企业尚未清理完毕的固定资产清理净损失。应当根据不同内容,说明评估值确定的方法和结果。

九、开发支出

开发支出项目是反映企业开发无形资产过程中能够资本化形成无形资产成本的支出部分。开发支出项目应当根据"研发支出"科目中所属的"资本化支出"明细科目期末余额填列。

(一) 申报明细表的审核

取得开发支出申报明细表,核对表中内容是否填列齐全、正确。开发支出申报明细表一般应该包括:内容或名称、发生日期、账面价值等内容。复核加计是否正确,与研发支出总账数和明细账合计数核对是否相符,并将所属的"资本化支出"明细账期末余额与报表数核对是否相符。

（二）核实

1. 检查研发支出的增加：

（1）获取有关协议和董事会纪要等文件、资料，检查开发支出的性质、构成内容、计价依据，检查其是否归被评估单位拥有或控制；

（2）索取相关会议纪要、无形资产研究开发的可行性研究报告等相关资料，确定研究开发项目处于研究还是开发阶段；不同阶段的资本化和费用化处理是否正确，会计处理是否正确；

（3）检查研发费用明细表，抽查月度支出中的职工薪酬、折旧等费用，并与相关科目核对是否相符。

2. 检查研发支出的减少：

（1）检查研发费用明细表，结合管理费用科目，检查费用化支出的结转处理是否正确；

（2）审查已经在用或已经达到预定用途的研究开发项目是否已结转至相关资产项目。

对开发支出实施截止测试，检查资产负债表日前后一定时间内开发支出明细账和凭证，确定有无跨期现象。

（三）评定估算

开发支出评估的难点在于判断开发支出对应的开发项目能否成功，未来能否为企业带来价值。

1. 若开发支出预期无法为企业带来任何收益，应评估为零。

2. 若开发支出预期能为企业带来收益，且未来年度收益、需要新增的投入能够量化，则可采用第四章无形资产收益法、市场法进行评估并扣减需要新增的投入后确定评估值。也可参照第四章无形资产成本法的评估方法，采用成本法对开发支出进行评估。

（四）报告及披露要求

开发支出评估说明一般要求披露：

1. 开发支出的内容和金额；
2. 开发支出核实的方法和结果；
3. 开发支出评估值确定的方法和结果。

十、长期待摊费用

长期待摊费用是指企业已经支出，但摊销期限在1年以上（不含1年）的各项费用，包括租入固定资产的改良支出等。应当由本期负担的借款利息、租金等，不得作为长期待摊费用处理。

（一）申报明细表的审核

取得长期待摊费用申报明细表，核对表内的内容是否填列齐全、正确。长期待摊费用申报明细表应包括费用名称或内容、形成日期、原始发生额、预计摊销月数、账面价值和尚存受益月数等内容。

复核加计是否正确，并与总账数和明细账合计数核对是否相符；结合坏账准备科目与报表数核对是否相符。

与长期待摊费用明细账合计数、总账余额是否相符，与资产负债表金额是否相符。

对明细表中出现的任何疏漏、缺项及错误要查明原因，并请客户补齐、更正。

（二）核实

复核明细表中所有的项目，追查至长期待摊费用明细账、各项长期待摊费用的原始成本、预计摊销期限、开始摊销日期、已摊销时间、期末余额；

重新计算摊销金额、期末余额，与长期待摊费用明细表的余额核对，如有差异，查明原因；

对不属于长期待摊费用性质的项目应详细记录其产生原因及目前状况。

自明细表中选取具有代表性的适量样本，追查至相关证据，如原始凭证、合同协议等，确认其归被审计单位所有，并注意资本化的处理是否符合会计准则的规定。

（三）评定估算

长期待摊费用的价值取决于它能否在评估基准日后给产权主体带来经济利益。所以在评估时，需要首先了解费用支出和摊余情况，根据评估目的实现后资产的占有情况和尚存情况，在排除与其他评估对象重复计算的因素后，确定其评估值。

理论上，应根据企业的收益状况、收益时间和货币的时间价值，以及现行会计制度的规定等因素确定评估值。货币时间价值因素在1年内的一般不予考虑，超过1年的应根据具体内容、市场行情的变化趋势处理。实践中如果物价总水平波动不大，可以将其账面值作为评估值，或者按其发生额的平均数计算。如果长期待摊费用可产生的未来利益已在其他资产的评估中考虑，则不应重复计算。

（四）报告及披露要求

长期待摊费用评估说明一般要求披露：

1. 长期待摊费用的内容、原始发生额和摊销期；

2. 所形成的资产或者权利是否已在其他类型资产中反映，如反映，应当说明不另计评估值；

3. 长期待摊费用核实的方法和结果；

4. 结合长期待摊费用的具体内容，说明尚未摊销完毕的长期待摊费用是否存在尚存的资产或者权利，如存在，应当指明受益期。

十一、递延所得税资产

递延所得税资产，就是递延到以后缴纳的税款，递延所得税是时间性差异对所得税的影响，在纳税影响会计法下才会产生递延税款，是根据可抵扣暂时性差异及适用税率计算，影响（减少）未来期间应交所得税的金额。可抵扣暂时性差异是指在确定未来收回资产或清偿负债期间的应纳税所得额时，将导致产生可抵扣金额的暂时性差异。资产账面价值小于其计税基础或者负债的账面价值大于其计税基础的，会产生可抵扣暂时性差异。

形成递延所得税资产的原因有很多。例如，各项资产的减值准备、折旧摊销政策与税法规定的不同、资产公允价值变动、预计负债和以前年度亏损等都会造成资产账面价值与计税基础不同，从而形成递延所得税资产。

（一）申报明细表的审核

取得递延所得税资产申报明细表，核对表中内容是否填列齐全、正确。递延所得税申报明细表一般应包括名称或内容、发生日期、账面价值等内容。

复核加计是否正确，与报表数、明细账合计数以及总账余额是否相符。

（二）核实

识别被评估单位期初递延所得税资产的项目及金额，以及对当期经营损失以及未来期间的影响；检查是否以未来期间很可能取得用来抵扣可抵扣暂时性差异的应纳税所得额为限，确认由可抵扣暂时性差异产生的递延所得税资产，并检查提供证据是否充分；检查递延所得税资产增减变动记录及可抵扣暂时性差额的形成原因，确定是否符合有关规定，计算是否正确，预计转销期是否适当；重新计算各种原因形成的可抵扣暂时性差异；检查被评估单位是否在资产负债表日对递延所得税资产的账面价值进行复核，如果预计未来期间很可能无法获得足够的应纳税所得额用以抵扣递延所得税资产，检查是否已减记递延所得税资产的账面价值。检查预期收回递延所得税资产期间的税率发生变动时，被评估单位是否对递延所得税资产进行重新计算。

（三）评定估算

1. 明确评估目的。针对递延所得税资产，可以将评估目的分为两类：一类为纳税主体未变更的评估，如股权转让；一类为纳税主体变更下的评估，如转让资产组，以部分资产出资等。

递延所得税资产或负债的主体是企业本身，它的基础和前提是企业持续经营并持续使用相关资产和负债。如果企业将相关资产和负债进行处置，不论企业以何种处理方式投资、出售、债务重组或核销相关资产和负债，则相应递延所得税资产或负债都失去了存在的基础和前提，故应同时进行相应的会计处理。因此，递延所得税资产和负债的价值只是对纳税主体本身而言的价值，离开了纳税主体它们是不能被视为资产或负债的。因此，若评估为纳税主体变更情况下的评估，递延所得税应当评估为零。

2. 纳税主体未变更情况下的递延所得税资产评估。主要有以下两种方法：

（1）以经核实后的账面值确认评估值。这种方法的理由是评估一般都不调整账面，且评估增减值一般也很难考虑所得税的影响。无论是评估还是审计对递延所得税资产都仅是估计，所得税最终还要由税务机关认定，因此以核实后的账面值确认评估值。该种方法最大的缺陷就是递延所得税资产是一种会计估计，会计估计变化，评估结论也会随之变化，会计估计直接影响评估结论。

(2) 针对递延所得税资产形成的原因，评估师应按评估后除递延所得税资产以外的各项资产评估值与计税基础之间的差额重新确定递延所得税资产的评估值。

这种方法的理由是递延所得税资产是因单项资产账面价值和计税基础之间差异而产生的，当评估确认单项资产价值时，递延所得税资产应按单项资产评估值与税法计税基础之间的差异而重新计算。

这种方法的缺陷主要有：①对于各单项资产评估增减值一般不考虑所得税影响，单就递延所得税资产涉及的资产考虑该所得税影响是否合理；②评估递延所得税资产其实就是评估递延所得税资产未来抵扣税款的权益大小，而各单项资产评估值是评估基准日的时点价值，以时点价值确定未来抵扣税款的权益大小是否合理；③所得税最终的确定还是要由税务机关认定，评估值并不代表税务机关最终的认定值。

无论采用哪种方法评估递延所得税资产，在评估报告中都要披露相应的评估方法及其对评估结论的影响，使得报告阅读者充分了解评估过程，合理理解评估结论。

(四) 报告及披露要求

递延所得税资产评估说明一般要求披露：
1. 递延所得税资产的内容和种类；
2. 递延所得税资产核实的方法和结果；
3. 递延所得税资产评估值确定的方法和结果。

十二、其他非流动资产

其他非流动资产是指除资产负债表上所列非流动资产项目以外的其他周转期超过1年的长期资产。其他非流动资产包括特种储备物资、银行冻结存款、冻结的物资以及涉及诉讼的财产等。

(一) 申报明细表的审核

审核其他非流动资产申报明细表，核对表中内容是否填列齐全、正确。其他非流动资产申报明细表一般应包括内容或名称、取得日期、账面价值等内容。复核加计是否正确，与明细账合计数、总账余额是否相符，与报表数是否相符。

(二) 核实

抽查其他非流动资产的原始凭证，查阅有关合同、协议等资料，确定真实性，检查会计处理是否正确。

(三) 评定估算

根据其他非流动资产的具体性质及能否带来权益，采用适合的方法进行评估。

（四）报告及披露要求

其他非流动资产评估说明一般要求披露：

1. 其他非流动资产的内容、种类及形成原因等；
2. 其他非流动资产核实的方法和结果；
3. 其他非流动资产评估值确定的方法和结果。

十三、报告及披露要求

对本节中各类其他长期资产单独评估并出具评估报告的情形很少。可能会因出资、偿债、以财报为目的等原因，客户提出单独评估的委托。这时，要根据不同目的和要求，选用相应的价值类型进行评估并撰写报告。

各类其他长期资产评估通常作为企业价值评估的一部分，无论是单独出具的评估报告，还是作为企业价值评估报告的一个组成部分，注册资产评估师应当在评估报告中披露必要信息，使得报告阅读者充分了解评估过程，合理理解评估结论。

思考题

1. 流动资产的特点主要表现在哪些方面？
2. 应用市场法评估产成品，在选择市场价格时应注意哪些因素？
3. 如何理解长期股权投资评估的特点？
4. 递延所得税资产作为评估对象的界定依据和原则是什么？
5. 如何确定长期待摊费用的价值？

第六章 企业价值评估

企业价值是指企业作为一种商品的货币表现；**企业价值评估**是指对企业整体价值、股东全部权益价值或者股东部分权益价值等所进行的评估。企业价值评估是资产评估领域的重要组成部分，当企业盈利能力成为判断企业价值的主要因素后，企业逐步演变为一个完整而独立的交易对象被纳入评估范畴，企业价值评估逐渐发展为一项重要的评估业务。

第一节 评估准备和调查工作

评定估算前的准备和调查工作是出具评估报告的基础，不仅影响着评估工作的效率，也关系到评估报告的质量。本节重点介绍资料清单编制和评估调查工作在企业价值评估业务中的运用。

一、资料清单的编制

企业价值评估应当收集并分析的被评估企业资料和其他相关资料通常包括：

1. 评估对象相关权益状况及有关法律文件、评估范围涉及的主要权属证明资料。
2. 企业的历史沿革、主要股东及持股比例、主要的产权和经营管理结构资料。
3. 企业的资产、财务、经营管理状况资料。
4. 企业的经营计划、发展规划和未来收益预测资料。
5. 评估对象、被评估企业以往的评估及交易资料。
6. 影响企业经营的宏观、区域经济因素的资料。
7. 企业所在行业现状与发展前景的资料。
8. 证券市场、产权交易市场等市场的有关资料。
9. 可比企业的财务信息、股票价格或者股权交易价格等资料。

二、现场调查

(一) 调查目的

企业价值评估现场调查的目的主要包括:(1)了解评估对象及其权益情况;(2)了解被评估企业经营现状和发展前景,明确被评估企业的盈利能力和风险程度。

(二) 调查内容和方式

企业价值评估的现场调查内容主要包括:评估对象相关权益状况;企业的历史沿革、主要股东及持股比例、主要的产权和经营管理结构;企业的资产、财务、经营管理状况;企业的经营计划、发展规划和未来收益预测;评估对象、被评估企业以往的评估及交易情况等。

除本书第一章介绍的现场调查方法外,评估人员还可结合被评估企业的具体情况,选择采用以下**方式**进行现场调查:

1. 对企业管理层进行访谈,了解企业的经营模式,主要产品或服务,收入、成本、费用等现状;知悉企业的核算体系,业务和管理模式,核心技术及研发力量,以及未来发展规划与行业前景。

2. **价值链分析**。对企业价值链进行分析,能够帮助评估人员更好地了解企业提供的产品或服务及其经营模式,识别企业的竞争优势及其来源,判断企业在行业中的地位,客观地评价企业的经营管理现状(见图6-1)。

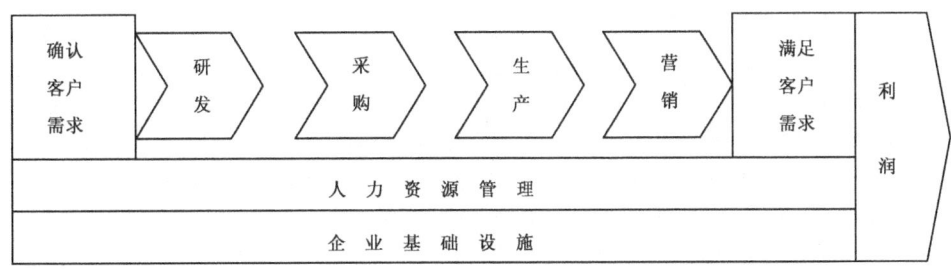

图 6-1 企业价值链

3. **财务分析**。对企业的财务报表进行必要的分析,可以系统性地了解企业的财务状况,为收益法中预测企业盈利、市场法中选择可比企业等打下良好的基础。

财务分析的方法很多,常见的有比较分析法、比率分析法和因素分析法等。企业价值评估过程中经常用到的财务分析指标如下:

(1) 运营能力指标。

存货周转率 = 营业成本 ÷ 平均存货

应收账款周转率 = 营业收入 ÷ 平均应收账款

流动资产周转率 = 营业收入 ÷ 平均流动资产总额

总资产周转率 = 营业收入 ÷ 平均资产总额

(2) 偿债能力指标。

流动比率 = 流动资产 ÷ 流动负债

速动比率 =（流动资产 – 存货）÷ 流动负债
资产负债率 = 负债总额 ÷ 资产总额
已获利息倍数 = 息税前利润 ÷ 利息费用
(3) 盈利能力指标。
净资产收益率 = 净利润 ÷ 平均净资产
总资产收益率 = 净利润 ÷ 平均资产总额
(4) 杜邦财务分析指标。
权益净利率 = 资产净利率 × 权益乘数
　　　　　= 销售净利率 × 总资产周转率 × 权益乘数
权益乘数 = 资产总额/股东权益总额
(5) 上市公司指标。
市盈率 = 每股市价/每股收益
市净率 = 每股市价/每股净资产
股利支付率 = 股利总额/净利润总额

（三）现场调查应关注的问题

执行企业价值评估业务开展的现场调查工作，应结合三种基本评估方法的特点与要求，合理确定调查重点。比如，收益法和市场法侧重于对被评估企业盈利能力和风险程度的调查，资产基础法侧重于对被评估企业资产使用状况和持续经营能力的调查。各类资产的调查内容和方式本书相关章节已有介绍，在此不再赘述。

三、市场调查

（一）调查目的

企业价值评估市场调查的目的主要包括：(1) 了解被评估企业外部经营环境；(2) 了解与被评估企业有关的资本市场情况。

（二）调查内容和方式

市场调查的主要内容包括：被评估企业经营的宏观、区域经济环境；被评估企业所在行业现状与发展前景；证券市场、产权交易市场等市场的有关情况；可比企业的财务信息、股票价格或者股权交易价格等信息。

评估人员进行市场调查主要采取向相关咨询机构、行业协会、政府主管部门、竞争对手、行业专家等进行咨询或查阅相关资料的**方式**。

1. 宏观经济状况调查。经济发展呈周期性波浪式变化。资产价值波动与经济周期变化有内在的、数量上的联系。经济周期对市场的价值体系有着重要影响，使得企业价值也呈周期性波动。宏观经济调查内容主要有通货膨胀预期、国民生产总值前景、可支配收入和消费者信心、带有地域特色的人口变量、国际经济形势、经济周期分析、国家宏观经济政策、经济发展目标等。

2. 行业调查。**行业调查**主要包括行业范围、主要客户类型、主要厂商和产品、主要原材料和主要供应商、主要技术特点；影响行业发展的外部因素，包括科技进步、政府监管、社会进步、人口变化和国外竞争；行业周期和行业与经济周期的关系，如增长型行业、防御性行业、周期性行业；需求方面，包括客户数量、产品销量等，供给方面，包括厂商数量、生产能力和采购份额等；产品的市场需求和供给情况；市场细分，如成本领先型、差别竞争型；以及行业生命周期和增长情况等。

行业分析方式可以采用美国经济学家波特研究的五力模型，即对潜在进入者、替代品、购买者、供应者与现有竞争者间的抗衡等五种竞争力进行分析（见图6-2）。

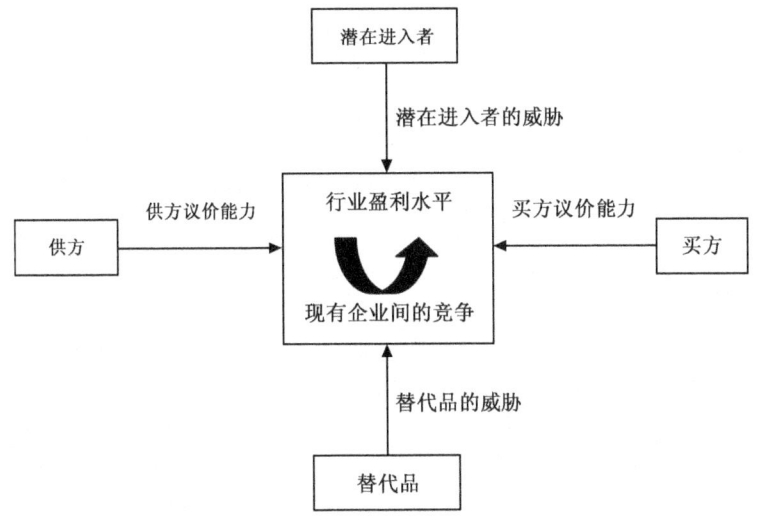

图6-2 行业基本竞争结构

行业分析也可以通过确定行业成功的关键要素，即公司在特定市场获得盈利必须拥有的技能和资产，分析企业取得竞争和财务成功的原因。

3. 可比企业调查。评估人员可以通过股票市场获取可比企业的相关信息，如可比企业的股票市值、β系数、资本结构等。

如果可比企业属于上市公司，其数据主要来源于公开的证券市场信息披露，包括证券市场的即时价格行情、企业年报与半年报、各种公告及证券机构的分析报告等。获取可比上市公司数据的具体途径有很多，包括中国证监会、证券交易所、上市公司的网站，Wind资讯、大智慧、同花顺等专业金融机构的软件和网站等。

如果可比企业属于非上市公司，一方面要调查交易案例本身的信息，如具体交易对象、交易时间、交易背景和交易条件等；另一方面也要调查可比企业的信息。目前市场上有一些数据服务商（国际上主要有汤森路透、彭博、Capital IQ 和 Dealogic，国内主要有投中集团的 CVSource 等）提供并购交易动态资讯、市场与交易数据、交易深度信息等，评估人员可以通过信息查询与筛选等方式，搜集相关资料。近年来，各类产权交易所内交易数量大幅提升，信息披露也逐渐规范，逐步成为市场信息的来源渠道之一。但目前产权交易所信息对市场法估值的支持作用还存在相当的局限，很多交易没有公布最终成交价格，非国有资产项目在信息披露内容上也逊于国有资产项目。

思 考 题

1. 企业价值评估应当收集的资料有哪些?
2. 企业价值评估为什么要进行现场调查和市场调查?

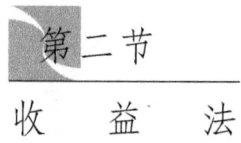

第二节 收 益 法

企业价值评估中的收益法,是指将预期收益资本化或者折现,确定评估对象价值的评估方法。

一、收益法具体方法和模型

按照收益口径的不同,收益法下常见的具体评估方法有股利折现法、现金流折现法、经济利润法,对应的收益口径分别为股利、自由现金流量、经济利润等。

(一)股利折现模型

股利折现法是将预期股利进行折现以确定评估对象价值的具体方法。首先提出该模型的威廉姆斯认为,股票的投资价值是未来全部股利的现值。股利折现模型公式如下:

$$V = \sum_{i=1}^{\infty} \frac{DPS_t}{(1+K_e)^t} \quad \text{式} 6-1$$

式中,V 为当期股票价值;DPS_t 为第 t 年每股预期股利;K_e 为权益资本成本。

预期股利取决于企业未来收益、股利支付率和收益增长率水平。权益资本成本,即股权投资者的期望报酬率,它是由股票的风险决定的,可以通过资本资产定价模型或套利定价模型计算得出。

根据对未来股利期望的不同假设,式 6-1 可以演化出不同的**股利折现模型**:固定股利模型(零增长模型)、固定增长模型(戈登模型)、分段式模型(两阶段增长模型、三阶段增长模型、多元增长模型)等。常用的股利折现模型和适用范围如下:

1. 固定股利模型。如果假定未来股利固定不变,即增长为零,则有:

$$V = \frac{DPS}{K_e} \quad \text{式} 6-2$$

固定股利模型适用于经营比较稳定的企业。由于普通股的股利一般情况下不会是永续不变的,因此,该模型常用于对优先股的评估。

2. 固定增长模型。在基本股利折现模型的基础上,通过一系列假设对式 6-1 进行扩展,得到固定增长模型如下:

$$V = \frac{DPS_1}{K_e - g} \qquad 式6-3$$

式中，DPS_1 为下期期望股利；K_e 为权益资本成本；g 为持续稳定的股利增长率，且 $g < K_e$。

固定增长模型适用于稳定成长期的企业价值评估，它要求股利增长率保持永久不变。长期来看，任何企业都很难维持一个高于经济平均增长水平的增长率，也不可能长期超过所在行业的平均增长速度。

3. 两阶段增长模型。两阶段增长模型将增长率分成两个阶段：非常（或高速）增长阶段和稳定增长阶段。一般而言，在高速增长阶段，股利支付率较低；在稳定增长阶段，股利支付率较高。

$$V = \sum_{t=1}^{n} \frac{DPS_t}{(1+K_{e,ex})^t} + \frac{DPS_{n+1}}{(K_{e,st} - g_n)(1+K_{e,ex})^n} \qquad 式6-4$$

式中，DPS_t 为第 t 期每股期望股利；$K_{e,ex}$ 为高速增长阶段的权益资本成本；$K_{e,st}$ 为稳定增长阶段的权益资本成本；g_n 为 n 年以后稳定的股利增长率。

两阶段增长模型适用于在相当一个时期内将保持高速增长的企业。

股利折现模型虽然简单易懂，但在实务应用中存在如下问题：

（1）许多公司不支付股利，股利折现模型应用受到限制；

（2）股利支付受公司股利政策等人为因素影响，使得股利预测比较困难；

（3）股利相对于收益长期明显滞后。

大多数实证研究发现，股利折现模型主要适用于少部分股利政策稳定、股利支付率高的企业。

在评估实践中，对缺乏控制权的股东部分权益价值的评估，由于委托方或相关当事人无法取得对被评估企业资产负债核查评估或未来收益及风险分析预测所需的资料，不适用资产基础法或现金流量折现法时，股东可考虑运用股利折现法实施评估。

（二）权益自由现金流折现模型

股权投资者是企业剩余收益索偿权的持有人。企业在支付了经营费用、债务利息和本金、税金、资本支出、营运资本支出等之后如果仍有剩余现金，即是归属于股权投资者的现金流量，也称作权益自由现金流量。

权益自由现金流折现模型具体如下：

股东全部权益价值 = 营业性净资产价值 + 溢余资产价值 + 非经营性资产负债净值

如果长期股权投资价值不能在营业性净资产价值中合理反映则可单独估算，汇入"股东全部权益价值"。

1. 营业性净资产价值。**营业性净资产**是指与被评估单位生产经营相关的净资产，即企业权益现金流量所涉及的资产与负债。两阶段增长模式下，营业性净资产价值的计算公式如下：

$$P = \sum_{i=1}^{n} \frac{F_i}{(1+r)^i} + \frac{F_n(1+g)}{(r-g)(1+r)^n}$$

式中：P 为评估基准日企业营业性净资产价值；F_i 为评估基准日后第 i 年预期的权益自由现金流量；F_n 为预测期末年预期的权益自由现金流量；r 为权益资本成本；n 为预测期；i 为预测期第 i 年；g 为永续期增长率。

其中，权益自由现金流量计算公式如下：

股权自由现金流量 = 税后净利润 + 折旧与摊销 − 资本性支出 − 净营运资金变动 + 有息负债的净增加额

在现金流折现的过程中，现金流的口径必须与折现率的性质相一致。权益自由现金流对应的是股东要求的报酬率，即权益资本成本率。

2. 溢余资产价值、非经营性资产负债净值。溢余资产和非经营性资产（负债）的概念前已述及，如果被评估企业存在这些自由现金流量预测未涉及的资产，则应采用适当的方法单独评估其价值。

（三）企业自由现金流折现模型

企业资本通常是由股东和债权人投入的，企业自由现金流量是归属于股权投资者和有息负债债权投资者的现金流量。评估实践中，经常采用企业自由现金流折现模型评估企业价值，即通过对企业整体价值的评估来间接获得股东全部权益。企业自由现金流折现模型具体如下：

股东全部权益价值 = 企业整体价值 − 付息债务价值

1. 企业整体价值。是指股东和有息债务债权人权益之和。企业整体价值的计算公式如下：

企业整体价值 = 营业性资产价值 + 溢余资产价值 + 非经营性资产负债价值

如果长期股权投资价值不能在营业性资产价值中合理反映，则可单独估算、汇入"企业整体价值"。

2. 营业性资产价值。是指与被评估单位生产经营相关的资产，即企业自由现金流量所涉及的资产与负债。两阶段增长模式下，营业性资产价值的计算公式如下：

$$P = \sum_{i=1}^{n} \frac{F_i}{(1+r)^i} + \frac{F_n(1+g)}{(r-g)(1+r)^n}$$

式中：P 为评估基准日的企业营业性资产价值；F_i 为评估基准日后第 i 年预期的企业自由现金流量；F_n 为预测期末年预期的企业自由现金流量；r 为加权平均资本成本；n 为预测期；i 为预测期第 i 年；g 为永续期增长率。

其中，企业自由现金流量计算公式如下：

企业自由现金流量 = 息前税后净利润 + 折旧与摊销 − 资本性支出 − 净营运资金变动额

= 净利润 + 折旧与摊销 + 利息费用（扣除税务影响后）− 资本性支出 − 净营运资金变动额

企业自由现金流对应的折现率应是企业的资本成本率，即债权人和股东要求回报率的加权平均资本成本。

3. 溢余资产价值和非经营性资产负债净值。其内容同权益自由现金流折现模型所述。

4. 付息债务价值。付息债务指评估基准日被评估单位需要支付利息的负债。

(四) 经济利润 (EVA) 法

理性投资者都期望其投资的资产所获得的收益超过资产的机会成本，即获得增量收益。EVA 就是企业净经营利润减去投资在该企业所有资本的机会成本，它能够表明一定时期为股东增加了多少价值。资产评估中引用 EVA 的评估方法是在评估基准日投入资本的基础上，通过计算未来年度增量收益以反映企业价值的一种思路。其基本模型如下：

1. 企业整体价值。

$$\text{企业整体价值} = \text{投资资本} + \text{预期 EVA 的现值}$$
$$= C_{T-1} + PV(EVA)_T$$
$$= C_{T-1} + \sum_{T=1}^{n} \frac{EVA_T}{(1+K)^T}$$

式中：C_{T-1} 为 $T-1$ 期投入资本；$PV(EVA)_T$ 为第 T 期的 EVA 现值；EVA_T 为第 T 期的 EVA 的值；K 为资本成本率。

上述模型也可以进一步细分为两阶段、三阶段等模型，原理同前。

2. 经济利润 (EVA)。

经济利润(EVA) = 税后净营业利润 – 资本成本

= 投资资本 × (投资资本回报率 – 加权平均资本成本率)

3. 税后净营业利润。税后净营业利润等于税后净利润加上剔除所得税税后的利息支出部分，亦即企业的销售收入减去除剔除所得税税后的利息支出外的全部经营成本和费用（包括所得税费用）后的净值。它代表全部资本的税后投资收益，反映企业资产的盈利能力。

税后净营业利润 = 净利润 + 剔除所得税税后的利息支出

在计算税后净营业利润时还需要对其他一些会计报表科目的处理方法进行调整，消除传统会计的稳健性原则所导致的会计数据不合理现象，调整非经常性损益等，使调整后的数据更接近现金流，更反映企业的真实业绩。

4. 资本成本。

资本成本 = 投资资本 × 加权平均资本成本率

投资资本是所有投资者投入企业经营的全部资金的账面价值，包括债务资本和股本资本。其中，**债务资本**是债权人提供的短期和长期借款，不包括应付账款、应付单据、其他应付款等商业信用负债。投资资本也是企业全部资产减去其商业信用债务后的净值。另外，在计算投入资本总额时也需要对其他一些会计报表科目的处理方法进行调整，消除传统会计的稳健性原则所导致的会计数据不合理现象，调整在建工程净值等，使调整后的数据与现金流计算口径更相匹配。

投资资本 = 所有者权益 + 有息负债

加权平均资本成本率是指企业以各种资本在企业全部资本中所占的比重为权数，对各种长期资金的资本成本加权平均计算出来的资本总成本。资本成本是权益投资者和债权人要求补偿所承担风险的最低报酬率。计算方法同前。

二、收益期和预测期的确定

收益期是对被评估企业未来预期收益的期限界定，即从评估基准日到企业收益结束日的区间。评估实践中，通常存在有限年期的收益期和永续收益期两种。预测期是收益期的一部分，是从评估基准日到企业达到稳定状态的收益期限，也称明确的预测期，在这一阶段，企业的投资回报率、风险水平等与市场平均水平相比通常存在差异，企业的财务杠杆与行业平均水平通常也存在差异。由于企业各项收益指标尚不稳定，需进行逐年明确的预测。预测期后（或稳定期），也是收益期的一部分，是从企业达到稳定状态开始直到企业收益结束日的区间（也称"预测期后价值计算期"）。

（一）收益期的确定

评估人员应当根据国家有关法律法规、企业所在行业现状与发展前景、协议与章程约定、企业经营状况、资产特点和资源条件等，恰当确定收益期。

如果评估基准日被评估单位经营正常，影响企业继续经营的核心资产的使用年限、企业生产经营期限以及投资者所有权期限等均没有限定，或者上述限定可以解除，可以通过延续方式永续使用，则评估报告可以假设被评估单位在评估基准日后永续经营，相应的收益期设定为无限期。大多数正常经营的企业，均没有信息证明企业经营有年限的限制，一般都适用于永续经营假设。

当企业受法律法规规定、合同约定以及自然条件等情况的约束，或影响企业的核心资产使用年限、生产经营期限、投资者所有权期限等因素也可对企业经营产生约束时，收益期限应该取有限期限。

【例6-1】某煤炭开采企业A，其矿井在评估基准日的可采储量为1 000万吨，核定生产能力为50万吨/年，储量备用系数取1.4，则其矿井的服务年限计算公式为：

$$N = Q/(A \cdot K)$$

式中：N为矿井服务年限；Q为矿井可采储量；A为矿井核定生产能力；K为储量备用系数。

计算可得，A公司的矿井服务年限为1 000/(50×1.4) = 14.29。即A公司的收益期限为14.29年。

（二）预测期的确定

由于企业近期收益可以相对合理地预测，而远期收益预测的合理性相对较差，按照通常惯例，评估人员将企业的收益期划分为预测期和预测期后两个阶段。

企业经营达到相对稳定前的时间区间是确定预测期的主要因素。评估人员应当在对企业收入成本结构、资本结构、资本性支出、投资收益和风险水平等综合分析的基础上，结合宏观政策、行业周期及其他影响企业进入稳定期的因素合理确定预测期。

评估人员需要根据行业、企业生命周期、产品生命周期、基准日资本性支出现状和假设等具体分析确定预测期的长短。通常达到稳定状态的企业特征如下：

1. 企业的投资回报率逐渐接近行业或市场平均水平；
2. 企业的风险水平逐渐接近行业或市场平均水平；
3. 资本性支出方面，企业的投资活动趋于减少，只对现有生产能力进行简单的更新、常规的改进以及升级；
4. 企业的资本结构逐渐接近行业平均水平或企业的目标资本结构水平；
5. 企业收入成本结构基本接近行业平均水平，收入成本结构基本定型。

三、预测期的收益预测

评估人员应当充分分析被评估企业的资本结构、经营状况、历史业绩、发展前景，综合宏观和区域经济因素、所在行业现状与发展前景对企业价值的影响，对委托方或者相关当事方提供的企业未来收益预测进行必要的分析、判断和调整，在考虑未来各种可能性及其影响的基础上合理确定评估假设，形成未来收益预测。

（一）预测项目

每个评估项目盈利预测的内容会因为收益口径的不同而有所区别，但通常离不开对利润表相关项目的预测。同时，由于资产负债表、现金流量表与利润表之间固有的逻辑关系，利润表的预测不是孤立的，需要评估人员掌握必要的会计知识，恰当考虑各项财务报表项目之间的勾稽关系。

评估人员在分析历史数据时，应当对各年报表的编制基础和会计政策的一致性进行调查，确保趋势分析建立在相同口径的数据基础之上，否则，应当进行必要的调整。另外，评估人员还需对非经常性收入、支出项目、非经营性资产（负债）和溢余资产及相关的收入、支出等进行识别和单独评估。

无论采用何种途径进行预测，应确保预测趋势和宏观经济形势分析、行业分析、被评估单位优劣势分析结论相一致，盈利预测数据应当体现出被评估单位的公司战略特点和产品生命周期特点。

（二）预测方法

预测是根据所研究对象的过去信息，结合该对象的一些影响因素，运用科学的方法，预测其将来的发展趋势。企业价值评估的盈利预测是一种财务预测，即根据企业过去一段时期财务活动的资料，结合企业现在面临和即将面临的各种变化因素，运用数理统计方法，以及结合主观判断来预测企业未来财务状况。

财务预测有定性预测和定量预测两类方法。**定性预测**是通过判断事物所具有的各种因素、属性进行预测的方法，它是建立在经验判断、逻辑思维和逻辑推理基础之上的，主要特点是利用直观的材料，依靠个人经验的综合分析，对事物未来状况进行预测。经常采用的定性预测方法有专家会议法、德尔菲调查、访问、现场观察、座谈等方法。**定量预测**是通过分析事物各项因素、属性的数量关系进行预测的方法。它的主要特点是根据历史数据找出其内在规律、运用连贯性原则和类推性原则，通过数学运算对事物未来状况进行数量预测。定量预测的方法很多，应用比较广泛的有时间序列预测法（包括算术平均法、加权平均法、移动平均法、指数平滑法、最小二乘法等)、相关因素预测法(包括一元线性回归法、多元线性回归法等)、概率分析预测法(主要指马尔柯夫预测法)等等。上述两类方法并不是相互孤立的,在进行财务预测时,经常要综合运用。

【例6-2】某水电站收入预测过程中需要预测发电量。该水电站总装机容量22.5万千瓦,已运行近40年,剩余经济寿命年限至少30年。评估基准日水库实测总库容2.74亿立方米,其中兴利库容1.07亿立方米。评估人员首先对该水电站未来的功能状态进行了调查,并根据前56年的上游来水量系列分析确定了预测年度水库天然来水量,进而推算出了预测年度入库水量。接下来需要预测发电水量,并最终得出预测年度发电量。下面以发电水量和发电量为例对预测方法进行介绍。

1. 发电水量预测。发电水量不仅与入库水量有关,还与水库调度运用有关。为确定未来期发电水量,需依据不宜少于5—10年的实际运行资料开展入库水量与发电水量之间的相关分析,然后以相关分析结果和预测的入库水量来确定发电水量。该水电站已运行近40年,但自2001年12月起,5台机组才全部运行,而预测期也是5台机组全部运行。故依据2002—2012年共11年的实测入库水量、发电水量、发电量资料,开展相关计算。经计算,线性相关系数 r = 0.917 > 0.8,表明二者相关关系较好。据此,进一步推出回归方程:

$$W_{电} = 0.42 W_{入} + 28.7 \quad \text{式6-5}$$

式中:$W_{电}$、$W_{入}$分别为发电水量与入库水量。

利用式6-5和入库水量预测值,算得预测期各年发电水量预测值。

2. 发电量预测。为了以发电水量预测发电量,同样引用2002—2012年发电水量、发电量实测资料,开展发电水量与发电量相关计算。经计算,线性相关系数 r = 1.0 > 0.8,表明二者之间具有理想的相关关系。据此,进一步推出回归方程:

$$E = 0.104 W_{电} - 0.4 \quad \text{式6-6}$$

$$\text{或 } E = 0.0437 W_{入} + 2.58 \quad \text{式6-7}$$

式中:E、$W_{电}$、$W_{入}$分别为发电量、发电水量、入库水量。

利用以上相关式和发电水量预测值,算得预测期各年发电量预测值。

【例6-3】某制造企业主营业务成本预测:

(1)历史成本分析。主营业务成本分为变动成本和固定成本两部分,其中变动成本包括原辅材料、燃料动力和直接人工工资。固定成本即为制造费用,主要包括辅助人员工资及福利费、工会经费、职工教育经费、失业保险、社会保险(养老保险和工伤保险)、住房公积金、劳务费、物料消耗、折旧、无形资产摊销、加工费、劳动保护费、印刷费、化验计量费、重大水利工程建设基金、办公费等其他费用。历史年度主营业务成本情况如表6-1所示。

表6-1 单位:万元

项目	2007年	2008年	2009年	2010年	2011年
主营业务成本	1 616 546.29	1 518 009.43	1 166 867.07	1 379 763.90	1 806 130.02
成本率	94.85%	100.50%	89.06%	85.08%	90.32%

（2）成本预测。

三大聚酯原料分别为 PX、PTA、MEG，一般情况下聚酯原料的成本占聚酯产品价格的 85% 以上，有时甚至超过了 90%。从三大材近 10 年的价格走势分析，与聚酯产品的价格联动是完全吻合的。尽管价格趋势是完全一致的，但并不是完全线性相关的，其与销售价格之间形成的加工区间存在波动。2007—2011 年成本率的变动基本反映了这个特点，直接影响到企业的盈利空间。

- 三大材：材料采购价格趋势与聚酯产品的价格走势一致，通过各产品的生产单耗，以及预测的产销量测算。
- 直接人工工资：根据公司规定，年工资增长率 10%，然后根据历史年度工资情况及企业劳动部门提供的人员需求来确定。
- 燃料动力：与三大材的预测方法相同，燃动力单价未来按一定比例增长，同时根据单耗及预测的产销量测算。

制造费用中主要项目的预测思路如下：

- 工资及工资附加：辅助生产人员工资的预测方法同直接生产人员工资，工资附加主要为福利费、工会经费、职工教育经费、失业保险、社会保险（养老保险和工伤保险）、住房公积金等，根据国家及地方法律法规计算。
- 折旧：对于预测期的固定资产折旧，总体上按照被评估单位的固定资产折旧年限、折旧方法，区分固定资产类别分别测算其预测期的折旧额，加总后得到固定资产总的预测折旧额。然后根据被评估单位的会计核算惯例，计提的折旧额分别计入制造费用、营业费用和管理费用中。在测算折旧时，既考虑了评估基准日现有的固定资产，又考虑了预测期资本性支出所形成的固定资产。
- 劳务费：根据历史外聘劳务人员情况并参考工资及工资附加的增长比例来预测。
- 物料消耗费：根据历史年度情况考虑新增装置因素，并结合按企业销售情况的增长比率预测未来发展趋势。2012 年预算 4 900 万元，比 2011 年预计增加 300 万元，其中 BDO 装置、10 万吨/年短纤、20 万吨/年聚酯投产增加物料消耗约 400 万元，剔除新增装置因素，2012 年预算比 2011 年压缩了 100 万元。
- 保险费：根据历史年度资产情况和以后年度新增生产装置资产情况，按固定资产原值、存货价值和保险费率的 50% 计算，保险费率为 2.92‰。
- 排污费：根据历史年度数据和新增生产装置资产情况，并考虑通货膨胀等价格因素影响预测。
- 劳动保护费：根据历史年度费用情况和通货膨胀等因素影响，并考虑企业其他因素的影响来预测被评估单位未来的发展趋势。2012 年预算安排 2 026.45 万元，比 2011 年预计数增加 900 多万元，主要原因：一是按照集团公司劳保服装管理规定，2012 年起全员配备劳保服装，公司 2012 年全员配发春秋装和夏装各两套，增加费用 700 万元；防暑降温费标准由 640 元/人·年调整到 800 元/人·年（×××省《关于企业夏季高温津贴标准的通知》，2011 年公司未执行），增加费用 270 万元。

差旅费、办公通讯、印刷费、化验计量费等其他费用考虑价格因素及其他因素影响，按每年 5% 的增长率递增来预测。

根据上述方法及思路预测的主营业务成本具体结果如表 6-2。

表 6-2　　　　　　　　　　　　　　　　　　　　　　　　　　　　　　　　　　单位：万元

分类	2012 年	2013 年	2014 年	2015 年	2016 年
主营业务成本	1 872 129.67	2 074 706.47	2 446 450.79	2 579 845.98	2 771 085.24

（三）预测主体和责任

关于收益法评估的预测主体和预测责任，目前各方面有不同的观点和看法。我国《资产评估准则——企业价值》第二十七条规定，注册资产评估师应当"对委托方或者相关当事方提供的企业未来收益预测进行必要的分析、判断和调整，在考虑未来各种可能性及影响的基础上合理确定评估假设，形成未来收益预测。"

《企业国有资产评估报告指南》要求，资产评估委托方和被评估企业（或者产权持有单位）在其共同编写的《企业关于进行资产评估有关事项的说明》中包括"资产负债情况、未来经营和收益状况预测说明"（该指南附件 3《"评估说明"编写指引》还对需说明的内容进行了细化）。委托方和被评估企业还应对提供给注册资产评估师的收益预测资料的真实性、完整性、合法性承担责任。在此基础上由注册资产评估师通过履行必要的分析核查程序，对委托方和被评估企业提供的未来收益预测的合理性做出职业判断。当与企业的判断和预测出现差异时，注册评估师应当与企业进行充分沟通，在取得支持依据的前提下做出必要的调整，以确保评估结果的合理性。

四、折现率的确定

折现率是投资者在一定风险条件下所要求的投资报酬率。在存在着正常的资本市场和产权市场的条件下，任何一项投资的回报率都不应低于该投资的机会成本。企业价值评估，对应不同口径现金流的折现率分别有权益资本成本和加权平均资本成本。

确定权益资本成本的方法主要有两大类：一是以资本资产定价模型（CAPM）为代表的风险收益模型，包括 CAPM、Ibbotson 扩展方法（Ibbotson Buildup Method）、套利定价模型（APM）等；二是基于因素分析和经验判断的方法，如扩展累计模型（The Buildup Summation Model）、Schilt 风险报酬指南（Schilt's Risk Premium Guideline）。其中 CAPM、Ibbotson 扩展方法是被评估人员最广泛使用的两种方法，后者通过附加或扩展非系统性风险报酬（公司规模报酬率和公司特有风险报酬率）对 CAPM 加以补充和改进，以解决对非上市公司的适用性。

（一）资本资产定价模型（CAPM）

CAPM 是以 β 值表示市场整体的波动给单个资产带来的系统性风险，深化了风险的概念，在收益与风险之间建立了数量化的模型关系，用于对权益资本成本的计算，为确定折现率提供了充分的理论支持。根据 CAPM，资产的期望收益可以写成无风险报酬率和 β 值的函数，其计算公式为：

$$K_e = R_f + \beta \cdot RP_m$$

式中：R_f 为无风险报酬率；β 为企业风险系数；RP_m 为市场风险溢价。

无风险报酬率 R_f，是指评估基准日相对无风险证券的投资收益率（有时也称为"安全收益率"）；目前，评估实践中，国际上通行的做法是参考不存在违约风险的政府债券利率确定。

β 系数是用以度量一项资产的风险，取自于资本市场，是用来衡量一种证券或一个投资组合相对总体市场的波动性的一种风险评估工具。

上市公司 β 系数主要通过股票个别收益率相对于市场收益率的回归分析计算确定。

$$\beta_a = \frac{Cov(r_a, r_m)}{\sigma_m^2}$$

评估人员可以借助于专业财经资讯平台获得上市公司的具有财务杠杆的 β 系数。

理论上，上市公司的 β 值一般不应偏离 1 太大，市场中所有股票价值加权平均的 β 值是 1，典型 β 值的变化范围一般在 0～2 之间，为此，有的资讯平台还专门对 β 值进行了平滑调整，如 Bloomberg 公布的调整后 β 值的计算公式为：

调整后 β 值 = 原始 β 值 × 67% + 1 × 33%

对于非上市公司的 β 值通常按以下程序测算：

(1) 选择与被评估企业具有可比性的上市公司；
(2) 寻找可比上市公司的 β（有财务杠杆 β）；
(3) 根据可比公司资本结构，分别将有财务杠杆 β 换算成无财务杠杆 β；
(4) 确定可比公司平均的无财务杠杆 β；
(5) 根据评估目标公司的资本结构，计算其有财务杠杆 β。

其计算公式为：

$$\beta_U = \beta_L / [1 + (1 - T) \cdot D/E]$$

式中：β_U 为无财务杠杆 β；β_L 为有财务杠杆 β；T 为公司所得税率；D/E 为债务与权益资本比率（资本结构）。

资本结构通常是指按照市场价值计算的企业长期的目标债务与权益的结构，之所以选用目标资本结构，主要是考虑到现行的资本结构只是反映了企业某一时点的状况，企业管理层可能在未来不断进行调整，因此最终确定的资本结构应是能反映企业整个收益期内的综合预期水平，并且还要结合债务取得途径及债务金额考虑是否可实现，因为随着债务金额的增加，违约风险在增加，债务取得的难度也在加大。

确定公司的目标资本结构，通常可综合采用以下三种方法：①估算以现行市值为基础的公司资本结构；②考察可比公司的资本结构；③考察管理层直接或间接的融资方式及其对目标资本结构的影响。

市场风险溢价（RP_m）是对于一个充分风险分散的市场投资组合，投资者所要求的高于无风险报酬率的回报率。

目前国际上对于市场风险溢价的研究主要包括三大类：一类是面向未来的，二类是基于当前的，三类是基于历史的。

面向未来的测算方法主要有贴现现金流法，包括单阶段法和多阶段法，实质上是根据已知估值结果反算出市场风险溢价的方法，但不同的预测方法往往会产生很大的差别，这也成为学术界讨论的焦点。

基于当前的测算方法通常是把当前的市场变量（如股息总额——股价比、市盈率、市净率等）彼此联系起来进行回归分析测算。

基于历史的测算方法早在20世纪60年代就开始研究，目前在成熟市场的研究已经比较完善，主要方法为收益变现法。

收益变现法简单来说就是运用历史收益来估计未来收益，运用投资者在一些持有期已经实现的平均收益溢价来计算。其理论基础为：过去的市场行为提供了未来行为的基础，投资者的预期受市场历史表现的影响。如果周期性收益（如年度性收益）是相互独立的（不相关），并且在这段时期期望收益是稳定的，那么历史收益的算术平均值提供了未来期望收益。历史证券价格反映了可观测到的证券的收益，通过分析历史的市场风险溢价可以合理地估计同样价格水平上的风险溢价。由于股票具有优化社会资源配置、实现风险再分配、发现资产价格和降低交易成本等作用，也能及时反馈宏观经济信息，同时投资者购买股票将会面临企业的经营风险、财务风险、市场风险、汇率风险等各种风险，因此具有风险溢价。

目前市场风险溢价在国内主要有以下两种测算方法：①直接采用我国资本市场的数据进行测算。②采用成熟市场的风险溢价进行调整确定，其计算公式为：

市场风险溢价 = 成熟股票市场的基本补偿额 + 国家补偿额

由于CAPM考虑的企业风险主要体现在β值上，而对于非上市公司，其β值是根据可比上市公司计算确定的，主要反映了可比上市公司的经营风险和财务风险，但还有与可比上市公司有差异的其他个别风险也需要考虑，如企业规模大小、成立时间长短等，因此CAPM主要用于确定上市公司的权益资本成本，不能直接用于非上市公司的价值评估。针对CAPM的局限性，在评估实践中对CAPM进行了调整，主要是增加了企业特定风险调整系数R_c。其计算公式为：

$$K_e = R_f + \beta \cdot RP_m + R_c$$

企业特定风险通常包括：（1）企业规模；（2）企业所处经营阶段；（3）主要产品所处发展阶段；（4）企业经营业务、产品和地区分布；（5）企业历史经营状况；（6）企业内部管理和控制机制；（7）管理人员的经验和资历；（8）对主要客户及供应商的依赖；（9）其他。

（二）加权平均资本成本模型

加权平均资本成本是指将企业股东的预期回报率和付息债权人的预期回报率按照企业目标资本结构中权益与付息债务的比例加权平均计算的预期回报率。其计算公式如下：

$$WACC = K_e \cdot \frac{E}{D+E} + K_d \cdot (1-t) \cdot \frac{D}{D+E}$$

式中：K_e为权益资本成本；K_d为债务资本成本；E为权益资本；D为债务资本；t为被评估企业的所得税率。

债务成本，通常是债务等级较高的非上市交易的有息债务，主要根据票面利率确定，债务等级较高的可上市交易的有息债务主要根据测算的到期回报率确定，而债务等级较低

(三) 风险累加法

风险累加法是采用无风险报酬率加风险报酬率的方式确定，其计算公式为：

$R = R_f + R_r$

式中：R 为折现率；R_f 为无风险报酬率；R_r 为风险报酬率。

风险报酬率 = 行业风险报酬率 + 经营风险报酬率 + 财务风险报酬率 + 其他风险报酬率

- 行业风险主要指企业所在行业的市场特点、投资开发特点，以及国家产业政策调整等因素造成的行业发展不确定性给企业预期收益带来的影响。
- 经营风险是指企业在经营过程中，由于市场需求变化、生产要素供给条件变化以及同类企业间竞争给企业未来预期收益带来的不确定性影响。
- 财务风险是指企业在经营过程中资金融通、资金调度、资金周转可能出现的不确定性因素影响企业的预期收益。
- 其他风险是指除行业风险、经营风险、财务风险以外的企业其他个别风险。

(四) 预测期折现率的确定

根据上述计算公式可以得到折现率。当企业所属经济环境内的资本市场数据充分、且可找到与目标企业可比的上市公司数据时，折现率测算可选用资本资产定价模型或加权平均资本成本模型，否则可选用风险累加法测算折现率。

计算折现率时折现率口径要与现金流量口径保持一致（见表 6-3）。

表 6-3

评估模型	评估值内涵	对应的现金流量	适用的折现率
企业自由现金流折现模型	企业整体价值	企业自由现金流量	加权平均资本成本
股权自由现金流折现模型	股东全部权益价值	股权自由现金流量	权益资本成本

对于所得税税收优惠企业，需要考虑预测期每年所得税税率变化对折现率的影响。

【例 6-4】 本次评估选用的是企业自由现金流折现模型，相应的折现率是加权平均资本成本 (WACC)。

$WACC = K_e [E/(D+E)] + K_d (1-T)[D/(D+E)]$

式中：WACC 为折现率；K_e 为权益资本报酬率；$E/(D+E)$ 为权益资本比重；K_d 为付息债务成本率；T 为所得税率；$D/(D+E)$ 为付息债务资本比重；其中：$K_e = R_f + \beta \cdot Rp_m + R_c$；$R_f$ 为无风险收益率；β 为权益系统风险系数；Rp_m 为市场风险溢价；R_c 为企业特有风险调整系数。

- 无风险收益率的确定：

根据万得资讯系统所披露的信息，10 年期国债在评估基准日的到期年收益率为 3.10%，本次评估以 3.10% 作为无风险收益率。

- 权益资本风险系数 β 的确定：

通过万得资讯系统查询了5家可比上市公司2009年6月30日的β值,然后根据可比企业的资本结构换算成无财务杠杆β值,其计算公式为:

$\beta_U = \beta_L / [1 + (1 - T) \cdot D/E]$

式中:β_U为无财务杠杆β;β_L为有财务杠杆β;T为公司所得税率;D/E为债务与权益资本比率(资本结构)。

根据公式:β_u(平均)= AVERAGEA($\beta_{u1} + \beta_{u2} + \cdots + \beta_{un}$),计算得出的$\beta_u$(平均)确认为目标企业的无财务杠杆β值(见表6-4)。

表6-4

序号	股票代码	公司简称	无财务杠杆的β值
1	600873.SH	五洲明珠	1.1627
2	600312.SH	平高电气	0.4827
3	600379.SH	宝光股份	1.3257
4	600468.SH	百利电气	1.3211
5	600550.SH	天威保变	0.9015
	平均无财务杠杆β值		1.0378

计算得出目标企业的无财务杠杆β值后,根据以下公式计算得出企业的β值,其中目标企业的资本结构取可比公司资本结构的平均值8.69%,公司所得税率为25%

$\beta = \beta_u \cdot [1 + D/E \cdot (1 - T)]$
$= 1.1064$

- 市场风险溢价Rp_m的确定:国际上新兴市场的风险溢价通常采用成熟市场的风险溢价进行调整确定,本次评估采用美国市场的风险溢价进行调整,具体计算过程如下:

市场风险溢价 = 成熟股票市场的基本补偿额 + 国家补偿额
= 成熟股票市场的基本补偿额 + 国家违约补偿额 × (σ股票/σ国债)

式中:成熟股票市场的基本补偿额取美国1928—2008年股票与国债的算术平均收益差5.65%;国家违约补偿额为国家债务评级机构Moody' Investors Service对我国最新的债务评级为A1,转换为国家违约补偿额为1.4%;σ股票/σ国债为新兴市场国家股票的波动平均是债券市场的1.5倍。

则:市场风险溢价 = 5.65% + 1.4% × 1.5 = 7.75%

- 企业特有风险调整系数R_c的确定:

由于待估企业规模中等、管理较科学,且在筹融资、抵抗行业风险等方面不及可比上市公司,因此,待估企业特有风险系数取3%。公司所得税率为25%。股权资本成本计算如下:

$K_e = R_f + \beta \cdot Rp_m + R_c = 14.67\%$

评估基准日××铁塔公司有息负债平均年利率(K_d)为3.75%,将上述数据代入WACC公式中,计算得出该公司的加权平均资本成本如下:

$r = K_e \cdot W_e + K_d \cdot W_d = 13.72\%$

【例 6-5】本次评估选用的是企业自由现金流折现模型，相应的折现率是加权平均资本成本（WACC）。加权平均资本成本利用以下公式计算：

$r = r_d \cdot (1-t) \cdot w_d + r_e \cdot w_e$

式中：w_d 为评估对象的付息债务比率；

$w_d = \dfrac{D}{(E+D)}$

D = 付息债务；E = 股权价值；

w_e 为评估对象的权益资本比率；

$w_e = \dfrac{E}{(E+D)}$；t 为所得税率；r_d 为债务资本成本；r_e 为权益资本成本，按资本资产定价模型（CAPM）确定。

$r_e = r_f + \beta_e \cdot (r_m - r_f) + \varepsilon$

r_f 为无风险报酬率；r_m 为市场预期报酬率；ε 为评估对象的特定风险调整系数；β_e 为评估对象权益资本的预期市场风险系数；

$\beta_e = \beta_t \cdot \left[1 + (1-t) \cdot \dfrac{D}{E}\right]$

β_t 为可比公司的预期无杠杆市场风险系数。

权益资本成本的计算如下：

（1）根据万得数据系统公布的中长期国债的到期收益指标，在基准日时点距离国债到期的期限 5 年以上的国债平均收益率为 3.68%。

（2）市场预期报酬率数据的采集：本次测算我们借助万得资讯的数据系统提供所选择的沪深 300 指数每月的收盘价格。自 2002—2011 年，根据沪深 300 指数计算年收益率（几何）均值约为 10.94% 作为社会平均期望报酬率，即：$R_m = 10.94\%$。

（3）βe 值。由于委估企业目前为非上市公司，一般情况下难以直接对其测算出该系数指标值，故本次通过选定与委估企业处于同行业的上市公司于基准日的 β 系数（即 β_t）指标平均值作为参照。经查万得资讯中药行业的可比公司加权剔除财务杠杆调整平均 $\beta_t = 0.862$。

资本结构参考可比上市公司资本结构的平均值作为被评估企业目标资本结构比率。D 根据基准日的有息负债确定，E 根据基准日的每股收盘价格×股份总额确定。经过计算，该行业的 D/E = 3.9%。

最后得到评估对象权益资本预期风险系数的估计值 $\beta_e = 0.891$。

（4）特定风险 ε 的确定。本次评估考虑到评估对象资产规模、融资条件、资本流动性以及公司治理结构和资本债务结构等方面与可比上市公司的差异性可能产生特定个体风险。本次评估按照重要性原则，以规模超额收益率代表特定个体风险，设公司特定个体风险调整系数 $\varepsilon = 2.60\%$。

在国际上有许多知名的研究机构发表过有关文章详细阐述了公司资产规模与投资回报率之间的关系。国内研究机构对沪、深两市的 1 000 多家上市公司 1999—2006 年的数据进行了分析研究，将样本点按调整后净资产账面价值进行排序并分组，对得到的数据进行线性回归分析，得出超额收益率与净资产之间的回归方程如下：

$R_s = 3.139\% - 0.2485\% \cdot NA \ (R^2 = 90.89\%)$

式中：R_s 为公司规模超额收益率；NA 为公司净资产账面值（NA≤10 亿元）。

根据以上结论，将被评估企业的净资产规模代入上述回归方程，即可计算出被评估企业的规模超额收益率 R_s 为 2.60%。

（5）权益资本成本的确定。

权益资本成本 $r_e = 3.68\% + 0.891 \times (10.94\% - 3.68\%) + 2.60\% = 12.70\%$

- 债务资本成本的计算：

债务资本成本 r_d 取 5 年期贷款利率 6.55%。

在确定被评估企业资本结构时我们参考了以下两个指标：可比上市公司资本结构的平均值和被评估企业目前自身的资本结构。最后结合企业未来盈利情况、管理层未来的筹资策略，确定上市公司资本结构为企业目标资本结构。经过计算，被评估企业资本结构如下：

$W_d = D/(D+E) = 3.8\%$

$W_e = E/(D+E) = 96.2\%$

折现率的计算：

$r = r_d \cdot (1-t) \cdot w_d + r_e \cdot w_e$

被评估企业所得税适用税率为 15%。将上述各值分别代入公式即有：

折现率 $r = r_d \cdot (1-t) \cdot w_d + r_e \cdot w_e$
$= 6.55\% \times (1-15\%) \times 3.8\% + 12.70\% \times 96.20\%$
$= 12.40\%$

五、预测期后价值的确定

预测期后价值是企业价值的重要组成部分，应反映出对企业及其行业长期经济状况一致的预测。预测期后价值的估算方式应根据企业未来收益趋势、终止经营后的处置方式等加以选择。通常如下：

1. 评估模型。当企业未来收益可持续实现，收益期按永续考虑时，通常采用戈登模型（Gordon Growth Model）或退出倍数法计算预测期后的价值。

（1）戈登模型。其计算公式为：

$$P_n = \frac{FCF_n(1+g)}{(r-g)}$$

式中：FCF_n 为预测期最后一年的具有代表性的自由现金流量；g 为预测期后的增长率（通常以长期预测通货膨胀率为基础估算）；r 为折现率。

（2）退出倍数法。当某公司成为其所在行业成熟的公司时，企业经营便进入相对稳定状态。据此，预测期后的价值可以现有的成熟公司作为可比公司，通过价值比率进行估算，通常采用的价值比率有 EV/EBITDA、P/E、P/B 等。

当收益期为有限年期，若到期后企业要终止经营并进行清算时，则可直接采用清算模式,即通过估算企业在经营结束时的清算价值来计算终值;若到期后企业仍要继续经营,只是股东要退出,则可参照收益期按永续考虑时的测算方法确定。

2. 预测期后现金流量的确定。计算预测期后现金流量水平时,应当判断预测期后现金流量与预测期最后一年的现金流量水平是否一致。通常情况下需要考虑以下情况:

(1) 如果预测期后收益水平与预测期最后一年的收益水平不一致,应当根据收益发展趋势和特点,重新估计预测期后收益水平或估计收益增长率;

(2) 如果预测期后年平均折旧水平、资本性支出规模、营运资金的追加额、所得税税率等与预测期最后一年的数据不同,应在预测期最后一年的现金流量基础上进行相应调整。

3. 预测期后折现率的确定。在一般情况下,预测期后的折现率与预测期的折现率相同,但如果存在以下情形,需要在预测期的折现率的基础上进行必要的调整。

(1) 如果预测期后资本结构存在较大调整,需要考虑资本结构变化对加权平均资本成本的影响;

(2) 如果预测期内企业享有所得税税收优惠,并且在预测期后不再享有,需要考虑预测期后所得税税率变化对加权平均资本成本的影响。

六、其他资产和负债的评估

在通过现金流量折现计算得到营业性资产价值(或营业性净资产价值)后,还应考虑是否存在溢余资产、非经营性资产和负债等其他资产和负债需要进行单独评估。如存在,应将其评估结果汇入企业整体价值当中。

【例6-6】经分析,被评估企业持有的溢余资产主要为溢余货币资金。溢余货币资金的计算公式如下:

溢余货币资金 = 基准日企业持有的货币资金 − 最低现金保有量

企业基准日持有货币资金合计为 8 911.27 万元。

最低现金保有量 = 年度付现金额/现金周转次数

$$\text{年度付现金额} = \text{不含折旧与摊销的主营业务成本、管理费用、销售费用} + \text{各项税金及附加} + \text{财务费用}$$

经测算,企业基准日年度付现金额为 32 091.01 万元。经与企业管理人员沟通并测算,最低现金保有量确定为两个月的付现额,即现金周转次数确定为 6 次。

最低现金保有量 = 32 091.01 ÷ 6 = 5 348.50(万元)

溢余货币资金 = 8 911.27 − 5 348.50 = 3 562.77(万元)

七、收益法评估结果

1. 企业整体价值的计算。

企业整体价值 = 经营性资产价值 + 非经营性资产价值 + 溢余资产价值

2. 付息债务价值的确定。付息债务一般包括短期借款、长期借款、应付债券、长期应付款等,按照其在评估基准日的市场价值进行评估。

3. 股东全部权益价值的计算。

股东全部权益价值 = 企业整体价值 − 付息债务价值

【例 6 − 7】根据预测结果,企业经营性资产价值计算见表 6 − 5。

表 6 − 5　　　　　　　　　　　　　　　　　　　　　　　　　　　　　金额单位:万元

项　目	2011 年 8—12 月	2012 年	2013 年	2014 年	2015 年	2016 年	预测期后
净现金流量	2 491.53	4 596.78	8 224.88	8 069.79	8 081.69	7 810.95	10 796.82
折现率	11.44%	11.44%	11.44%	11.44%	11.44%	11.44%	11.44%
折现期	0.21	0.92	1.92	2.92	3.92	4.92	
折现系数	0.9777	0.9055	0.8125	0.7291	0.6543	0.5871	5.1318
折现值	2 435.93	4 162.28	6 682.90	5 883.76	5 287.54	4 585.77	55 407.28
折现值合计	84 445.48						

经分析,基准日企业不存在溢余资产。企业持有的非经营性资产(或负债)包括:非经营性往来款、递延所得税资产、应收股利、在建工程、应付利息等。对上述资产和负债采用资产基础法中各资产和负债的评估结果作为评估值。评估结果见表 6 − 6。

表 6 − 6　　　　　　　　　　　　　　　　　　　　　　　　　　　　　　金额单位:元

序号	所属科目	评估值	备注
一	非经营性资产		
1	其他应收款	21 262 899.71	非经营性往来款、预付工程款等
2	在建工程	516 000.00	未纳入收益预测范围
3	递延所得税资产	572 338.68	评估基准日前形成,未来预测未考虑
二	非经营性负债		
1	其他应付款	7 163 540.83	非经营性往来款、应付设备款等
2	应付利息	135 885.32	评估基准日前形成,未来预测未考虑
3	应付股利	27 938 867.71	评估基准日前形成,未来预测未考虑
	非经营性资产净值	− 12 887 055.47	

该企业在评估基准日不存在长期股权投资,溢余资产价值采用例 6 − 4 的结果,企业整体价值为:

企业整体价值 = 企业自由现金流量折现值 + 溢余资产价值 + 非经营性资产价值
　　　　　　= 84 445.48 + 3 562.77 − 1 288.71
　　　　　　= 86 719.54(万元)

有息负债包括短期借款、长期借款,评估结果见表 6 − 7。

表 6-7　　　　　　　　　　　　　　　　　　　　　　　　　　　　金额单位：万元

序号	科目	评估值
1	短期借款	1 000.00
2	长期借款	4 000.00
	合　计	5 000.00

股东全部权益价值 = 企业整体价值 – 付息债务
　　　　　　　　 = 86 719.54 – 5 000.00 = 81 719.54（万元）

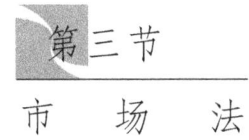

1. 对于出现利润亏损的企业是否适用收益法进行评估？
2. 在确定被评估企业的收益期时，通常需要考虑哪些情况？

第三节　市　场　法

企业价值评估中的市场法是指将评估对象与可比上市公司或者可比交易案例进行比较，确定评估对象价值的评估方法。

市场法是从市场途径评估企业价值，其基本思路是将评估对象与可比上市公司或者可比交易案例进行比较，以确定评估对象价值。市场法包括上市公司比较法和交易案例比较法两种具体方法。两种方法都是通过获取并分析可比对象资料，计算适当的价值比率，在与被评估企业比较分析的基础上，确定评估对象的价值；所不同的是各自选取的可比对象类型，一个是公开市场上正常交易的上市公司，另一个一般是非上市企业（包括本企业近期）的买卖、合并及收购案例。

由于证券市场和产权交易市场的运行机制、市场效率、价格形成机制、可比企业数量和信息透明度等存在较大差异，评估时应注意把握其适用情形、应用前提、价值调整因素和调整重点。

一、上市公司比较法

上市公司比较法的关键步骤包括选取可比上市公司、设定恰当的价值比率、将目标企业与可比上市公司进行对比分析以调整价值比率数值。

（一）选取可比上市公司

被评估企业和可比公司之间的可比性主要体现在公司所属的行业、业务结构、经营模式、企业规模、资产配置和使用情况、企业所处经营阶段、成长性、经营风险、财务风险等方面。

可比企业应当与被评估企业属于同一行业，或者受相同经济因素的影响。

选择可比企业，应根据上述一个或几个可比因素制定统一的筛选标准。刚开始时可以把标准放宽些，然后逐渐提高标准。一旦标准确定后，应尽可能从所有满足标准的待选公司中进行再筛选，避免样本不完整、结果不客观。筛选的手段可以多种多样，既可以通过表格形式，也可以通过正态分布图方式进行操作。

以下就可比企业选取操作过程中的关键步骤进行重点介绍。

1. 了解被评估企业的业务。根据被评估企业提交的有关资料，如公司年度审计报告等，结合市场上可搜集到的公开信息，主要调查被评估企业所在的行业、公司的主要经营项目、公司所在市场的性质、公司的运营地点、公司的财务表现以及公司的声誉和成熟度、管理层的经验等。

其中，确认被评估企业所属行业时，可以参考国家标准（GB/T 4754—2011）的国民经济行业分类、证监会的上市公司行业分类、国际通用的标准行业代码（SIC）、北美行业分类系统代码（NAICS）等。关于行业分类的资料，本套教材的相关章节已有介绍，在此不再赘述。

评估人员首先可以根据一级行业分类进行搜索，然后再进行行业细分，寻找最为相似的可比企业。例如，同样属于钢铁行业的公司，按照产品化学成分来分，有碳素钢和合金钢生产企业；按生产流程分，有长流程和短流程的差异；按钢材外形，则有型材、板材、管材和金属制品之分。

如果行业分类表中过于概括，应该识别出被评估企业业务所独有的关键词或关键语句，用来查找拥有相同或类似产品或业务的公司及相关交易。为避免错误分类或了解是否跨多个行业，阅读招股说明书、年报资料中对企业的描述很重要。如果被评估企业属于新兴行业或很难找到相同或十分近似的可比公司，评估时可以适当扩大范围，在受相同经济因素影响的行业中寻找。

可比企业应该和被评估企业在主营业务收入的结构、利润的结构上相似。否则虽属同一个行业（甚至还涉及相似的业务）可比性仍可能变弱。如果被评估企业有一个主要业务和其他较小的业务，那么整个公司的价值应由主要业务的价值决定，需要寻找与其主要业务相类似的可比企业。如果被评估企业拥有众多同等重要的业务时，可以搜索并选择那些专注于每个单项业务的公司，先分别评估目标公司每项业务的价值。

同行业企业即使从事同一业务，也可能存在多种经营模式。比如，传统零售业和电子商务。不同经营模式可能导致财务指标和经营风险的差异，导致企业发展速度、成本构成和经营绩效也有所不同。评估时应寻找经营模式最接近的作为可比企业。

2. 了解被评估企业的规模。如果被评估企业和可比企业之间在规模上存在重大差异，则通常会在业务结构、资产配置及使用情况等方面存在差异，可比性变弱。企业规模大小可以按照销售收入、资产总额、从业人数或产能等指标来判断，不同行业划分标准略有不同。确认企业规模时可以参照《国家统计局关于印发统计上大中小微型企业划分办法的通知》（国统字〔2011〕75号），其大中小微型企业划分标准如表6-8。

表 6-8

行业名称	指标名称	计量单位	大型	中型	小型	微型
农、林、牧、渔业	营业收入（Y）	万元	Y≥20 000	500≤Y<20 000	50≤Y<500	Y<50
工业*	从业人员（X）	人	X≥1 000	300≤X<1 000	20≤X<300	X<20
	营业收入（Y）	万元	Y≥40 000	2 000≤Y<40 000	300≤Y<2 000	Y<300
建筑业	营业收入（Y）	万元	Y≥80 000	6 000≤Y<80 000	300≤Y<6 000	Y<300
	资产总额（Z）	万元	Z≥80 000	5 000≤Z<80 000	300≤Z<5 000	Z<300
批发业	从业人员（X）	人	X≥200	20≤X<200	5≤X<20	X<5
	营业收入（Y）	万元	Y≥40 000	5 000≤Y<40 000	1 000≤Y<5 000	Y<1 000
零售业	从业人员（X）	人	X≥300	50≤X<300	10≤X<50	X<10
	营业收入（Y）	万元	Y≥20 000	500≤Y<20 000	100≤Y<500	Y<100
交通运输业*	从业人员（X）	人	X≥1 000	300≤X<1 000	20≤X<300	X<20
	营业收入（Y）	万元	Y≥30 000	3 000≤Y<30 000	200≤Y<3 000	Y<200
仓储业	从业人员（X）	人	X≥200	100≤X<200	20≤X<100	X<20
	营业收入（Y）	万元	Y≥30 000	1 000≤Y<30 000	100≤Y<1 000	Y<100
邮政业	从业人员（X）	人	X≥1 000	300≤X<1 000	20≤X<300	X<20
	营业收入（Y）	万元	Y≥30 000	2 000≤Y<30 000	100≤Y<2 000	Y<100
住宿业	从业人员（X）	人	X≥300	100≤X<300	10≤X<100	X<10
	营业收入（Y）	万元	Y≥10 000	2 000≤Y<10 000	100≤Y<2 000	Y<100
餐饮业	从业人员（X）	人	X≥300	100≤X<300	10≤X<100	X<10
	营业收入（Y）	万元	Y≥10 000	2 000≤Y<10 000	100≤Y<2 000	Y<100
信息传输业*	从业人员（X）	人	X≥2 000	100≤X<2 000	10≤X<100	X<10
	营业收入（Y）	万元	Y≥100 000	1 000≤Y<100 000	100≤Y<1 000	Y<100
软件和信息技术服务业	从业人员（X）	人	X≥300	100≤X<300	10≤X<100	X<10
	营业收入（Y）	万元	Y≥10 000	1 000≤Y<10 000	50≤Y<1 000	Y<50
房地产开发经营	营业收入（Y）	万元	Y≥200 000	1 000≤Y<200 000	100≤Y<1 000	Y<100
	资产总额（Z）	万元	Z≥10 000	5 000≤Z<10 000	2 000≤Z<5 000	Z<2 000
物业管理	从业人员（X）	人	X≥1 000	300≤X<1 000	100≤X<300	X<100
	营业收入（Y）	万元	Y≥5 000	1 000≤Y<5 000	500≤Y<1 000	Y<500
租赁和商务服务业	从业人员（X）	人	X≥300	100≤X<300	10≤X<100	X<10
	资产总额（Z）	万元	Z≥120 000	8 000≤Z<120 000	100≤Z<8 000	Z<100
其他未列明行业*	从业人员（X）	人	X≥300	100≤X<300	10≤X<100	X<10

说明：①大型、中型和小型企业须同时满足所列指标的下限，否则下划一档；微型企业只须满足所列指标中的一项即可。

②附表中各行业的范围以《国民经济行业分类》（GB/T 4754—2011）为准。带*的项为行业组合类别，其中，工业包括采矿业，制造业，电力、热力、燃气及水生产和供应业；交通运输业包括道路运输业，水上运输业，航空运输业，管道运输业，装卸搬运和运输代理业，不包括铁路运输业；信息传输业包括电信、广播电视和卫星传输服务，互联网和相关服务；其他未列明行业包括科学研究和技术服务业，水利、环境和公共设施管理业，居民服务、修理和其他服务业，社会工作，文化、体育和娱乐业，以及房地产中介服务，其他房地产业等，不包括自有房地产经营活动。

3. 搜索并选择可比企业。根据被评估企业管理层所提供的关于竞争对手的信息，以及市场上可搜集到的公开信息，搜索并选择可比企业。

筛选可比企业时需要重点考虑的因素包括企业的标准行业代码、地理位置、在主要股票市场交易是否活跃、业务范围、主要产品种类及生产规模、财务状况、未来增长情况、最近的合并或收购等企业活动。

企业不同经营阶段的发展速度是不同的，风险特性也存在差异，选取可比企业时应考虑企业所处经营阶段的可比性。

成长性是指企业实现可持续增长的能力。可比企业应该与被评估企业在成长性方面相同或相似。

选取可比企业的理由和标准应该明确并保持一致性。筛选过程中，应优先考虑与被评估企业的业务、风险和成长潜力最为相似的公司；优先考虑本土公司，慎重选择外国公司；避免在缺乏合理解释的情况下选取某些有争议的同业公司。

对于存在停牌、发生重大资产重组、股票价格异动或新上市等情况的企业，应从备选企业中删除。

选出可比企业后，还应对所获取的企业经营和财务数据进行分析，财务方面包括财务报表编制基础、非经常性收入和支出、非经营性资产（负债）和溢余资产及其相关收支等，分析和比较企业间的财务指标和变动趋势，通过分析和必要调整使其与被评估企业数据的口径一致、可比。企业经营方面主要针对业务、市场、管理等比较分析，找出被评估企业与可比企业之间的风险和成长差异。为选择和调整价值比率打好基础。

（二）设定价值比率

价值比率可以按照分母的性质分为盈利比率、资产比率、收入比率和其他特定比率；也可以按照分子所对应的权益划分为权益价值比率和全部投资价值（权益价值加有息负债）比率（见表6-9）。

表6-9　　　　　　　　　　　常用的价值比率统计表

分母＼分子	权益价值（P）	企业整体价值（EV）
盈利比率指标	• PE（市盈率） • PEG（价格-盈利-增长比率） • P/FCFE（价格-权益现金流比率）	• EV/EBITDA • EV/EBIT • EV/FCFF（企业价值-企业现金流比率）
资产比率指标	• P/BV（市净率，分母为净资产账面值） • Tobin Q 系数（托宾Q系数，价格/净资产的重置成本）	• EV/TBVIC（分母为总资产或有形资产账面值） • EV/重置成本
收入比率指标	• P/Sales（市销率）	• EV/Sales

续表

分母 \ 分子	权益价值（P）	企业整体价值（EV）
行业特定指标		• EV/制造业年产量 • EV/发电厂的装机容量 • EV/广播电视网络的用户数 • EV/矿山的可采储量 • EV/医院的床位数 ……

价值比率种类众多，对于价值的最佳估计常常是通过运用最适合的价值比率得出的。设定价值比率的方法主要有成功关键因素分析法（key success factors，KSF）、统计分析（如回归分析）法等。评估行业逐步积累了一些价值比率选择经验，比如，评估亏损企业，不宜采用 P/E 等盈利类比率；评估账面净资产为负值的企业，不宜采用 P/B 等资产类比率。评估某些行业常用的价值比率如表 6–10。

表 6–10　　　　　　　评估某些行业常用的价值比率

行业		通常选用的价值比率
金融业	银行	P/B、P/E
	保险	财险：P/B
		寿险：P/EV（分母为保险公司的内含价值）
	证券	经纪：P/E、营业部数量、交易活跃账户数量
		自营：P/B
	基金	P/AUM（分母为管理资产规模）
采掘业		EV/Reserve（分母为储量）、EV/Resource（分母为资源量）、EV/Annual Capability（分母为年生产能力）
房地产业		P/NAV（分母为净资产价值）、P/FCFE
制造业	钢铁行业	P/B、EV/钢产量
	消费品制造业	P/E
	机械制造业	P/E
	生物制药业	PEG
基础设施业		EV/EBITDA、P/B
贸易业		批发：P/E
		零售业：EV/S
信息技术业		处于初创阶段：EV/S、P/B
		处于成长阶段：P/E、PEG
		处于成熟阶段：P/E

选择价值比率时需要考虑以下因素：

1. 价值比率所采用的经济指标应与被评估企业价值具有高度的相关性。判断价值比率是否合适的重要标准之一就是变量与价值的相关程度。例如，对于矿业企业，多采用市价与金属量/矿石量之比；企业价值/收入（EV/Sales）常用于服务行业、同行业利润率接近的行业、高增长行业（在增长阶段中亏损或边际利润非常低）；企业价值/息税前利润（EV/EBIT）常用于资本密集度相似的行业、需要消除税率差距影响的企业；企业价值/税息折旧及摊销前利润（EV/EBITDA）常用于各个行业、需要消除资本密集度和折旧方法不同差距影响的企业。

对盈利容易发生显著变动的周期性行业，例如航空、资源和钢铁等，盈利类价值比率不太适用，资产类、收入类价值比率可做进一步甄选；如能相对准确预测行业周期，也可采取周期平均方法，不仅盈利类指标可以采用，最终评估结果也更接近企业的内在价值。

对盈利相对稳定、周期性较弱的成熟行业选择盈利类价值比例较为适宜。新兴行业，近期盈利表现无法真正体现公司价值的，可以采用 PEG 等增长性比率，可反映企业的动态成长性；收入类和其他特定比率（如用户规模、网站点击数等）也是投资者关注的价值计算指标。

通常情况下资产比率相关因素主要有预期增长率、股息支付率、风险和净资产收益率，收入比率相关因素有预期增长率、股息支付率、风险和净利润。通过回归分析可以找到相关性最高的价值比率。

在计算价值比率可以选择的指标中，有些和控股股权状态更具相关性，如：销售收入、EBIT、EBITDA、税后现金流、资产类（总资产、净资产、固定资产）等，与少数股权状态相关性较强的指标有分红利润。在评估控制特点不同的股权时，可考虑选择与被评估股权状态相关性更强的计算指标。

2. 价值比率的分子和分母口径应统一。价值比率的分子可以反映企业价值或股权价值，分母可以是各种形式的利润、现金流量和行业特定指标，但应区分是代表股东权益，还是全部投资者的权益。

比如，常用的价值比率市盈率和市净率，价格参数一般以股东权益价值表示，分母变量一般也以代表股东权益的净利润或净资产表示；以企业价值与盈利能力指标相比的价值比率，则分母变量通常取息税前利润或税息折旧及摊销前利润。

3. 样本数据的时间分布应当合理。计算价值比率时，所选样本数据的时间段应能合理反映被评估企业和可比企业的相关经济状况。

比如，上市公司比较法评估的价格参数应尽量使用评估基准日时点的数据。如果可比企业的股票价格在评估基准日存在异常波动现象，并且可以进行修正，则需对基准日价格水平进行适当调整，如选取近期平均价格水平。计算价值比率时，需重点关注那些股票交易不活跃和突然有大量交易的公司。对于无法确定股票合理价格水平的公司，不宜将其用作计算价值比率的样本。

关于财务数据的时间分布，在预测数据可以提供的情况下，应尽量选取预测或者当年的盈利数据而非历史数据。但是，由于预测数据较难获得，因此，一般采用近期的历史数据。常见的各种选择及其利弊如表6-11。

表6-11　　　　　　　　　　　财务数据的时间段分析表

序号	时间分布	优 缺 点
1	上一财年	时效性尚可接受；可从财务报告中直接获取信息；各公司财年起止日期不尽相同
2	最近12个月	财务数据可以反映公司当前的经营状况；无法直接获取，需要通过中期财务报表计算，且中期财务报表可能缺乏一些年度报表中的内容；某些账目可能记账方法不一致，使过去12个月的数据计算复杂化
3	近3—5年平均水平	可以平滑异常波动；时效性较差
4	下一年度预测	可以较好地反映市场价格水平，适用于预期收益与最近收益有显著不同时，不需要对历史财务数据偏差调整；难以获得可比企业的预测数据
5	未来12个月	

计算价值比率时，无论选择时点型数据，还是使用区间型数据，对可比公司均应保持一致的口径。

在计算价值比率之前，应确信被评估企业与可比企业的相关财务数据建立在相同基础之上，具有可比性。通过对被评估企业的历史财务状况做全面、深入的了解，重点关注被评估企业已终止业务、非经常性重组成本、一次性费用、非经营性项目、过量的所有者薪金、非正常的租金费用或租赁安排等。关注企业之间可能存在的会计核算方式、计量方法、税率、非经常性损益和非经营资产等差异，对照可比公司的财务信息，调整被评估企业的历史财务报表，使计算出的价值比率建立在相同基础之上。

如果选择境外可比企业，评估人员需要考虑不同国家会计准则的差异，排除特殊会计处理的干扰，准确判断被评估企业和可比企业的财务指标。

（三）对比分析和调整

在运用市场法评估时，对可比企业价值比率的调整是极为关键的步骤之一。简单地使用可比企业价值比率的平均值或中间值是不恰当的，应对被评估企业相对于可比企业的优势和劣势做进一步深入分析，对比每个可比企业与被评估企业之间在盈利能力、增长能力、风险程度等方面的差异，采用适当的方法将其进行定性和定量分析，并据此对可比企业价值比率的计算结果进行适当调整。

评估人员对被评估企业与可比公司进行定量与定性对比分析时，应关注两者之间在各方面的异同，比如公司规模、市场定位/市场份额、管理层经验、无形资产比重及贡献程度、产品多元化程度、区域多元化程度、对供应商或客户的依赖程度、产品开发周期、历史增长情况、未来增长预期、相对利润率和相对风险等。

上市公司比较法的可比对象都是上市公司，交易的市场价格采用的也是证券市场上成交的流通股交易价，而被评估企业通常都是非上市公司，其股权与可比企业股权之间存在流动性差异，评估部分股权还可能存在控制权差异，这就需要对缺乏流动性折扣、缺乏控制权折扣等进行估算，并对相关比较结果进行修正，得到最终评估结果。

对比分析方法主要有波特的五力分析模型、SWOT 分析模型和财务分析模型等，调整方式主要有主观打分判断法、矩阵法和回归分析法等。

【例 6-8】根据各项对比因素和相关指标的重要性，本次评估设定权重如表 6-12。

表 6-12

序号	对比因素	因素权重	指标设置	指标权重
1	盈利能力	25%	ROE/COE（分子分母分别为净资产收益率和股权成本率）	100%
	小计	25%		100%
2	成长能力	25%	净资本	70%
			营业收入增长率	30%
	小计	25%		100%
3	营运能力	25%	经纪业务收入占营业收入比例	50%
			市场占有率	30%
			证监会 2010 年证券公司分类评价	10%
			营业部数量及分布	10%
	小计	25%		100%
4	风险管理能力	20%	净资本/各项风险资本准备之和	25%
			净资本/净资产	25%
			货币类资金和变现能力较强的证券类投资占资产总额（扣除客户保证金）的比例	25%
			资产负债率（扣除客户交易结算资金）	25%
	小计	20%		100%
5	业务创新能力	5%	研发人员占员工比例（截至 2009 年底）	20%
			股指期货开展情况	20%
			融资融券开展情况	20%
			直投业务开展情况	20%
			国际业务开展情况	20%
	小计	5%		100%
	合计	100%		

各项指标均以被评估企业为标准分 100 分进行对比调整，用各项指标对比调整后的得分乘以相应权重小计后得出各项对比因素得分，再以各项对比因素得分乘以相应权重得出每家公司的最终得分。PB 修正系数 = 被评估企业得分/可比公司得分。

1. 盈利能力指标:ROE/COE。被评估企业及可比上市公司的 ROE 计算结果如表 6-13。

表 6-13

公司名称	2010 年 ROE	2009 年 ROE	2008 年 ROE	三年 ROE 平均值
可比公司一	20.04%	17.61%	10.88%	16%
可比公司二	13.17%	19.93%	34.92%	23%
可比公司三	14.59%	29.86%	18.16%	21%
被评估企业	17.07%	33.66%	24.62%	25%

被评估企业及可比上市公司的 COE 计算结果如表 6-14。

表 6-14

公司名称	无风险收益率	市场溢价	β	COE
可比公司一	3.315%	7.38%	1.49	14.31%
可比公司二	3.315%	7.38%	1.5	14.39%
可比公司三	3.315%	7.38%	1.46	14.09%
被评估企业	3.315%	7.38%	1.71	16.46%

经分析计算,得出盈利能力调整系数如表 6-15。

表 6-15

公司名称	ROE/COE
可比公司一	1.13
可比公司二	1.58
可比公司三	1.48
被评估企业	1.53

项目	可比公司一	可比公司二	可比公司三
可比公司/目标公司(ROE/COE)	74.07%	103.26%	97.05%

2. 成长能力指标。
(1) 净资本规模(见表 6-16)。

表 6-16

项目	被评估企业	可比公司一	可比公司二	可比公司三
净资本	13.08	47.19	23.82	22.77
净资本比值	100.00%	360.82%	182.15%	174.12%

(2) 营业收入增长率（见表6-17）。

表6-17

项目	被评估企业	可比公司一	可比公司二	可比公司三
营业收入增长率	10.97%	47.16%	8.46%	12.11%
营业收入增长率比值	100.00%	430.07%	77.13%	110.44%

3. 营运能力指标。

(1) 经纪业务/营业收入（见表6-18）。

表6-18

项目	被评估企业	可比公司一	可比公司二	可比公司三
经纪业务/营业收入	58.83%	45.57%	44.11%	68.82%
经纪业务/营业收入指标比值	100.00%	77.47%	74.98%	116.99%

(2) 市场占有率（见表6-19）。

表6-19

项目	被评估企业	可比公司一	可比公司二	可比公司三
市场占有率	0.63%	1.23%	0.76%	0.69%
市场占有率指标比值	100.00%	195.24%	120.63%	109.52%

(3) 证监会2010年证券公司分类评价（见表6-20）。

表6-20

项目	被评估企业	可比公司一	可比公司二	可比公司三
证监会2010年证券公司分类评价	BBB	A	BBB	BBB

(4) 营业部数量及分布（见表6-21）。

表6-21

被评估企业	可比公司一	可比公司二	可比公司三
总营业部数量49个，其中A地区39个，占总数量80%。仅覆盖了5个省市，营业网点数量偏少且集中，布局不够合理，不利于提高公司经纪业务的竞争能力，一定程度上制约了经纪业务的发展空间。	总营业部数量55个，其中B地区21个，占总数量的38%。覆盖了16个省市，布局较为合理，有利于提高公司经纪业务的竞争能力。	总营业部数量16个，其中C地区9个，占总数量的56%。覆盖了7个省市，营业网点数量偏少且集中，布局不够合理，不利于提高公司经纪业务的竞争能力，一定程度上制约了经纪业务的发展空间。	总营业部数量57个，其中D省31个，占总数量的54%。覆盖了13个省市，布局较为合理，有利于提高公司经纪业务的竞争能力。

(四)风险管理能力指标

1. 净资本/净资产及净资本/各项风险资本准备之和(见表6-22)。

表6-22

项目	被评估企业	可比公司一	可比公司二	可比公司三
净资本/各项风险资本准备之和	175.54%	317.23%	475.20%	214.91%
净资本/净资产	65.44%	72.25%	91.96%	74.48%

2. 风险指标比值(见表6-23)。

表6-23

项目	被评估企业	可比公司一	可比公司二	可比公司三
净资本/各项风险资本准备之和	100.00%	180.72%	270.71%	122.43%
净资本/净资产	100.00%	110.41%	140.53%	113.81%

3. 资产结构和质量指标(见表6-24)。

表6-24

项目	被评估企业	可比公司一	可比公司二	可比公司三
货币类资金和变现能力较强的证券类投资占资产总额(扣除客户保证金)的比例	86.58%	82.68%	93.13%	75.26%
资产负债率(扣除客户交易结算资金)	41.78%	14.41%	14.03%	41.79%
指标比值				
货币类资金和变现能力较强的证券类投资占资产总额(扣除客户保证金)的比例	100.00%	95.49%	107.56%	86.92%
资产负债率(扣除客户交易结算资金)	100.00%	34.50%	33.58%	100.02%

(五)业务创新能力指标

业务创新能力指标分析判断结果如表6-25。

表6-25

项目	指标设置	被评估企业	可比公司一	可比公司二	可比公司三
研发能力	研发人员占员工比例(截至2009年底)	1.54%	1.63%	5.21%	1.31%
新业务开展情况	股指期货开展情况	无	无	无	无
	融资融券开展情况	无	无	无	无
	直投业务开展情况	无	有	无	无
	国际业务开展情况	无	无	无	无

根据前文分析计算得出的修正系数,计算出可比公司综合修正后的 P/B,并取平均值作为目标公司的 P/B。计算结果如表 6-26。

表 6-26

项　　目	可比公司一	可比公司二	可比公司三
可比公司 P/B	3.37	5.65	4.24
修正系数	53.45%	71.23%	88.39%
可比公司综合修正后 P/B	1.80	4.02	3.74
目标公司 P/B（取算术平均值）	3.19		

由于所评估的股权是在非上市前提条件下的价值,可比公司的市价是证券交易所挂牌交易价,其股份具有很强的流动性,因此,评估人员需要对评估结果进行缺少流通性折扣调整。根据有关文献分析,结合此次经济行为的特点,确定缺少流通性折价比率为58%。

考虑缺乏流通性折扣后的目标公司评估基准日股权 $P/B = 3.19 \times 0.58 = 1.85$

股东全部权益价值 $= 241\,403.19 \times 1.85 = 446\,447.97$（万元）

二、交易案例比较法

交易案例比较法从原理上与上市公司比较法类似,主要区别是价格信息不是来源于股票市场,而是产权交易市场。

采用交易案例比较法评估企业价值,首先要选取合适的交易案例,除了对交易企业的筛选要遵照上市公司比较法的基本要求外,还需考虑交易行为的发生时间、规模、方式、背景情况等,是否与被评估企业的交易行为比较接近,或者能够采用适当方法进行价格修正。

交易案例数据搜集应关注其时效性,即距评估基准日时间不要太长,一般来说,如企业处于快速成长阶段,时间要求越近越好,如处于成熟阶段,各项经营和财务指标没有发生重大波动情况下,时间略长也可参考使用。

因可比公司一般为非上市公司,与被评估企业在流动性方面比较接近,一般不进行相关调整,重点是从交易对象、交易的时间性差异和交易条件差异等方面进行定性、定量调整。比如,控制权差异、是否存在协同效应,以及企业规模、管理水平、市场占有率、增长率和风险程度等差异。

与可比交易案例进行对比分析并调整价值比率数值时,除了要遵照上市公司比较法的基本要求外,还需比照交易条款、方式和时间等对价值比率进行调整。

【例 6-9】本次评估确定的价值比率为 Price/AUM。除了 Price/AUM 指标是衡量基金管理公司股权价值的主要指标外,交易期日的市场气氛、是否关联交易,基金管理公司的业务资质及业务范围、成长能力、盈利能力等都是影响股权价格的因素,需要在比较基准的基础上针对上述因素进行比较修正。参照实例及待估对象的比较因素情况如表 6-27。

表 6-27　　　　　　　　　参照实例及待估对象比较因素情况说明表

比较因素	可比公司一	可比公司二	可比公司三	被评估公司
交易日市场气氛	市场气氛较高涨	市场气氛一般	市场气氛一般	市场气氛一般
交易情况	非关联方	关联方	关联方	非关联方
业务资质	业务资质齐全	业务资质较齐全	业务资质较少	业务资质齐全
成长能力1（研投能力，硕士学历以上注册证券从业人员数）	132	94	57	234
成长能力2（2006—2009年管理规模复合增长率）	303.24%	1488.15%	797.34%	436.92%
盈利能力（交易当期和上一年平均营业利润率）	60.56%	40.89%	46.49%	45.93%

根据表 6-27 列示的参照实例及待估对象的比较因素情况，评估人员经过综合分析判断，以待估对象的因素分值为基准，分别对参照实例的相应因素给出分值并计算，具体情况如表 6-28。

表 6-28　　　　　　　　　参照实例及待估对象比较因素指数表

比较因素	可比公司一	可比公司二	可比公司三	被评估公司
交易日期	102	100	100	100
交易情况	100	90	90	100
业务资质	100	95	92	100
成长能力	98	105	102	100
盈利能力	105	98	100	100

被评估企业与交易案例企业的对比分析结果如表 6-29。

表 6-29　　　　　　　　　参照实例及待估对象比较因素修正系数表

比较因素	可比公司一	可比公司二	可比公司三
交易日 Price/AUM（%）	7.89	2.83	3.59
交易日期修正	0.98	1.00	1.00
交易情况修正	1.00	1.11	1.11
业务资质修正	1.00	1.05	1.09
成长能力修正	1.02	0.95	0.98
盈利能力修正	0.95	1.02	1.00
修正后 Price/AUM（%）	7.52	3.22	4.25
实例权重	0.70	0.20	0.10
待估对象 Price/AUM（%）	6.33		

在表 6-29 中，由于可比公司一和被评估企业从资产管理规模、行业地位方面最为接近，因此给予 0.7 的权重。可比公司二和可比公司三虽然行业排名均在前 20 名，但资产管理规模、行业地位相比被评估企业仍有一定差距，且可比公司三的股权交易是在 2008 年初完成的，因此分别给予 0.2、0.1 的权重。

股权价值 = 资产管理规模 × Price/AUM
　　　　 = 2 655 × 6.33% × 10 000
　　　　 = 1 681 035.65（万元）

思 考 题

1. 市场法的适用条件是什么？
2. 筛选可比企业时应重点考虑哪些比较因素？
3. 常用的价值比率有哪些？使用时有哪些注意事项？

第四节　资产基础法

企业价值评估中的**资产基础法**，是指以被评估企业评估基准日的资产负债表为基础，合理评估企业表内及表外各项资产、负债价值，确定评估对象价值的评估方法。

资产基础法是以资产负债要素为基础评估企业价值的，其基本思路是通过逐项评估企业的资产和负债，最终确定评估对象的价值。

股东全部权益价值 = 各项资产评估值汇总金额 - 各项负债评估值汇总金额

一、资产基础法基本要求

运用资产基础法进行企业价值评估，各项资产、负债的价值应当根据具体情况选用适当的评估方法得出。各项资产、负债的评估方法及运用在其他章节有介绍，在此不再赘述。

需要注意的是，单项资产在企业整体中体现出来的价值，与该资产项目单独评估的价值可能是不同的。资产基础法中单项资产的价值取决于企业（或独立获利资产组合）整体价值和其贡献程度，整体价值按贡献度在构成要素中分配。如企业对生产线上的某台设备进行了更换，该设备的性能远高于整条生产线的设计要求。如果单独评估该设备，价值量可能与其原设计功能所要求的价值相符；但作为整条生产线的一个组成部分，该设备的价值将按其对生产线设计功能的满足程度来考量，可能不同于其单独存在时的价值。所以，生产线的价值并不是其构成资产价值的简单相加。

在采用资产基础法评估时，可以根据各被评估资产（负债）的存在、使用及价值创造特点，按照特定的资产组合（或资产负债组合）方式，以适当的方法评估其合理价值。

二、资产基础法注意事项

在运用资产基础法评估企业价值时,需要关注以下事项:

(一) 控股型集团企业的评估

在采用资产基础法对专门从长期股权投资获取收益的控股型企业进行评估时,要注意控股型企业总部的成本和效益对企业价值的影响。由于这类控股型企业总部除了投资收益外,几乎没有其他业务收益,但为下属企业提供综合协调、服务时有大量成本发生。因此,如果按资产基础法评估总部资产、按收益法或市场法评估长期股权投资项目,则可能出现总体价值高估的情况。这时,需要了解清楚集团总部的职能与机构设置,如是否进行资本分配、风险管理、纳税筹划,业务单元是否使用总部的服务,如会计、法律、信息、内部咨询服务以及其他总部资源,如果存在上述情况,则应把本部发生的费用列入整体预测中。同时应同口径考虑总部的节税收益和可量化的其他总部优势。

在考虑总部成本分摊方式和总部效益对企业价值的影响时,应根据控股型企业的具体情况,包括资料的可获取性、成本分摊的可能性等,权衡考虑总部成本和效益的处理方式。下面给出几种可能的处理方式:

1. 长期股权投资项目主要采用收益法或市场法确定评估结果的,可以对总部也采用收益法评估,其结果一般是负数。资产加和汇总时,总部的负数和长期股权投资项目中由于未考虑总部服务成本而高估的部分进行了冲抵。

2. 将总部为各长期股权投资单位提供的服务成本分摊到下属企业的收益法成本预测中。

3. 以合并报表为基础,对控股型企业总体进行收支预测。其中折现率应考虑企业总体的平均回报率。

4. 参考类似的控股型企业进行市场法评估。

(二) 账面价值的审计对接

评估人员用资产基础法评估企业价值时,需要对企业资产负债表表内资产、负债是否真实存在进行判断。如果评估基准日的企业财务报表经过符合评估目的的专项独立审计,评估人员应查阅审计报告及其报表和附注,并要求被评估企业按照审计后的账面价值填报评估明细表。在评估实践中,有时评估与审计工作是同步进行的。在评估过程及出具正式评估报告之前,通常需安排与审计结果进行对接,了解审计调整的主要内容,关注双方对重大问题判断、处理掌握的标准和依据是否存在明显分歧,对影响评估结论和报告使用的重要事项进行核查取证。在审计定稿后,要求企业根据审计后结果完成对申报项目及账面价值进行调整。

通常,实施企业价值评估应要求委托方提供与评估目的相同、能体现被评估企业评估基准日财务状况和经营成果的专项审计报告。如果委托方或企业管理层只提供同一基准日年审报告或其他目的的审计报告,评估人员应判断该类审计报告作为采用资产基础法评估资产负债项目的依据是否充分。

如果委托方或企业管理层不能提供基准日任何审计报告，评估人员应参考最近时期的各类独立审计报告和其他资料，判断是否能采用资产基础法进行企业价值评估。

我国涉及国有资产、上市公司的企业价值评估，相关监管部门有对评估对象进行审计的要求。如国务院国有资产监督管理委员会《企业国有资产评估项目备案工作指引》第六条规定"拟上市项目或已上市公司的重大资产重组项目，评估基准日在6月30日（含）之前的，需提供最近三个完整会计年度和本年度截至评估基准日的审计报告；评估基准日在6月30日之后的，需提供最近两个完整会计年度和本年度截至评估基准日的审计报告。其他经济行为需提供最近一个完整会计年度和本年度截至评估基准日的审计报告。"该条同时要求，与经济行为对应的审计报告"如为非标准无保留意见的审计报告时，对其附加说明段、强调事项段或修正性用语，企业需提供对有关事项的书面说明及承诺。"

在评估时应关注其他中介机构对同一事项的专业判断结果，例如应收账款的回收率、金融资产的市场价格水平、固定资产剩余经济寿命年限等事项，对双方存在的重大差异进行调查分析，除非有充分依据证明双方判断都符合相关专业技术规范，否则应当消除重大分歧或说明差异原因。这也是涉及国有资产、上市公司资产评估审核中相关监管人员和专家比较注重的问题。

（三）引用单项资产评估报告

在企业改制上市项目中，经常涉及土地使用权、矿业权等资产的处置和评估。采用资产基础法评估可能涉及根据法律法规、相关规定以及委托方的安排等要求，引用具有相关主管部门颁发相应评估资质的评估机构出具的相关单项资产评估报告。

比如，根据《国土资源部关于加强土地资产管理促进国有企业改革和发展的若干意见》（国土资发〔1999〕433号）相关规定，"国有企业改革涉及的土地使用权应当进行地价评估，改制为上市公司的，必须选择具有A级土地评估资质的机构进行地价评估"；"国有企业改革涉及的划拨土地估价结果和处置方案，应经土地所在地市、县土地行政主管部门初审后，按企业隶属关系报同级人民政府土地行政主管部门审批。"在企业改制上市项目中，委托方通常会聘请具有国土资源部颁发的土地使用权评估资质的土地评估机构评估土地使用权。

又比如，根据《财政部、国土资源部关于探矿权采矿权有偿取得制度改革有关问题的补充通知》（财建〔2008〕22号）的相关规定，"国土资源管理部门会同财政部门要加强对无偿占有（取得）的矿业权有偿处置过程中价款评估的管理。矿业权价款应委托矿业权评估机构评估，评估结果由国土资源管理部门按照有关规定进行备案。"在企业改制上市项目中，委托方通常会聘请具有国土资源部颁发的矿业权评估资质的矿业权评估机构评估矿业权。

在这种背景下，通常资产评估报告会直接引用单项资产评估报告的结论，即将其评估值直接汇入资产总额评估结果当中。值得注意的是，评估实践中发现有些资产评估报告因为没有恰当引用而受到有问题的单项资产评估报告的牵连，导致资产评估结论不合理。为此,资产评估准则专门制定了利用专家工作的准则和上市公司重大资产重组评估报告披露专家提示,对引用单项资产评估报告做出了相应规定或提示,需要重点关注以下事项:

1. 获取正式出具的单项资产评估报告,并全面理解单项资产评估报告以及相关附件;
2. 根据单项资产评估报告的附件和相关信息,核实评估机构资质;
3. 单项资产评估报告的性质、评估目的、评估基准日及评估结论使用有效期等与资产评估报告的一致性;
4. 单项资产评估报告的评估对象与资产评估报告的一致性,其评估范围包括在资产评估范围内或者与资产评估报告相适应;
5. 分析用单项资产评估报告载明的评估结论,判断其对应的资产类型与资产评估资产类型的一致性;分析是否存在相关负债,并予以恰当处理;对于账面无记录的单项资产,应当考虑引用或者确认的资产类型是否符合相关规定;
6. 单项资产评估报告与资产评估相关评估参数的匹配性,评估依据是否一致;
7. 关注相关备案审核文件资料,分析其可能对评估结论产生的影响;
8. 关注单项资产评估报告披露的假设前提和限制使用等相关说明,合理引用单项资产评估报告,通常包括:(1)对假设前提与资产评估相矛盾的单项资产评估报告,不得引用;(2)对单项资产评估报告中存在假设前提与资产评估不同,但属于单项资产评估所必需的假设前提的情形,应当在资产评估报告中补充单项资产评估的假设前提;(3)对单项资产评估报告中存在限制使用评估结论的情形,应当分析其与资产评估限制使用的关联性,恰当引用单项资产评估报告;
9. 对所引用单项资产评估报告的评估结论与账面价值的变动情况进行客观分析,不得发表超出自身执业能力和范围的评论意见;
10. 关注所引用单项资产评估报告披露的特殊事项说明,判断其是否可以引用及其对资产评估结论的影响;
11. 将所引用单项资产评估报告作为工作底稿。

【例 6-10】某国有企业拟改制上市,委托甲资产评估机构提供资产评估服务,委托乙土地评估机构提供土地使用权评估服务。在乙土地评估机构提交土地估价报告后,甲资产评估机构引用了该单项资产评估报告。在引用过程中涉及"房地匹配"事宜,举例说明如下:

(1)乙土地评估机构提交的土地估价结果汇总表部分内容(见表 6-30)。

表 6-30

序号	宗地编号	宗地名称	土地证编号	宗地位置	土地面积(m²)	…	总地价(万元)
1	略	办公楼用地	×土国用登东2007第609号	略	863.93	…	3 309.63
…	…	…	…	…	…	…	…
小计						…	51 764.80

(2) 甲资产评估机构出具的房屋建筑物评估明细表部分内容（见表6-31）。

表6-31

序号	所占宗地情况				土地证编号	房产证编号	房产（建筑物）名称	…	评估价值			备注
	宗地名称	宗地面积	…					原值（元）	成新率%	净值（元）	
1	办公楼用地	863.93	…	×土国用登东2007第609号	×房权证东字第511542号	办公楼	…	21 293 600	—	21 293 600	含土地
…	…	…	…	…	…	…	…	…	…	…	…
房屋建筑物合计								1 315 907 361		1 217 169 105	

(3) 分析说明。从上面两份材料可以看出，由于资产评估机构在评估"办公楼"时，采用"房地合一"的市场法对该房地产进行了评估，所以，在引用土地评估值时，不是直接引用51 764.80万元，而是扣除该部分房产对应的土地价值后的48 455.17万元，否则就会出现重复统计。为此，资产评估机构在取得土地评估机构提供的土地估价结果汇总表时，首先要识别每宗土地上面对应的房屋建筑物和每幢房屋建筑物对应的土地，以及该等房屋建筑物所采用的评估方法。如果采用市场法或收益法评估了房地产，因评估值中已经包含土地价值，则不能重复引用该宗土地的评估值。

思考题

1. 采用资产基础法评估企业价值时，对评估范围内的各项资产的评估与单项资产评估项目中的资产评估有何区别与联系？
2. 哪些情形不适宜采用资产基础法进行评估？
3. 引用单项资产评估报告需要注意哪些问题？

第七章

以财务报告为目的的资产评估

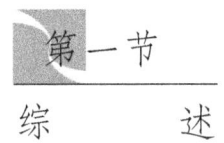

第一节 综述

以财务报告为目的的评估是资产评估业务中的一个特定领域,是为企业会计核算和财务信息披露服务的专项评估活动。应当说,只有采用公允价值模式计价以后,才产生了以财务报告为目的的资产评估业务。资产评估由于其专业性和独立性,在公允价值的确定过程中发挥着越来越重要的作用,这一点从《国际评估准则》第七版中也可以明显看出:"资产评估能够在财务报告中反映资产现时价值的重要性受到了越来越广泛的认可。在会计处理和财务报告中列示资产价值时,以评估的现时价值为基础取代历史成本的做法已成为一种日益普遍的趋势。"

资产评估师在执行以财务报告为目的的评估业务时,要充分了解该业务类型自身的特点,明确其评估对象、价值类型及评估基准日等基本事项,熟知各种评估途径及其方法在以财务报告为目的的资产评估业务中的适用性,实现为企业会计核算和财务信息披露提供服务的目标。

一、以财务报告为目的资产评估的特点

以财务报告为目的的资产评估服务于企业财务报告的编制和披露,是资产评估在企业财务报告方面的具体应用。以财务报告为目的的资产评估相对于其他评估业务,具有如下特点:

1. 以财务报告为目的的资产评估是为会计计量提供服务的。会计计量属性、会计核算方法、会计披露要求影响了评估对象、价值类型的确定及评估方法的选择。注册资产评估师应当理解会计计量属性的概念,知晓金融工具、投资性房地产、资产减值及合并对价分摊等会计核算方法,根据《企业会计准则》的要求,合理确定评估对象,选择与会计计量属性相符合的价值类型和评估方法,更有效地服务于会计计量的特定要求。注册资产评估师出具的以财务报告为目的的资产评估报告,为企业进行会计处理和披露提供了相关

价值专业意见，同时也成为注册会计师审计时关注和审核的重要外部依据。

2. 以财务报告为目的的资产评估业务具有多样性和复杂性。以财务报告为目的的资产评估涉及公允价值计量、资产减值测试、合并对价分摊等多项会计核算业务，每项会计核算业务不同，其所对应的评估对象、价值类型、评估方法均不同。比如为资产减值事项提供评估服务时，所涉及的会计计量标准是可收回金额，对应的价值类型是与资产减值相关的特定价值（包括可回收价值、资产预计未来现金流量的现值和可变现净值）；为企业合并事项提供评估服务时，所涉及的会计计量属性是公允价值，对应的价值类型是市场价值。此外，由于以财务报告为目的的资产评估业务涉及会计、审计和评估三者的衔接，因此注册资产评估师除了与委托方进行必要的沟通之外，还要与执行审计业务的注册会计师进行必要的沟通和充分协商，这也是其复杂性的另一方面。

3. 以财务报告为目的资产评估所采用评估方法的多样性。《以财务报告为目的的评估指南（试行）》第二十七条明确指出，注册资产评估师执行以财务报告为目的的评估业务，除了可以选用市场法、收益法和成本法三种传统评估方法以外，还可以采用其他评估方法进行评估。这里的其他评估方法涵盖的范围较为广泛，如会计准则金融工具中较常用的定价模型和估值技术，其中包括：以现值为基础的远期定价和互换模型、期权定价模型以及信用模型（如违约率模型或信用价差模型）等。

二、以财务报告为目的的资产评估的评估对象、价值类型及评估基准日

（一）评估对象

与传统资产评估业务相比，以财务报告为目的的资产评估的对象不是因产权变动等涉及的各类资产，而是因特定会计事项核算，如公允价值、减值测试和合并对价分摊等所涉及的特定对象。也就是说，当企业的资产、负债，或者资产组、资产组组合成为特定会计事项核算所对应的对象，同时要求取得其公允价值或特定价值的时候，这些资产、负债或者资产组、资产组组合就构成了以财务报告为目的的资产评估的评估对象。比如，服务于公允价值计量的资产评估，其评估对象就是需计量的资产或负债；服务于减值测试的资产评估，评估对象就是需进行测试的单项资产、资产组、资产组组合；服务于合并对价分摊的资产评估，评估对象就是合并中取得的被购买方可辨认的资产、负债及或有负债。

所以，评估人员在执行以财务报告为目的的资产评估业务时，需要关注会计准则中特定会计事项核算所对应的对象及要求。表7-1为一般情况下以财务报告为目的的资产评估所涉及的评估对象。

表7-1　　　　　以财务报告为目的的资产评估的对象

序号	评估事项	评估对象	会计准则
1	公允价值计量	（1）以公允价值计量且变动计入当期损益的金融资产或金融负债，或可供出售金融资产	企业会计准则第22号——金融工具确认和计量
		（2）已出租的土地使用权、持有并准备增值后转让的土地使用权、已出租的建筑物	企业会计准则第3号——投资性房地产
2	减值测试	单项资产、资产组或资产组组合	企业会计准则第8号——资产减值

续表

序号	评估事项	评估对象	会计准则
3	合并成本确定及合并对价分摊	（1）构成合并对价的非现金资产、发行或承担的债务、发行的权益性证券等 （2）合并中取得的被购买方可辨认资产、负债及或有负债	企业会计准则第 20 号——企业合并

（二）价值类型

以财务报告为目的资产评估属于特定的评估业务，是基于会计核算和会计信息披露需要而实施的，因此评估结论首先必须满足会计准则有关会计计量属性的要求。同时，作为资产评估业务，评估结论的价值定义也应当符合资产评估准则的规范要求。因此，以财务报告为目的资产评估业务既要符合会计准则等相关规范涉及的主要计量属性及价值定义要求，还应当充分考虑评估结论与资产评估价值类型之间的匹配。

会计准则等相关规范涉及的主要计量属性及价值定义主要包括公允价值、现值、重置成本、可变现净值等，这是以财务报告为目的资产评估业务遵循会计准则等相关规范涉及的主要计量属性及价值定义。

1. 公允价值。根据《企业会计准则第 39 号——公允价值计量》，**公允价值**是指市场参与者在计量日发生的有序交易中，出售一项资产所能收到或者转移一项负债所需支付的价格。从以往的经验来看，会计中的公允价值是以财务报告为目的资产评估的最主要服务目标。从会计准则中公允价值的定义可以发现，对公允价值的评估是建立在以下前提或基础之上的：（1）假设交易；（2）市场参与者的角度；（3）主要的或最有利的市场；（4）实现其经济利益最大化的假设。根据会计准则公允价值的定义及其使用要求，会计中的公允价值十分接近或相当于资产评估中的市场价值①。值得注意的是，只有在符合会计准则计量属性规定的条件时，会计准则下的公允价值方可等同于资产评估中的市场价值，即在符合会计准则计量属性规定的条件下，以财务报告为目的资产评估可以通过评估市场价值得到会计准则所要求的公允价值。

2. 现值。**现值**是指资产按照预计从其持续使用和最终处置中所产生的未来净现金流入量折现的金额，负债按照预计期限内需要偿还的未来净现金流量折现的金额。会计准则中的预计未来现金流量的现值，在符合会计准则计量属性规定的条件下，可以等同于资产评估中的在用价值。会计准则中预计未来现金流量的现值通常是作为企业中要素资产的计量属性，即针对企业的单项资产、资产组或资产组组合的计量属性。评估人员可以通过对单项资产、资产组或资产组组合对企业的贡献来把握其在用价值，并可以使用在用价值来定义评估结论。

3. 重置成本。**重置成本**是指现在购买相同或者相似资产所需支付的现金或者现金等

---

① 根据《资产评估价值类型指导意见》第五条，市场价值是指自愿买方和自愿卖方在各自理性行事且未受任何强迫的情况下，评估对象在评估基准日进行正常公平交易的价值估计数额。

价物的金额，或者现在偿付债务所需支付的现金或者现金等价物的计量金额。会计准则中的重置成本，在符合会计准则计量属性规定的条件下，等同于资产评估中的净重置成本或重置成本净值，即资产评估中的重置成本扣除贬值后的净值。如果以财务报告为目的的资产评估所要评估的是评估对象的会计重置成本，评估人员可以通过评估资产评估中的重置成本并扣减相应贬值得到会计准则所要求的重置成本，并可以使用重置成本净值或净重置成本来定义评估结论。

4. 可变现净值。**可变现净值**是指资产正常对外销售所能收到现金或者现金等价物的金额扣减该资产至完工时估计将要发生的成本、销售费用以及相关税费后的金额。会计准则中的可变现净值，在符合会计准则计量属性规定，以及存在变现资产活跃市场①的条件下，接近于资产评估中的市场价值减处置费用后的余额。

概言之，在以财务报告为目的的资产评估中，通常以符合会计准则计量属性规定为前提，寻找与会计准则中的主要计量属性相应的资产评估价值定义与之匹配。例如会计准则中的公允价值与资产评估中的市场价值，会计准则中的现值与资产评估中的在用价值等。当然，会计准则中的计量属性与资产评估价值定义之间的匹配关系并非完全对应。在某些情况下，会计计量属性所对应的资产评估价值定义和价值类型需要评估人员根据评估过程中使用的经济技术参数和数据来判断。

（三）评估基准日

相对于传统资产评估业务，以财务报告为目的资产评估的评估基准日可能因受到会计准则相关要求和规定的制约而具有特殊性。由于会计准则对会计核算和信息披露涉及的会计事项有资产负债表日、购买日、减值测试日、首次执行日等具体规定和规范，这些具体的时间要求使得以财务报告为目的的资产评估在评估基准日选择上有了相对统一的基础。会计准则对资产及负债计量、确认和披露等的时间规范，要求评估师应当提醒委托方根据会计准则的相关要求合理确定评估基准日，从而使以财务报告为目的的资产评估在评估基准日选择上同时符合会计准则和资产评估规范两方面的要求。

三、以财务报告为目的资产评估的途径及方法

相对于传统资产评估技术方法的选择和应用，以财务报告为目的资产评估在评估技术方法的选择和应用方面，需要更多考虑会计准则的要求，特别是可靠性要求。会计准则对以财务报告为目的资产评估结论的可靠性要求，通常是通过对评估所依据数据来源的可靠性来把握的。在具体运用资产评估技术方法的过程中，评估人员应当按照会计准则有关计量方法的规定，分析市场、收益和成本三种资产评估途径及其方法的适用性。同时，还要考虑其他评估方法使用的可能性和适用性，以满足以财务报告为目的资产评估对评估技术方法的多样性需求。

---

① 活跃市场，是指同时具有下列特征的市场：（1）市场内交易的对象具有同质性；（2）可随时找到自愿交易的买方和卖方；（3）市场价格信息是公开的。

(一) 市场途径及方法

按照会计准则对以财务报告为目的资产评估结论可靠性，特别是数据来源可靠性的要求，市场途径及方法应当是服务于以财务报告为目的资产评估的首选。美国财务会计准则委员会（FASB）发布的《财务会计准则公告第 157 号——公允价值计量》（下称"FASB 第 157 号公告"）中构建了三个层次的公允价值层级（见图 7-1），将基于特定假设的信息进行优先次序排列，位于公允价值层级最高优先地位的是活跃市场中的报价，位于最低地位的是不可观察的数据，例如报告实体自己的内部数据，并要求公允价值计量按照公允价值层级的不同级别分别进行披露。欧洲评估师在评估某项资产的公允价值时，选用哪种方法也要考虑公允价值的三个层级。

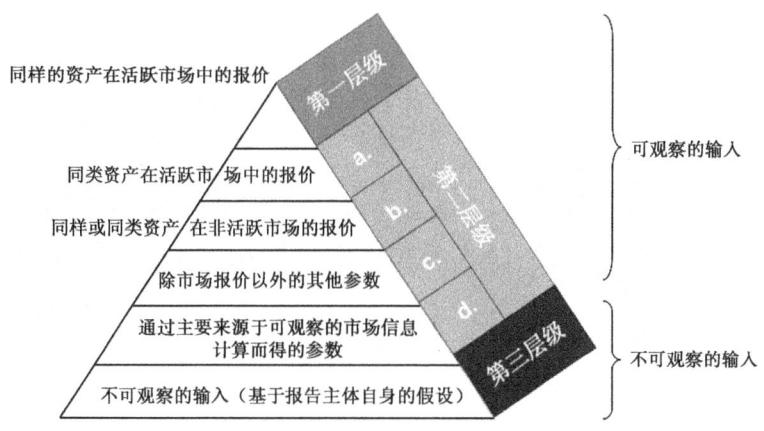

图 7-1　基于输入参数的公允价值层级（SFAS 157）

我国 2014 年 1 月发布的《企业会计准则第 39 号——公允价值计量》也按照输入值划分的三层次规定了公允价值层级。要求在公允价值计量中"首先使用第一层次输入值，其次使用第二层次输入值，最后使用第三层次输入值"，并指出"第一层次输入值是在计量日能够取得的相同资产或负债在活跃市场上未经调整的报价"，这一点与 FASB 是一致的；此外，39 号准则还规定企业应当对报表列报项目公允价值层次、层次转换、采用的估值技术和输入值等涉及公允价值计量的必要信息进行披露。

对于以财务报告为目的的资产评估，市场途径及方法通常适用于单项资产的评估。如果企业中的资产组或资产组组合确实具有活跃市场且有公开市场交易价格的，也不排除采用市场途径及方法评估其价值。在市场途径及方法运用方面，以财务报告为目的的资产评估与传统资产评估并没有大的区别；只是以财务报告为目的的资产评估更加强调信息的客观性、可核实性以及真实性，强调评估方法所依据的信息要直接来源于市场。以交易性金融资产为例，在存在活跃市场的情况下，可以直接采用同一资产或负债的报价或实际成交价格作为其评估结果。

(二) 收益途径及方法

在评估对象不具有公开、活跃市场或者没有足够参考样本的情况下，可以考虑采用收益途径及方法进行评估。对于以财务报告为目的的资产评估而言，收益途径及方法通常适用于资产组或资产组组合的评估。目前，较为成熟、使用较多的评估技术主要是现金流量现值技术，或称为现金流量折现法。《企业会计准则》中指出：在应用公允价值计量时，当相关资产或者负债不存在活跃市场的报价或者不存在同类或者类似资产的活跃市场报价时，需要采用估值技术来确定相关资产或者负债的公允价值，而在采用估值技术估计相关资产或者负债的公允价值时，估算其未来预期收益的现值往往是比较普遍的一种估值方法，在这种情况下，公允价值就是采用收益法确定的。

运用收益法评估技术时，企业所使用的估计和假设应当与市场一般参与者相一致，并应确保其能反映计量项目公允价值的下列要素：（1）对未来现金流量的估计；（2）对这些现金流量金额或时间可能的差异预期；（3）货币的时间价值；（4）包括资产或负债中内在不确定性的价格；（5）包括非流动性和市场非完美性的其他因素。

通常而言，如果现金流量是由一项或多项经济合同规定的，或虽然经济合同不存在，但可以预测最可能或者最低的现金流量，则直接采用传统的现金流量折现法即可。但相对精确的估计应是考虑未来现金流入量所有可能的结果，而不仅仅是合同约定的或最可能的结果，还要根据各种结果未来发生的可能性，通过预期（期望）现金流量法计算期望值得到评估结果。采用期望现金流量法，资产未来现金流量应当根据每期现金流量期望值进行预计，每期现金流量期望值按照各种可能情况下的现金流量乘以相应的发生概率加总计算。

除此之外，对于以财务报告为目的资产评估业务，收益途径及方法还包括增量收益折现法、节省许可费折现法、多期超额收益折现法等，这些方法在涉及评估无形资产时应用较为广泛。

（三）成本途径及方法

由于成本途径及方法的运用经常要使用某些不可观测到的数据，因而在以财务报告为目的的资产评估中，通常是在市场和收益的途径及方法都不适用时，才选择成本途径及方法。如果应用成本途径及方法，必须获取企业的承诺（或进行必要的测试），并在评估报告中披露，其评估结论仅在相关资产的评估值可以通过资产未来运营得以全额回收的前提下成立。该前提的限制是为进一步明确，成本途径及方法得出的资产价值不得脱离企业的持续经营和盈利能力。

以财务报告为目的资产评估的对象是广泛和多层次的，成本途径及方法适合于对资产重置成本的评估，以及那些既没有活跃市场及参照物，也无法单独计量收益的资产公允价值等评估（资产减值测试除外）。在实际应用成本途径及方法服务于以财务报告为目的资产评估时，除了需要考虑会计准则的要求和限制外，成本途径及方法的具体运用与传统资产评估并无差别。

在实际操作中，以财务报告为目的资产评估，按照会计信息计量的要求，评估途径及方法的选择最好按以下次序进行，即市场途径、收益途径和成本途径（见图7-2）。

当结论需要通过多条途径和方法评估得到时，也要求评估结果必须为会计计量提供唯一性的结论，其最终结论需要满足会计可靠性原则的要求，不仅要考虑所使用数据的质量

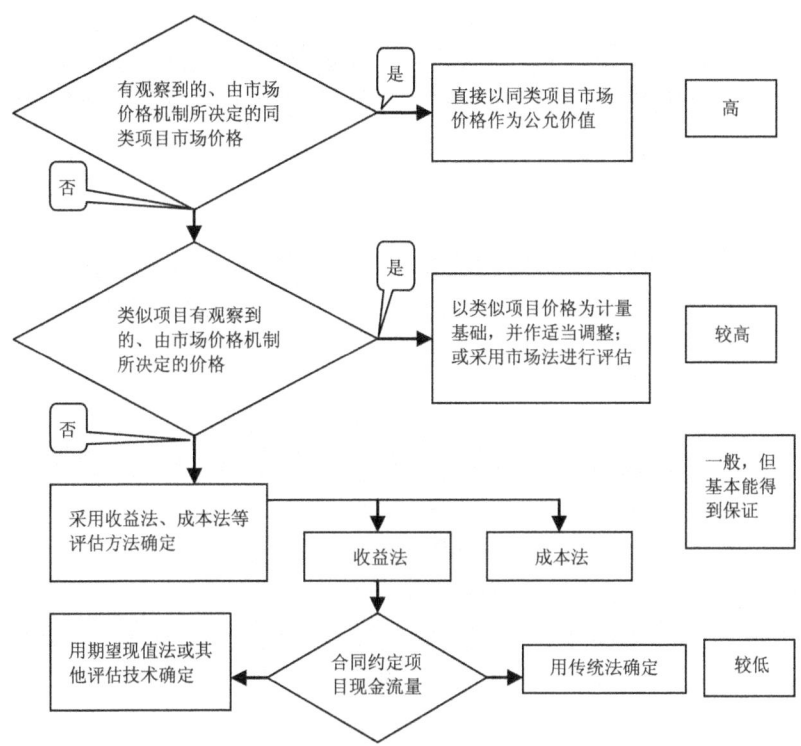

图7-2 公允价值确定途径及其可靠性程序分析

和数量,还要通过适当的评价,权衡各结果所在范围的合理性,确定价值范围内最具代表性的结果作为最终评估结论。

此外,注册资产评估师还应遵循会计核算一致性原则的要求,选择评估方法应当与前期采用的保持一致。如果前期采用评估方法所依据的市场数据已发生重大变化而不再适用,或通过采用与前期不同的评估方法可使得评估结果更具代表性、更能反映评估对象的公允价值或特定价值,注册资产评估师可以变更评估方法,并在评估报告中加以披露。

四、以财务报告为目的的资产评估报告的出具要求

资产评估报告是评估工作的重要环节,信息披露是否反映了资产评估的基本要求,是否反映了影响评估结论的实质性内容,体现了评估服务是否具备专业性水平。作为一项特定的资产评估业务,以财务报告为目的的资产评估的报告出具除了满足一般资产评估报告的要求以外,还需要重点关注和披露以下信息:

1. 评估对象的具体描述。注册资产评估师在对评估对象进行描述时,要充分考虑评估对象的法律、物理与经济等具体特征;要根据项目具体情况、会计准则和委托方的要求,理解和区分评估对象是各类单项资产、负债,还是资产组或资产组组合;要了解相关资产组是否是企业可以认定的最小资产组合,其产生的现金流入是否基本独立于其他资产或者资产组等因素,从而使委托方和相关当事方对评估对象才有正确的认识和理解。

执行合并对价分摊事项涉及的评估业务时，对应的评估对象应当是合并中取得的被购买方可辨认资产、负债及或有负债，该评估对象与被购买方企业价值评估所对应的对象不同。

执行包括商誉在内的各类资产减值测试涉及的评估业务时，对应的评估对象可能是单项资产，也可能是资产组或资产组组合。其中，固定资产减值测试一般以资产组的形式出现；商誉减值测试主要以资产组或资产组组合出现。

执行投资性房地产评估业务时，对应的评估对象包括已出租的土地使用权、持有并准备增值后转让的土地使用权和已出租的建筑物。

执行金融资产和金融负债公允价值的评估时，需要对评估对象是否以单项资产或资产组为计量单位，混合金融工具是否分拆等进行判断，以明确具体的评估对象。

2. 价值类型的定义及其与会计准则或相关会计核算、披露要求的对应关系。以财务报告为目的的资产评估业务应该选择什么样的价值类型，应当根据会计准则或相关会计核算与披露的具体要求、评估对象等相关条件进行确定。如前所述，在符合会计准则计量属性规定的条件时，会计准则下的公允价值一般等同于资产评估准则下的市场价值；会计准则涉及的重置成本或净重置成本、可变现净值或公允价值减去处置费用的净额、现值或资产预计未来现金流量的现值等计量属性，可以理解为相对应的评估价值类型。因此，选择价值类型并对价值类型进行定义时，应披露相关内容。

3. 评估方法的选择过程和依据。对于具体方法的选择，应当根据以财务报告为目的的评估业务的特点，参照会计准则的规定，关注所采用的评估数据，在评估方法的具体选择上，应根据不同公允价值层级的数据相应地选择市场法、收益法或成本法进行评估。对采用方法的分析过程和相关依据在报告中应予以披露。

4. 评估方法的具体运用，要结合相关计算过程、评估参数等加以说明。如运用市场法进行以财务报告为目的的评估时，应当披露相关市场的活跃程度，从相关市场获得的交易案例或其他比较对象与评估资产之间的可比性、适用性和合理性，相关比较因素的选择和比较因素的比较和调整过程等；运用收益法进行以财务报告为目的的评估时，应当披露相关收益预测资料的来源，所做的调整和分析，所采用的重要假设及其合理性分析，计算公式或估值模型及其相关参数的获取来源和推理计算过程等进行说明。

思考题

1. 相对于其他评估业务，以财务报告为目的的资产评估有哪些特点？
2. 以财务报告为目的的资产评估的评估对象一般包括哪些？
3. 试分析三种评估途径及方法在公允价值确定过程中的适用性。
4. 以财务报告为目的的资产评估报告出具应关注哪些内容？

第二节 公允价值计量的资产评估

一、概述

按照会计准则的规定，在公允价值（Fair Value，简称 FV）计量下，资产和负债按照市场参与者在计量日相关资产或负债的主要市场上发生的有序交易中，出售资产所能收到或者转移负债所需支付的价格计量。不存在主要市场的，企业应当以最有利市场的价格计量相关资产或负债的公允价值。根据《以财务报告为目的的评估指南（试行）》第二十四条：在符合会计准则计量属性规定的条件时，会计准则下的公允价值一般等同于资产评估准则下的市场价值。因此，对公允价值计量的资产进行评估，其应选择的评估价值类型应是市场价值。我国企业会计准则在资产（负债）计量、资产金额分配、利用非现金资产清偿（或交换、支付）和会计信息披露等方面都涉及公允价值应用的规定。

在以财务报告为目的的评估业务中，公允价值计量涉及的评估对象主要是金融工具以及投资性房地产。由于金融工具种类繁多，在公允价值计量过程中需要关注其核算分类、计量要求以及相关规定等重要影响事项，在此一并作简要说明。

（一）关注金融工具的核算分类和计量要求

金融资产和金融负债的会计计量与其分类有着密切的关系。企业应当结合自身业务特点和风险管理要求，将取得的金融资产或承担的金融负债在初始确认时分为以下几类：(1) 以公允价值计量且其变动计入当期损益的金融资产或金融负债；(2) 持有至到期投资；(3) 贷款和应收款项；(4) 可供出售的金融资产；(5) 其他金融负债。

无论是初始确认还是后续计量，不同分类的金融资产和金融负债涉及的会计处理均有差异。《企业会计准则第 22 号——金融工具确认和计量》第三十条规定，企业初始确认金融资产或金融负债应当按照公允价值计量；第三十二条规定，对以公允价值计量且其变动计入当期损益的金融资产或金融负债、可供出售的金融资产应当按照公允价值进行后续计量，但在活跃市场中没有报价且其公允价值不能可靠计量的权益工具投资，以及与该权益工具挂钩并需通过交付该权益工具结算的衍生金融工具除外。

对于衍生金融工具来说，一般都需要按公允价值对其进行初始计量和后续计量。衍生金融工具通常是独立存在的，但也可能嵌入非衍生金融工具或其合同中，组成混合工具。对于包括一项或多项嵌入衍生工具的混合工具而言，当评估师涉及其计量时，需要关注的是企业可否把它们直接指定为以公允价值计量且其变动计入当期损益的金融资产或金融负债而不需进行分拆（见图 7-3）。除少数情形外，嵌入衍生金融工具，如需分拆出来单独核算，需按公允价值初始计量和后续计量。

实务中必须明确涉及金融资产和金融负债计量时会计准则或核算要求所规定的计量单

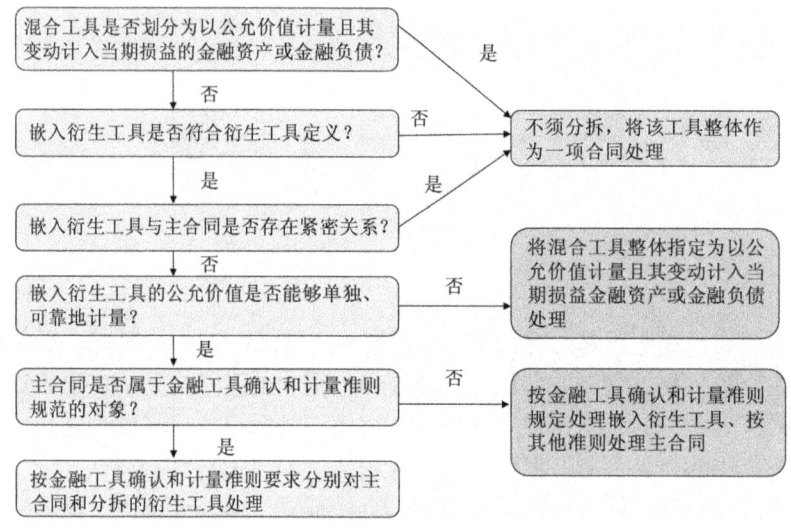

图 7-3　嵌入衍生金融工具分拆

位，是单项资产还是资产组，以此合理确定评估单元。

(二) 关注有关公允价值确定的要求

《企业会计准则第 39 号——公允价值计量》第九章和第十章，以及《企业会计准则第 22 号——金融工具确认和计量》第七章对金融资产或金融负债公允价值的确定进行了规范。

《企业会计准则第 39 号——公允价值计量》第三十四条规定，企业以公允价值计量负债或自身权益工具，应当遵循下列原则：

1. 存在相同或类似负债或企业自身权益工具可观察市场报价的，应当以该报价为基础确定该负债或企业自身权益工具的公允价值。

2. 不存在相同或类似负债或企业自身权益工具可观察市场报价，但其他方将其作为资产持有的，企业应当在计量日从持有该资产的市场参与者角度出发，以该资产的公允价值为基础确定该负债或自身权益工具的公允价值；当该资产的某些特征不适用于所计量的负债或企业自身权益工具时（如出售受到限制，与所计量对象类似但不相同或计量单元不完全相同等），企业应当根据该资产的公允价值进行调整，以调整后的价值确定负债或企业自身权益工具的公允价值。

3. 不存在相同或类似负债或企业自身权益工具可观察市场报价，并且其他方未将其作为资产持有的，企业应当从承担负债或者发行权益工具的市场参与者角度出发，采用估值技术确定该负债或企业自身权益工具的公允价值。

《企业会计准则第 22 号——金融工具确认和计量》第五十一条，**对用于公允价值确定的活跃市场报价进行了细化：**

1. 企业已持有的金融资产或拟承担的金融负债的报价，应当是现行出价；企业拟购入的金融资产或已承担的金融负债的报价，应当是现行要价。

2. 企业持有可抵销市场风险的资产和负债时，可采用市场中间价确定可抵销市场风险头寸的公允价值；同时，用出价或要价作为确定净敞口的公允价值。

3. 没有现行出价或要价，但最近交易日后经济环境没有发生重大变化的，企业应当采用最近交易的市场报价确定该金融资产或金融负债的公允价值；最近交易日后经济环境发生了重大变化时，企业应当参考类似金融资产或金融负债的现行价格或利率，调整最近交易的市场报价。

4. 金融工具组合的公允价值，应当根据该组合内单项金融工具的数量与单位市场报价共同确定。

《企业会计准则第22号——金融工具确认和计量》第五十二条，**对使用估值技术确定公允价值提出了约束性要求：**

1. 采用估值技术确定金融工具的公允价值时，应当尽可能使用市场参与者在金融工具定价时考虑的所有市场参数；尽可能不使用与企业特定相关的参数。

2. 企业应当定期使用没有经过修正或重新组合的金融工具公开交易价格校正所采用的估值技术，并测试该估值技术的有效性。

下面将以财务报告为目的的评估业务中常见的评估对象为出发点，对常见的金融资产（交易性金融资产、可供出售金融资产）及投资性房地产在公允价值计量过程中涉及的主要评估事项进行分析。

二、交易性金融资产

交易性金融资产是指企业为交易目的而持有的债券投资、股票投资和基金投资。根据《企业会计准则》对金融资产的分类，交易性金融资产属于能够以公允价值计量且其变动计入当期损益的金融资产。需要注意的是，当企业某项金融资产划分为以公允价值计量且其变动计入当期损益的金融资产后，不能再重分类为其他类别的金融资产；其他类别的金融资产也不能再重分类为以公允价值计量且其变动计入当期损益的金融资产。

对交易性金融资产的公允价值进行评估需要明确其评估对象、价值类型、评估方法等方面的特点。

（一）评估对象

根据交易性金融资产的类型，其公允价值评估的对象如下：

（1）以赚取差价为目的从二级市场购入、以便近期出售的金融资产。评估对象包括市场公开交易的股票、债券、基金等。

（2）属于进行集中管理的可辨认金融工具组合的一部分，且有客观证据表明企业近期采用短期获利方式对该组合进行管理。比如，企业基于其投资策略和风险管理需要，将某些金融资产进行组合从事短期获利活动，此时公允价值评估对象即为组合中的金融资产。

（3）衍生金融工具。公允价值评估的对象通常包括期货合同（国债、股指等）、远期合同、互换（掉期）合同等。

（二）评估方法

根据《以财务报告为目的的评估指南（试行）》第二十四条的规定，交易性金融资产公允价值评估的价值类型是市场价值。

1. 存在活跃市场的交易性金融资产。活跃市场中交易性金融资产的报价可用于确定其公允价值。活跃市场中的报价是指易于定期从交易所、经纪商、行业协会、定价服务机构等渠道获得的价格，且代表了在正常交易中实际发生的市场交易价格。

2. 不存在活跃市场的交易性金融资产。资产评估师在评估时应当采用估值技术确定其公允价值。采用估值技术得出的结果，应当反映估值日在正常交易中可能采用的交易价格。估值技术包括参考最近发生的公平市场交易中的价格、相同的其他金融资产的当前公允价值，以及采用现金流折现或期权定价模型等方法计算得到的资产价值。在评估实务中，资产评估师应当根据交易性金融资产的类型，选择合适的评估方法确定其公允价值。

三、可供出售金融资产

可供出售金融资产与交易性金融资产有很多相似之处。在会计处理上，初始确认时，二者都应按公允价值计量，但对于可供出售金融资产，相关交易费用应计入初始入账金额；在资产负债表日，二者也都应按公允价值计量，但对于可供出售金融资产，其公允价值变动不是计入当期损益，而通常应计入所有者权益。评估时要注意两者在评估对象及评估方法等方面的异同。

（一）评估对象

与交易性金融资产不同，**可供出售金融资产**通常是指企业初始确认时即被指定为可供出售的非衍生金融资产，以及除以公允价值计量且其变动计入当期损益的金融资产、持有至到期投资、贷款和应收款项以外的金融资产。例如，企业购入的在活跃市场上有报价的股票、债券和基金等，没有划分为以公允价值计量且其变动计入当期损益的金融资产或持有至到期投资等金融资产的，可归为此类。

需要注意的是，对于在活跃市场上有报价的金融资产，既可能划分为以公允价值计量且其变动计入当期损益的金融资产，也可能划分为可供出售金融资产；如果该金融资产属于有固定到期日、回收金额固定或可确定的金融资产，则该金融资产还可能划分为持有至到期投资。而某项金融资产具体应分为哪一类，主要取决于企业管理层的风险管理、投资决策等因素。换言之，金融资产的分类应是企业管理层意志的如实表达。

（二）评估方法

同交易性金融资产一样，可供出售金融资产公允价值评估的价值类型也是市场价值。

与交易性金融资产类似，可供出售金融资产公允价值的确定需要根据是否存在活跃的交易市场而定：对于存在活跃交易市场的，可以直接根据市场报价确定可供出售金融资产的公允价值；反之，则需要采用合适的估值技术确定其公允价值。

【例 7-1】某科技集团持有 A 公司的限售股 9 819 493 份（限售期自 2009 年 12 月 14

日到 2012 年 12 月 14 日），并将该资产确认为可供出售金融资产，根据会计准则的要求选择公允价值模式对其进行后续计量。2011 年初，出于财务报告之目的，该集团拟确定该项资产的公允价值，故聘请评估机构对该限售股在基准日 2010 年 12 月 31 日所表现的公允价值提供意见。

根据会计准则的相关规定，公允价值确定主要有两种：存在活跃市场的，应当根据活跃市场的报价确定其公允价值；不存在活跃市场的，应当采用估值技术确定其公允价值。考虑到本次评估范围内金融资产的流通性限制，采用估值技术确定其公允价值，即用基准日前 20 个工作日股票平均收盘价与折扣率的乘积确定其公允价值。

（1）基准日前 20 日的平均收盘价。评估人员基于在 Wind 资讯中获取的 A 公司 2010 年 12 月 6 日至 12 月 31 日每日的收盘价，计算出平均的收盘价格为 9.969 元。

（2）折扣率的确定。本次评估采用 Black – Scholes 的期权定价理论模型（B – S 模型）来确定其折扣率，即将卖权（Put Option）的价格作为折扣价，将此价格与评估基准日价格的比率确定其折扣率。其基本计算公式为：

$$P = X \cdot e^{-rT} \times N(-d_2) - S \cdot e^{-\delta T} \cdot N(-d_1)$$

式中：X 为期权执行价，也就是限制期满后可以卖出的价格；S 为现实股权价格，即基准日交易均价；r 为连续复利计算的无风险收益率（采用月复利收益率）；δ 为连续复利计算的股票股息率（采用月复利收益率）；T 为期权限制时间（采用按月计算）；N( ) 为标准正态密度函数，d_1、d_2 为 Black – Scholes 模型的两个参数。

$$d_1 = \frac{\ln\left(\frac{S}{X}\right) + \left(r - \delta + \frac{\sigma^2}{2}\right) \cdot \sqrt{T}}{\sigma \cdot \sqrt{T}}$$

$$d_2 = d_1 - \sigma \cdot \sqrt{T}$$

上述 d_1、d_2 计算公式中，σ 表示股票波动率（采用按月计算）。

对于限制流通股缺少流通性折扣的估算过程如下：

①现实股权价格 S 的确定。现实股权价格 S 取评估基准日流通股前 20 日的交易均价 9.969 元/股。

②连续复利计算的无风险收益率 r。由于限制期为 3 年即 36 个月，截至评估基准日尚余 24 个月。为了使无风险收益率在期限上与股票的限售期相匹配，案例中取基准日至到期日在 2 年左右的国债到期收益率 3.32%。由于采用的时间间隔为月，因此需要将年收益率换算为月收益率为：

$$r = \sqrt[12]{(1 + 3.32\%)} - 1 = 0.273\%$$

③期权执行价格 X 的确定。**期权执行价格**是指限制期满后股票持有者期望实现的交易价格，案例中为标的股票按无风险收益率复利计算的到期日终值，即：

9.969 元/股 × $(1 + 3.32\%)^2$ = 10.642（元/股）

④连续复利计算的股息率 δ。所谓**股息率**是指股票在限制期内可能的分红派息率。经了解，A 公司在过去几年因亏损没有分红记录，评估人员出于对公司未来弥补亏损的考虑，本次评估不考虑未来年度可能的分红派息情况。

⑤期权限制时间 T。我们估算解除限制日距评估基准日相距 24 个月，因此我们取值 T

= 24 个月。

⑥股票对数波动率 σ。**股票波动率 σ** 实际是预测 A 公司股票在未来限制期内的平均月波动率。本次评估采取的预测方式是通过估算 A 公司在基准日前 72 个月股票的平均对数波动率来预测未来的波动率。其基本公式如下：

$$\sigma = \text{STD}\left[\text{LN}\left(\frac{Q_t}{Q_{t-1}}\right)\right]$$

式中：STD 为代表标准均方差；LN 为自然对数；Q_t 为 t 期末股票交易均价（t = 1，2，…，72）。

由于单一股票波动率存在较大的不确定性，因此为了规避单一股票的波动风险，我们采用行业平均波动率作为 A 公司未来股票波动的预测。A 公司经过 2009 年 5 月的资产置换后，其主营业务转变为房地产物业，故我们选取与 A 公司处于同一行业且主营业务类似的 27 家上市公司作为样本公司。因前 3 年受金融危机的影响，股票上证指数从历史最高点 6000 点下降到 1000 多点，2009 年处于上升恢复期，股票价格波动很大。故我们分析估算了该 27 家上市公司基准日前 72 个月的股票对数波动率，并以其平均值作为我们预测的股票对数波动率 σ。

确定上述参数后，我们通过 Black – Scholes 期权定价模型计算上述卖权为 3.136 元/股，是评估基准日流通均价 9.969 元/股的 31.45%，因此我们确定一个缺少流通性折扣率为 31.45%。

基于评估基准日股票的流通均价和缺少流通性的折扣率，科技集团所持有的 9 819 493 份 A 公司限售股在基准日时点的公允价值为 67 100 095.00 元。

按照新《企业会计准则》的规定，资产负债表日，可供出售金融资产应当以公允价值计量，公允价值变动计入所有者权益。故企业应依据评估机构对限售股公允价值的评估结果，合理地调整可供出售金融资产科目的账面价值。

四、投资性房地产

投资性房地产是指为赚取租金或资本增值，或两者兼有而持有的房地产，对其公允价值进行评估时应重点关注其评估对象和具体范围、评估基准日、评估方法选取，以及具体评估的注意事项。

（一）评估对象和具体范围

评估时应当首先确定投资性房地产的评估对象和具体范围，一般有：

1. 已出租的土地使用权和已出租的建筑物，是指以经营租赁方式出租的土地使用权和建筑物。其中，用于出租的土地使用权是指企业通过出让或转让方式取得的土地使用权；用于出租的建筑物是指企业拥有产权的建筑物。

2. 持有并准备增值后转让的土地使用权，是指企业取得的、准备增值后转让的土地使用权。按照国家有关规定认定的闲置土地，不属于持有并准备增值后转让的土地使用权。

3. 某项房地产，部分用于赚取租金或资本增值，部分用于生产商品、提供劳务或经营管理,能够单独计量和出售的、用于赚取租金或资本增值的部分,应当确认为投资性房地产;不能够单独计量和出售的、用于赚取租金或资本增值的部分,不确认为投资性房地产。

4. 企业将建筑物出租,按租赁协议向承租人提供的相关辅助服务在整个协议中不重大的,如企业将办公楼出租并向承租人提供保安、维修等辅助服务,应当将该建筑物确认为投资性房地产。

对于"自行建造或开发活动完成后用于出租的建筑物",《企业会计准则讲解2010》的界定是,"通常情况下,对企业持有以备经营出租的空置建筑物或在建建筑物,如董事会或类似机构做出书面决议,明确表明将其用于经营租出且持有意图短期内不再发生变化的,即使尚未签订租赁协议,也应视为投资性房地产。"

自用房地产,即为生产商品、提供劳务或者经营管理而持有的房地产以及作为存货的房地产,不属于投资性房地产范畴。如企业拥有并自行经营的旅馆饭店,其经营目的主要是通过提供客房服务赚取服务收入,该旅馆饭店不确认为投资性房地产。

(二) 评估基准日

根据《企业会计准则第3号——投资性房地产》,投资性房地产由成本模式计量转换为公允价值计量的、自用房地产或存货转换为采用公允价值模式计量的投资性房地产,以及采用公允价值模式计量的投资性房地产转换为自用房地产的,公允价值的评估基准日为转换当日。对采用公允价值进行后续计量的投资性房地产,公允价值的评估基准日为计量所对应的资产负债表日。

(三) 评估方法

根据《企业会计准则第3号——投资性房地产》第十条:在有确凿证据表明投资性房地产的公允价值能够持续可靠取得的情况下,可以对投资性房地产采用公允价值模式进行后续计量。采用公允价值模式计量的投资性房地产,应当同时满足下列条件:

(1) 投资性房地产所在地有活跃的房地产交易市场;

(2) 企业能够从房地产交易市场上取得同类或类似房地产的市场价格及其他相关信息,从而对投资性房地产的公允价值做出合理的估计。

从投资性房地产公允价值计量需同时满足的两个条件来看,在某种程度上,新企业会计准则限制了采用除市场法以外的其他估值技术来确定公允价值。由于其他估值技术(比如收益法)通常含有较多的假设,与参照活跃的交易市场价格来确定公允价值相比,有较大的主观性,也就容易产生争议。因此,在上述前提条件的限制下,新企业会计准则是倾向于运用市场法来评估投资性房地产的公允价值的。

但是,从《投资性房地产评估指导意见(试行)》不难看出,对于带有租约的投资性房地产而言,因为收益法能将租约内租金高低对评估价值的影响很好地量化,如果不能找到带租约交易的类似房地产买卖的价格信息,对该类投资性房地产公允价值进行评估采用收益法就更为适当。

因此,投资性房地产公允价值的评估可以采用市场法或收益法,评估时若能够收集足够的同类或者类似房地产的交易案例,应当首先采用市场法进行评估;对于带租约的投资性房地产,如果找不到类似房地产的交易案例,收益法就是适宜的评估方法。

(四) 公允价值评估时需关注的要点

通常,投资性房地产公允价值最好的证据是同一地点、相同条件的市场对相似房地产的现时价格,以及相似租赁和其他合同所确定的现时价格。资产评估师应注意辨别房地产在性质、地理位置或状况方面的差异,或与房地产有关的租赁和其他合同条款方面的差异。

在不存在上述市场现时价格的情况下,评估师应考虑各种不同来源的信息,包括:

1. 如现时价格取自不同性质、状况或地理位置的房地产市场(或属于不同租赁或其他合同所确定的),需要对现时价格进行调整以反映上述差异;

2. 如无法取得(1)中描述的市场现时价格而只能获得个别交易案例的近期价格,应对其价格进行调整,以反映按这些价格发生交易以来经济状况发生的变化;

3. 如无法获得上述(1)、(2)中的现时价格或近期价格,可以在对未来现金流量可靠估计的情况下,进行折现现金流量预测,同时考虑任何现有租赁和其他合同条款。例如,存在诸如相同地理位置和条件情况相似资产当前市场客观租金等市场信息,也应一并考虑。相关折现率应当反映当前市场或市场参与者对现金流量因在金额和时间上的不确定性所要求的风险回报。

另外,考虑到租约对投资性房地产租金确定的影响,资产评估师应当重点关注投资性房地产现有短期或长期租约对公允价值评估的影响,包括租金构成、租期、免租期、续租或转租条件、租金收取方式、提前终止租约的条件以及约定租金相对于市场租金及其对应的租约条件的差异等。

对带租约的土地使用权和建筑物,市场客观租金对投资性房地产公允价值的确定非常关键。一项大型投资性房地产在达到稳定经营业态时通常包含有多个租户和多份租约,评估师通常应分析每份租约对应的物业单元租约租金确定时考虑的市场因素和非市场因素。在详细分析的基础上,收集相应的市场信息,选取合适的可比案例,进行包括繁华(集聚)程度、交通便捷度、环境、景观、公共配套设施等区位因素以及面积大小、单元位置、建筑物的新旧程度、装修状况、楼层、朝向等个别因素修正,合理确定市场客观租金水平。

【例7-2】某公司拥有的一项投资性房地产,位于广东省S市中心城区的某购物广场,建成于2007年3月。该购物中心为地上2层,建筑面积共26 000平方米,目前大部分已出租,属于带租约的投资性房地产。其中,有8 000~15 000平方米不等的大面积租赁,也有50~300平方米不等的小面积租赁。为确定市场客观租金,根据委估房地产的租赁情况,对周边房地产的市场租金售价进行了调查,同时也从公司的数据库中获得了部分市场租金售价信息。

(1) 大面积租赁市场租金。收集到有三项房地产有部分面积租赁给大中型超市或家电连锁店:其中第一项房地产于2007年10月签订了5年期的租约,月租金100元/月·平方米,租赁面积为10 000平方米;第二项于2007年6月建成并开始招租,以月租金75

元/月·平方米租赁给一大型超市,租赁面积共 15 000 平方米;第三项于 2007 年签订了 8 年期的租约,租金为 96 元/月·平方米,建筑面积共 12 000 平方米。

根据市场信息的收集,了解到第二项以大面积租赁的房地产虽然与委估房地产类似且处于招租阶段,但由于其目前以较低于市场租金的价格出租,因此以该房地产作为确定委估房地产的市场客观租金的案例不太合适。因此,选取第一项和第三项房地产作为可比案例,以该两项的租金为基础,在分析租约条款、区位因素和个别因素的基础上,根据评估师的现场勘察和经验判断,对上述因素进行相应的调整,确定客观市场租金为 110 元/月·平方米。

(2)小面积租赁市场租金。收集到大量的租赁案例中,底层商铺的租金范围为 160~300 元/月·平方米,二层租金范围为 120~240 元/月·平方米,租期大多数为 3~5 年,年租金增长率为 4%~10%。

与确定大面积租赁单元市场租金的方法类似,在分析租约条款、区位因素和个别因素的基础上,从市场调查信息中选取合适的可比案例,最终确定地上一层的客观市场租金为 250 元/月·平方米,地上 2 层的客观市场租金为 190 元/月·平方米。

思 考 题

1. 对于不同的市场活跃程度,如何选择合适的评估方法确定交易性金融资产的公允价值?
2. 简述交易性金融资产与可供出售金融资产在评估对象、价值类型及评估方法等方面的异同。
3. 投资性房地产的评估对象和具体范围一般包括哪些?
4. 投资性房地产公允价值评估时需关注哪些要点?

第三节 资 产 减 值

一、概述

资产减值是指资产的可收回金额低于其账面价值。企业的资产在发生减值时,应当及时加以确认和计量,并把资产的账面价值减计至可收回金额。

根据《企业会计准则第 8 号——资产减值》,因企业合并所形成的商誉和使用寿命不确定的无形资产,无论是否存在减值迹象,每年都应当进行减值测试;其他资产在资产负债表日存在减值迹象的,应当估计其可收回金额,计提减值准备。

（一）减值迹象的判断

《企业会计准则第 8 号——资产减值》第五条明确指出，存在下列迹象表明资产可能发生了减值：

（1）资产的市价当期大幅度下跌，其跌幅明显高于因时间的推移或者正常使用而预计的下跌。

（2）企业经营所处的经济、技术或法律等环境以及资产所处的市场在当期或将在近期发生重大变化，从而对企业产生不利影响。

（3）市场利率或者其他市场投资回报率在当期已经提高，从而影响企业计算资产预计未来现金流量现值的折现率，导致资产可收回金额大幅度降低。

（4）有证据表明资产已经陈旧过时或其实体已经损坏。

（5）资产已经或者将被闲置、终止使用或者计划提前处置。

（6）企业内部报告的证据表明资产的经济绩效已经低于或者将低于预期，如资产所创造的净现金流量或者实现的营业利润（或者损失）远远低于预计金额等。

（7）其他表明资产可能已经发生减值的迹象。

在实施资产减值测试评估之前，应首先判断该资产是否存在以上一种或多种减值迹象，对有充分证据表明该资产存在减值的，应当估计其可收回金额，并计提减值准备。

（二）可收回金额的确认

可收回金额应当根据资产的公允价值减去处置费用后的净额（资产可变现净值）与资产预计未来现金流量的现值（资产在用价值）两者之间的较高者确定。

资产可变现净值应当根据：（1）公平交易中销售协议价格减去可直接归属于该资产处置费用的金额确定；（2）不存在销售协议但存在资产活跃市场的，应当按照该资产的市场价格减去处置费用后的金额确定。资产的市场价格通常应当根据资产的买方出价确定；（3）在不存在销售协议和资产活跃市场的情况下，应当以可获取的最佳信息为基础，估计资产的公允价值减去处置费用后的净额，该净额可以参考同行业类似资产的最近交易价格或者结果进行估计；及（4）企业按照上述规定仍然无法可靠估计资产的公允价值减去处置费用后净额的，应当以该资产预计未来现金流量的现值作为其可收回金额。

资产的在用价值应当按照资产在持续使用过程中和最终处置时所产生的预计未来现金流量，选择恰当的折现率对其进行折现后的金额加以确定。预计资产未来现金流量的现值，应当综合考虑资产的预计未来现金流量、使用寿命和折现率等因素。

在评估实务中，如果能够获取足够的信息证明资产可变现净值和在用价值之间的大小关系，可以直接选择其中一种作为评估对象的可收回金额；否则，则需要同时确定可变现净值和在用价值，以确定可收回金额的大小，进而与资产的账面价值进行比较确定减值的金额。

（三）资产组的认定

《企业会计准则第 8 号——资产减值》规定，如果有迹象表明一项资产可能发生减值的，企业应当以单项资产为基础估计其可收回金额。但是在企业难以对单项资产的可收回金额进行估计的情况下，应当以该资产所属的资产组为基础确定资产组的可收回金额。因此，资产组的认定十分重要。

1. 资产组的概念。**资产组**是企业可以认定的最小资产组合，其产生的现金流入应当基本上独立于其他资产或者资产组。资产组应当由创造现金流入的相关资产组成。

2. 认定资产组应当考虑的因素。首先，资产组的认定，应当以资产组产生的主要现金流入是否独立于其他资产或者资产组的现金流为依据。因此，资产组能否独立产生现金流入是认定资产组的最关键因素。其次，资产组的认定，应当考虑企业管理层对生产经营活动的管理或者监控方式（如是按照生产线、业务种类还是按照地区或者区域等）和对资产的持续使用或者处置的决策方式等。比如企业各生产线都是独立生产、管理和监控的，那么各生产线很可能应当认定为单独的资产组；如果某些机器设备是相互关联、相互依存的，其使用和处置是一体化决策的，那么这些机器设备很可能应当认定为一个资产组。

3. 资产组认定后不得随意变更。资产组一经确定后，在各个会计期间应当保持一致，不得随意变更。即资产组的各项资产构成通常不能随意变更。但是，如果由于企业重组、变更资产用途等原因，导致资产组构成确需变更的，企业可以进行变更。

4. 资产组组合。**资产组组合**是指由若干个资产组组成的最小资产组组合，包括资产组或者资产组组合，以及按合理方法分摊的总部资产部分。

（四）评估方法

资产减值测试的目的是为了确定相关资产的可收回金额，以增强会计报告中财务信息的相关性和可靠性，而资产的成本和其可回收价值之间不具有相关性，因此《以财务报告为目的的评估指南（试行）》第三十六条明确指出，"会计准则规定的资产减值测试不适用成本法"，即成本法不适用于减值测试评估目的。此外，鉴于资产在某一时点的可回收价值通常体现在两个方面，即"继续使用前提下能带来的未来收益"和"即时出售所能实现的市场价值"，结合会计准则，可收回金额应根据资产可变现净值或资产在用价值孰高的原则确定。因此，收益法和市场法就成为该类业务的主要评估方法。

根据资产的特点、所能获得的信息及其可靠性，选择市场法或收益法进行评估。根据《以财务报告为目的的评估指南（试行）》的规定，协助计算公允价值减去处置费用的净额时，可以直接以公平交易中销售协议价格，或与评估对象相同或相类似资产在其活跃市场上反映的价格，作为计算公允价值的依据。当不存在相关活跃市场或缺乏相关市场信息时，可以根据企业以市场参与者的身份，对单项资产或资产组的运营做出合理性决策，并适当地考虑相关资产或资产组内资产的有效配置、改良或重置的前提下提交的预测资料，参照企业价值评估的基本思路和方法，分析和计算单项资产或资产组的公允价值。

计算公允价值减去处置费用的净额时，应当根据会计准则的具体要求合理估算相关处置费用。处置费用包括与资产处置有关的法律费用、相关税费、搬运费以及为使资产达到可销售状态所发生的直接费用等。

就确定资产的在用价值而言，由于要估计待估资产在剩余经济寿命年限内的未来净现金流，因此所能采用的方法只有收益法。同时，根据《以财务报告为目的的评估指南（试行）》，计算资产预计未来现金流量的现值时，对资产预计未来现金流量的预测是基于特定实体现有管理模式下可能实现的收益。预测一般只考虑单项资产或资产组内主要资产项目在简单维护下的剩余经济年限，即不考虑单项资产或资产组内主要资产项目的改良或重置；资产组内资产项目于预测期末的变现净值应当纳入资产预计未来现金流量的现值的计算。

《企业会计准则第8号——资产减值》对预计未来现金流量的预测提出了以下要求：

1. 企业管理层应当在合理和有依据的基础上对资产剩余使用寿命内整个经济状况进行最佳估计。

2. 应当以经企业管理层批准的最近财务预算或者预测数据，以及该预算或者预测期之后年份稳定的或者递减的增长率为基础。企业管理层如能证明递增的增长率是合理的，可以以递增的增长率为基础。

3. 建立在预算或者预测基础上的预计现金流量最多涵盖5年，企业管理层如能证明更长的期间是合理的，可以涵盖更长的期间。

4. 在对预算或者预测期之后年份的现金流量进行预计时，所使用的增长率除了企业能够证明更高的增长率是合理的之外，不应当超过企业经营的产品、市场、所处的行业或者所在国家或者地区的长期平均增长率，或者该资产所处市场的长期平均增长率。

5. 预计资产的未来现金流量不应当包括筹资活动产生的现金流入或者流出以及与所得税收付有关的现金流量。

6. 预计资产的未来现金流量涉及外币的，应当以该资产所产生的未来现金流量的结算货币为基础，按照该货币适用的折现率计算资产的现值；然后将该外币现值按照计算资产未来现金流量现值当日的即期汇率进行折算。

7. 资产的未来现金流量受内部转移价格影响的，应当采用在公平交易前提下企业管理层能够达成的最佳价格估计数进行预计。

（五）资产减值评估需关注的问题

1. 关注减值测试评估对象相关核算所适用的会计准则及要求。《企业会计准则第8号——资产减值》主要规范了企业非流动资产的减值会计问题。具体包括以下资产的减值：（1）对子公司、联营企业和合营企业的长期股权投资；（2）采用成本模式进行后续计量的投资性房地产；（3）固定资产（含在建工程）；（4）生产性生物资产；（5）无形资产；（6）商誉；（7）探明石油天然气矿区权益和矿井及相关设施等。对于存货、采用公允价值计量模式计量的投资性房地产、消耗性生物资产、建造合同、递延所得税资产、融资租赁中出租人未担保余值、未探明矿区权益及会计准则规定的其他金融资产等的减值，则适用于与其对应的其他会计准则。

2. 资产减值测试中可收回金额是根据可变现净值或在用价值孰高的原则确定的，当收益法同时用于估计可变现净值和在用价值时，应当注意二者在评估思路和参数确定等方面存在的差异。比如，根据会计准则的相关规定，在确定资产在用价值时，预计资产的未来现金流量，应以资产的当前状况为基础，不应当包括与将来可能会发生的、尚未做出承诺的重组事项或者与资产改良有关的预计未来现金流量。为了维护资产正常运转或者原定产出水平所必须的未来现金流出（包括为使资产达到预定可使用状态所发生的现金流出）则应当考虑在内；该现金流出应当是可直接归属于或者可通过合理和一致的基础分配到资产中的现金流出。但在确定可变现净值的公允价值时，企业应当以市场参与者的身份，对单项资产或资产组的运营做出合理性决策，并适当地考虑相关资产或资产组内资产的有效配置、改良或重置的前提下进行现金流的预测。

3. 关注资产组账面价值的构成要素。判断资产组账面价值是否包含初始营运资金，在一般情况下，营运资金的计算应与被评估的资产/资产组的构成保持一致。如果被评估的资产/资产组账面值不包括初始营运资金，则预测期间初始营运资金金额归零，在预测期首期期末考虑相对应的营运资金投入，并在预测期结束时考虑相应的营运资金收回，预测期间内营运资金根据资产/资产组预期的运营需求计算；如果被评估的资产/资产组账面值包括营运资金，则营运资金需求的计算方式与一般企业价值评估基本相同。

4. 在收益预测中，资产组使用资产组外的其他资产、这些资产又未在划定的评估范围之内，比如能源动力设施、土地等，需要按照评估基准日公平交易的价格水平将使用这些资产涉及的成本（费用）作为评估对象的现金流出在预测中加以考虑。相反，如果存在使评估范围外其他资产受益的情况，也应在预测中考虑相应的现金流入。

5. 关注采用的折现率与现金流量的匹配。根据《企业会计准则第8号——资产减值》第十三条，计算预计资产未来现金流量现值的"折现率是反映当前市场货币时间价值和资产特定风险的税前利率"，"在预计资产的未来现金流量时已经对资产特定风险的影响做了调整的，估计折现率不需要考虑这些特定风险"。另外，《〈企业会计准则第8号——资产减值〉应用指南》规定："估计资产未来现金流量现值时，通常应当使用单一的折现率；资产未来现金流量的现值对未来不同期间的风险差异或者利率的期限结构反应敏感的，应当使用不同的折现率。"

二、固定资产减值评估

在评估实务中，以单项资产进行减值测试的主要有两类：（1）能够独立产生现金流的营运性资产，如船舶等运输设备；（2）闲置停用、陈旧过时、毁损报废、拟处置的单项资产。企业在用的专业设备、专用厂房等难以单独估计可收回金额的资产通常以资产组形式进行减值测试。

固定资产减值的评估流程及注意事项与一般性资产减值相同，前文已经做了详细分析，在此不再赘述。下面将以L公司胶片生产专用设备减值测试项目案例来说明固定资产减值的主要技术思路与评估方法。

【例7-3】L公司因其编制2011年度财务报表事宜，需要了解胶片生产专用设备在2011年12月31日的可回收价值，根据《企业会计准则第8号——资产减值》相关规定，对该资产进行会计处理提供价值参考依据。

L公司被评估机器设备，可以划分为两个资产组，资产组1是指将用于宽片加工成胶卷的整理车间设备和暗盒车间设备（能够单独带来收益且能计量）作为一个整体，按规划生产期 3 个月进行预测，以其未来获得的净现金流量收益现值为评估值；资产组 2 是指闲置的乳剂车间设备，本次评估以公允价值减去处置费用的净额为评估值。

- 资产组 1——预计未来现金流量的现值

资产组 1 将用于宽片加工成胶卷的整理车间设备和暗盒车间设备（能够单独带来收益且能计量）作为资产组采用收益法进行评估。具体评估模型如下：

$$P = \sum_{i=1}^{n} \frac{R_i}{(1+r)^i}$$

式中：P 为资产组预计未来现金流量的现值；R_i 为资产组未来第 i 年的预期收益；r 为折现率；n 为资产组的未来持续经营期。

根据企业 2012 年的预算，确定其收益期限为 3 个月，根据公司胶卷生产线的经营历史及行业发展趋势等资料，并结合实际情况、市场等因素对整理车间设备和暗盒车间设备在 2012 年 1—3 月收入、成本费用、利润等进行合理预测。

（1）营业收入的预测。L 公司胶卷生产线的营业收入主要为胶盘收入和胶卷收入等。根据 L 公司 2012 年预算，预测的营业收入如表 7-2 所示。

表 7-2　　　　　　　　　　　营业收入预测表

主要产品名称	单位	未来年度
		2012 年 1—3 月
产品数量		422.78
胶卷盘片	万米	
胶卷	万卷	422.78
产品单价		4.13
胶卷盘片	元/米	
胶卷	元/卷	4.13
产品收入		1 746.08
胶卷盘片	万元	
胶卷	万元	1 746.08
合计		1 746.08

（2）营业成本的预测。L 公司的营业成本具体为生产胶盘、胶卷所投入的原材料、人工工资、动能费用及制造费用等，制造费用主要包括折旧费、检验费、职工薪酬、消耗性材料、通用设备租金、房屋建筑物租金、占用土地租金等。

根据 L 公司对外出租设备和房屋的租金标准预测 2012 年通用设备租金和房屋建筑物租金；根据 L 公司和××集团签订的土地租赁合同预测 2012 年占用土地租金；根据 L 公司 2012 年预算预测 2012 年原材料、人工工资、动能费用以及其他制造费用，2012 年的营业成本如表 7-3 所示。

表 7-3　　　　　　　　　　　　　营业成本预测表　　　　　　　　　　　单位：万元

序号	主要产品名称	未来年度 2012年1—3月
一	原材料	1 414.45
二	人工	41.43
三	动能	6.50
四	制造费用	234.90
	合　计	1 696.99

（3）营业税金及附加的估算。L公司的税金目前主要有增值税、营业税、城建税及教育费附加。其中：增值税按17%计征，城建税按5%计征，教育费附加按3%计征，地方教育费附加按1%计征。

（4）期间费用预测。营业费用、管理费用根据L公司2012年预算进行预测；因生产周期短，占用资金少，本次不考虑财务费用。

（5）折旧与摊销的预测。L公司胶卷生产线的整理车间和暗盒车间专用设备只用到2012年3月，之间发生的折旧根据L公司2012年预算进行预测。L公司摊销主要为专有技术摊销，此技术不在整理车间和暗盒车间使用，故本次评估不做考虑。

（6）追加资本的预测。追加资本系指企业在不改变当前经营业务条件下，所需增加的超过一年期的长期资本性投入。根据L公司2012年规划，整理车间和暗盒车间的专用设备只用到2012年3月，期间发生的修理维护费用在制造费用里考虑，除此之外无其他资本性支出。

（7）营运资金增加额的预测。根据L公司胶片生产历史数据及其2012年生产经营预算来预测所需的营运资金，并在2012年3月经营到期时回收营运资金（假设资产组1账面值包括初始营运资金），具体如表7-4所示。

表 7-4　　　　　　　　　　　　　营运资金预测表　　　　　　　　　　　单位：万元

项　目	未来年度 2012年1—3月
销售收入合计	1 746.08
销售成本合计	1 696.99
期间费用	70.10
营业费用	40.19
管理费用	29.91
财务费用	—
完全成本	1 767.09
其中：折旧摊销	133.26

续表

项　目	未来年度 2012 年 1—3 月
折旧	133.26
摊销	—
付现成本	1 633.83
营运现金最低需求量	181.54
存货	1 326.57
应收款项	
应付款项	
营运资金	1 508.11
营运资金增加额	181.54
回收营运资金	181.54

（8）回收固定资产。根据 L 公司"十二五"规划，至 2012 年 3 月将现有库存宽片加工完后对胶卷生产相关设备进行处置，故在 2012 年 3 月需要将整理车间、暗盒车间相关专用设备进行回收。

最后将折现率代入收益法模型，得出整理、暗盒车间设备的价值为 384.92 万元，低于其账面价值 910.00 万元。

● 资产组2——公允价值减去处置费用后的净额

如前所述，至评估基准日 2011 年 12 月 31 日，资产组 2 乳剂车间设备生产已全面停产，设备处于闲置状态，因其设备属于专用化工设备，无法移地使用，考虑其重量、材质及拆除费用等因素后的可变现净值为 665.32 万元，高于其账面价值 360.28 万元。

经过分析，发现整理、暗盒车间设备评估减值的主要原因为 L 公司胶片生产线淘汰，设备大多购置时间较短，造成评估出的可回收价值低于其账面净额；乳剂车间设备评估增值的原因为乳剂车间专用设备大多购置时间长，账面净额大多为残值或接近残值，而基于评估基准日条件评估出的可回收价值高于其账面净额。

三、无形资产减值评估

对于无形资产，在确定可收回金额时，其可变现净值可能还存在多种变现方式的问题，如对资产组，可以通过整体变现，也就是我们通常所说的"打包"变现估算总体可变现净值，也可以将资产组中的各组成资产分别变现，然后将各单元变现资产的可变现净值加总求得整体可变现净值。从会计准则要求看，上述多种可变现模式我们都应进行考虑，以获得合理的可变现净值。

在考虑无形资产的在用价值时，会计准则没有明确的要求，但是根据对会计准则中资产在用价值的理解,在进行无形资产在用价值计量时应该考虑该无形资产账面价值的税务摊销收益等附带收益。无形资产的附带收益还可能包括软件无形资产的增值税返还等。

无形资产评估一般采用基于预期收益途径的方法。采用收益法评估无形资产十分关键的参数就是收益提成率和无形资产评估的折现率。

【例7-4】仍以固定资产减值测试案例中的L公司为例,对其持有的无形资产——伊士曼柯达公司"许可专利"及"许可技术"在2011年12月31日的可回收价值进行评估。由于胶卷产品市场逐渐萎缩,市场需求量逐渐减少,根据L公司"十二五"规划,将库存宽片加工完成后将不再生产新产品,基于此,本次评估将以其预计未来现金流量的现值作为可收回金额。

由于本次评估需要确定该无形资产组预计未来现金流量的现值,故可以采用收益法。此外,由于被评估无形资产组的现金流产生无法完全独立于其他资产,故评估人员先将L公司该无形资产组同配套使用的其他资产共同产生的收入一并预测,再采用收入分成法评估评估对象的在用价值。

具体来讲,即通过估算使用该无形资产组产品的未来收益,再按一定比例(无形资产分成率)确定出无形资产组在未来收益中应占的份额,选用适宜的折现率进行折现,然后累加求和,得出上述无形资产组的评估价值。其计算公式如下:

$$P = \sum_{i=1}^{n} \frac{R_i}{(1+r)^i} \cdot C$$

式中:P为无形资产组价值;R_i为第i年资产收益额;n为收益期限;r为折现率;C为无形资产组在收入中的分成比例。

1. 收益额R_i的测算方法。收益额需要根据被评估单位产品的年销售量及销售价格来确定。销售数量根据被评估单位最近3年的销售情况、未来5年的发展规划、产品转换计划(产品类型)、年生产能力、市场需求等综合因素来确定;销售价格参考被评估单位历史年度产品的销售价格、未来产品的价格趋势、技术进步对产品销售价格的影响来综合判断;以销售数量乘以销售价格得出其销售收入,详细预测如表7-5至表7-7所示。

表7-5　　　　　　　　　　销售数量预测表　　　　　　　　　　单位:万张

主要产品名称	2012年	2013年	2014年	2015年	2016年
产品数量	3 530.08	3 353.58	3 185.90	3 026.60	2 875.27
SA-3					
SA-5					
SA-6	3 514.49	3 338.77	3 171.83	3 013.24	2 862.58
SA-10	—	—	—	—	—
双面相纸	15.59	14.81	14.07	13.36	12.70

表 7-6　　　　　　　　　　　　　销售单价预测表　　　　　　　　　　　　　单位：元/张

主要产品名称	2012 年	2013 年	2014 年	2015 年	2016 年
产品单价	10.66	10.66	10.66	10.66	10.66
SA-3					
SA-5					
SA-6	10.59	10.59	10.59	10.59	10.59
SA-10	—				
双面相纸	26.78	26.78	26.78	26.78	26.78

表 7-7　　　　　　　　　　　　　销售收入预测表　　　　　　　　　　　　　单位：万元

主要产品名称	2012 年	2013 年	2014 年	2015 年	2016 年
SA-3					
SA-5	—	—	—	—	—
SA-6	37 223.94	35 362.74	33 594.61	31 914.88	30 319.13
SA-10	—	—	—	—	—
双面相纸	417.40	396.53	376.70	357.87	339.97
合计	37 641.34	35 759.27	33 971.31	32 272.74	30 659.10

2. 收益期限的确定。收益年限按照法定有效期限与经济寿命年限孰短的原则确定。发明专利法定有效保护年限为 20 年，实用新型专利和外观设计专利法定保护有效期限为 10 年，均自申请日起计算。

胶卷行业是一个传统行业，但由于市场竞争加剧使技术更新的速度较快，目前的技术会逐步被新的技术取代，本次评估收益期限按 5 年考虑。

3. 折现率。本次评估中评估人员采用风险累加法确定评估对象的折现率。所谓**风险累加法**就是以无风险报酬率加风险报酬率作为被评估无形资产组的折现率。无风险报酬率通常采用政府所发行债券的到期收益率，风险报酬率主要是考虑无形资产组的技术风险、市场风险、财务风险与管理风险等。

对一般投资者而言，国债收益率通常成为无风险报酬率的参考标准，故选取 2011 年 12 月 31 日在上海和深圳证券交易所上市的中长期国债的到期收益率作为无风险收益率，则无风险收益率为 3.89%。

风险报酬率 = 技术风险系数 + 市场风险系数 + 财务风险系数 + 行业风险系数

考虑胶卷行业制造技术已经有很长的历史，新的专利和非专利技术也不断涌现，故技术风险系数取 4%；由于经济发展增速的逐渐放缓，未来简单单幅画面输出的传统单面照片的输出量将继续快速下降，故市场风险系数取 3%；L 公司资产负债率较低，财资产在用价值的理解,在进行无形资产在用价值计量时应该考虑该无形资产账面价值的税务摊销收益等附带收益。无形资产的附带收益还可能包括软件无形资产的增值税返还等。

无形资产评估一般采用基于预期收益途径的方法。采用收益法评估无形资产十分关键的参数就是收益提成率和无形资产评估的折现率。

【例7-4】仍以固定资产减值测试案例中的L公司为例,对其持有的无形资产——伊士曼柯达公司"许可专利"及"许可技术"在2011年12月31日的可回收价值进行评估。由于胶卷产品市场逐渐萎缩,市场需求量逐渐减少,根据L公司"十二五"规划,将库存宽片加工完成后将不再生产新产品,基于此,本次评估将以其预计未来现金流量的现值作为可收回金额。

由于本次评估需要确定该无形资产组预计未来现金流量的现值,故可以采用收益法。此外,由于被评估无形资产组的现金流产生无法完全独立于其他资产,故评估人员先将L公司该无形资产组同配套使用的其他资产共同产生的收入一并预测,再采用收入分成法评估评估对象的在用价值。

具体来讲,即通过估算使用该无形资产组产品的未来收益,再按一定比例(无形资产分成率)确定出无形资产组在未来收益中应占的份额,选用适宜的折现率进行折现,然后累加求和,得出上述无形资产组的评估价值。其计算公式如下:

$$P = \sum_{i=1}^{n} \frac{R_i}{(1+r)^i} \cdot C$$

式中:P为无形资产组价值;R_i为第i年资产收益额;n为收益期限;r为折现率;C为无形资产组在收入中的分成比例。

1. 收益额R_i的测算方法。收益额需要根据被评估单位产品的年销售量及销售价格来确定。销售数量根据被评估单位最近3年的销售情况、未来5年的发展规划、产品转换计划(产品类型)、年生产能力、市场需求等综合因素来确定;销售价格参考被评估单位历史年度产品的销售价格、未来产品的价格趋势、技术进步对产品销售价格的影响来综合判断;以销售数量乘以销售价格得出其销售收入,详细预测如表7-5至表7-7所示。

表7-5　　　　　　　　　　销售数量预测表　　　　　　　　　　单位:万张

主要产品名称	2012年	2013年	2014年	2015年	2016年
产品数量	3 530.08	3 353.58	3 185.90	3 026.60	2 875.27
SA-3					
SA-5					
SA-6	3 514.49	3 338.77	3 171.83	3 013.24	2 862.58
SA-10	—	—	—	—	—
双面相纸	15.59	14.81	14.07	13.36	12.70

表 7-6　　　　　　　　　　　　销售单价预测表　　　　　　　　　　　　单位：元/张

主要产品名称	2012 年	2013 年	2014 年	2015 年	2016 年
产品单价	10.66	10.66	10.66	10.66	10.66
SA-3					
SA-5					
SA-6	10.59	10.59	10.59	10.59	10.59
SA-10	—	—	—	—	—
双面相纸	26.78	26.78	26.78	26.78	26.78

表 7-7　　　　　　　　　　　　销售收入预测表　　　　　　　　　　　　单位：万元

主要产品名称	2012 年	2013 年	2014 年	2015 年	2016 年
SA-3					
SA-5	—	—	—	—	—
SA-6	37 223.94	35 362.74	33 594.61	31 914.88	30 319.13
SA-10	—	—	—	—	—
双面相纸	417.40	396.53	376.70	357.87	339.97
合计	37 641.34	35 759.27	33 971.31	32 272.74	30 659.10

2. 收益期限的确定。收益年限按照法定有效期限与经济寿命年限孰短的原则确定。发明专利法定有效保护年限为 20 年，实用新型专利和外观设计专利法定保护有效期限为 10 年，均自申请日起计算。

胶卷行业是一个传统行业，但由于市场竞争加剧使技术更新的速度较快，目前的技术会逐步被新的技术取代，本次评估收益期限按 5 年考虑。

3. 折现率。本次评估中评估人员采用风险累加法确定评估对象的折现率。所谓**风险累加法**就是以无风险报酬率加风险报酬率作为被评估无形资产组的折现率。无风险报酬率通常采用政府所发行债券的到期收益率，风险报酬率主要是考虑无形资产组的技术风险、市场风险、财务风险与管理风险等。

对一般投资者而言，国债收益率通常成为无风险报酬率的参考标准，故选取 2011 年 12 月 31 日在上海和深圳证券交易所上市的中长期国债的到期收益率作为无风险收益率，则无风险收益率为 3.89%。

风险报酬率 = 技术风险系数 + 市场风险系数 + 财务风险系数 + 行业风险系数

考虑胶卷行业制造技术已经有很长的历史，新的专利和非专利技术也不断涌现，故技术风险系数取 4%；由于经济发展增速的逐渐放缓，未来简单单幅画面输出的传统单面照片的输出量将继续快速下降，故市场风险系数取 3%；L 公司资产负债率较低，财务风险较低，故取财务风险系数为2%；未来单面照片输出量以10%左右快速下降，彩扩照片输出量逐渐减少，2009年上半年比上年同期下降20%多，预计未来5年，彩扩纸市场容量将保持每年20%以上的下降速度，放大纸市场基本保持不变，故行业风险系数取4%。

风险报酬率 = 技术风险系数 + 市场风险系数 + 财务风险系数 + 行业风险系数
= 4% + 2% + 3% + 4% = 13%

折现率 = 无风险报酬率 + 风险报酬率 = 3.89% + 13% = 16.89%（取整为17%）

4. 收入分成率的确定。随着国际技术市场的发展，提成率的大小已趋于一个规范的数值，联合国工业发展组织对各国技术贸易合同的提成率做了大量的调查统计，结果显示，提成率的一般取值范围为0.5%~10%（分成基数为销售收入）。结合企业的实际经营状况、公司在国内外行业中的地位、对专利技术掌握的程度、未来的研发能力等综合因素，评估人员通过与企业的管理层、财务部和技术部沟通了解，确定收入提成率取1.5%。

5. 评估结果。根据上述预测结果，本案例中的无形资产组可回收价值评估结果如表7-8所示。

表7-8　　　　　　无形资产组可回收价值评估结果

项目	2012年	2013年	2014年	2015年	2016年
营业收入/万元	37 641.34	35 759.27	33 971.31	32 272.74	30 659.10
分成率	1.5%	1.5%	1.5%	1.5%	1.5%
收益额/万元	564.62	536.39	509.57	484.09	459.89
折现期/年	1	2	3	4	5
折现率	17%	17%	17%	17%	17%
折现系数	0.8547	0.7305	0.6244	0.5337	0.4561
折现值/万元	482.58	391.84	318.16	258.34	209.76
无形资产组价值/万元	1 660.68				

经计算，该无形资产组可回收价值评估值为1 660.68万元，评估基准日2011年12月31日其账面价值为2 217.43万元，减值556.75万元，减值率为25.11%。减值的主要原因是胶卷行业制造技术历史较久，随着新的专利和非专利技术的不断涌现，以及单面照片和彩扩照片市场容量的不断下降，造成该无形资产组预期收益水平降低。

四、在建工程减值评估

在建工程是指正在建设尚未竣工投入使用的建设项目。在建工程科目体现的是企业固定资产的新建、改建、扩建，或技术改造、设备更新和大修理工程等尚未完工的工程支出。在建工程减值的会计处理遵循《企业会计准则第8号——资产减值》，是否应当估计

在建工程的可收回金额,需要考虑在建工程在资产负债表日是否存在以下减值迹象:

1. 在建工程长期停建 1 年以上并且预计在未来 3 年内不会重新开工的;
2. 所建项目无论在性能上,还是技术上已经落后,并且给企业带来的经济利益具有很大的不确定性。

也就是说,当在建工程项目陷入停顿或者已不适应市场变化,就存在可收回金额低于其账面价值(已支付金额)的可能,需要对在建工程做减值评估。

按照会计准则的要求,对在建工程可回收价值的评估也可以采用公允价值减去处置费用后的净额或预计未来现金流量的现值两种途径进行确定。

第一种途径是处置的思路,按照准则规定,评估公允价值等同于评估其市场价值,可以采用成本途径以外的方法,按照其在主要市场(或最有利市场)以最佳用途有序出售给市场参与者的前提确定其市场价值。

第二种途径是建成后利用的思路,即评估其在用价值。根据会计准则的要求,在预计未来现金流量时需要考虑使其达到预计可使用状态所需的现金流出。

由于在建工程通常存在形象进度和实际付款进度不同步的情况,评估时还需要关注在建工程账面价值口径与其在评估基准日的实际状态是否匹配的问题。关注在建工程与工程物资、预付款和应付款等科目核算内容的衔接关系,以确保在建工程评估内容与账面核算内容口径的可比性。

此外,对于已达到规定的预计可使用状态的在建工程,其减值评估的问题就可以转化为对固定资产的减值测试,在此不再赘述。

五、商誉减值评估

根据《企业会计准则第 8 号——资产减值》的规定,因企业合并所形成的商誉,无论是否存在减值迹象,至少应当在每年年度终了进行减值测试,估算可收回金额,这里可收回金额的定义与一般固定资产或无形资产减值测试时的定义相似。

根据会计准则的上述规定,在商誉减值测试时,为估计其可收回金额,必须首先确认进行减值测试的商誉所对应的最小现金产生单元(资产组或资产组组合),并且通过商誉所对应资产组(或资产组组合,下同)的在用价值和可变现净值来测算包含商誉的资产组的可回收价值。相关的资产组或者资产组组合应当是能够从企业合并的协同效应中收益的资产组或者资产组组合,不应当大于按照《企业会计准则第 35 号——分部报告》所确定的报告分部。

为了减值测试的目的,企业应当自购买日起将因企业合并形成的商誉的账面价值按照合理的方法分摊至相关的资产组;难以分摊至相关资产组的,应当将其分摊至相关的资产组组合。在将商誉的账面价值分摊至相关的资产组或者资产组组合时,应当按照各资产组或者资产组组合的公允价值占相关资产组或者资产组组合公允价值总额的比例进行分摊。公允价值难以可靠计量的,按照各资产组或者资产组组合的账面价值占相关资产组或者资产组组合账面价值总额的比例进行分摊。

在此前提下,商誉减值测试一般按如下几个步骤进行:

步骤一: 确认与商誉相关的资产组或资产组组合,这种资产组或组合通常可以是独立的"业务"或拥有业务的内部核算单位。

步骤二：先对不包含商誉的资产组或者资产组组合进行减值测试，计算其可收回金额，并与相关账面价值相比较，确认相应的减值损失。

步骤三：再对包含商誉的资产组或者资产组组合进行减值测试，比较这些相关资产组或者资产组组合的账面价值（包括所分摊的商誉的账面价值部分）与其可收回金额，如可收回金额低于其账面价值，应当确认相应的减值损失。此时，损失的金额扣减掉步骤二中确认的资产减值损失后，即可判断进行减值测试的商誉是否存在减值。

在操作上，步骤二与步骤三缺一不可。但无论是步骤二还是步骤三，可收回金额无论是用公允价值减去处置费用后的净额还是按资产预计未来现金流量的现值确定可收回金额，只要有一项高于相关资产组或资产组组合的账面价值，即可排除相关资产组或资产组组合减值，从而结束测试；否则就意味着相关资产组或资产组组合存在减值，此时可对二者之中的较高者进行详细测算，以其结果作为确定相关资产组或资产组组合可回收价值的评估结果。最终，通过比较步骤二与步骤三中的减值测试结果，判断进行测试的商誉是否存在减值。

需要提醒的是，利用公允价值扣除处置费用确定可收回金额，可考虑按成本途径以外的方法确定相关资产组或资产组组合的公允价值。这里需要注意的是，在确定公允价值时应借鉴《资产评估准则——企业价值》第十八条的规定，判断相关资产组或资产组组合是否存在"拆整卖零"所实现价值大于其整体处置的可能。如存在，则应以"拆整卖零"所实现的价值作为评估其可回收价值的公允价值。

另外，在比较包含商誉的资产组可收回金额与账面价值时需要注意，存在少数股东权益的情况下，由于在合并财务报表中反映的商誉，不包括子公司归属于少数股东权益的商誉，对相关的资产组进行减值测试时，应当将归属于少数股东权益的商誉包括在内，调整资产组的账面价值，然后根据调整后的资产组账面价值与其可收回金额进行比较，以确定资产组（包括商誉）是否发生了减值。对确认资产组发生减值的，由于根据商誉减值测试步骤计算的商誉减值损失包括了应由少数股东权益承担的部分，应当将该损失在可归属于母公司和少数股东权益之间按比例进行分摊，以确认归属于母公司的商誉减值损失。

【例7-5】 H公司是一家房屋租赁与物业管理公司，根据会计准则的要求，H公司委托某资产评估机构欲对其全资子公司——N公司的商誉进行减值测试。通过了解发现，该公司可辨认资产、负债均不存在减值现象，若将N公司作为一个独立的资产组（或资产组组合），那么对N公司的商誉减值测试工作可转化为对N公司全部股东权益（含商誉）可回收价值的评估。

商誉的实质是一种长期的超额获利能力，是企业整体价值超过其各种单项资产获利能力总和的部分。考虑到被评估企业历史年度经营收益较为稳定，在未来年度其收益与风险可以可靠地估计，案例选择预计未来现金流量的现值作为N公司全部股东权益的可回收价值，因此可以采用收益法进行评估。

股东全部权益价值＝企业经营性资产价值＋溢余资产、非经营性资产价值－非经营性负债－企业付息债务价值

（1）收益模型的选取。对企业经营性资产价值的评估选用企业自由现金流量模型，其计算公式为：

$$V = \sum_{t=1}^{n} \frac{FCFF_t}{(1+WACC)^t}$$

式中：V 为企业经营性资产价值；$FCFF_t$ 为第 t 期的企业自由现金流量（2012 年为第 1 期，依此类推）；WACC 为加权平均资本成本；n 为收益期限；t 为预测期第 t 期。

（2）收益年限的确定。由于 N 公司的主要收入为房屋租金及相关物业管理收费，对房屋进行正常维护和修理或稍增加一些固定资产，基本能满足企业的要求，并且可保持长时间的运行，结合目标公司土地使用权剩余年限的实际情况，本次评估确定收益年限为 35 年。

本次评估将合理预测目标公司在未来 10 年的收益状况，并分析未来第 11 年至第 35 年期间收益状况，分别将两部分的收益进行折现处理，加总求和测算出 N 公司经营性资产的价值（暂不考虑收益期届满房屋净值等的可回收价值）。

（3）未来收益的确定。

- 营业收入的估算：根据实际情况，企业在未来经营期内的收入将以出租业务收入和物业管理收入为主。即被评估单位在基准日之后将以现有商铺的出租及相关物业管理收费为主要收入来源。

- 营业成本的预测：依据 N 公司报表，N 公司的营业成本主要为××房产折旧及土地摊销等。

- 营业费用的预测：评估人员仔细区分相对独立的费用，此部分具体预测，其余部分按营业费用占收入的比例测算营业费用。

- 管理费用的预测：因公司某地房产折旧及土地摊销已在营业成本中考虑，N 公司的管理费用包括房产税、该地房产以外资产的折旧及摊销、职工薪酬、维修费、水电费、差旅费、办公费以及其他费用等。

- 财务费用的预测：N 公司目前主要融资手段为向母公司——H 公司借款，评估机构参照基准日利率（1～3 年）6.65% 计算。

- 营业税金及附加的估算：N 公司的主营业务税金及附加主要包括营业税、城市维护建设税、教育费附加及地方教育附加。

- 折旧与摊销的预测：对于非现金性支出的固定资产折旧和无形资产摊销，应该予以调整增加现金流入。

- 资本性支出预测：假设公司在维持现有规模的前提下，未来各年不考虑扩大的资本性投资，只需满足维持现有经营规模所必需的更新投资支出。因此只需预测简单再生产所必须进行的更新改造支出。

- 营运资金预测、营运资金增加额的确定：经分析认为，企业的业务较为单一，绝大部分收入为租金收入。综合考虑目前租赁市场操作模式，租户在和 N 公司签约时，会先缴纳部分抵押金及一季度或更长时间的房租费，此部分费用基本能满足 N 公司营运需要，故确定 N 公司的营运资金增加额为 0（暂不考虑营运资金回收及租户押金清退涉及的现金流）。

（4）折现率的确定。对于折现率，评估机构采用加权平均资本成本（WACC）。

- 确定无风险收益率（R_f）：评估机构选择基准日债券交易市场正在交易的中长期国债到期收益率作为无风险收益率，平均为 3.884%。
- 市场风险溢价（Rpm）：由于国内证券市场是一个新兴而且相对封闭的市场，因此国际上新兴市场的风险溢价通常可以采用成熟市场的风险溢价进行调整确定。成熟股票市场风险溢价可以用 1928—2007 年美国股票与国债的算术平均收益差表示，结合新兴市场国家股票市场波动情况，获得本次评估市场风险溢价为 7.47%。
- 确定公司的 β 值：使用可比公司的无杠杆 β 系数以及目标公司的资本结构来估算目标公司的杠杆 β 值，计算出目标公司 2011 年及以后的 β 值为 1.7713。
- 确定公司风险收益率：

风险收益率 = $(R_m - R_f) \cdot \beta$ = 7.47% × 1.7713 = 13.23%

- 确定公司特定风险调整系数 ε：本次委估公司为非上市公司，而评估参数选取参照的是上市公司，故需通过特定风险调整。评估人员认为公司目前外部借款依赖性小、租金价格又相对比较稳定，公司的规模较小，在可以预见的年限中委估企业特定风险调整系数为 2%。
- 确定被评估公司权益资本的期望回报率：

权益资本的期望回报率 = 无风险收益率 + 风险收益率 + 特定风险调整系数 = 18.11%

- 确定债务成本及债务、权益资本的权重：

被评估公司债务成本 = 6.65%

依据 N 公司 2011 年报表计算，债务资本的权重 = 0.6970，权益资本的权重 = 0.3030。

- 折现率（WACC）：

折现率 WACC = $(K_e \cdot E/(D+E)) + (K_d \cdot (1-t) \cdot D/(D+E))$

经计算后，评估机构确定 N 公司的 2011 年及以后年度折现率为 8.96%。

经评估，在评估基准日 2011 年 12 月 31 日，N 公司按公允价值计价的净资产（含商誉分摊部分）为 1 484.76 万元；经收益法评估，N 公司全部股东权益（含商誉）的可回收价值为 6 500.05 万元；由于 N 公司可辨认资产、负债不存在减值，且 N 公司全部股东权益可回收价值高于其净资产账面价值，因此 N 公司的商誉并未减值。

六、长期股权投资减值评估

长期股权投资是指企业持有的对其子公司、合营企业及联营企业的权益性投资以及除此之外的其他权益性投资。具体来说，长期股权投资一般包括以下几种类型：

1. 能够对被投资单位实施控制的权益性投资，即对子公司投资；
2. 与其他合营方一同对被投资单位实施共同控制的权益性投资，即对合营企业投资；
3. 对被投资单位具有重大影响的权益性投资，即对联营企业投资；
4. 企业持有的对被投资单位不具有共同控制或重大影响，并且在活跃市场中没有报价、公允价值不能可靠计量的权益性投资。

同其他资产减值评估类似，长期股权投资减值准备是针对长期股权投资账面价值而言的，对出现减值迹象、需进行减值测试的长期股权投资，需要根据不同类型的长期股权投资采用合适的方法计提长期股权投资减值准备。

对于上述（1）～（3），即通过支付现金、发行权益证券、以非货币资产交换、通过债务重组和投资者投入方式取得的对子公司、合营企业或联营企业的长期股权投资，应当按照《企业会计准则第8号——资产减值》的规定，利用公允价值减去处置费用后的净额与预计未来现金流量的现值两者之间较高者确定长期股权投资的可收回金额及应予计提的减值准备。

如果用公允价值减去处置费用后的净额作为长期股权投资的可收回金额，可以根据市场交易的活跃程度，选择是直接通过该资产市场报价还是同行业类似资产的最近交易价格或者结果作为估计该项长期股权投资公允价值减去处置费用后的净额的参考。

如果用预计未来现金流量的现值作为长期股权投资的可收回金额，需要对子公司、合营企业或联营企业进行全面的了解，具体包括：历史利润水平、收益分配政策、所在行业稳定性，管理人员的素质和能力，经营风险、财务风险预测，预期收益预测等等。这些因素的分析和预测与企业整体评估中对企业的分析和预测基本相同，具体做法可参考企业整体价值评估。

对于上述（4），即企业持有的对被投资单位不具有共同控制或重大影响，并且在活跃市场中没有报价、公允价值不能可靠计量的长期股权投资，应当按照《企业会计准则第22号——金融工具确认和计量》的规定，对长期股权投资的账面价值进行检查，当有客观证据表明该权益投资发生减值的，要按照类似权益资产当时市场收益率对其未来现金流量折现，现值与账面价值之间的差额应当确认为减值损失，并计提减值准备。

七、存货减值评估

存货是指企业在日常活动中持有以备出售的产成品或商品、处在生产过程中的在产品、在生产过程或提供劳务过程中耗用的材料和物料等。存货减值评估应遵守《企业会计准则第1号——存货》的规定，"资产负债表日，存货应当按照成本与可变现净值孰低计量。存货成本高于其可变现净值的，应当计提存货跌价准备，计入当期损益。可变现净值，是指在日常活动中，以存货的估计售价减去至完工时将要发生的成本、销售费用以及相关税费后的金额"。换言之，当存货可变现净值低于存货成本时，便需要对存货计提跌价准备，因此，存货减值评估的关键问题是如何确定各种存货的可变现净值。

1. 直接用于出售的商品。产成品、商品和用于出售的材料等直接用于出售的商品存货，在正常生产经营过程中，应当以该存货的估计售价减去估计的销售费用和相关税费后的金额，确定其可变现净值。

2. 需要加工的材料。需要经过加工的材料存货，在正常生产经营过程中，应当以所生产的产成品的估计售价减去至完工时估计将要发生的成本、估计的销售费用和相关税费后的金额，确定其可变现净值。

3. 为执行合同而持有的存货。资产负债表日，同一项存货中一部分有合同价格约定、其他部分不存在合同价格的，应当分别确定其可变现净值，并与其相对应的成本进行比较，分别确定存货跌价准备计提或转回的金额。

(1) 如果合同约定的存货数量大于或等于企业实际持有的该类存货的数量，相关存货都以合同价格作为其可变现净值的计量基础。如果企业销售合同所规定的标的物还没有生产出来，但持有专门用于该标的物生产的原材料，其可变现净值也应当以合同价格为计量基础。

(2) 如果企业实际持有的该类存货的数量多于销售合同订购数量，超出部分存货的可变现净值应当以一般销售价格作为计量基础。

(3) 没有销售合同或劳务合同约定的存货，其可变现净值应为以产成品或商品一般销售价格或原材料的市场价格作为计量基础。

【例 7-6】因编制 2011 年度财务报表，D 公司需要确定存货在 2011 年 12 月 31 日的可变现净值和减值情况，故委托评估公司对 D 公司的存货进行评估，《企业会计准则第 1 号——存货》的相关规定是对上述资产进行会计处理的价值参考依据。

本案例的评估对象和评估范围为 D 公司的存货，无论是原材料、在库周转材料还是在成品，库龄均在 3 年以上。由于产品改型换代，部分产成品处于滞销状态，导致部分原材料、在库周转材料、在产品在今后的生产中也不会使用，只能以处置的方式变现处理。因此，评估价值类型为评估对象的可变现净值，减值根据可变现净值与账面价值的大小确定。

需要经过加工的材料存货，可变现净值以所生产的产成品的估计售价减去至完工时估计将要发生的成本、估计的销售费用和相关税费后的金额确定。下面以两个例子说明存货可变现净值的评估方法。

【存货例 7-6-1】专用器件/LE57D111JC

专用器件/LE57D111JC 为 D 公司的主要原材料之一。账面数量 126 049 个，成本单价 25.45 元，账面金额 3 207 947.05 元。通过市场调查，该种产品库龄已达 3 年以上，由于相关技术的更新换代，目前该产品在市场仅能按残值销售，不含税售价为 0.55 元/个。

评估时以该产品的不含税销售价格减去处置费用确定评估值。

(1) 处置费用的确定。根据历史资料计算得出处置费用占售价的比率为 8%。

处置费用 = 不含税销售单价 × 处置费用率
　　　　 = 0.55 × 8% = 0.044（元）

(2) 评估值确定。

单位评估价值 = 不含税销售单价 - 处置费用
　　　　　　 = 0.55 - 0.044 = 0.51（元）

评估值 = 单位评估价值 × 库存数量
　　　 = 0.51 × 126 049 = 64 284.99（元）

【存货例 7-6-2】UT/E-Box 基站接口板 E-BRI

UT/E-Box 基站接口板 E-BRI 为正常销售的原材料，以该存货的估计售价减去估计的销售费用和相关税费后的金额确定其可变现净值。账面数量 13 个，成本单价 2 966.15 元，金额 38 560.01 元。经向销售部门调查，该种原材料的评估基准日不含税销售单价为 7 671.79 元。

该原材料为正常销售原材料，评估时以该原材料的不含税销售价格减去销售费用、全部税金后确定评估值。

(1) 各项税费标准的确定。根据 2011 年度的利润表数据计算得出，销售费用率为 8%、销售税金及附加率为 1%，所得税率为 25%，管理及财务费用率为 10%。

(2) 各项税费的估算。

销售费用 = 销售单价 × 销售费用率
　　　　 = 7 671.79 × 8% = 613.74（元）

销售税金及附加 = 销售单价 × 销售税金及附加率
　　　　　　　 = 7 671.79 × 1% = 76.72（元）

管理及财务费用 = 销售单价 × 管理费用及财务费用率
　　　　　　　 = 7 671.79 × 10% = 767.18（元）

营业利润 = 销售单价 − 单位成本 − 销售费用 − 销售税金及附加 − 管理费用及财务费用
　　　　 = 7 671.79 − 2 966.15 − 613.74 − 76.72 − 767.18
　　　　 = 3 248.00（元）

所得税的确定，企业所得税率为 25%。

所得税 = 营业利润 × 所得税率 = 3 248.00 × 25% = 812.00（元）

(3) 评估值确定。

单位评估价值 = 销售单价（不含税）− 销售费用 − 全部税金
　　　　　　 = 7 671.79 − 613.74 −（76.72 + 812.00）
　　　　　　 = 6 169.00（元）

评估值 = 库存数量 × 单位评估价值 = 13 × 6 169.00 = 80 197.00（元）

思考题

1. 在进行固定资产组（厂房、土地和生产线）的减值测试过程中发现，相关产品的出售借助了知名商标，且无法将该商标带来的超额收益进行拆分，同时该商标是通过企业兼并获得的，已经在企业的账面值里存在。在这种情况下，评估对象是否需要调整？是否需要对评估结论进行适当的调整？或者，换一种情形，如果该商标在企业里没有账面值，处理方式是否会有所不同？

2. 商誉减值测试一般包含哪几个步骤？

3. 对子公司、合营公司及联营公司的长期股权投资与不具有共同控制或重大影响，并且在活跃市场中没有报价、公允价值不能可靠计量的长期股权投资，这两类长期股权投资的减值评估方法有什么不同？

第四节 合并对价分摊

合并对价分摊是指会计准则规定的非同一控制下企业合并①成本在取得的可辨认资产、负债和或有负债之间的分配，故需要对被收购方各项资产和负债的公允价值进行评估，然后将企业合并成本在取得的可辨认资产、负债和或有负债之间进行分配，并将差额确认为商誉或者计入当期损益。

一、表内资产（负债）公允价值评估

合并对价分摊事项涉及的表内资产是企业合并中取得的被购买方已在资产负债表内确认的各项资产和负债。

非同一控制下的企业合并，购买方取得了对被购买方的控制权，应在合并财务报表中以公允价值形式确认合并中取得的各项可辨认资产、负债及或有负债。根据《〈企业会计准则第 20 号——企业合并〉应用指南》的规定，各项可辨认资产、负债及或有负债的公允价值确定方法如下：

（1）货币资金，按照购买日被购买方的账面余额确定。

（2）有活跃市场的股票、债券、基金等金融工具，按照购买日活跃市场中的市场价值确定。

（3）应收款项，对其中的短期应收款项，一般按应收取的金额作为公允价值；对长期应收款项，应以按适当的现行利率折现后的现值确定其公允价值。在确定应收款项的公允价值时，应考虑发生坏账的可能性及相关收款费用。

（4）存货，产成品和商品按其估计售价减去估计的销售费用、相关税费以及购买方通过自身努力在销售过程中对于类似的产成品或商品可能实现的利润确定；在产品按完工产品的估计售价减去至完工仍将发生的成本、预计销售费用、相关税费以及基于同类或类似产成品的基础上估计可能实现的利润确定；原材料按现行重置成本确定。

（5）不存在活跃市场的金融工具，如权益性投资等，应当参照《企业会计准则第 22 号——金融工具确认和计量》等，采用估值技术确定其公允价值。

（6）房屋建筑物、机器设备、无形资产，存在活跃市场的，应以购买日的市场价格确定其公允价值；本身不存在活跃市场，但同类或类似资产存在活跃市场的，应参照同类或类似资产的市场价格确定其公允价值；同类或类似资产也不存在活跃市场的，应运用估值技术确定其公允价值。

---

① 根据参与合并各方在合并前后是否为同一方或相同的多方最终控制，《企业会计准则第 20 号——企业合并》将企业合并分为同一控制下的企业合并和非同一控制下的企业合并两种类型。涉及业务的合并也比照该准则规定处理。

(7) 应付账款、应付票据、应付职工薪酬、应付债券、长期应付款，对其中的短期债务，一般按应支付的金额作为其公允价值；长期债务，应当以按适当的折现率折现后的现值作为其公允价值。

(8) 取得的被购买方的或有负债，其公允价值在购买日能够可靠计量的，应单独确认为预计负债。此项负债应当按照假定第三方愿意代购买方承担该项义务，就其所承担义务需要购买方支付的金额计量。

(9) 递延所得税资产和递延所得税负债，对于企业合并中取得的被购买方各项可辨认资产、负债及或有负债的公允价值与其计税基础之间存在差额的，应当按照《企业会计准则第18号——所得税》的规定确认相应的递延所得税资产或递延所得税负债。但是，对于被购买方在企业合并之前已经确认的商誉和递延所得税项目，购买方在对企业合并成本进行分配、确认合并中取得可辨认资产和负债时不应予以考虑，其评估价值为零。

【例 7-7】X 公司为购买方，H 公司为被购买方，因此评估对象为 H 公司在基准日 2008 年 11 月 30 日的可辨认资产、负债及或有负债。评估前 H 公司的账面总资产为 9 396.63 万元，总负债 5 867.42 万元，净资产为 3 529.21 万元。资产类型包括流动资产、房屋建筑物、机器设备、流动负债。上述评估范围资产在评估基准日的账面价值情况如表 7-9 所示。

表 7-9　　　　　　　　　H 公司各项资产账面价值情况　　　　　　　　单位：人民币元

科目名称	账面净值
流动资产	83 684 726.42
固定资产	10 281 637.67
其中：房屋建筑物	5 884 109.19
机器设备	4 397 528.48
资产合计	93 966 364.09
流动负债	58 674 169.51
负债合计	58 674 169.51
净资产	35 292 194.58

本次评估目的是确定 H 公司于评估基准日可辨认资产、负债及或有负债的公允价值，为 X 公司对 H 公司合并对价进行分摊的经济行为提供价值参考依据。据此评估目的，X 公司是在公开市场条件下确定拟合并对象 H 公司各项辨认资产、负债及或有负债的公允价值，故本案例的评估价值类型为市场价值。

(1) 流动资产。

① 对于货币资金，评估人员通过对申报单位评估基准日库存现金进行盘点、对银行存款余额调节表进行试算平衡，核对无误后，以经核实后的账面价值确认评估价值。

②对于应收款项（应收账款、预付账款和其他应收款），评估人员核查了会计账簿、凭证等相关资料并发函进行询证，在核实无误的基础上，以核实调整后的账面值确定评估值。

③关于存货，采用成本法和市场法评估，本次评估范围内的存货为原材料、产成品和在库周转材料。

（2）房屋建筑物。采用重置成本法，具体过程与一般情况下对房屋建筑物的评估相同，在此不再赘述。

（3）机器设备。主要采用重置成本法进行评估，具体过程与一般情况下对机器设备的评估相同，在此不再赘述。

（4）负债。关于负债项目中的短期借款、应付账款、其他应付款、应付职工薪酬、应交税费等项目的评估，我们根据企业提供的各项目明细表，以经过审查核实后的账面数作为其评估值。

根据以上评估工作，评估结果如表7-10所示。

表7-10　　　　　　　　H公司各项资产价值评估表　　　　　　　单位：万元

项目	账面价值 A	评估价值 B	增减值 C = B - A	增值率% D = C/A × 100
流动资产	8 368.47	8 383.71	15.24	0.18
固定资产	1 028.16	1 490.61	462.45	44.98
其中：房屋建筑物	588.41	909.19	320.78	54.52
机器设备	439.75	581.42	141.67	32.22
资产合计	9 396.63	9 874.32	477.69	5.08
流动负债	5 867.42	5 867.42	—	—
负债合计	5 867.42	5 867.42	—	—
净资产	3 529.21	4 006.90	477.69	13.54

在评估基准日2008年11月30日持续经营的前提下，H公司资产账面值为9 396.63万元，评估值为9874.32万元，评估增值率5.08%；负债评估值等于调整后账面值，没有增值；净资产调整后账面值3 529.21万元，评估值4 006.90万元，评估增值率13.54%。该评估结果将为X公司支付的合并对价在H公司表内各资产、负债中的价值分摊提供参考。

二、表外资产（负债）公允价值评估

表外资产、负债主要是企业合并中取得被购买方的各项可辨认但未在资产负债表中反映的资产、负债及或有负债。表外可辨认资产的识别和确认是合并对价分摊资产评估业务的重要环节。由于合并对价分摊过程中涉及的表外资产、负债大多是无形资产与或有负债，因此表外资产、负债的公允价值评估主要讲述无形资产与或有负债的相关内容。

（一）无形资产

《企业会计准则第 20 号——企业合并》规定，"合并中取得的无形资产，其公允价值能够可靠地计量的，应当单独确认为无形资产并按照公允价值计量。"

我国《企业会计准则第 6 号——无形资产》与国际会计准则（IAS38——无形资产）对无形资产的定义和确认标准已经趋同。

《国际财务报告准则第 3 号——企业合并》（IFRS3）附录中提到了在企业合并中通常需要从商誉中分离出来单独进行确认的五大类无形资产，与《国际评估准则——无形资产》（IVS200）注释提到的无形资产分类基本一致，包括：以合同为基础的无形资产、以技术为基础的无形资产、与客户关系有关的无形资产、与营销相关的无形资产、与艺术品有关的无形资产。

我国《资产评估准则——无形资产》列举的可辨认无形资产有专利权、商标权、著作权、专有技术、销售网络、客户关系、特许经营权、合同权益等。

我国目前对执行《企业会计准则》的企业能够界定为"可辨认无形资产"的内容，实务、管理和学界的看法并不一致，给执行与财务报告相关的评估业务带来一定的困扰。除了吁请准则制定和执业监管部门密切协作，借鉴国际财务报告准则和国际评估准则编制的有益做法，对可辨认无形资产所包含的内容予以明确界定和规范外，执行合并对价分摊评估业务时应围绕适用准则要求，就可辨认无形资产的识别和确认与企业和审计师进行充分的讨论和沟通。

下面对一些具有不易确认、估值困难特点的无形资产，如竞业禁止协议、租赁协议等做相关介绍。

1. 竞业禁止协议。几乎在所有的企业合并交易中，被购买方的主要技术人员、管理人员等都会承诺在一定时期内，他们不会介入公司业务与新的所有者竞争。如何证明竞业禁止协议是有价值的？我们可以通过一个简单的例子来说明。

例如，一家医院花费 100 万元聘请四位医生负责小儿科的医务，6 个月后，其中一位医生因不满意这样的安排而辞职，并在附近另开了一家诊所。假如他的病人对这种情况并不知晓，这名医生就可以留住所有的老病号，但医院并未因此得到任何好处，同时还会因为病人的流失损失 25 万元。如果这家医院在聘请医生时签订了竞业禁止协议，就不会发生这 25 万元的损失，因此，竞业禁止协议是有价值的。

在企业合并情况下，如何评估竞业禁止协议的价值呢？下面将通过一个案例来分析竞业禁止协议的简单评估方法。

【例 7-8】假设 A 公司收购了 B 公司的 100% 股权，且该交易属于非同一控制下的企业合并。A 公司与 B 公司签订了一份有效的竞业禁止协议，因为 B 公司重操旧业与 A 公司竞争的可能性较高，该协议有效期限 5 年。表 7-11 给出了这份协议的估值方法。

表 7-11　　　　　　　　　　竞业禁止协议评估方法　　　　　　　　　　单位：千元

假设：协议有效期为5年，在签订协议的情况下，销售额每年增长10%，净利润=销售收入的5%；在未签订协议的情况下，销售额每年增长5%，净利润=销售收入的3%；加权平均资本成本=10%；折现率=12%。

		第1年	第2年	第3年	第4年	第5年
有协议：	销售收入	150 000	165 000	181 500	199 650	219 615
	净利润	7 500	8 250	9 075	9 983	10 981
无协议	销售收入	150 000	157 500	165 375	173 644	182 326
	净利润	4 500	4 725	4 961	5 209	5 470
差额：		3 000	3 525	4 114	4 773	5 511
贴现因子		0.94491	0.84367	0.75328	0.67257	0.60051
现值		2 835	2 974	3 099	3 210	3 309
竞业禁止协议的公允价值		15 427			

通过上述方法评估得到该份竞业禁止协议的价值为1 542.7万元。换言之，如果A公司不与B公司签订该份协议，那么B公司就要损失1 542.7万元。

上述评估竞业禁止协议价值的方法通常称为"有无法"（with and without method）。第一步是假定协议生效，按照计划预测公司业绩；第二步则假设双方未签订竞业禁止协议，且被购买方在将公司出售后迅速开起与购买方公司有业务竞争的另一家公司，预测此时购买方的经营业绩，包括销售收入、成本费用、利润和现金流；第三步，对比有无签订竞业禁止协议的两种情形，并对净利润或现金流差额在协议有效期内贴现。建议使用比购买方目前加权资本成本稍高的贴现率，因为一旦出现竞争，购买方的经营风险就会提高。最后需要考虑的一点是，如果被购买方的管理层加入购买方，就要估计他们离职的时间。时间越长，竞业禁止协议的价值就越低。因此，并不是所有的竞业禁止协议都具有经济价值，其公允价值取决于现实具体情况，评估人员需要认真分析。

2. 租赁协议。租赁协议比较常见，但大多数租赁协议（比如办公场地）几乎没有价值，除非其租金与当前市场价格相差较大。

例如，如果目标公司的租赁协议还有9年到期，租赁面积为1 000平方米，租金为每平方米2 000元/年，此时租赁协议并不能简单视为仅代表目标公司连续9年每年均有200万元应付租金的契约。而应分析是否由于该协议的签订会给承租方带来相应的经济价值。

如果新租一个质量、位置等与原来基本相同的办公场地，单位租金在1 900~2 100元之间，可以合理地假定2 000元为新办公场地的单位租金。由于租赁协议约定的未来租金与拟新租场地相同，除了约定的租赁行为，该份租赁协议不会给承租方带来其他价值。在这种情况下，该租赁协议就不应被确认为一项资产或负债。

但是，如果当前市场租金为每平米2 500元/年或1 500元/年，那么，公司就由于接受该租赁协议增加了一项特殊的资产或负债。此时,协议中的租金与市场租金之间的差异代表公司未来因此而增加的收益或成本,用租赁面积乘以租金的差额得出一个结果,再以适用的投资回报率折现就能得到该资产或负债的价值,同时需要在租赁协议的剩余期限内摊销完毕。因此,当协议租金与市场租金存在较大差异时,需要将租赁协议确认为一项资产或负债。

上述方法不仅适用于办公场地的租赁协议,也同样适用于其他的租赁协议,如机器设备、运输工具和无形资产等。

(二)或有负债

或有负债是指过去的交易或者事项形成的潜在义务,其存在须通过未来,不确定事项的发生或不发生予以证实;或过去的交易或者事项形成的现时义务,履行该义务不是很可能导致经济利益流出企业或该义务的金额不能可靠计量。《企业会计准则第13号——或有事项》要求企业在报表附注中对未能在表内确认的或有负债的种类、形成原因、经济利益流出不确定性说明、预计产生的财务影响,以及获得补偿的可能性进行披露。

为了尽可能反映购买方因为进行企业合并可能承担的潜在义务,在合并对价分摊时,要求对购买方在企业合并时可能需要代被购买方承担的或有负债,在其公允价值能够可靠计量的情况下,作为合并中取得的负债单独确认。

识别或有负债的过程中需要关注以下几方面:

1. 在收购日是否存在未决诉讼;
2. 在收购日是否存在待执行的亏损合同;
3. 被收购公司是否有为其他公司或个人进行债务担保;
4. 在收购日是否存在已对外公布的详细重组计划;
5. 被收购公司对售出产品所做的质量保证;
6. 了解对被收购公司进行的相关尽职调查的结果。

三、商誉计算

非同一控制下企业合并商誉的评估,是通过识别被收购方的各项可辨认资产、负债和或有负债,并评估其公允价值,将收购方的合并成本根据合并中取得的被购买方可辨认资产、负债及或有负债的公允价值进行分配,当企业合并成本大于合并中取得的被购买方可辨认净资产公允价值的差额,应将其确认为合并商誉。视企业购买方式不同,控股合并情况下,该差额是指合并财务报表中应列示的商誉;吸收合并情况下,该差额是购买方在其账簿及个别财务报表中应确认的商誉。

下面将结合一个简单的例子,对非同一控制下企业合并商誉的计算作简要分析。

【例7-9】 A公司以现金收购的方式收购了另一家处于非同一控制下的公司100%的权益,收购对价为人民币7亿元。假设该被收购公司适用的所得税税率为25%。在收购日,被收购方的资产负债表状况如表7-12左边所示,对被收购方各项资产、负债评估后,得到被收购公司进行合并对价分摊以后以公允价值计量的资产负债表,如表7-12右边所示。

表 7-12　　　　　　　　A 公司合并前后简易资产负债表　　　　　　　　单位：百万元

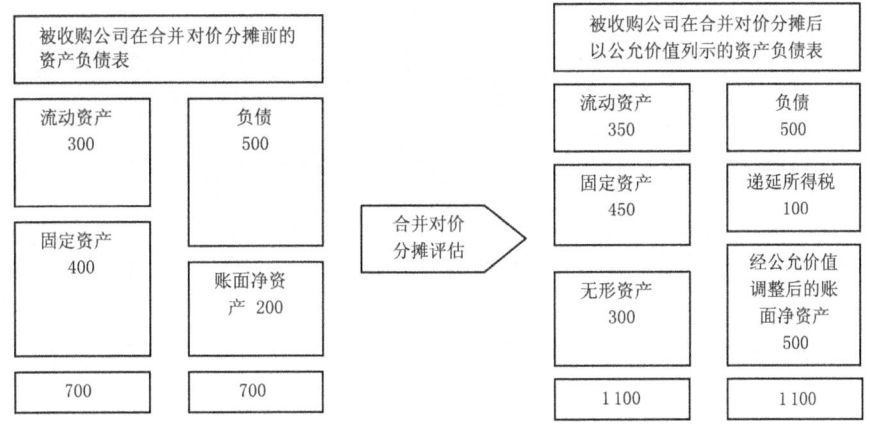

在本案例中，商誉的计算过程如表 7-13 所示。

表 7-13　　　　　　　　　　　商誉简易计算表　　　　　　　　　　　单位：百万元

合并成本	(A)	+700
合并前账面净资产	(B)	+200
公允价值调整：		
流动资产增值额	(1)	+50
固定资产增值额	(2)	+50
无形资产增值额	(3)	+300
公允价值调整项合计：	(C) = (1) + (2) + (3)	+400
递延所得税	(D) = (C) · 25%	+100
税后公允价值调整项合计：	(E) = (C) - (D)	+300
经公允价值调整后的账面净资产	(F) = (B) + (E)	+500
商誉价值	(G) = (A) - (F)	+200

四、整体合理性测试

在计算出商誉价值以后，应当对得出商誉的合理性进行分析，解释商誉所代表的含义及其组成成分。这是合并对价分摊应当履行的程序，也是相关方面（如企业、审计机构、监管部门等）特别关注的问题。当完整承接与合并对价分摊相关的资产评估业务时，注册资产评估师应当对评估结果进行整体性合理测试。

通常，商誉由以下几类因素构成：（1）企业的管理和员工团队；（2）并购后的协同效应，包括销售的增加和成本的缩减；（3）企业的持续经营能力；（4）各类不具备无形资产确认条件的其他资产，如本地市场占有率、在资本市场直接融资的能力、良好的政府关系、尚在执行的培训或者招聘新员工项目等。

对拟用于合并对价分摊的可辨认资产、负债及商誉的评估结果进行整体合理性测试的方法，通常是测算被收购企业以各项资产公允价值为权重计算的加权平均资本回报率（Weighted Average Return on Asset，WARA）与被收购公司的加权平均资本成本（Weighted Average Cost of Capital，WACC）是否协调一致（即基本相等或接近）。如果经过测试发现两者结果差异较大，则需要进一步复核表外资产（负债）的识别过程以及各项可辨认资产、负债和或有负债的评估过程是否合理，是否存在遗漏的资产、负债等。

$$WARA = \frac{\sum_{i=1}^{n} A_i \cdot R_i}{\sum_{i=1}^{n} A_i}$$

式中：A_i 为某可辨认资产的公允价值；R_i 为某可辨认资产所要求的回报率。

表 7-14 是某企业合并对价分摊所涉及资产加权平均资本回报率的计算情况。

表 7-14　　　　　　资产加权平均资本回报率计算表　　　　　　单位：万元

项　目	公允价值	资产比例	资产回报率	加权回报率
流动资产	7 115.00	3.65%	5.60%	0.20%
有形非流动资产	123 135.00	63.09%	5.87%	3.70%
无形资产				
其中：				
技术	980.00	0.50%	16%	0.08%
客户关系	10 934.00	5.60%	16%	0.90%
未接订单	3 307.00	1.69%	14%	0.24%
商誉	49 699.00	25.46%	25%	6.37%
合计	195 170.00	100.00%		11.49%

从表 7-14 可以看出，各项资产的平均资本回报率（WARA）为 11.49%。

经测算该企业的加权平均资本成本（WACC）为 11.60%，与 WARA 结果接近，可认为评估结果具有合理性。

思考题

1. 如何确定企业合并成本？
2. 如何对合并对价分摊的评估结果进行整体合理性测试？

第五节 案例

案例一：市场法在投资性房地产公允价值评估中的应用

【案例提要】

出于财务报表编制的需要，T公司需要对其拥有的一项投资性房地产采用公允价值模式进行后续计量，故委托某资产评估机构对其在评估基准日（2013年12月31日）的公允价值进行评估。委估房产是合肥市包河区创景花园一辅楼的3层出租商铺，建筑面积为30平方米。该辅楼地上共4层，为钢混框架结构，主体采用钢筋混凝土大空间结构，抗震设防烈度为8度，地下一层有500余个用于出租的停车位。

辅楼外部以玻璃幕墙为主，辅以墙面石材，室内地面铺设800×800大理石和瓷砖相结合的地面，墙面公共部位挂人造石材、其他部位刷涂料，石膏板天花吊顶，建成于2010年10月，有电梯及自动扶梯多部，建筑物主体结构保养较好，通风空调系统、给排水系统、通信网络系统、供电系统和消防系统等均可正常使用。

【评估方法的选取】

由于评估对象停业已近一年，没有出租实例，但周边几个商铺楼有买卖的成交案例，故此，本次采用市场法对该项房产的公允价值进行评估。

市场法是将估价对象与在估价时点近期有过交易的类似房地产进行比较，对这些类似房地产的已知价格作适当的修正，以此估算估价对象的客观合理价格或价值的方法。根据楼层、区位价格变化的规律，可以认为同一楼层、同一区域居中的价格为该区域价格的平均水平。

估价对象市场价格＝比较案例价格×交易情况修正×交易期日修正×区域因素修正×实物状况修正×权益状况修正

【房地产价格影响因素说明及调整方法】

1. 交易价格：应当以实际成交的价格为准，而非挂牌价。
2. 交易情况：分正常/非正常，非正常指交易一方有特殊喜好的交易；拍卖；亲属之间交易；抵债；税费非正常负担；企业关联方交易等等。
3. 交易时间：根据当地房地产价格指数确定修正幅度。
4. 区域状况：

（1）区域商铺聚集水平：商场数量（多、较多、一般、较少、少）；聚集公司数量（多、较多、一般、较少、少）；区域地位（高、较高、一般、较低、低）。每差一个级别修正幅度为2%。

(2) 道路交通条件：城市主干道数量；临路/街情况（主干道、次干道、支路）。调整幅度为 3% 左右。

(3) 区域内公交线路：公交车线路数量，地铁线路数量；10 条以上为优，5~9 条为较优，5 条以下为一般。每差一个级别修正幅度为 2%。

(4) 环境状况：自然环境（优、较优、一般、较劣、劣），人文环境（优、较优、一般、较劣、劣）。每个环境因素差一个级别修正幅度为 2%。

(5) 公共配套设施：写字楼、百货商场、餐饮娱乐设施、银行、公园。每增加或减少一个指标，修正幅度为 2%。

(6) 基础配套设施：通上水、通下水、通电、通路、通讯、通暖、通燃气。每增加或减少一个指标，修正幅度为 1%。

(7) 城市规划限制：中央商务区、居住区、商业中心、文化聚集区、旅游区、工业区、综合区域。每增加或减少一个指标，修正幅度为 1%。

5. 实物状况：

(1) 交通便捷度——距交通干道：0~100 米，100~300 米，大于 300 米；公交站距离：0~100 米，100~300 米，300~500 米，大于 500 米。每差一个级别修正幅度为 2%。

(2) 临街状况：临靠道路名称；双向线路、单行线、禁行；不临街、一面临街、两面临街、三面临街。每增加或减少一个指标，修正幅度为 2%。

(3) 视野及景观：四临环境对商铺有/无影响；周围景观质量（优、较优、一般、较劣、劣）。每增加或减少一个指标，修正幅度为 1%。

(4) 建成年代：差距 3 年以内、3~5 年、5~10 年、10 年以上。每增加或减少一个指标，修正幅度为 1%。

(5) 物业规模：以估价对象所在项目总建筑面积为基准面积。案例每增加或减少 1 000 平方米，相应调增或调减 1%。

(6) 所售面积大小：以估价对象为基准面积。案例每增加或减少 50 平方米，相应调减或调增 1%。

(7) 建筑物外观设计：好、较好、一般、较差、差。每相差一个级别，修正幅度为 3%。

(8) 建筑结构：砖混、框架、框架剪力墙、剪力墙、钢+钢混、全钢。每相差一个级别，修正幅度为 2%。

(9) 层高：标准层净高米；以估价对象为基准层高。案例每增加或减少 0.2 米，相应调减或调增 0.5%。

(10) 楼层/总层：差异修正指标。每差 1 个楼层，修正幅度为 15%。

平面布置：大开间无柱、大开间有柱、小开间；使用率（高、一般、低）。每相差一个级别修正幅度为 1%。

(11) 朝向：房屋朝向（分为南北/南/东南/西南/东西/东/西/东北/西北/北）。按照上述方向排列顺序，每级别修正幅度为 0.5%。

(12) 公共部位装修状况：高级精装、一般精装、粗装、简装、毛坯。每相差一个级别修正幅度为 2%。

(13) 独立部位装修状况：装修包括地面、墙面、天棚、布线、照明、门等；高级精装、一般精装、粗装、毛坯。每相差一个级别修正幅度为2%。

（14）设备设施状况：分为电梯、中央空调、安防系统、消防系统、通讯设施等。每差一个级别修正幅度为1%。

（15）使用维护状况：优、较优、一般、较劣、劣。每相差一个级别修正幅度为1%。

（16）停车位：充足、较充足、较少、少。每相差一个级别修正幅度为2%。

（17）物业管理：管理水平及知名度（高、较高、一般、较低、低）。每相差一个级别修正幅度为1%。

（18）楼内配套服务设施：商业网点、餐厅、邮局、娱乐设施、银行、飞机（火车）票代售点。每增加或减少一个指标，修正幅度为1%。

6. 权益状况：

（1）土地使用期限：采用年期修正系数公式据实调整。

（2）他项权利状况：指是否有抵押、租赁、地役权等他项权利。抵押权修正系数为2%；租赁他项权利以实际租赁期限及租金水平标准计算调整系数。地役权修正幅度为1%。

（3）产权人状况：分为独立产权/共有产权。修正幅度为2%。

【交易案例选取及分析】

根据合肥市目前商业房地产市场的状况，按照用途一致、交易正常、价格接近、区域特性和个别条件相近等比较案例选择原则，本次估价从交易资料中选取了3个实例，它们的基本情况分别为：

实例1：果维大厦某房产。果维大厦位于合肥市包河区绩溪路商业步行街与宿松路交汇口北侧，与宜购数码隔街相望，该建筑总共6层，1~4层为出租商铺，5~6层为商铺与办公混合，于2006年建成。交易案例建筑面积35平方米，位于第2层中岛，交易价格为16 600元/平方米。

实例2：乐城生活广场某房产。乐城生活广场位于合肥市包河区绩溪路商业步行街与金寨路交汇口东南角，东侧紧靠宏图三胞数码港，该建筑总共4层，全部为出租商铺，于2008年建成。交易案例建筑面积42平方米，位于第2层，偏中岛，交易价格为17 800元/平方米。

实例3：宏图三胞数码港内某房产。宏图三胞数码港位于合肥市包河区绩溪路商业步行街与宿松路交汇口西南角，东侧约100米就是宜购数码，该建筑总共3层，全部为出租商铺，于2008年建成，属普通商铺楼。交易案例建筑面积33平方米，位于第3层中部，交易价格为15 600元/平方米。具体情况见表1、表2。

表1　　　　　　　　　　　房地产价格影响因素说明表

项　　目	估价对象	果维大厦某房产	乐城生活广场某房产	宏图三胞数码港内某房产
交易单价（元/m²）	待估	16 600	17 800	15 600
交易情况	正常	正常	正常	正常

续表

项 目		估价对象	果维大厦某房产	乐城生活广场某房产	宏图三胞数码港内某房产
交易时间		2013年12月	2013年12月	2013年12月	2013年12月
区位状况	区域商铺聚集水平	位于合肥数码一条街商业圈东区，聚集公司数量较少，区域地位一般，聚集水平低	位于合肥数码一条街商业圈中区，聚集公司数量较多，区域地位较高，聚集水平高	位于合肥数码一条街商业圈西区，聚集公司数量较多，区域地位较高，聚集水平高	位于合肥数码一条街商业圈西区，聚集公司数量较多，区域地位较高，聚集水平高
	道路交通条件	位于南一环南侧，绩溪路与宿松路交汇口东南角，毗邻金寨路、黄山路等，车流、人流量较大，道路交通条件较好	位于南一环南侧，绩溪路与宿松路交汇口北侧，毗邻黄山路、南一环等，车流、人流量大，道路交通条件较好	位于南一环南侧，绩溪路与金寨路交汇口东南角，毗邻黄山路、南一环等，车流、人流量大，道路交通条件较好	位于南一环南侧，绩溪路与宿松路交汇口西南角，毗邻黄山路、南一环等，车流、人流量大，道路交通条件较好
	区域内公交线路	公交线1、119、126、133、148、162、166、501、901路共9条，交通较优	公交线1、119、126、133、148、162、166、501、901路共9条，交通较优	公交线1、119、126、133、148、162、166、501、901路共9条，交通较优	公交线1、119、126、133、148、162、166、501、901路共9条，交通较优
	环境状况	人文景观为较多现代化建筑，自然景观较少	人文景观为较多现代化建筑，自然景观较少	人文景观为较多现代化建筑，自然景观较少	人文景观为较多现代化建筑，自然景观较少
	公共配套设施	写字楼、餐饮娱乐设施等公共配套设施完善	写字楼、餐饮娱乐设施、银行等公共配套设施完善	写字楼、百货商场、餐饮娱乐设施、银行等公共配套设施完善	写字楼、餐饮娱乐设施、银行等公共配套设施完善
	基础配套设施	七通一平	七通一平	七通一平	七通一平
	城市规划限制	综合区域	综合区域	综合区域	综合区域
实物状况	交通便捷度	紧邻宿松路，距公交车站约200米	紧邻金寨路，距公交车站约50米	紧邻金寨路，距公交车站约50米	紧邻金寨路，距公交车站约50米
	临街状况	临绩溪路，一面临街，道路无管制	临绩溪路，二面临街，道路无管制	临绩溪路，二面临街，道路无管制	临绩溪路，二面临街，道路无管制

续表

项目		估价对象	果维大厦某房产	乐城生活广场某房产	宏图三胞数码港内某房产
实物状况	商铺楼视野及景观	四临环境对商铺无影响，周围景观质量一般	四临环境对商铺无影响，周围景观质量较优	四临环境对商铺无影响，周围景观质量较优	四临环境对商铺无影响，周围景观质量较优
	建成年代	2010年	2006年	2008年	2008年
	物业规模	总建筑面积1.03万平方米	总建筑面积约7千平方米	总建筑面积约6千平方米	总建筑面积约4千平方米
	面积大小	30	35	42	33
	建筑物外观设计	建筑设计及外观好	建筑设计及外观较好	建筑设计及外观较好	建筑设计及外观一般
	建筑结构	钢混框架	钢混框架	钢混框架	钢混框架
	层高	4.2米	3.8米	4.2米	3.8米
	总层/楼层	4/3	6/2	4/2	3/3
	平面布置	大开间无柱	大开间无柱	大开间无柱	大开间无柱
	朝向	居中	居中	居中	居中
	公共部位装修状况	一般精装	一般精装	一般精装	一般精装
	独立部位装修状况	地面为大理石和瓷砖结合；轻钢龙骨石膏板隔墙；装修为一般精装修	地面为大理石和瓷砖结合；轻钢龙骨石膏板隔墙；装修为一般精装修	地面为大理石和瓷砖结合；轻钢龙骨石膏板隔墙；装修为一般粗装修	地面为大理石和瓷砖结合；轻钢龙骨石膏板隔墙；装修为粗装修
	设备设施状况	标准商铺建设，配套设施齐备齐全	标准商铺办公建设，配套设施齐备齐全	商铺标准建设，配套设施较齐全	标准商铺建设，配套设施较齐全
	使用维护状况	良好	良好	良好	良好
	停车位	车位充足	较充足	较少，仅地上有	较少，仅地上有
	物业管理	物业管理水平一般	物业管理水平较高	物业管理水平较高	物业管理水平较高
	楼内配套服务设施	银行	餐厅、银行	餐厅、银行	餐厅、银行

续表

项目		估价对象	果维大厦某房产	乐城生活广场某房产	宏图三胞数码港内某房产
权益状况	土地使用期限	39	35	37	37
	他项权利状况	有租赁权	有租赁权	有租赁权	有租赁权
	产权人状况	独立产权	独立产权	独立产权	独立产权

表2　　　　　　　　　　　　　比较因素条件指数表

项目		估价对象	果维大厦某房产	乐城生活广场某房产	宏图三胞数码港内某房产
	交易单价（元/平方米）	待估	16 600	17 800	15 600
	交易情况	100	100	100	100
	交易时间	100	100	100	100
区域因素	区域商铺聚集水平	100	106	106	106
	道路交通条件	100	100	100	100
	区域内公交线路	100	100	100	100
	环境状况	100	100	100	100
	公共配套设施	100	102	104	102
	基础配套设施	100	100	100	100
	城市规划限制	100	100	100	100
实物状况因素	交通便捷度	100	102	102	102
	临街状况	100	102	102	102
	商铺楼视野及景观	100	101	101	101
	建成年代	100	98	99	99
	物业规模	100	97	96	94
	面积大小	100	99.90	99.76	99.94
	建筑物外观设计	100	97	97	94
	建筑结构	100	100	100	100
	层高	100	101	100	101
	总层/楼层	100	115	115	100
	平面布置	100	100	100	100
	朝向	100	100	100	100
	公共部位装修状况	100	100	100	100

续表

项目		估价对象	果维大厦某房产	乐城生活广场某房产	宏图三胞数码港内某房产
实物状况因素	独立部位装修状况	100	100	98	98
	设备设施状况	100	100	99	99
	使用维护状况	100	100	100	100
	停车位	100	98	96	96
	物业管理	100	101	101	101
	楼内配套服务设施	100	101	101	101
权益状况因素	土地使用期限	100	98	99	99
	他项权利状况	100	100	100	100
	产权人状况	100	100	100	100

【评估结果】

通过对交易情况、交易日期、区域因素、实物状况因素以及权益状况因素等房地产价值影响因素的修正，可以得到修正后的交易案例价格，进而可以得到市场法评估下待估房产的公允价值，如表3所示。

表3　　　　　　　　　　因素指数修正表

项目		待估/实例一	待估/实例二	待估/实例三
交易单价（元/平方米）		16 600	17 800	15 600
交易情况		100/100	100/100	100/100
交易时间		100/100	100/100	100/100
区域因素	区域商铺聚集水平	100/106	100/106	100/106
	道路交通条件	100/100	100/100	100/100
	区域内公交线路	100/100	100/100	100/100
	环境状况	100/100	100/100	100/100
	公共配套设施	100/102	100/104	100/102
	基础配套设施	100/100	100/100	100/100
	城市规划限制	100/100	100/100	100/100

续表

项目		待估/实例一	待估/实例二	待估/实例三
实物状况因素	交通便捷度	100/102	100/102	100/102
	临街状况	100/102	100/102	100/102
	商铺楼视野及景观	100/101	100/101	100/101
	建成年代	100/98	100/99	100/99
	物业规模	100/97	100/96	100/94
	面积大小	100/99.90	100/99.76	100/99.94
	建筑物外观设计	100/97	100/97	100/94
	建筑结构	100/100	100/100	100/100
	层高	100/101	100/100	100/101
	总层/楼层	100/115	100/115	100/115
	平面布置	100/100	100/100	100/100
	朝向	100/100	100/100	100/100
	公共部位装修状况	100/100	100/100	100/100
	独立部位装修状况	100/100	100/98	100/98
	设备设施状况	100/100	100/99	100/99
	使用维护状况	100/100	100/100	100/100
	停车位	100/98	100/96	100/96
	物业管理	100/101	100/101	100/101
	楼内配套服务设施	100/101	100/101	100/101
权益状况因素	土地使用期限	100/98	100/99	100/99
	他项权利状况	100/100	100/100	100/100
	产权人状况	100/100	100/100	100/100
	合计	0.84	0.87	1.06
	修正价格	13 944	15 486	16 536

对比较案例影响因素修正后，以三个修正价格的算术平均值作为市场比较法的 3 层评估结果为 15 322 元/平方米，建筑面积 30 平方米，评估值为 45.97 万元。

【案例分析】

从上述案例可以看出，采用公允价值模式对投资性房地产进行后续计量时需要关注以下几点内容：

1. 评估方法的选择。《企业会计准则第 3 号——投资性房地产》第十条明确规定，采用公允价值模式对投资性房地产进行后续计量的，应当同时满足两个条件：一是投资性房地产所在地有活跃的房地产交易市场；二是企业能够从房地产交易市场上取得同类或类似房地产的市场价格及其他相关信息,从而对投资性房地产的公允价值做出合理的估计。由此可以看出,如果条件满足且存在活跃的交易市场及可比交易案例,市场法应当是确定投资性房地产公允价值的首要选择。

2. 可比交易案例的选取。运用市场法评估投资性房地产时,应当收集足够的同类或者类似房地产的交易案例,并对所收集的信息及其来源进行审慎分析。在选用交易案例时应当关注案例的可比性,重点分析投资性房地产的实物状况、权益状况、区位状况、交易情况及租约条件。

3. 价值影响因素的细化分析。运用市场法评估投资性房地产时,应当建立价值可比基础,细化相关比较因素,包括交易情况、交易日期、容积率、使用年期、面积、具体位置、经营业态和所带租约等,明确相关指标参数内涵。

案例二:固定资产以资产组形式进行减值测试中估算资产预计未来现金流量现值常见问题分析[①]

【案例提要】

在固定资产以资产组形式进行减值测试实务中,管理层在估算资产预计未来现金流量的现值时,由于缺乏正确的实务指引和必要的经验,往往遇到各种类型的问题。表4呈列了一个实务中根据管理层提供的财务预测所构建的,但可能包含一系列常见错误的减值测试模型。可以从以下几方面向管理层询问,以了解并确认该估算过程是否符合会计准则的要求(见表4)。

表4 单位:百万元

项目 \ 年份	实际	预测					
	2006	2007	2008	2009	2010	2011	2012
息税前利润	20	(10)	(60)	80	100	140	180
加:折旧	16	24	20	30	30	28	28
减:资本性支出	(12)	(18)	(60)	(24)	(16)	(10)	(10)
减:追加营运资本	2	(4)	(2)	6	8	10	14
税前现金流	26	(8)	(102)	92	122	168	212
所得税率(%)	15	0	0	24	18	23	12
减:所得税	(4)	0	0	(22)	(22)	(39)	(25)
税后现金流	22	8	(102)	70	100	129	187

---

① 本案例节选自《〈以财务报告为目的的评估指南〉(试行)讲解》。

续表

项目\年份	实际	预测					
	2006	2007	2008	2009	2010	2011	2012
折现率							10%
税后现金流的现值			(93)	58	75	88	116
处置资产净现金流							40
处置资产净现金流的现值							25
总现值							269

【案例分析】

(一) 预测期间

根据《企业会计准则第 8 号》第十一条的规定:"预计资产的未来现金流量应当以经企业管理层批准的最近财务预算或者预测数据,以及该预算或者预测期之后年份稳定的或者递减的增长率为基础。……建立在预算或者预测基础上的预计现金流量最多涵盖 5 年,企业管理层如能证明更长的期间是合理的,可以涵盖更长的期间。"针对管理层提供的预测,应从以下几方面考虑:

1. 未来现金流预测是否是基于经企业管理层(如董事会)准备的最近财务预算或者经营计划进行的。

2. 管理层提供的预算或者经营计划是否只涵盖 5 年;如超过 5 年,那么管理层是否能证明或说明更长的期间是合理的。

3. 减值测试涉及的现金流预测期并不完全等于管理层提供的财务预算或者经营计划期。一般情况下,预测期必须涵盖只考虑单项资产或资产组内主要资产项目在简单维护下的剩余经济年限,可以基于管理层提供的财务预算或经营计划适当延长至资产组中主要资产项目的经济使用寿命结束。

4. 需要关注原来涵盖的预测期之后延长期间内的现金流是否保持稳定或者递减的增长率。

(二) 息税前利润预测

根据《企业会计准则第 8 号——资产减值》第十二条:"预计资产的未来现金流量,应当以资产的当前状况为基础,不应当包括与将来可能会发生的、尚未做出承诺的重组事项或者与资产改良有关的预计未来现金流量。"

本案例中管理层预测息税前利润在 2008 年急剧下降,然后从 2009 年开始逐年不断增长。应通过调查,向管理层了解以下问题以确定是否能够采用该扭亏为盈的预测:

1. 管理层过去的经营业绩是否完成了当年的财务预算。

2. 预测的长期息税前利润增长率是否与行业保持一致。

3. 2008 年巨额亏损是由于什么原因导致的,如:是否是由于重组引起的。

4. 如导致 2008 年巨额亏损的原因为非重组因素，该因素是否是偶发的。

（三）资本性支出预测

根据《企业会计准则第 8 号——资产减值》，预测的资本性支出中应该考虑包括的要素有：(1) 维护资产正常运转或者资产正常产出水平而必要的支出，或者属于资产简单维护下的支出，即维护性资本支出；(2) 完成在建工程和开发过程中的无形资产等的必要支出。

不应当包括：与资产改良或企业扩张相关的资本性支出，即改良性资本支出和扩张性资本支出。在本案例中，针对管理层所做的资本性支出预测，应当向管理层了解资本性支出的内容和性质，尤其应当关注和了解 2008 年的资本性支出远高于其他年度的原因。应询问管理层：(1) 该资本性支出是否都是维护性资本支出；(2) 该资本性支出中是否包含了扩张性资本支出；(3) 该资本性支出中是否考虑了完成在资产负债表日尚未完工的在建工程和尚在开发过程中的无形资产的必要支出。

（四）营运资本预测

实务中应关注管理层预测的营运资本投入是否与企业的实际经营状况保持一致。如本案例中，管理层预测的年营运资本投入比较异常，在大部分的预测期里出现净现金流入，该现象可能与企业实际情况不一致。一般来说，在销售收入和息税前利润持续增长的企业中，我们将看到持续增加的营运资本投入，即现金净流出。

关于是否应该在未来现金流预测中考虑期初营运资本，应当关注管理层的处理方式是否与作为评估对象的资产、资产组或资产组组合的构成保持一致。应当格外关注评估对象（未来现金流量的产生实体单位）是否与会计计量上的资产、资产组或资产组组合构成口径一致。表 5 归纳了固定资产减值测试中常见的资产组构成和预计未来现金流量现值涵盖项目的对比。

表 5

项　目	资产组账面价值涵盖项目	预计未来现金流量现值涵盖项目
房屋建筑物	√	√
机器设备	√	√
土地使用权	√	√
工程物资	√	√
在建工程	√	√
营运资本	可选择	可选择
负债	一般情况不包括，但可选择是否加入资产组的测试	一般情况不包括，视乎管理层的选择而定[①]

注：①根据《企业会计准则第 8 号——资产减值》第十九条规定，资产组的账面价值"通常不应当包括已确认负债的账面价值，但如不考虑该负债金额就无法确定资产组可收回金额的除外"，计算预计未来现金流量现值时对负债的处理必须与资产组账面价值构成保持一致。

关于预测期第一年的营运资本，一般情况下，在实务操作中可以按照以下两种情况进行处理：

1. 如果资产、资产组或资产组组合账面构成中不包含营运资本，则评估对象也不包含营运资本。通常的处理方法是预测期第一年的营运资本变动应在期初余额为零的基础上计算，即假设预测期第一年需要投入一笔额外的营运资本，并且到预测期结束时收回该笔营运资本投入。

2. 如果资产、资产组或资产组组合账面构成中包含营运资本，则评估对象也包含营运资本。预测期第一年的营运资本变动应以评估对象构成中包含的营运资本为期初余额。

（五）资产组中主要资产项目经济使用年限最后一年的假设

根据《企业会计准则第8号——资产减值》第十条规定，预计的未来现金流量还应当包括"（三）资产使用寿命结束时，处置资产所收到或者支付的净现金流量。该现金流量应当是在公平交易中，熟悉情况的双方自愿进行交易时，企业预期可从资产的处置中获取或者支付的、减去预计处置费用后的金额"，在资产组中主要资产项目于简单维护下的剩余经济年限资产使用寿命结束时，需要考虑处置资产所收到或者支出的净现金流，相当于预期公允价值减去处置费用后的净值。

由于必须考虑处置费用，该处置资产的净现金流可能为负值。实务中应重点关注两点：（1）预测期结束时剩余资产有哪些构成部分，是否符合被评估对象的实际情况；（2）资产处置收入（即期末剩余资产公允价值）和处置费用的确定是否有合理的依据。

（六）企业所得税的影响

根据《企业会计准则第8号——资产减值》第十三条"如果用于估计折现率的基础是税后的，应当将其调整为税前的折现率"，该规定表明管理层提供的用于折现的未来现金流预测不应当考虑所得税的影响。对此，实务中应当关注以下几方面：

1. 本案例中，管理层以税后现金流为基础计算未来现金流量的现值。对此，在评估实践中应当关注，管理层采用的现金流及对折现率是否互相匹配，即是否同为税前或税后基础。

2. 在适当考虑相应调整的前提下，基于税前基础计算的未来现金流量现值等于基于税后基础计算的未来现金流量现值。

3. 根据上述的《企业会计准则第8号——资产减值》第十三条的内容，估算资产预计未来现金流量现值应该基于税前基础进行。然而，在实务操作中也可以考虑采用税后基础进行测算，或者将税后折现率简单推算为税前折现率〔税前折现率＝税后折现率/（1/所得税率）〕，并将此简单推算的税前折现率应用于税前现金流量计算折现现值。

一般情况下，如果基于上述两种方法计算的未来现金流量现值远远超过被评估对象的账面价值，则代表被评估对象出现减值情况的可能性较低。否则，则需要根据企业会计准则的要求计算以税前为基础的现值。

4. 此外，在本案例中，预测期内每年的税率都不同，对此，实务中应当向管理层了解确定税率的依据。

（七）折现率

根据《企业会计准则第8号——资产减值》第十三条，"折现率应当是一个反映当前市场货币时间价值和资产特定风险的税前利率。它是企业在购置或者投资资产时所要求的必要报酬率。在预计资产的未来现金流量时已经对资产特定风险的影响作了调整的，估计折现率不需要考虑这些特定风险。"

在本案例中管理层以10%的折现率计算预测期间的现金流现值（包括期末净处置收入）。对于折现率的确定，实务中应当关注：

1. 折现率是如何计算的，是否有充分的支持依据，是否充分考虑各项投资风险因素，如本案例采用的折现率有可能处于低端。

2. 折现率是否与预计的未来现金流匹配，如是否同为税前或税后基础，是否同时考虑了通货膨胀因素，又如是否根据企业会计准则的要求计算相应的税前折现率。具体解释请参见上述第六点"企业所得税的影响"。

3. 从理论层面来说，在预计未来现金流量时已经对特定的风险影响进行了调整的，在估计折现率时不需要再重复考虑这些因素，如缺乏控制权折扣；在预计未来现金流量时尚未对特定的风险影响进行调整的，在估计折现率时则需要考虑这些因素，如规模风险、缺乏流动性折扣。在实务操作中，对相关资产的某些特定风险/因素很难同时在现金流和折现率的预测中进行合理的量化，因此要慎用本原则。

主要参考文献 References

1. 陈建西：《资产评估》第二版，西南财经大学出版社2012年版。
2. 蔡吉祥：《无形资产学》，海天出版社2002年版。
3. 长三角区域创新体系建设联席会议办公室：《技术经济人培训教材》，上海科学技术出版社2007年版。
4. 范莉莉等：《企业基于整体无形资产的核心竞争力评价》，科学出版社2010年版。
5. 姜楠：《资产评估学》第二版，东北财经大学出版社2012年版。
6. 刘德运：《无形资产评估》，中国财政经济出版社2010年版。
7. 刘伍堂，崔劲：《无形资产评估案例》，中国财政经济出版社2004年版。
8. 马维野，刘玉平：《知识产权价值评估能力建设研究》，知识产权出版社2011年版。
9. 全国注册资产评估师考试用书编写组：《资产评估》，中国财政经济出版社2012年版。
10. 宋传联等：《资产评估理论与实务》，机械工业出版社2011年版。
11. 上海市资产评估协会：《收益法评估理论与实践》，立信会计出版社2001年版。
12. 吴申元：《无形资产管理与评估》，首都经济贸易大学出版社2013年版。
13. 于玉林：《无形资产概论》，复旦大学出版社2005年版。
14. 中国资产评估协会：《资产评估理论与实践研究》，经济科学出版社2011年版。
15. 赵立新等：《上市公司并购重组市场法评估研究》，中国金融出版社2012年版。
16. 朱萍：《资产评估学教程》，上海财经大学出版社2012年版。
17. （美）巴鲁·列夫：《无形资产——管理、计量和呈报》，中国劳动社会保障出版社2003年版。
18. （美）罗伯特·F. 赖利等：《无形资产评估》，中国大百科全书出版社2001年版。
19. （美）理查德·瑞兹盖提斯著，金珺等译：《企业知识产权估价与定价》，知识产权出版社2008年版。
20. 王雪冬：基于实物期权的专利价值评估研究，大连理工大学，2006年。
21. 中国资产评估协会：《以财务报告为目的的评估指南（试行）讲解》，经济科学出版社2008年版。
22. 陈美华：《公允价值计量基础研究》，中国财政经济出版社2006年版。

23. 财政部:《企业会计准则》,经济科学出版社2006年版。
24. 财政部:《企业会计准则——应用指南》,2006年版。
25. 财政部会计司编写组:《企业会计准则讲解2010》,人民出版社2010年版。
26. 中国资产评估协会:《投资性房地产评估指导意见(试行)》,2009年版。
27. 中国资产评估协会:"BM公司合并对价分摊公允价值评估案例",《中国资产评估》,2010年第8期。
28. 刘玉平:《资产评估教程》,中国财政经济出版社2010年版。